KB074115

지옥에서 온
여왕

HELL'S PRINCESS: The Mystery Of Belle Gunness, Butcher Of Men

지옥에서 온 여왕

남자 도살자, 벨 거너스

해럴드 셱터
김부민 옮김

크리스토프 켈러에게

벨 거너스는
인디애나주에 사는 숙녀였다네.
몸무게가 300파운드쯤 나갔으니,
상당한 무게라 할 수 있지.
그녀는 남자보다도 힘이 더 셌다네
이웃 모두 그 사실을 인정했지.
그녀는 손쉽게 돼지를 잡곤 했다네,
처음부터 끝까지 혼자 힘으로.
그렇지만 돼지 도살은 부업에 불과했다네
가끔가다 한 번씩 빠지는 일이랄까.
그녀가 가장 좋아하던 일은
바로 남자 잡는 일이었다네.

작자 미상, 〈벨 거너스의 노래〉

차례

일러두기

원주는 숫자로 표기하여 후주로 넣었고, 옮긴이 주는 * 로 표시하여 하단 각주로 정리
했다.

프롤로그

푸른수염의 금지된 문

아이들이 다들 알다시피, 동화 나라는 아주 무서운 곳이다. 동화 나라에는 악몽에서나 나올 법한 온갖 것들이 산다. 어린아이의 고기를 너무나 좋아해 아이들을 살찌운 뒤 잡아먹으려 하는 마녀도 살고, 지나가는 사람을 꼬챙이에 꽂아 구워 먹고 싶어 안달이 난 피에 굶주린 거인도 살고, 맛좋은 어린 소녀를 좋아하는 말솜씨가 아주 그럴듯한 늑대도 산다. 그렇지만 이 어둡고도 매혹적인 세계를 묘사한 무서운 이야기들 가운데 '푸른수염Bluebeard'보다 더 오늘날의 공포 영화를 빼닮은 이야기는 없다.

푸른수염 이야기가 세계 여러 나라에서 다양한 형태로 존재한다는 사실이 학자들에 의해 밝혀지기는 했지만, 서구 문화권에서 가장 널리 알려진 판본은 프랑스 작가 샤를 페로Charles Perrault가 1697년에 최초로 쓴 이야기집 《어미 거위 이야기Contes de ma mere l'Oye》에 실린 〈푸른수염〉이다. 페로의 〈푸른수염〉은 15세기에 살았던 악명 높

은 사디스트 질 드 레Gilles de Rais를 본뜬 작품으로 추측된다(질 드 레는
한때 잔 다르크 휘하의 지휘관이었으며, 훗날 수많은 소작농들의 아이를 고
문하고 살해했다는 혐의로 고발당한 사람이다). 부유한 귀족인 푸른수염
은 자신의 아내를 여럿 살해한 연쇄살인마로, 푸른수염의 으스스한
성에는 자물쇠로 잠긴 밀실이 있다. 이 밀실에는 불행히도 호기심이
너무 많았던 푸른수염의 아내들의 토막 난 시체가 쌓여 있다. 새 신
부를 맞이할 때마다 푸른수염은 그녀의 복종심을 시험한다. 새 신부
에게 성안의 모든 문을 열 수 있는 열쇠 꾸러미를 주는 동시에 수수
께끼의 방에는 절대 들어가선 안 된다는 경고를 하는 것이다. 그러
나 단 한 사람을 제외하고는 누구도 유혹을 이겨내지 못했다. 페로
가 표현한 대로, 그녀들은 남편이 떠나자마자 금지된 밀실로 내려와
"떨리는 손으로 문을 열고야 말았던ouvrit en tremblant la porte" 것이다.[1]

* * *

페로가 푸른수염의 금지된 문 뒤편에 도사리고 있는 소름 끼치
는 공포를 담은 끔찍한 이야기를 쓴 지 몇 년 지나지 않았을 무렵,
페로와 마찬가지로 프랑스 출신이었던 유명한 탐험가 르네-로베르
카블리에 드 라살René-Robert Cavelier de La Salle이 오대호를 탐험하는 원정
에 나섰다. 라살 경과 원정대는 오늘날 인디애나주에 속하고 그 당
시에는 포타와토미 부족의 영토였던 지역을 길게 가로질렀다. 그들
은 인디언들이 이용하던 오래된 오솔길을 따라 빽빽한 활엽수림을
지났고, 이윽고 언덕이 많고 풀이 높이 자라는 대초원의 입구에 도

지옥에서 온 여왕

착했다. 이 입구는 라살 경과 그 뒤를 이어 이곳에 찾아온 초창기 프 랑스 출신 모피 상인들 사이에서 '문'을 뜻하는 프랑스어 '라 포르트 la porte'로 알려졌다.[2]

다음 한 세기하고도 50년 동안, 이 지역은 백인 거주민이 한 명 도 없는 채로 남아 있었다. 한 초창기 역사학자는 이렇게 적었다. "서부 전체를 통틀어 봐도 이보다 더 아름답거나 사랑스러운 지역 은 없었다. 그렇지만 이 지역은 오롯이 붉은 사람들redman*의 것이었 다. 붉은 사람들은 내키는 대로 대초원을 떠돌고 숲에서 야영하면 서, 비옥한 땅과 반짝이는 호수에서 난 풍부한 사냥감과 물고기에 의존해 살아갔다."[3]

최초의 백인 개척자는 1829년이 되어서야 등장했다. 과부 미 리엄 베네딕트Miriam Benedict와 베네딕트의 장성한 자식 일곱 명과 사 위 헨리 클리번Henly Clyburn이 바로 그들이었다. 1832년 초 무렵까지 수백이 넘는 가구가 이 지역에 정착했다. 그해 4월, 1200제곱미터 로 이루어진 라포르테 카운티La Porte county**는 주 입법부가 선포한 법 령에 의해 공식적으로 주에 편입되었다. 입법부에 속한 신경질적인 늙은 의원 한 명은 투표에 참여한 뒤, 새 카운티의 "이국적인 이름" 이 무슨 뜻인지 밝히라고 요구했다. 프랑스어로 '문'을 뜻한다는 말 을 듣자, 이 의원은 분개하며 이 "거창한" 외국어 단어를 더 적합한

---

*   아메리카 원주민을 가리키는 모욕적인 말.
**   미국의 카운티는 흔히 '군郡'으로 번역되지만, 한국의 군과는 달리 주州 바로 아래에 속하는 행정구역으로서, 한국의 시市보다 상위 행정구역이다. 그렇기에 본서에서는 본래대로 '카운티'로 표시했다.

미국적인 단어로 교체하자고 제안했다. 이 사건을 기록한 사람에 따르면, 다행스럽게도 "의원의 제안은 받아들여지지 않았으며, 새 카운티는 게이트빌이나 도어버그라는 이름으로 세상에 영원토록 알려질 처지에서 벗어나, '라포르테'라는 아름다운 이름을 갖게 되었다".[4]

카운티의 중앙 청사를 세울 장소를 물색하던 소수의 진취적인 정착민들은 고르고 골라 토지를 구입했다. "보석처럼 눈부시게 반짝이는, 줄줄이 늘어선 작은 연못들"로 장식된 1.8제곱킬로미터 크기의 아름다운 땅이었다.[5] 법원과 감옥이 즉시 건립되었으며, 카운티 토지국land office도 문을 열었다. 새로 설립된 행정 중심지는 카운티와 마찬가지로 라포르테라고 명명되었다. 몇 년 지나지 않아 목조건물들이 듬성듬성 들어선 자그마한 마을에서 "번영하는 마을에 필요한, 인간의 삶과 관계된 모든 시설을" 갖춘 번창한 타운으로 성장했다. 학교와 교회, 술집과 호텔이 우후죽순 들어섰으며, 상인과 기계공, 의사와 간호사들이 도시를 찾아왔고, 신문사도 두 곳이나 생겼는데, 하나는 휘그당을 홍보하고 다른 하나는 민주당을 홍보했다.[6]

1852년, 라포르테 타운은 도시로 승격되었다. 그 무렵 무럭무럭 성장한 라포르테의 인구는 약 5000명에 달했다. 향후 수십 년에 걸쳐, 라포르테에는 수력발전소가 건설되었으며, 길거리에 가로등이 설치되었고, 전화망이 깔렸으며, 그 밖의 다른 도시 개선 사업이 줄줄이 이어졌다. 길은 포장되었고, 시멘트 보도가 깔렸으며, 낡은 목조건물 수십 채를 허문 뒤 그 자리에 멋진 벽돌 건물을 세웠다. 라포르테의 상업 중심지에는 대형 약국 몇 곳과 직물 시장 몇 군데를

지옥에서 온 여왕

비롯해, 식료품점 스물다섯 개, 곡물 및 사료 상점 여섯 개, 가구점 여섯 개, 빵집 네 개, 정육점 열 개, 철물점 네 개, 구두 및 신발 가게 여섯 개, 담배 가게 스물여섯 개, 재봉틀 판매점 네 개, 여성복 및 여성 모자 전문점 아홉 개, 서점 및 문방구 두 개, 하숙집 아홉 개, 술집 스물네 개, 당구장 여섯 개, 미용실 여섯 개, 마차 대여소 일곱 개, 무두질 공장 두 개, 장의업소 세 개가 들어서 있었다.[7] 주택가에는 너무나도 많은 단풍나무들이 줄지어 늘어서 있어서, 라포르테는 "메이플 시티the Maple City"라고 알려졌다. 라포르테는 탄생한 지 단 한 세대 만에 "웅장한 법원, 멋진 시청, 화려한 학교 건물들이 들어서 있고, 잘 설계된 도로망과 훌륭한 철도 시설을 갖추었으며, 도시 외곽에 널찍한 공간을 확보한, 호수와 인접한 아름다운 경관을 지닌" 도시가 되었다. 라포르테시는 인디애나 "주에 속한 최고의 카운티 중 하나의 수도로서 손색이 없었다".[8]

라포르테 카운티와 라포르테시의 후원자들이 보기에, 두 라포르테가 그토록 빼어났던 이유는 단순히 두 곳이 훌륭한 지리적 특성을 지녔기 때문이 아니라 그곳에 사는 사람들이 훌륭한 기량을 지닌 덕분이었다. 라포르테 사람들은 언제나 저명한 동료 시민들의 업적에 자부심을 느껴왔다. 라포르테 지역 역사에 기록된 유명 인물 가운데는 그 유명한 매코믹 수확기보다도 먼저 수확기를 제조한 제이컵 J. 맨Jacob J. Mann, 접이식 '위생 칫솔'을 만든 발명가 닥터 F. T. 렌치F. T. Wrench, 개를 동력으로 쓰는 버터 제조기를 발명한 앤티파스 J. 보웰Antipas J. Bowell, 아편 중독 치료제 '콜린스 페인리스 큐어Collins' Painless Cure'를 발견한 닥터 S. B. 콜린스S. B. Collins 등이 있었고, 지역 문인 가운데는 시집 《옛날 사진과 시간 다발들Old-Time Pictures and Sheaves of Time》의 저자 벤저민 F. 테일러Benjamin F. Taylor나 《6월의 라포르테La Porte in June》를 쓴 클라라 J. 암스트롱Clara J. Armstrong 등의 유명 인사가 있었다.[9] 또, 라포르테는 향후 몇십 년에 걸쳐, 더 널리 알려진 인물들의 고향이 될 곳이기도 했다. 라포르테는, 수세대에 걸쳐 미국 아동들에게 읽는 법을 가르친 아동 도서 시리즈 《딕 앤드 제인Dick and Jane》의 공동 저자 제르나 샤프Zerna Sharp, 지피 팝 팝콘Jiffy Pop popcorn의 발명가이자 임질 검사기로 특허를 받은 프레더릭 C. 멘넨Frederick C. Mennen, 미국에서 가장 탁월한 발 관리 용품 제조사를 설립한 윌리엄 머사이어스 숄William Mathias Scholl, '글렌 밀러Glenn Miller와 토미 도르시Tommy Dorsey 악단'과 함께 공연했으며 1948년에 브로드웨이에서 대성공을 거둔 뮤지컬 〈피니언의 무지개Finian's Rainbow〉에 출연한 가수 도로시 클레어Dorothy Claire, 미국 민요 〈언덕 위의 집Home on the Range〉의 작사가 브루스터 마틴 히글리Brewster Martin Higley 등을 배출했다.[10]

물론, 라포르테를 가장 열성적으로 옹호하려는 사람들조차 부정하지 못하듯이, 라포르테는 이런 유명 인사들에 상응하는 범죄자들도 배출했다. 1836년 초, 라포르테 카운티에 살던 스테이브스는 평소 알고 지내던 펠턴을 불러세워 살해한 뒤 "상당량의 금품"을 갈취했다. 즉시 체포된 스테이브스는 재판을 받은 뒤 교수대로 보내졌다. 2년이 지난 1838년 2월, 라포르테 타운십La Porte Township*에서 나고 자란 열아홉 살 소년 조슈아 M. 코플린이 장기 연체된 빚을 수

---

* 카운티에 속한 하부 행정구역.

금하러 버지니아로 갔다가 돌아오는 길에 여행 길동무였던 젊은 남성, 데이비드 스콧의 총에 맞아 사망하는 사건이 벌어졌다. 스콧은 총 600달러에 해당하는 금화와 은화가 탐나 범행을 저질렀다. 추적당한 스콧은 감옥에 간힌 뒤 라포르테로 이송돼 재판을 받았고, 몇 달 뒤 환호하는 군중들 앞에서 교수형당했다.[11]

1841년 12월, 경쟁자였던 제임스 스미스에게 "격분한" 여관 주인 찰스 에그버트는 새로 산 단도로 무장한 채 스미스의 술집에 찾아가 숨통이 끊어질 때까지 스미스를 찔렀다. 새로 생긴 스미스의 여관이 "에그버트의 영업소로부터 모든 거래를 가로챘기 때문이다". 체포된 에그버트는 가까스로 보석금 5000달러를 마련할 수 있었고, 석방된 즉시 (과거 멕시코령 텍사스에 속했던) 텍사스로 도주했다. 이후의 보고서에 따르면, 에그버트는 그곳에서 감리교로 개종한 뒤 "감리교 속장Methodist class leader**"이 되었다.[12]

"가장 주목할 만한 살인 사건"은 1862년에 일어났다. 독일인 망명자 프레드 밀러의 갓 살해당한 시체가 발견되자, 혐의는 밀러의 아내를 향했다. 밀러의 남성 친구들은 무리를 지어 아내에게 "자백을 강요"하는 데 전념했다. 아내가 숨넘어가는 소리로 표면상의 범인을 실토할 때까지 나뭇가지에 목을 매달았던 것이다. 아내는 존 포스톤이라는 남자가 "그녀 앞에서 남편을 살해했으며, 자기를 고발하지 않으면 장차 그녀와 결혼하겠다는 약속을 했다"고 주장했다. 포스톤은 즉시 체포당해 재판정에 끌려갔으나, 검사 측의 증거

** 보통 10명 내외로 이루어진 감리교회의 최하위 조직 속회Class Meeting를 이끄는 사람.

는 고문과 협박에 의한 것이었으므로 무효로 간주되었고, 수석 치안판사는 "포스톤에게 무죄를 선고하지 않을 수 없었다".[13]

3년 뒤, 역시나 독일인이었던 농부 존 롬은 온종일 옥수수 껍질을 벗긴 뒤 마차를 타고 집으로 돌아오다가 웬 2인조와 맞닥뜨렸다. 이들은 현지에 있는 주점에서 한낮을 보냈던 제임스 우즈와 윌리엄 풀턴으로, "활활 타오르는 위스키가 혈관을 타고 흐르고 있었기에, 희생자에게 가장 절망적인 최후를 선사하기에 안성맞춤인 상태였다". 두 주정뱅이는 롬과 논쟁 비스름한 것을 벌였다. 롬이 다시 자기 갈 길을 가려고 하자, 우즈는 술 취한 손으로 "리볼버를 뽑아 발사했고" 이 비무장 상태의 농부에게 "치명상을 입혔다". 우즈는 2급 모살죄second-degree murder로 종신형을 선고받고 주 교도소로 이송됐지만, 풀턴은 고살죄manslaughter로 13년형을 선고받았다.*[14]

1902년의 마지막 몇 주 동안, 라포르테 카운티 사람들은 웨스트빌타운에서 일어난 극악무도한 살인 사건에 격분했다. 희생자는 16세의 웨슬리 레이놀즈로, 웨스트빌 주립은행의 "믿음직한 은행원"이자 "손이 닿는 거리에 리볼버 세 자루를 놓고 은행에서 잠을 자는" 두 배는 더 믿음직한 야간 경비원이었다. 11월 30일 일요일 아침 동이 틀 무렵, 은행 건물 뒤쪽 창문을 박살 내며 맥주 통이 날아들자 레이놀즈는 깜짝 놀라 일어났다. 벌떡 일어선 청년은 양손

---

* 한국과 달리 미국에서는 살인을 크게 모살과 고살로 구분한다. 이경재(2017)에 따르면, 모살은 "사전적 또는 계획적인 살의를 가지고 사람을 죽인 경우"고 고살은 "그러한 살의가 없이 사람을 죽인 경우"다. 또 모살은 사전에 의도적으로 계획한 1급 모살과 그렇지 않은 2급 모살로 나뉜다.

　　　　　　　　　　　　　　　지옥에서 온 여왕

에 권총을 한 자루씩 든 채, 중무장한 강도 2인조에 맞서 총을 발사했다. 이어진 총격전에서 레이놀즈는 총알을 세 발 맞았다. 첫 번째 총알은 턱을 뚫고 들어와 뇌 아랫부분에 박혔고, 두 번째 총알은 목을 뚫고 들어가 어깨뼈 사이로 빠져나갔으며, 세 번째 총알은 심장에 직격하여 레이놀즈를 즉사시켰다. 무법자 한 명은 (전국의 신문사들로부터 칭송받은) 이 "젊은 영웅"에 의해 심한 상처를 입었으며, 두 무법자는 빈손으로 은행에서 달아나 인근 헛간에서 말과 마차를 훔친 뒤 도주했다.

젊은 레이놀즈의 장례식은 12월 3일에 열렸는데, 웨스트빌 사람들이 전부 참석했으며, 이와 동시에 찰스 E. 헤롤드 주 상원의원의 감독하에 기금이 설립되어, 레이놀즈를 기리는 기념비를 세웠다. 레이놀즈를 살해한 두 무법자에게 거액의 현상금이 걸렸음에도, 또 핑커톤 탐정사무소Pinkerton detective agency** 소속의 탐정들이 수사에 나섰음에도, 두 범인은 끝내 체포되지 않았다.[15]

* * *

웨스트빌 사람들이 희생당한 젊은 은행원에게 마지막 경의를 표한 지 2주가 지났을 무렵, 〈포트웨인 데일리 뉴스Fort Wayne Daily News〉는 전염병처럼 갑작스럽게 창궐한 범죄가 최근 "라포르테 카운티에

** 정식 명칭은 핑커톤 전미 탐정사무소로, 1800년대 미국에서 가장 유명한 사설 탐정사무소였다.

서 기승을 부리고 있는 듯하다"는 기사를 냈다. 레이놀즈 살인 사건을 제외하더라도, 두 젊은이가 무장한 "검둥이 노상강도"들에게 강도질을 당하는 사건이 최근에 일어났으며, "라포르테에 사는 여성에게 독극물인 비소를 투여하려는 시도"가 있었고, 라포르테에 사는 앨버트 베이더가 호숫가에 있는 보트하우스에 "무단으로 침입했다가 체포를 피해 도주하던 중 기차에 치여 사망한 사건"이 있었다는 내용이었다.

그러나 신문 기사가 실린 직접적인 계기는 바로 전날 현지에 사는 농부가 비명횡사한 사건이었는데, 그 죽음의 정황이 너무나도 기괴했기에 지역 수사 당국은 사건 현장을 즉시 범죄 현장으로 지정했다.[16] 수사 결과, 이 사건은 끔찍한 사고로 판정되었다. 범죄가 일어난 것 같다는 수사 당국의 첫인상이 사실로 밝혀진 것은 6년이 지나서였다. 노르웨이계 이주자였던 농부 피터 거너스Peter Gunness의 사고처럼 보였던 죽음이 알고 보니 인디애나주 역사상 가장 극악무도한, 아니 어쩌면 미국 역사상 가장 극악무도할지도 모르는 살인자의 소행으로 밝혀진 것이다. 여러 신문사는 샤를 페로가 쓴 동화에 등장하는, 사람을 잡아먹는 오거ogre* 푸른수염은 물론, 표면적으로 원형이 되는 역사 속 인물이었던 질 드 레와 이 사건의 살인마를 비교하는 기사를 썼다.[17] 이 사건을 더욱 두렵게 만든 것은, 선배격인 두 범죄자와는 달리 이 미국 중서부의 연쇄살인마가 여자였다는

---

* 북유럽 신화에 등장하는 거인 같은 괴물로, 사람을 잡아먹으며, 주로 성이나 궁전에서 산다.

　　　　　　　　　　　　　　　　　　지옥에서 온 여왕

사실이다. 미국 범죄계의 전설로 남은 리지 보든Lizzie Borden과 에드 게인Ed Gein을 각각 배출한 매사추세츠주 폴리버와 위스콘신주 플레인필드와 마찬가지로, 인디애나주 라포르테는 섬뜩한 공포를 즐기는 관광객들의 목적지가 되었다. 윌리엄 머사이어스 숄이나 브루스터 마틴 히글리 같은 라포르테의 자랑스러운 아들들이 태어난 곳이 아니라, 도저히 말로는 표현할 수 없는 공포가 잠든 곳으로, 여자 푸른 수염 벨 소렌슨 거너스Belle Sorenson Gunness의 소름 끼치는 "살인 농장"이 있던 곳으로 영원토록 각인되었다.

I

벨라

1

파울의 딸

1871년에 있었던 대화재Great Conflagration 사건으로 새카맣게 탄 잿더미로 전락한 시카고는 이듬해 석회암과 화강암, 벽돌을 기반으로 불사조처럼 재 속에서 되살아났다. 10여 년의 세월을 대화재를 수습하는 데 썼던 시카고는 1880년대 초에 "대초원의 보석gem of the prairies"이자 "가장 미국다운 미국의 도시the most American of America's cities"로서, 그리고 사람들로 북적거리는 "매력적인 대도시magnet metropolis"로서 완벽하게 부활했다. 시카고는 미국 중서부의 지루하기 짝이 없는 소도시와 마을, 농장으로부터 무수히 많은 열정적인 청춘 남녀들을 끌어당겼다.[1]

이 지역으로 몰려들었던 것은 이렇듯 '삶에 목마른' 젊은이들만이 아니었다.[2] 독일인, 폴란드인, 스코틀랜드인, 아일랜드인, 이탈리아인, 유대인으로 이루어진 대규모 이민자들도 재건된 도시를 향해 물밀듯이 밀려왔다. 한 저명한 역사가에 따르면, 1890년 무렵 시카고 인구의 약 80퍼센트는 "지구 방방곡곡의 문명화된 세상에서

온 외국계 사람들"이었다.[3]

이들 외국 태생의 신참자들 가운데 상당수는 노르웨이 출신이었다. 노르웨이인들은 이 지역으로 가장 먼저 들어온 이주민 가운데 하나였다. 그리고 바로 이들이 시카고가 미시간호숫가에 조잡하게 세운 목조건물들의 집합체에 불과했던 시절에 그곳에 식민지를 건설한 사람들이었다. 당시 시카고는 변경의 '진흙 구렁'이라 불렸으며, 보행로랍시고 깐 널빤지 아래쪽에서는 가축의 배설물과 섞인 악취를 풍기는 진흙이 새어 나오고, 포장되지 않은 도로는 온통 진창이라 짐마차의 차축이 빠지기라도 하면 몇 날 며칠을 꼼짝도 못하는 곳이었다.[4] 1850년, 시카고에는 562명의 노르웨이인이 살았는데, 이는 독일인과 아일랜드인의 뒤를 이어 전체 이주민 집단 가운데 세 번째로 많은 숫자였다. 10년이 지나자 노르웨이계 이주민의 숫자는 세 배로 늘어났으며, 1870년이 될 무렵에는 그 숫자가 8000명을 넘어섰다.[5]

스칸디나비아반도에서 이주해온 동포들과 마찬가지로, 노르웨이계 시카고 사람들은 검소하고, 근면하고, 올곧은 사람들이라 여겨졌으며, 이 대도시의 도덕의식을 함양해주는 사람들로 받아들여졌다. 시카고 초창기에 한 신문 논설위원은 "이들보다 더 나은 주민은 없다"라고 선언하면서 "우리는 '자유와 평등, 박애'의 땅으로 온 이들을 진심으로 환영한다"라고 말했다.[6] 세기의 전환기를 살았던 역사학자 A. T. 안드레아스A. T. Andreas가 서술한, 꼬마 크누트 이베르손 Knud Iverson의 감명 깊은 이야기는 노르웨이계 시카고 사람들의 타고난 정직성과 성실성을 보여주는 완벽한 사례다. 숨 막히게 더웠던

지옥에서 온 여왕

1856년 8월 3일 화요일, 안드레아스에 따르면 열 살배기 꼬마 크누트는 수영을 하러 강가로 내려가다가 10대 양아치 무리와 맞닥뜨린다. 양아치들은 크누트에게 엘스턴이라는 신사의 정원에 숨어 들어 "우리가 너보다 덩치가 크니, 우릴 위해 과일을 훔쳐 와라"라고 강요했다. 크누트가 "도둑질은 나쁜 것이라는 양심상의 이유로" 거절하자, 크누트보다 나이가 많았던 이 소년들은 크누트를 강에 빠뜨려 익사시켰다. 전국적으로 보도된 이 비극은, 타의 추종을 불허하는 쇼맨 P. T. 바넘P. T. Barnum을 감명시켰다. 바넘은 200달러를 기증하여 이 "불멸의 아이"의 기념비를 세웠다. 위대한 쇼맨 바넘은 여느 때처럼 허풍을 떨면서 호언장담했다. "앞으로 오랜 세월에 걸쳐 이 위대한 대륙 방방곡곡에 사는 사람들이 메카를 찾는 순례자들처럼 자녀들과 삼삼오오 짝을 지어 이 '영원한 추모비'를 찾아올 것이다. 그리고 자녀들은 잔인하게 살해당한 이 꼬마 순교자를 보고 '도둑질을 하느니 죽는 편이 낫다'는 중요하고도 영광스러운 원칙을 실감 나게 배우게 될 것이다."[7]

노르웨이계 사람들은, 노르웨이인 공동체에 속한 다른 구성원을 가리키며 '포부가 크고 진취적인 사람들이며, 아메리칸 드림이 옳음을 보여주는 산 증인'이라고 자랑스럽게 이야기할 수 있었다. 널리 알려진 노르웨이계 시카고인 가운데는 아이버 로슨이 있다. 로슨은 본래 하루 벌어 하루 먹고사는 노동자였으나, 열심히 일해서 번 돈을 한 푼도 낭비하지 않고 저축한 뒤, 도시의 빈 땅에 투자하여 백만장자가 되었고, 시 의회 의원이자 주 입법자로서 화려한 정치적 인생을 살았다. 로슨이 동포들을 위해 한 일 가운데는 '제일 노르웨이 복음주의 루터교회the First Norwegian Evangelical Lutheran Church'와 '스칸디나비아인 이주자 원조 협회Scandinavian Emigrant Aid Society'를 설립한 일이 있다.[8] 크리스티안 제브네 역시 이 지역 사회에서 자수성가의 대명사로 통하는 사람이었다. 굳은 마음을 먹고 나이 스물다섯에 미국으로 이주한 청년 제브네는 낮에는 식료품점에서 점원으로 일하고, 밤에는 학교에 다니면서 영어 실력을 쌓고 회계 장부를 쓰는 법을 배웠다. 고생 끝에 200달러를 모은 제브네는 자기 사업을 시작했으며, 결국에는 "시카고에서 가장 큰, 도소매 식품 업체"를 세웠다. 이 회사는 "수마트라와 아라비아로부터는 커피를, 중국과 실론으로부터는 차를, 유럽으로부터는 와인을, 노르웨이와 스웨덴, 덴마크로부터는 치즈, 생선, 통조림, 아쿠아비트 증류주를 수입했다".[9] 존 앤더슨 역시 빼놓을 수 없는 인물이다. 아홉 살에 시카고로 와 신문 배달부 생활을 하던 앤더슨은 훗날 미국에서 가장 널리 읽히고, 가장 큰 영향력을 지닌 노르웨이어 신문인 〈스칸디나벤Skandinaven〉을 (아이버 로슨과) 공동으로 발행했다. 이 신문은 노르웨이계 미국인들의 삶에서 빼놓을 수 없는 것이었기에, 앤더슨은 출판인으로서의 공로를 인정받아, 노르웨이와 스웨덴의 국왕 오스카 2세에게 기사 작위를 받았다.[10]

새로운 삶을 쫓아 미국으로 오기는 했지만, 노르웨이계 시카고 공동체의 구성원들은 자신들의 민족적 유산과 전통을 자주 기리곤 했다. 이들은 매년 5월 17일에 노르웨이 독립기념일을 축하했으며, 미발왕 하랄이 노르웨이를 통일한 지 1000년이 지났음을 기념하는 대규모 야외 파티를 개최했고, 1875년 7월에는 슬루프 범선

지옥에서 온 여왕

레스터레이션Restauration호의 항해를 기념하며 수천 명이 참가한 야외 기념행사를 벌였다. 노르웨이의 메이플라워호*라고 불리는 레스터레이션호는 기념행사로부터 50년 전에 노르웨이의 해안 도시 스타방에르로부터 최초의 노르웨이계 이주민들을 가득 실어 미국으로 싣고 온 배다. 1893년 시카고에서 열렸던 콜럼버스 세계박람회World Columbian Exposition의 하이라이트는, 매그너스 앤더슨Magnus Andersen 선장이 이끄는 용감무쌍한 선원들이 뱃머리에 용의 형상을 새겨넣은 롱쉽longship** '바이킹viking'을 타고 대서양을 가로질러 당도한 사건이었다. 이 항해는 레이프 에릭슨Leif Eriksson***의 신기원을 연 항해를 본뜬 것이었는데, "미국 전역의 노르웨이계 사람들의 가슴 속을 자부심으로 가득 채운" 실로 대단한 위업이었다.[11]

세계박람회가 열릴 무렵, 시카고에 사는 노르웨이인 인구는 그 수가 2만을 조금 넘길 정도로 성장했는데, 이로써 시카고는 "오슬로와 베르겐의 뒤를 이어 전 세계에서 … 노르웨이인이 세 번째로 많이 사는 도시"가 되었다. 노르웨이계 인구 중 가장 부유한 축에 속했던 의사와 변호사, 사업가와 은행가들은 위커파크와 인근 지역을 아주 촘촘히 짜인 민족 거주지로 바꾸어놓았는데, 이 지역은 오슬로에 있는 세련된 거주 구역인 홈만스뷔엔을 닮았다 하여, 노르웨이인들 사이에서 홈만스뷔엔으로 통했다.[12] 이들보다 덜 부유했던

---

* 청교도 개척자들을 아메리카로 수송한 유명한 영국 선박.
** 과거 바이킹이 쓰던 좁고 긴 배.
*** 1000년경 북아메리카를 최초로 발견한 바이킹.

상인이나 가게 주인, 숙련공, 장인 같은 사람들은 훔볼트파크와 로 건스퀘어 주변에 모여 살았다.[13] 노르웨이계 이주민들이 도착했던 초창기부터 그러했듯이, 노르웨이인 공동체 안에서 심각한 범죄는 놀랄 만큼 드물었다. 시카고 경찰국Chicago Department of Police이 발행한 보고서에 따르면 1880년부터 1890년까지 시카고에서 체포당한 사람들 가운데 노르웨이인이 차지하는 비율은 단 1퍼센트에 불과했으며, 그나마도 대부분 술을 마시고 소란을 떨거나 풍기 문란 행위를 하는 등 경범죄로 인한 것이었다. 한 역사가가 기록했듯이, 이 "샘나는 기록"은 노르웨이계 시카고 사람들이 지닌 가장 존경할 만한 특성 가운데 하나인 "법과 질서에 대한 존중"을 보여주는 증거였다.[14]

* * *

1881년, 2만 5000명이 넘는 노르웨이인이 미시간호수 기슭으로 몰려왔다. 1980년대가 끝날 무렵까지 그 열기가 식지 않았던 대규모 집단 이주의 시작이었다. 이들 가운데는 노르웨이의 트론헤임 시에서 멀지 않은 곳에 있는, 서부 해안 도시 셀부에서 온 22세 여성이 있었다. 굳은 표정을 지은 풍채가 당당한 부인이 카메라를 위협하듯 노려보는 사진이 그녀의 모습을 보여주는 가장 유명한 사진이다. 물론 이 사진이 당시로부터 수년이 지난 뒤, 그녀가 산전수전 다 겪은 중년의 여인이 되어 정착했을 때 찍은 사진이라는 사실을 밝혀야 공정하겠지만 말이다. 그러나 이보다 앞선 시기에 찍은 사진이 증명하듯이, 20대 시절에조차 그녀는 사랑스러운 아가씨와는 거

지옥에서 온 여왕

리가 먼 사람이었다. 머리는 크고, 눈은 작고, 코는 낮고, 입은 크고, 입술은 두꺼워서, 얼굴을 찡그리고 있을 때는 꼭 개구리처럼 보였다. 그녀의 정식 노르웨이 이름은 브륀힐드 파울스다테르 스퇴르세트Brynhild Paulsdatter Størset였다. 브륀힐드 파울스다테르는 파울의 딸 브륀힐드를 뜻하며, 스퇴르세트는 그녀의 가족들이 살았던 농장의 이름으로, 노르웨이 관습에 따라 이름 뒤에 붙인 것이었다.

전혀 놀랍지 않게도, 브륀힐드의 어린 시절에 대해 알려진 것은 거의 없다. 후대의 역사가들이 몇 안 되는 서류(견진성사confirmation 기록 및 인구 조사 기록 등등)를 파헤쳐 힘들게 알아낸 사실을 제외하고는, 브륀힐드의 배경에 관한 믿을 만한 사실은 사실상 존재하지 않는다. 브륀힐드는 1859년 11월 11일에 태어났으며, 셀부 안에 있는 작은 오두막 촌 가운데 하나인 잉그뷔아에서 자랐다. 브륀힐드의 아버지 파울 페데르센 스퇴르세트Paul Pedersen Størset는 잉그뷔아 토박이였는데, 그곳에서 가장 가난한 축에 드는 사람이었다. 파울은 스퇴르세트 농장에서 4000제곱미터 남짓한 땅을 빌려 몇 마리 안 되는 소와 양, 염소를 기르고, 보리와 귀리, 감자 농사를 지었는데, 아내 베리트Berit와 일곱 자녀를 간신히 굶기지 않는 정도였다.[15] 그리고 겨울철에는 석공 일을 해서 번 돈을 시원치 않은 벌이에 보탰다. 그런 노력을 했음에도, 파울은 이따금 너무나도 절박한 상황에 부닥쳤다. 적어도 한 번은 도저히 방법이 없어서 공공복지 제도를 이용할 수밖에 없었으며, 마을금고에서 10크로네의 빈민구제금을 받았다.[16]

여느 소작농 아이들처럼, 브륀힐드에게는 어린 시절부터 해야만 하는 온갖 잡일이 있었다. 브륀힐드는 젖을 짜거나, 버터를 만들거나, 물을 길어와야 했으며, 소가 길을 잃고 헤매거나, 소를 생쥐만 한 크기로 쪼그라트리는 산의 악령들에게 잡아먹히거나, 미스터리한 지하 세계로 가지 않도록 소를 치고 돌봐야만 했다.[17] 브륀힐드의 가족은 난로 땔감으로 쓸 견목hardwood을 살 형편이 못 되었기 때문에, 브륀힐드는 흔히 불쏘시개로 쓰는 가문비나무의 잘 마른 잔가지인 스누르크비스트Snurkvist를 모으는 일을 해야 했는데, 그 결과로 야박한 이웃들 사이에서 '파울네 잔가지 같은 계집애'라는 뜻의 '스누르크비스트폴라Snurkvistpåla'라는 경멸 어린 별명을 얻게 되었다.[18]

1874년 6월, 14살이 된 브륀힐드는 복음주의 루터교회에서 견진성사를 받았다. 브륀힐드의 종교적 지도자였던 아가톤 한스텐Agaton Hansteen 목사는 브륀힐드를 "뛰어난 종교 지식과 근면성을 갖추고 있다"고 평가했는데, 이는 "소녀들 가운데 절반만이 획득"한 등급이었다. 같은 해, 이웃이었던 뢰데는 브륀힐드를 낙농장 일꾼으로 고용했는데, 훗날 브륀힐드를 "모든 면에서 예의 바르게 행동하는 근면한 사람"으로 묘사했다.[19]

브륀힐드는 온종일 밭에서 고생스럽게 일했으면서도, 수시로 난롯가에 앉아 뜨개질을 했다. 대대로 이어진 셀부 명물인 '별 장미star rose' 무늬가 들어간 갖가지 모직물(벙어리장갑이나 모자 등)을 짰던 것이다. 삶의 낙이라고는 집집이 돌아다니던 이야기꾼이 베푼 마법 같은 이야기를 듣는 것뿐이었다. 이야기꾼은 영리한 시골 청년이 도도한 공주와 결혼하는 이야기나, 인간의 피와 살을 끝없이 갈망

지옥에서 온 여왕

하는 거대한 트롤Troll*에 관한 이야기나, 등이 움푹 파여 있고 기다란 소꼬리가 달린 아름다운 여자 괴물 '홀데르Hulder'가 마치 세이렌 Siren**처럼 남자를 유혹하여 파멸로 이끄는 이야기를 아낌없이 알려 주었다.[20]

그러나 이웃 모두가 목사나 고용주처럼 브륀힐드를 높게 평가 하지는 않았다. 지역 신문인 〈셀뷔겐Selbyggen〉에 실린 사설에 따르면, "이곳 셀부에 사는 많은 사람들은 그녀를 변덕스럽고, 극도로 악의적인, 몹시 나쁜 사람으로 기억한다. 그녀는 보기 안 좋은 습관을 여럿 갖고 있었고, 항상 치사한 속임수를 쓰려고 들었으며, 말수는 적었고, 어린 시절부터 거짓말쟁이였는데 … 커서도 존경할 만한 위인이 아니었으며, 사회의 인간쓰레기였다".[21]

브륀힐드가 열일곱 살 때 부유한 지주의 아들의 아이를 임신했는데, 그녀와 결혼할 생각이 전혀 없었던 남자가 브륀힐드를 외딴 곳으로 꾀어낸 뒤 유산할 때까지 두들겨 팼다는 이야기도 퍼져나갔다. 이 이야기에 따르면, 브륀힐드를 폭행했던 지주의 아들은 얼마 지나지 않아 장 질환으로 사망했는데, 비소 중독으로 의심되는 증상을 보였다고 한다.[22]

그렇지만 이런 일화를 기록한 문서가 존재하지 않으므로, 그 진위를 의심하는 편이 타당하다. 이웃들이 브륀힐드의 성격을 이상할 정도로 가혹하게 평가한 데도 의문의 여지가 있다. 브륀힐드

---

*   스칸디나비아 전설에 나오는 인간을 닮은 사악한 거인.

**   그리스 신화에 나오는 아름다운 여자 괴물로, 아름다운 노래로 선원을 유혹하여 잡아먹는다.

가 노르웨이를 떠난 지 이미 오랜 세월이 흘렀으므로, 그녀가 미국에서 일으킨 사건들이 틀림없이 이웃들의 생각과 기억에 큰 영향을 주었을 것이기 때문이다. 〈셀뷔겐〉지에 사설이 실릴 즈음, 셀부에서 우유를 짜던 젊은 아가씨는 신화에 등장하는 사악한 괴물인 '훌데르'로 탈바꿈해 있었다. 한 역사가의 표현에 따르면 브륀힐드는 "노르웨이 전설에 나오는 보이지 않는 존재들과 맞먹을 만큼 사악한 여자"였다.[23]

지옥에서 온 여왕

2

벨라, 미국에 오다

19세기 후반에 '신대륙'을 향해 대탈출exodus한 노르웨이인 이민자들은 자신들의 길고 고된 여정에 관해 많은 이야기를 남겼다. 많은 이주민들의 이야기와 마찬가지로, 브륀힐드 파울스다테르 스퇴르세트의 이야기는 트론헤임에서 증기선 타소Tasso호를 타고 영국의 항구 도시 헐로 향하는 것으로 시작한다. 북해를 가로지르는 나흘 동안, 여행객 대다수는 가판 아래에 있는 최하급 선실인 3등 선실에 머물러야 했다. 승객들은 옷을 벗을 수조차 없는 처지로, 웅크린 채 옹기종기 모여 있거나, 침대 대용인 좁은 나무 선반 위에 뻣뻣이 누워 시간을 보냈다. 여러 편지와 일기가 증언하다시피, 타소호는 날씨가 좋을 때조차도 파도가 치면 심하게 흔들리곤 했는데, 그러다 보니 뱃멀미하는 승객이 너무나 많아서 항해에 익숙한 사람들조차 구석구석 스며든 토사물의 역겨운 냄새 때문에 툭하면 탈이 날 정도였다.

뱃속에 음식이 들어오는 것을 견딜 수 있는 사람들에게는 하루 세 번의 식사가 제공되었다. 홍보 책자는 메뉴를 소개하며 온갖 찬사를 늘어놓았지만, 한 승객의 증언에는 전혀 다른 이야기가 담겨 있다.

아침은 항상 우유가 들어가지 않은 달콤한 차와 바짝 말라 딱딱한 비스킷이었으며, 야식도 같은 메뉴였다. 버터가 나오기는 했지만, 썩은 내가 코를 찔러서 아무도 먹을 수 없었다. 저녁에는 고기가 든 수프가 나왔는데, 수프는 아무 맛이 나지 않았고, 고기는 염장한 청어만큼 짰다. 하루는 소금에 절인 생선과 약간의 수프가 나왔는데, 도저히 먹을 만한 것이 못 되었던지라, 승객들 대다수는 결국 자기 몫을 바다에 버릴 수밖에 없었다.

가판 위에 있던 변소는 넌더리 날 만큼 끔찍했다. 한 목격자에 따르면 변소는 "물도 없는, 비좁고 답답하고 어두운 공간이었다. 남녀가 몸을 맞대고 써야 했으며, 입구는 풍랑을 막아주지 못했다. 한마디로, 이보다 더 끔찍한 냄새가 나는 불쾌한 장소를 떠올리기 어려웠다".[1]

항구도시 헐에 도착한 이민자들은 선원들이 짐을 내리는 동안 부두 옆에 있는 싸구려 여관으로 몰려가 수프와 커피, 빵과 버터로 간단한 식사를 했다. 그런 다음에 서둘러서 북동부 철도 회사North Eastern Railway Company의 기차역으로 갔다. 증기선을 탈 수 있는 리버풀로 가는 기차에 타기 위해서였다.

절대다수의 이민자는 대서양을 횡단할 때 선박의 3등 선실을

지옥에서 온 여왕

이용했는데, 1800년대 후반이 될 무렵에는 3등 선실의 시설이 상당히 개선된 상태였다. 신형 증기선 광고에서는 갑판 사이에 있는 생활 공간이 "높고, 밝고, 넓은" 것을 장점으로 내세웠으며, "가족칸, 미혼 남성칸, 미혼 여성칸"이 나뉘어 있고, "정리 정돈과 청소를 하는 전문 인력을 고용했다"고 홍보했다. 또 "최고급 식재료로 만든 신선하고, 다양한" 식사를 "스튜어드가 직접 승객들에게 나눠준다"고도 홍보했다. 그러나 현실은 이와는 조금 달랐다. 식사가 맛있는 경우는 극히 드물었고(한 여행객은 "딱 봐도 이미 대서양 횡단 항해를 한 적이 있는 돼지고기"가 나왔다고 당시를 회상했다), 화장실 시설은 형편없었으며, (전문 청소부가 관리하기로 되어 있던) 배의 위아래 갑판은 전부 항해 내내 계속된 집단 뱃멀미로 인해 끔찍할 정도로 엉망진창인 상태였다. 그렇다고는 해도 항해 시간이 줄어들었다는 사실 하나만으로도, 항해는 과거보다 훨씬 참을 만한 경험이 되었다. 브리그brig나 스쿠너schooner, 슬루프sloop, 바크bark, 클리퍼clipper 같은 앞선 시대의 범선은 항해에 최장 65일이 소요되었으나, 싱발라Thingvalla나 헤클라Hekla, 가이저Geiser 같은 근대 여객선은 빠르면 열흘 만에 항해를 마칠 수 있었다.[2]

증기선은 대부분 퀘벡, 뉴욕, 보스턴에 정박했다. 노르웨이로부터 막 도착한 사람들은 그곳에서 배나 기차, 마차를 타고 최종 목적지인 미네소타, 일리노이, 위스콘신, 사우스다코타 및 노스다코타, 워싱턴 같은 주로 향했다. 미니애폴리스나 시애틀 등의 도시에 있는 노르웨이계 집단 거주지에 정착하기로 마음먹은 사람들도 있었으나, 대다수 이주민은 작은 농촌 공동체에 정착했다. 그리고 브

브륀힐드 파울스다테르 스퇴르세트는 시카고에 정착했다.

＊ ＊ ＊

브륀힐드보다 나이가 열 살 많았던 언니 올리나Olina는 몇 년 전에 미국으로 이주한 뒤 시카고에 정착했는데, 그곳에서 존 R. 라슨John R. Larson이라는 남자를 만나 결혼했다. 올리나는 그때부터 자신을 넬리Nellie라 칭했는데, 바로 이 넬리가 자기네 부부와 함께 살자고 브륀힐드를 초대하고, 신세계로 오는 데 드는 비용을 낸 사람이었다. 시카고에 도착하고 넬리네로 이사 온 지 얼마 지나지 않아, 브륀힐드는 다른 수많은 이주자들과 마찬가지로 미국식으로 개명했다. 그렇게 브륀힐드는 벨라 피터슨Bella Peterson이 되었다.[3]

벨라가 새 삶을 시작했을 무렵, 시카고에 있던 스칸디나비아계 미혼 여성들은 대부분 공장에서 일하기보다는 가사와 관련된 일을 하려고 했다. 한 저명한 역사학자에 따르면, "1880년대에 바깥일을 했던 노르웨이계 여성 중 4분의 3은 하녀나 가정부, 세탁부로 일했다".[4] 벨라 피터슨 역시 헐값에 세탁 일과 삯바느질, 가정 청소부 일을 했는데, 그렇게 번 돈으로 언니 댁에 생활비를 냈다.

전前 농장 아가씨에게 이런 종류의 일은 전혀 새로울 것이 없는 일이었다. 벨라는 이와 완전히 똑같은 '자질구레한' 일을 하면서 궁핍한 소녀 시절을 보냈기 때문이다. 그러나 벨라는 노예처럼 고된 일을 하려고 미국에 온 것이 아니었다. 당시 황금기를 보냈던 시카고의 상업 중심지를 조금이라도 거닐어본 사람이라면 누구라도 분명하게 느낄 수 있었듯이, 화려한 상품들로 가득한 이 눈부신 세계에는 돈이 넘쳐났다. 작가 시어도어 드라이저는Theodore Dreiser 1880년대 후반을 배경으로 한 고전 소설 《시스터 캐리Sister Carrie》에서 시카고에 새로 도착한 젊은 여자의 초상을 그렸는데, 그녀의 가장 큰 갈망은 시카고의 "소비를 위한 장엄한 궁전" 가운데 하나인 시내 백화점을 돌아다닐 때 처음으로 깨어났다.

> 분주한 통로를 지나가면서, 캐리는 화려하게 진열된 장신구와 옷, 필기구류와 보석을 보고 커다란 충격을 받았다. 각 매장이 전부 흥미롭고 매력적이며 휘황찬란한 물건들로 가득한 명소였다. 장신구와 귀중품들이 저마다 자신을 부른다는 기분을 느꼈지만, 그녀는 멈추지 않았다. 그곳에 있는 물건 가운데 그녀가 써본 적이 없는 물건은 단 하나도 없었으나, 그녀에게 갖고 싶다는 갈망을 불러일으키지 않는 물건은 단 하나도 없었다. 앙증맞은 슬리퍼와 스타킹, 우아한 프릴 스커트와 페티코트petticoat*, 레이스와 리본, 머리빗과 지갑이 모두 제각각 그녀의 열망을 불러일으켰다. 캐리는 이것들 가운데 그 무엇도 살 능력이 안 된다는 사실을 뼈저리게 받아들였다.[5]

캐리 미버의 가슴속에서 불타올랐던 소유욕은, 벨라 피터슨의 가슴속에서 더 맹렬히 불타올랐다. 유년기에 겪었던 궁핍함은 벨라가 부를 갈망하게 했다. 넬리 라슨은 훗날 이렇게 말했다. "돈 문제

---

* 스커트 안에 입는 속치마.

에 있어서 내 여동생은 꼭 미친 사람 같았다. 동생은 돈을 얻기 위해 서라면 무슨 일이든 하려고 들었다."[6] 결혼 문제에서도, 벨라는 배우자에게 바라는 것이 무엇인지 숨기지 않았다. 넬리가 말했듯이 "벨라는 그 남자가 어떤 사람인지에는 전혀 관심이 없었다. 벨라가 관심을 보인 것은 오로지 남자의 재산과 남자가 자신을 얼마나 호강시켜 줄 수 있느냐 뿐이었다". 몇 년 뒤, 벨라는 자신의 첫 남편이며 그녀의 자식들의 아버지이자, 모든 면에서 친절하고 사랑이 넘쳤던 남자에 관해 이렇게 말했다. "내가 이 남자와 같이 사는 유일한 이유는 내게 '좋은 집'을 제공해서야."[7]

첫 남편의 이름은 매즈 디틀레브 앤톤 소렌슨Mads Ditlev Anton Sorenson이었다. 딱 한 장 남은 사진을 보면, 소렌슨이 목이 굵고 체격이 건장한 북유럽계 남성이었으며, 머리가 반쯤 벗겨졌고, 당시 유행하던 팔자 수염을 했다는 사실을 알 수 있다. 벨라보다 다섯 살 연상이었던 소렌슨은 야간 경비원 일을 했는데, 스테이트스트리트와 매디슨스트리트의 교차점에 있는 맨델 브라더스 백화점에서 일하던 직원 800명 가운데 한 명이었다.[8]

두 사람은 1884년 3월에 그랜드애비뉴와 카펜터스트리트의 교차점에 있는 '베타니아 복음주의 루터교회Evangelical Lutheran Bethania Church'에서 식을 올렸다. 주례는 노르웨이계 사람들 사이에서 존경받는 인물이었던 존 Z. 토거슨 목사였다. "큐피드의 조수"라고 널리 칭송받았던 토거슨 목사는 1905년에 사망할 때까지, 36년 동안 목사로 살면서 1만 5000건이 넘는 결혼식을 거행했는데, 미국 전체를 통틀어봐도 토거슨 목사보다 더 많이 결혼식을 거행한 성직자는 없었다.[9] 결혼사진 속 스물네 살 벨라는 검은색 웨딩드레스를 입고 당당한 자세를 취하고 있다. 이 웨딩드레스는 "태피터taffeta* 혹은 실크 무아레Moiré** 원단으로 만든 것으로, 레이스 주름 장식이 되어 있었고, 목 부분에는 진주가 세 줄로 박혀 있었다". 벨라는 왼손을 오른손 위에 포개고 있었는데, "두 겹으로 만든 결혼반지"를 과시하기 위해서였다.[10]

역사는 소렌슨이 첫 10년간의 결혼 생활을 어떻게 보냈는지 사실상 전혀 알지 못한다. 그러나, 서류에 기록된 몇 안 되는 사실로 미루어 유추해볼 수는 있다.

대다수의 기록에 따르면, 벨라는 강렬한 모성 충동을 느꼈던 것 같다. 언니 넬리는 "벨라는 아이들을 무척 좋아했다. 시카고의 노르웨이인 교회에서 주일 학교에 다니던 아이들은 거의 다 벨라를 친절한 사람이라고 생각했다"라고 당시를 회상했다. 벨라는 특히 버림받았거나 고아원에 맡겨진 아이들이 겪는 곤경에 마음을 쏟은 듯하다. "훔볼트 공원에서 열린 아동 소풍 행사"에 참석한 벨라는 "연단 위에 올라가 집이 필요한 아이들을 돌봐주겠다고 제안했다".[11]

사실, 언니와의 씁쓸한 이별을 불러온 것은 바로 아이를 키우고 싶다는 벨라의 열망이었다. 결혼 후 처음 몇 년 동안 아이를 갖지 못했던 벨라는 언니 넬리의 다섯 아이 중 막내였던 네 살배기 조카

---

* 윤기가 흐르는 고운 실크나 유사한 합성 섬유로 만든 빳빳한 옷감.
** 물결무늬(혹은 간섭무늬나 격자무늬)가 있는 옷감.

딸 올가Olga에게 모성적 애정을 쏟았다. 넬리는 훗날 이렇게 설명했다. "올가는 끔찍이도 귀여운 여자아이였는데, 내 여동생 벨라는 올가를 대신 기르게 해달라고 요구했다." 비록 올가가 장장 6주간 벨라와 같이 지내는 데 동의하기는 했지만, 넬리는 분명한 어조로 이 제안을 거부했다. "나는 내 어린 딸을 입양하겠다는 **소렌슨 부인**의 제안을 거부했는데, 그날 이후로 내 여동생은 좀처럼 나와 이야기하지 않으려 했다."[12]

1891년, 벨라 소렌슨은 제니Jennie라는 갓난 여아를 입양하면서, 아이를 입양하겠다는 꿈을 이룬다. 당시 소렌슨네에서 가까운 곳에 살았던 올슨 부부는 벨라와 매즈 부부의 가까운 친구가 되었는데, 아이의 아빠였던 앤톤 올슨은 훗날 이렇게 설명했다. "제니가 생후 8개월이었을 때 제니의 어미는 죽어가고 있었습니다. **소렌슨 부인**은 죽어가던 제 아내에게 제니를 맡겨달라고 사정했죠. 아내는 벨라의 품에 어린 제니를 건넨 뒤, 벨라에게 이 아이를 자기 자식처럼 지키고, 돌보고, 기르겠다고 맹세하라고 요구했습니다. 벨라는 이 신성한 서약을 굳게 지키겠다고 맹세했고요. 얼마 지나지 않아 내 아내는 죽었습니다. … 벨라가 제니를 데려간 다음에도 저는 제니와 자주 만났습니다. 벨라는 제니를 제게 자주 데려왔는데, 제니는 항상 옷을 잘 입고 있었죠. 아이는 행복해했습니다."[13]

몇 년 뒤, 재혼한 올슨은 딸의 양육권을 되찾으려고 시도했으나, 법원은 벨라의 손을 들어주었다.[14]

* * *

지옥에서 온 여왕

매즈가 벌어오는 주급은 (오늘날의 450달러에 해당하는) 15달러를 넘기는 법이 없었지만, 매즈와 벨라는 어떻게든 1894년에 그랜드애비뉴와 에드워드스트리트가 교차하는 곳에 있는 작은 과자점을 살 만한 돈을 모았다. 과자점은 (신문에 실린 사진이 분명히 보여주듯이) 2층짜리 목조건물의 1층에 있었는데, 당시 유행했던 과자와 함께 담배와 시가, 신문과 잡지, 문구류와 주요 식품류를 판매했다.[15] 그러나 주요 상권 안에 있었었음에도, 과자점은 번창하지 못했다. 벨라는 자신의 귀중한 돈이 밑 빠진 독에 담긴 물처럼 빠져나가는 모습을 보며 대경실색했다.

벨라와 매즈 부부가 가게를 매입한 지 채 1년도 지나지 않았을 때, 가게에 화재가 났다. 불이 났을 때 그곳에 있던 사람은 벨라와 아장아장 걸어 다니던 세 살배기 수양딸 제니뿐이었다. 〈시카고 트리뷴Chicago Tribune〉에 따르면 "화재를 처음 발견한 사람은 아이와 함께 있었던 소렌슨 부인이었다. 소렌슨 부인은 길가로 뛰쳐나가 '불이야!'라고 목청껏 소리쳤다".[16] 불길이 잡힐 무렵에는 가게 안쪽이 완전히 불타서 파괴되었다. 벨라는 "작은 석유램프가 폭발했다"고 주장했으나, 잔해물을 정밀 검사한 보험 조사관들은 "램프가 파괴되었음을 보여주는 깨진 유리 조각이나 기타 증거를 … 찾지 못했다". 방화를 의심하기는 했지만, 보험사는 결국 보험금을 전액 지급한다. 얼마 뒤, 소렌슨 부부는 가게를 원주인의 형제에게 팔아 처분했다.[17]

투자금을 회수한 벨라와 매즈는 "부유한 오스틴 교외 지역의 주변부에 있는 블루칼라 동네"로 이사하면서, 알마스트리트에 위치한 베이 창bay-window* 구조로 지은 3층짜리 집을 샀다.[18] 1896년부터 1898년까지, 2년에 걸쳐 두 사람은 추가로 네 자녀, 캐럴라인Caroline, 머틀Myrtle, 액셀Axel, 루시Lucy의 부모가 되었다.[19] 이 아이들이 당시 30대 후반이었던 벨라에게서 단기간에 연거푸 태어난 아이들이었는지, 아니면 더 그럴듯하게 느껴지는 설명처럼 벨라가 (후에 사람들이 이야기했듯, "금전적인 목적으로") 입양한, 버림받았거나 고아원에 맡겨진 갓난아기들이었는지는 오늘날에도 여전히 논란거리이다.[20] 한 가지 사실은 분명하다. 태어난 지 얼마 지나지 않아 네 아이 중 둘이 죽었다. 캐럴라인은 생후 5개월에 사망했으며, 액셀은 생후 3개월에 사망했다. 당시 미국에서는 유아 사망률이 믿을 수 없을 만큼 높았기 때문에(아기 1000명이 태어나면 대략 100명이 한 살을 넘기지 못하고 죽었다), 두 아기가 갑자기 사망했음에도 아무도 의심하지 않았다. 둘의 사인은 각각 장에 급성 염증이 생기는 질병인 소장 결장염enterocolitis과 흔히 "뇌에 물이 차는 병"이라고 부르는 뇌수종hydrocephalus이었다.[21]

* * *

매즈가 겉으로 보기에 황금 같은 기회와 만났던 것은 시카고-노스웨스턴 철도Chicago & Northwestern Railroad에서 일하면서 주급으로 12

---

*   베이 창(혹은 내닫이창이나 퇴창) 구조는 벽 일부가 집 바깥쪽으로 툭 튀어나오게 집을 지은 뒤, 그 튀어나온 벽에 창문을 내는 구조를 뜻한다.

달러를 벌던 시절이었다.

1897년 10월 1일 저녁, 소렌슨 부부는 앵거스 랠스턴이라는 신사의 집에 초대받았는데, 랠스턴은 자신을 유콘 탄광무역회사Yukon Mining & Trading Company(이하 유콘 탄광)의 대리인이자 수석 엔지니어라고 소개했다. 랠스턴은 유콘 탄광이 "자본금 350만 달러로 설립된, 막대한 자금력을 지닌 기업이며, 뉴멕시코 지역에 탄광을 여럿 소유하고 있고, 알래스카와 클론다이크강 일대에 큰 관심이 있다"고 설명했다. 그러면서 유콘 탄광이 1년 동안 알래스카 황무지의 가혹한 환경을 견딜 마음이 있는, 일확천금을 노리는 광부들을 현재 모집하고 있다는 말을 덧붙였다. 벨라가 재촉하자 매즈는 황급히 계약을 맺었다. 10월 27일, 매즈는 계약서에 서명하고, 날인하고, 공증을 받음으로써, 회사와 정식으로 계약을 체결했다.

계약서에 따르면, 매즈는 "1986년 4월 1일부로, **회사**의 피고용인으로서 알래스카에 가서 금을 시굴하고, 금맥을 탐사하고, 원정대를 통솔하는 관리자가 요구하는 그 밖의 모든 일을 하는데" 동의했다. 그 대가로, 매즈는 "찾아낸 광산에 설치한 야영지에 머무르는 다른 사람들과 같은 임금"을 받을 뿐만 아니라, "본인이 찾아낸 모든 광산에서 나오는 수익의 4분의 1"을 획득하며, 여기에 덧붙여 회사 측으로부터 주식 2800주를 받게 되었다. 소렌슨 가족은 1년 내내 가족 부양자 없이 지내야 했으므로, 회사 측은 "매즈를 고용하는 동안, 아내 벨라 소렌슨에게 매달 35달러를 지급하는 대신, 매즈의 급여 계좌에서 같은 금액을 차감하는데"도 동의했다.[22]

언니 넬리가 평했다시피, 벨라는 인간 매즈에게는 별 관심이 없었으므로, 금광 탐사를 위해 매즈를 1년 동안 떠나 보내면서 기뻐했다. 너무나도 눈부신 부의 전망에 눈이 멀었던 벨라와 매즈는 심지어 자신들의 돈 상당액을 투자하여 "1년간 필요한 보급품"을 충당하는 데도 동의했다. 회사와 계약을 맺었던 바로 그날, 매즈와 벨라는 (오늘날에는 2만 달러가 넘는 가치를 지닌) 700달러짜리 약속어음을 회사와 공동으로 발행했는데, 이 증서에는 알마스트리트에 있는 두 사람의 부동산이 담보로 설정되어 있었다.

이후에 벨라와 매즈가 유콘 탄광을 상대로 제기한 소송을 보면, 이다음에 무슨 일이 있었는지 자세히 알 수 있다. 매즈는 "상술한 계약서에 따라, 막대한 희생과 비용을 치러가며 알래스카로 가기 위한 모든 준비를 마쳤으며, 1898년 4월 1일경에 상술한 회사에 출두하여 상술한 회사의 직원에게 자신이 계약을 이행할 것이며 알래스카로 갈 준비가 되었다는 사실을 알렸다". 두 달이 지나도록 유콘 탄광 측으로부터 아무런 말이 없자, 매즈와 벨라 사이에서 의심이 일기 시작했다. 두 사람은 변호사와 계약을 맺고 "상술한 회사의 회계 장부를 조사할 권한을 요구했다". 조사를 마친 변호사는 소렌슨 부부가 두려워하던 최악의 사태가 일어났음을 확인해주었다.

1898년 6월, 벨라와 매즈가 형평법 법원chancery에 제출한 기소장에 따르면, 유콘 탄광은 알려진 바와 정반대로, 급성장 중인 채금採金 회사가 아니었으며, 오히려 "재원이라곤 전혀 없는" 회사였다.

전술한 회사는 뉴멕시코나 알래스카, 혹은 다른 지역에 있는 어떠한 광산과도 아무런 이해관계가 없으며, 있었던 적도 없다. **이 회사**

지옥에서 온 여왕

는 수입이 전혀 없으며, 대량의 주식을, 더 정확히 말하면 52만 5000 주를 헐값에 처분했다. **이 회사**의 경영진과 발기인promoter*들은 마땅한 수입이 없으며, 재정적 책임을 지지 않는 사람들이다. **이 회사**가 설립된 단 하나의 목적은 무고한 투자자들을 기만하기 위해서이며, **이 회사**는 결코 단 한순간도 계약을 이행하려는 의지가 없었다. … **이 회사**는 이제 완전히 소멸하고, 파산하고, 정지된 상태이며, 정당한 부채를 갚거나 영업을 계속할 어떠한 자산이나 수단이 없다.

탐욕이 판단력을 앞섰던 다른 사람들과 마찬가지로, 벨라와 매즈는 사기극의 희생양이 되었다. 두 사람의 약속어음과 어음의 담보물로 설정했던 부동산은 부동산업자이자 모기지 브로커mortgage broker**였던 에마누엘 호겐슨Emanuel Hogenson에게 500달러에 팔렸다.[23] 2년 뒤 약속어음의 만기가 도래하면, 소렌슨 부부는 호겐슨에게 700달러와 그 이자에 해당하는 금액을 상환하거나 집을 잃을 위험에 직면해야 했다.

비록 소렌슨 부부가 최종적으로는 재판에서 승리하여, 호겐슨이 이 약속어음을 이용해 먹는 일은 일어나지 않았지만, 두 사람의 일확천금의 꿈은 원통하게도 산산이 조각나버렸다.[24] 매즈가 전 직장이던 맨델 브라더스 백화점으로 돌아가 다시 야간 경비원 일을 시작하자, 벨라는 남은 생애를 저임금 노동자의 아내로서 보낼 운

---

* 주식회사의 설립을 기획하여 정관定款에 서명한 사람으로, 기업이 생성되면 다른 사람들에게 기업에 돈을 투자하라고 권유하는 일을 한다.

** 부동산 담보 대출의 채무자와 대출자를 중개하는 개인이나 기업.

명에 처한 것처럼 보였다. 하지만 뒤이은 사건이 증명하다시피, 벨라에게는 다른 계획이 있었다.

1990년 4월 10일 화요일 저녁, 알마스트리트에 있는 소렌슨 일가의 집에서 화재가 발생했다. 전하는 바에 따르면 "난방 기구의 결함"이 원인이었다고 한다. 제때 도착한 소방관들이 건물이 불타는 것을 막기는 했지만, "가재도구"가 불타면서 벨라와 매즈는 대략 650달러의 손실을 보았다. 〈시카고 트리뷴〉의 보도에 따르면, 다행스럽게도 "파괴된 소유물은 전액 보험처리"되었기에 두 사람은 또다시 묵직한 보험금을 받게 되었다.[25]

받을 돈은 이게 다가 아니었다. 적어도 벨라에게는 말이다.

불이 났을 당시, 매즈는 상호공제조합mutual benefits association*을 통해 2000달러짜리 생명보험에 가입한 상태였는데, 이 보험증권은 만기가 1900년 7월 30일 월요일이었다. 매즈는 이 보험증권을 소멸시키고, 대신 만기일부터 효력이 발생하는 3000달러짜리 생명보험에 새로 가입하기로 했다.

바로 그 월요일 오후, 한때 소렌슨네에서 하숙했었던 젊은 내과 의사 J. C. 밀러J. C. Miller는 벨라가 급히 자신을 찾는다는 연락을 받았다. 밀러가 서둘러 알마스트리트에 있는 주소지에 찾아갔을 때, 매즈는 옷을 다 입고 침대에 누운 채로 사망한 상태였다. 바로 그때, 소렌슨 가족의 주치의였던 찰스 E. 존스Charles E. Jones도 소렌슨 가족네에 도착했다. 벨라에게 질문을 던진 두 의사가 알아낸 바는 이렇다.

---

* 구성원에 대한 보험금 지급을 목적으로 하는 친선단체.

벨라의 남편은 독감을 앓고 있었으며, 그날 아침 집으로 돌아와 "두통이 심하다"고 투덜거렸다. 벨라는 남편에게 키니네quinine** 가루 1회분을 준 뒤, 주방으로 내려가 자녀들의 저녁 식사를 준비했다. 얼마 후 벨라는 남편의 몸 상태를 살피러 위층으로 다시 올라왔는데, 그때 남편은 죽은 상태였다.

밀러가 훗날 설명했듯이, "약사가 실수로 키니네 대신 모르핀을 **주었을**지도 모른다"는 생각을 한 밀러는 벨라에게 가루를 싸고 있던 포장지를 보여달라고 했다. 그리고 벨라는 포장지를 이미 버렸다고 답했다. 벨라가 묘사한 증상을 제외하고는 아무런 증거가 없었던 두 의사는 매즈가 뇌출혈로 사망했다고 결론 내렸다.[26]

남편이 가입한 두 생명보험의 유일한 수익자beneficiary였던 벨라에게, 남편은 그보다 더 나을 수가 없는 시기에 돌연히 사망했다. "만약 소렌슨 씨가 단 하루만 더 일찍 사망했더라면," 훗날 어떤 신문사가 설명했듯이, "소렌슨 씨의 아내는 첫 번째 보험증권의 보험금인 2000달러만을 수령했을 것이다. 혹은 단 하루만 더 늦게 사망했더라면, 두 번째 보험증권에서 3000달러만을 수령했을 것이다. 소렌슨 씨가 바로 그날 죽었기에, 아내는 총 5000달러에 해당하는 첫 번째와 두 번째 보험증권의 보험금을 모두 받았다". 오늘날의 가치로 환산해봤을 때, 미망인 소렌슨 부인이 수령한 금액은 수령한 금액은 15만 달러가 넘는다.[27]

3일 뒤였던 1900년 8월 2일 목요일 아침, 매즈 디틀레브 앤톤

** 키니네 혹은 퀴닌은 말라리아 특효약으로, 해열 및 진통 효과가 있다.

소렌슨은 포레스트홈 공동묘지로 운구되어 자신의 두 어린 아들 곁에 묻혔다. 장례식에 참석한 사람들 가운데는 벨라와 사이가 소원해졌던 언니, 넬리가 있었다. 두 사람 사이에서 정확히 어떤 일이 있었는지는 알려지지 않았지만, 넬리가 증언한 바에 따르면, 넬리는 어느 순간 불길한 예감에 사로잡혔다.

넬리는 훗날 당시에 관해 이렇게 말했다. "그곳에 있는 동안, 갑자기 끔찍한 기분이 들었어요. 마치 무슨 일이 터질 것만 같은 기분이 들었죠." 넬리를 덮친 감각은 너무나도 강렬하여, 넬리는 어지러움을 느끼고, "바로 서지 못할" 정도였다. 넬리가 그날 자신을 사로잡았던 거대한 공포의 의미를 이해하게 된 것은 8년이 지나서였다.[28]

지옥에서 온 여왕

3

분쇄기

라포르테 외곽에 있는 맥클렁 도로에는 "매티 앨틱 저택Mattie Altic's Place"이라고 알려진 저택이 자리 잡고 있다. 앨틱 저택에는 파란만장한 역사가 있다. 저택의 원주인은 라포르테의 창립자 가운데 한 명이었던 존 C. 워커였는데, 워커는 1846년에 딸 해리엇과 사위 존 W. 홀컴을 위해 이 으리으리한 저택을 세웠다. 약 20년이 흐른 1864년, 홀컴 부부는 라포르테를 영영 떠났다. 1861년에 발발한 남북 전쟁에서 라포르테 카운티는 북군의 대의에 동참하여 2500명의 평사를 파병했었는데, 홀컴 부부는 남부 측에 동조하는 입장이었으므로 지역 사회에서 따돌림을 당했기 때문이다.[1]

전하는 바에 따르면, 두 사람이 종적을 감춘 지 얼마 되지 않아서 저택은 B. R. 카라는 석탄과 목재를 취급하던 지역 상인에게 팔렸는데, 카의 아들 G. 하일 카는 훗날 "인디애나주의 한 부분을 공포에 떨게 한" 무법자 무리의 우두머리가 되었다. 상황이 갱단에게 너무나도 안 좋게 흘러가자, 젊은 카는 서쪽에 있는 덴버로 향했는데, 결국 그곳에서 은행 강도질을 하던 도중에 총에 맞아 죽었다. 아들의 시체가 집으로 돌아오자, 늙은 카는 저택을 팔아버렸으며, 갚지 않은 빚더미들을 내버려 둔 채 라포르테에서 자취를 감췄다.[2] 들리는 바에 따르면, 그 후 몇 년 동안 저택은 더 불운한 운명을 맞았던 몇몇 주인들의 손을 거쳐 갔다. 이들 가운데는 "너무나도 갑자기 죽어, 검시관이 조사를 하러 다녀갔던" 두 형제도 있었고, 위층에 있는 침실에서 스스로 목을 맨 농부도 있었으며, 짧은 시간 동안이나마 인디애나주 북부에서 가장 악명 높은 여자"라는 칭호를 차지했던, 1892년에 저택의 주인이 된 매티 앨틱Mattie Altic도 있었다.[3]

대도시에서 이주한 마담이었던, 불꽃처럼 화려한 여자 매티는 깁슨 걸Gibson Girl 스타일로 빗은 조각 같은 여자였다. 시내에서 쇼핑을 할 때면 매티는 커다란 타조 깃털로 장식한 모자를 과시하듯 쓰고 다녔다. 마담 매티는 저택을 라포르테에서 가장 고급스러운 창관으로 탈바꿈시켰다. 이 창관의 전면 "유흥실" 안에는 대리석을 씌운 바가 있었으며, 화려한 마차 차고 안에는 장식 술로 꾸민 화려한 서리형 사륜마차surrey*가 있었다. 시카고에서 기차를 타고 온 매티의 고객들을 태워오는 마차였다. 마담 매티는 몇 년 뒤 갑작스럽게 세상을 떴다. 공식적인 사인은 심장병이었지만, 애인에게 차인 뒤 스스로 목숨을 끊었다거나, 자매에게 독살당했다거나 하는 소문이 끊이지 않았다. 매티의 자매 에바 루퍼트는 매티와 마찬가지로 창관을 운영했는데, 에바가 운영하던 '리조트'는 (신문 기사에서 완곡하

---

* 두 좌석의 4인승 4륜 마차.

게 표현한 바에 따르면) 사우스벤드에 있었다.[4]

비록 매티 앨틱 저택이 "불명예스러운 평판"을 갖고 있기는 했지만, 저택의 구매자를 끌어모으는 것은 전혀 어렵지 않은 일이었다.[5] 8년이 지난 뒤, 매티 앨틱 저택은 창관 사업을 접었는데, 8년 동안 여러 주인의 손을 거치다가, 마침내 전 여주인의 악명을 까마득히 넘어서는 새 여주인을 맞이했기 때문이었다. 이 여자와 비교하면, 매티 앨틱이 마치 존경할 만한 미국 '중서부 여선생'처럼 보일 정도였다.

벨라 소렌슨이 정확히 어떻게 앨틱 저택이 매물로 나와 있었다는 사실을 알아냈는지는 알 수 없다. 남편이 죽은 뒤, 벨라는 미네소타주 퍼거스폴스에 있는 친척네 농장에 방문했는데, 바로 이때 직접 농장을 꾸려 정착해야겠다는 생각에 사로잡힌 듯하다. 당시를 연구한 역사가들에 따르면, 시카고로 돌아온 벨라는 〈시카고 트리뷴〉의 항목별 광고란에 적합한 부동산을 찾는 광고를 냈다. 이 광고는 당시 앨틱 저택을 소유했던 사람의 눈길을 끌었다. 저택 주인은 벨라에게 연락을 취했고, 1901년 11월에 계약이 체결되었다. 알마 스트리트에 있는 부동산을 처분한 뒤, 벨라 소렌슨은 세 자녀 제니, 머틀, 루시와 함께 라포르테로 이사했다.

라포르테 지역 사회 사람들에게 벨라는 다른 이름으로 알려졌다. 벨라는 사적인 서신에서만큼은 계속해서 "벨라"는 서명을 사용했지만, 이웃을 대할 때는 더 평범하고, 더 전형적인 미국 이름인 "벨Belle"을 사용했다. 그리고 라포르테에 도착한 지 채 몇 달도 지나지 않았을 무렵, 벨의 성은 더는 소렌슨이 아니게 되었다.

＊＊＊

결혼 생활 첫 10년 동안, 벨과 매즈 부부는 잠깐 동안 피터 거너스Peter Gunness라는 이름의 하숙인을 받았었다. 한 작가는 피터를 "잘생긴 금발 바이킹처럼 생긴 남자로, 눈동자는 선명한 푸른색이었고, 턱수염과 콧수염은 노란색에 뾰족한 모양"이라고 묘사했는데, 오늘날까지 남은 피터의 사진들을 보면 이 말이 사실임을 알 수 있다.[6] 피터는 1885년에 오슬로에서 미국으로 온 이주민이었는데, 미니애폴리스에서 형제 거스트Gust와 함께 살다가, 시카고에서 세계박람회라는 대행사가 열렸던 1893년에 시카고로 이사했다. 그리고 이때 가축 수용소stockyard에서 일하면서 하숙방을 구했던 곳이 바로 소렌슨 부부네 집이었다. 노르웨이로 돌아가 잠시 머무른 뒤, 피터는 1895년에 미니애폴리스로 돌아와 제니 소피아 심프슨이라는 젊은 여성과 결혼식을 올린다. 두 사람은 헤네핀스트리트에 있는 집에서 살았으며, 피터는 "식료품점에서 주문을 받거나, 주문서를 쓰는 일을 했다". 첫 아이는 1897년에 태어났는데, 두 사람은 이 여자아이에게 스완힐드Swanhild라는 이름을 지어주었다. 4년 뒤, 아내 제니 거너스는 둘째 딸을 출산하다가 사망했다.[7] 매즈가 죽고 난 뒤 미네소타주에 살던 친척을 방문했던 기간 동안, 미망인 소렌슨 부인은 숙원이었던 미니애폴리스 여행을 떠났다. 그리고 그곳에서 잘생긴 (그리고 갑자기 교제할 수 있는 상태가 된) 전 하숙인과 다시 만났다. 세월은 벨에게 결코 친절하지 않았다. 애초부터 미녀와는 거리가 멀었던 벨은 나이를 먹으면서 거칠고 남자 같은 여자가 되었다. 한 동시

　　　　　　　　　　　　　　　지옥에서 온 여왕

대인은 몹시 가혹한 말로 벨을 다음과 같이 묘사했다. "육중한 몸을 지닌 뚱뚱한 여자로, 커다란 머리통에 얹혀 있는 진흙색 머리카락은 마치 대걸레처럼 보였고, 눈은 작고 손과 팔은 컸는데, 기괴할 정도로 작은 발이 터질듯이 부푼 몸통을 지탱하고 있었다."[8] 벨이 남자들을, 심지어 피터 거너스처럼 잘생긴 남자를 유혹하는 데 별 어려움을 겪지 않았던 것을 보면, 인디애나주에 있었던 20만 제곱미터짜리 농장이 얼마나 매력적이었는지 능히 미루어 짐작할 수 있다. 1902년 4월 1일, 이 육체적으로 어울리지 않는 한 쌍의 남녀는 라포르테 제일 침례교회First Baptist Church에서 조지 C. 무어 목사의 주례하에 식을 올렸다.

식을 올린 지 닷새 뒤, 생후 7개월이었던 피터의 딸이 사망했다. 공식 사인은 "폐부종pulmonary edema"이었다. 딸의 시신은 시카고에 있는 포레스트홈 공동묘지로 보내져, 한때 벨의 보살핌을 받았던 두 갓난아기의 무덤 옆에 묻혔다.[9]

* * *

그로부터 여덟 달 뒤인 12월 16일 화요일 새벽 3시경, 거너스 가족과 거리상으로 가장 가까운 이웃이었던 니컬슨 가족의 집 현관문에서 마치 누군가 문을 쇠막대로 내리친 듯한 날카로운 소리가 울려 퍼졌다. 스완 니컬슨Swan Nicholson과 그 가족은 이 소리를 듣고 깜짝 놀라 잠에서 깨어났다. 잠옷을 입은 채로, 황급히 아래층으로 내려온 니컬슨 가족은 벨의 수양딸 제니가 한 손에 부지깽이를 움켜

쥔 채로 현관에 서 있는 모습을 발견했다.

"엄마가 오시래요." 열두 살 소녀가 말했다. "아빠가 불에 데었어요."

몇 분이 지나 거너스 농가farmhouse*에 도착한 스완과 스완의 어린 아들 앨버트Albert는 주방에 주저앉은 벨을 발견했다. 벨은 몹시 흥분하여 도무지 앞뒤가 맞는 말을 하지 못하는 상태였다. 하얀색 긴 잠옷 셔츠를 입고 있었던 벨의 남편은 얼굴을 거실 바닥에 처박은 채 대자로 뻗어 있었다. 니컬슨이 이후에 한 증언에 따르면 "피터는 피가 흥건한 바닥에 코를 박은 채로 널브러져 있었다". 시신 옆에 쪼그려 앉은 니컬슨은 "피터의 팔을 들어 맥박이 뛰는지 확인하고, 피터에게 말을 걸어보았다. 그러나 피터에게서는 아무런 반응이 없었다".

의사를 불러오라는 아비의 지시에, 어린 앨버트는 마을로 달려가 당시 카운티의 검시관 직책을 맡고 있었던 닥터 보 보웰Bo Bowell을 깨웠다. 보웰이 옷을 입는 동안, 앨버트는 급히 보웰이 마차를 맡겨둔 마구간을 찾아갔다. 그 뒤 두 사람은 서둘러 거너스 농장으로 마차를 몰고 갔다.

거실 안으로 성큼성큼 들어온 보웰은 무릎을 꿇고 시신을 세심히 검사했다. 그러는 동안 스완과 앨버트, 제니와 흐느끼던 벨은 빙 둘러서서 그 모습을 지켜봤다. 보웰은 한눈에 피터가 죽은 뒤 상당한 시간이 흘렀음을 알아보았다. 시신에서 이미 사후경직이 일어나

---

*   농장 안에 있는 본채로, 흔히 농장주가 사는 집.

고 있었기 때문이다. 피터의 뒤통수에는 흉측한 상처가 나 있었는데, 말라붙은 피로 범벅이 되어 있었으며, 부러진 코는 한쪽으로 휜 상태였다. 보웰이 받은 즉각적인 인상은 남자가 살해당했다는 것이었다.

"히스테리에 빠지기 일보 직전인 상태였던" 벨은 주방으로 돌아가 의자에 앉았다. 보웰은 무슨 일이 일어났는지 밝혀내기 위해서 최선을 다했지만, 보웰이 비탄에 빠진 여인으로부터 가까스로 알아낸 이야기는 답을 주기는커녕 의문을 더 할 뿐이었다. 벨이 닥터 보웰에게 설명한 바에 따르면, 사건의 전말은 이렇다. 벨의 남편 피터는 따뜻하게 보관하려고 스토브 주변에 두었던 신발을 가지러 주방에 들어갔다. 그런데 피터가 신발을 회수하려고 멈춰선 순간, 찬장에 있던 고기분쇄기가 피터의 머리 위로 굴러떨어지면서 후두부를 강타했다. 이 과정에서 뜨거운 소금물이 담겨 있던 그릇이 뒤집혔으며, 그 결과 피터는 목에 화상을 입었다. 이런 부상을 입었음에도, 피터는 괜찮다는 말로 벨을 안심시킨 뒤 바닥에 누워 휴식을 취했다. 그리고 몇 시간 뒤 벨라는 거실 바닥 위에서 죽은 남편을 발견했다.

보웰은 이 이야기가 매우 미심쩍다고 생각했으나, 시체를 부검할 수 있는 다음 날까지 판단을 보류하기로 했다. 그러나 어린 앨버트 니컬슨은 그런 의심을 감추지 않았다. 아버지와 함께 집으로 돌아온 뒤, 앨버트는 "자기가 보기에 피터 거너스가 살해된 것 같다고 말했다. 아버지 스완은 거너스 부인에게 폐를 끼칠 수도 있으니, 아들에게 그런 말을 하지 말라는 주의를 줬다".[10]

그러나 다음 날 피터 거너스의 사망 소식을 보도했던 신문사들은 스완 니컬슨이 아들에게 명심하라고 일렀던 주의사항에는 별 관심이 없었다. 〈포트웨인 데일리 뉴스〉는 "1급 범죄"라는 제목으로 사건을 요란하게 보도했다. 이 신문사가 공표했다시피, "라포르테 카운티에서는" 지난 몇 주간 "살인 사건이 기승을 부리고 있었다". 라포르테 사람들은 여전히 은행 강도 두 명의 총에 맞아 죽었던 '젊은 영웅 웨슬리 레이놀즈'를 추모하는 중이었다. 식료품 잡화상 존 쿤스맨을 살해한 세 명의 "검둥이 노상강도"들은 현지 소매인 협회에서 생포 시 500달러의 현상금을 걸었음에도 여전히 행방이 묘연했다. 젊은 하녀 마틸다 베이커가 누군가가 보낸 비소가 든 봉봉 캔디 상자를 받고, "속에 독이 든 줄은 꿈에도 모르고, 마음껏 사탕을 먹은" 사건도 있었는데, 경찰은 그때까지도 누가 상자를 보냈는지 수사하는 중이었다. 그리고 열일곱 살 먹은 조지 시어러가 "갑자기 정신이 나가 **어머니**를 조각칼로 살해하려 했으나" 어머니가 간신히 죽음을 모면한 일도 있었다. 연이은 비극은 피터 거너스가 "범죄 행위가 있었음을 강하게 시사하는, 미스터리한 방식으로" 돌연히 사망하면서 대단원의 막을 내렸다.[11] 12월 16일 오후, 닥터 보웰은 그 지역에 살던 다른 의사인 H. H. 마틴의 보조를 받아 거너스의 시신을 부검했다. 보웰의 공식 보고서에 자세히 적혀 있듯이, 보웰은 "시신 어디에서도 데였거나 화상을 입은 흔적을 찾을 수 없었다". 피터 거너스의 "코는 부러지고 찢긴 상태였는데, 심하게 얻어맞은 (혹은 식탁 끄트머리 같은 뭉툭한 물건 위에 넘어져서 생긴) 흔적이 있었다". 가장 중요한 상처는 "두피와 두개골 외층을 찢은 열상(裂傷,

laceration)이었는데, 이 상처는 후두융기occipital protuberance* 왼쪽 바로 위에 나 있었다. 두개골막pericranium**을 제거하자, 두개골 내판inner plate 에 난 금이 가고 움푹 파인 흔적이 보였는데, 그 위치가 바깥쪽에 난 열상의 위치와 일치했다. 또한 두개골 내 출혈inter-cranial hemorrhage이 있었음을 보여주는 뚜렷한 흔적이 있었다". 보웰은 이렇게 결론 내렸다. "사망 원인은 전술한 두개골 골절과 내출혈로 인한 쇼크와 압력이었다."[12]

부검은 피터 거너스의 죽음에 얽힌 미스터리한 정황에 빛을 비추어줄 것이라는 보웰의 기대에 미치기는커녕, 보웰이 거너스에게서 알아낸 이야기를 더더욱 의심하게 만들었다. 진실을 밝혀내기로 굳게 마음먹었던 보웰은 사인규명회를 조직하여 사인을 조사하겠다고 발표했다.

* * *

사인규명회는 1902년 12월 18일 목요일에 거너스 농가에 있는 피터가 사망한 방에서 열렸다. 닥터 보웰은 오랜 시간에 걸쳐, 때때로 신랄한 어조로 주요 증인이었던 벨을 심문했으며, 서기 루이스 H. 오버라이크는 두 사람의 대담을 기록했다.

그 운명의 밤에 무슨 일이 일어났는지 말해보라는 요구에 벨은

---

*   뒤통수 뼈에서 툭 튀어나온 부분.

**   머리뼈를 감싼 바깥쪽 뼈막.

이렇게 설명했다. 벨은 자녀들을 재운 뒤 부엌으로 가서 소시지 껍질에 피터가 그날 낮에 갈아줬던 갓 잡은 신선한 돼지고기를 채워 넣었다. 그 일을 끝낸 다음에는 고기 분쇄기를 물로 씻었고, 그런 다음에는 피터가 신문을 읽고 있었던 거실로 갔다.

"우리는 거실에 앉아 신문을 읽었습니다. 11시가 넘었던 것 같습니다." 벨은 당시를 떠올리며 말했다. "저는 남편에게 '잘 시간이 다 된 것 같다'고 말했습니다. 남편 생각도 같아서, 남편은 담뱃대를 집어 들고 거실을 나가 주방으로 갔습니다. 남편은 우리가 위층으로 올라가 자기 전에 항상 부엌문을 잠그곤 했습니다. 저는 남편이 부엌에서 낸 어떤 작은 소리를 들었습니다. 남편이 신발을 집어 들려다가 낸 소리겠거니 생각했습니다. 남편은 신발을 따뜻하게 하려고 스토브 뒤에 놓곤 했거든요. 그런데 갑자기 끔찍한 소리가 들렸습니다. 저는 신문을 떨어뜨리고 주방으로 갔습니다. 그러자 남편이 두 손으로 머리를 쥔 채로 바닥에서 일어나고 있었습니다. 저는 스토브 안쪽 부분 위에 소금물을 담은 큰 그릇을 올려놨었습니다. 부엌에 둔 헤드치즈head cheese*에 소금물을 뿌릴 생각이었거든요. 그릇에는 소금물이 가득 차 있었는데 물이 너무 뜨거워서 내일 아침에야 쓸 수 있겠다는 생각이 들었습니다. 그래서 그릇을 내일 아침까지 그냥 그 자리에 내버려둬야겠다고 생각했었죠."

보웰이 물었다. "그 자리가 어디였습니까? 스토브 위입니까? 아니면 선반 위였습니까?"

---

* 돼지머리나 족발을 고아서 만든 일종의 편육으로, 치즈와는 아무런 상관이 없다.

지옥에서 온 여왕

"스토브의 안쪽 부분이었습니다. 저는 고기 분쇄기를 씻고 물기를 닦아낸 뒤 스토브 선반에 위에 올려 말렸습니다. 저는 철제 물건을 보통 거기서 말리거든요. 남편이 '여보, 나 엄청 심하게 데었어'라고 말했을 때, 저는 너무 겁이 나서 어쩔 줄을 몰랐습니다. 남편의 옷이 다 젖었더군요. 제가 '옷을 벗는 편이 낫겠어'라고 했더니, 남편은 '머리가 너무 아파. 꼭 타는 것만 같아'라고 말했고요. 그래서 베이킹소다를 탄 물을 가져와 머리에 발라주었습니다. 베이킹소다 물을 바르면 물집이 생기지 않는다는 말을 들었거든요. 그리고 베이킹소다 물을 수건에 적셔 남편 목에 발라주었습니다."

"소금물이 전부 쏟아졌던 겁니까?" 보웰이 물었다.

"네." 벨이 답했다. "그릇이 거의 비어 있던 것 같습니다."

"그 소금물은 끓을 정도로 뜨거웠습니까?"

"글쎄요, 소금물이 끓어 있었으니까." 벨이 말했다. "한동안 스토브 위에 내버려둬서 식었다고는 해도, 화상을 입힐 정도로는 뜨거웠겠지요. 저는 남편에게 바셀린과 바르는 약을 발라주었습니다."

남편을 돌보는 동안 남편 머리 뒤편에 상처가 난 것을 알아차렸느냐는 질문에, 벨은 그랬다고 시인했다.

"출혈이 있었나요?" 보웰이 물었다.

"피가 많이 나지는 않았어요." 벨이 답했다. "피가 다 멎은 것처럼 보였습니다."

계속하라는 말을 들은 벨은 화상을 입은 남편에 목에 바셀린을 바르는 동안 두 사람이 부엌에 있었다고 설명했다. "남편은 화상 때문에 머리가 빠질지도 모르겠다고 걱정했습니다. 아주 심하게 투덜 거렸죠." 그런 다음에 두 사람은 거실로 돌아와 "아무튼 두 시간 동안 앉아 있었다". 그때 "남편이 조금씩 나아지기 시작하길래, 저는 '누워 있는 편이 낫지 않겠어?'라고 물었습니다. 그러자 남편이 '그 럴 것 같네, 좀 누워야겠어'라고 답했고, 저는 '위층 침실로 올라가지 말고 그냥 거실에 눕는 편이 나을 것 같아. 거실이 더 따뜻해. 내가 얼른 가서 치울게'라고 말했습니다. 남편도 그렇게 생각해서, 저는 거실로 가 주변 정리를 한 뒤 남편의 옷을 벗기고 잠옷 셔츠를 입혀주었습니다. 저는 남편에게 '위층에 가서 애들이랑 같이 누워야 겠어. 무슨 일이 있거든 내려오라고 불러'라고 말한 뒤 위층으로 올라가서 잤습니다. 피곤했거든요".

벨은 비통한 대단원의 전말을 극적으로 이야기했다. "갑자기 남편이 저를 부르는 소리를 들었습니다. 남편은 문가에서 넘어졌는데, 넘어지자마자 '여보'라고 외쳤습니다. 그 소리를 듣고 애들이 잠에서 깼어요. 저는 생각 끝에 아빠가 데어서 아빠한테 가봐야 하니까 조용히 하고 있으라고 애들한테 말했습니다. 날이 추워서 우선 옷을 입었습니다. 계단을 내려가 아래층에 도착했더니, 남편이 방안을 돌아다니며 중얼거리고 있었습니다. '오, 여보, 여보, 내 머리가. 머리가 왜 이러는지 모르겠네.' 남편에게 왜 그러냐고 묻자, 남편은 '내 머리, 머리가, 머릿속에서 무슨 일이 터진 거 같아'라고 답했습니다. '여보, 그게 무슨 말이야? 내가 좀 볼게, 피부가 벗겨졌나 봐.' '오 머리야, 머리야.' '글쎄, 당신이 그렇게 생각한다면, 의사를 부르는 편이 낫겠어.' 저는 위층으로 올라가 딸아이를 깨운 뒤 니컬슨 가

지옥에서 온 여왕

족에게 보냈습니다. 그런데 위층에 갔다가 돌아오니 남편이 머리를 붙들고 있더군요. '오 여보, 나 이러다 죽나 봐' 저는 남편에게 무엇 때문에 그렇게 아픈지 묻고 물을 가져다줬습니다. 남편은 자기 머리를 만지지 말라고 했어요. 제가 남편의 머리를 문지르고 있는 동안에 니컬슨 씨가 현관에 도착한 것 같습니다. 문을 여니 니컬슨 씨 일행이 들어왔습니다. 니컬슨 씨는 남편이 죽었다고 생각한 것 같지만. 제가 보기에는 보웰 선생님이 오실 때까지 살아 있었던 것 같습니다. 그냥 의식을 잃은 상태였던 것 같아요."

"피터가 상처를 입고 나서 죽을 때까지 시간이 얼마나 흘렀다고 생각합니까?" 보웰이 물었다.

"글쎄요. 11시 넘어서 다쳤던 것은 확실하고, 선생님께서 오시기 전까지는 죽지 않았던 것 같습니다."

"피터가 다친 뒤 두 시간 동안 피터와 함께 앉아 있었습니까?"

"네." 벨이 답했다. "분명 위층에 오래 있지 않았어요. 잘 자라고 인사하고 위층으로 올라간 지 얼마 되지 않아서 남편이 저를 불렀습니다."

"피터가 심하게 데었다고 말했었죠?"

벨은 고개를 끄덕였다. "남편 목은 시뻘겋게 달아올랐고, 귀까지 피부에 물집이 잡혀 있었습니다."

"피터가 어쩌다 머리를 다쳤다고 생각합니까?"

"모르겠어요, 선생님. 저는 바닥에 떨어진 고기 분쇄기를 집어 들면서, 고기 분쇄기가 어쩌다 남편 머리 위로 떨어졌나 보다 하고 생각했습니다. 그렇지만 그건 제 생각일 뿐이고 실제로 보지는 못했어요."

"피터가 아무 말도 하지 않았습니까?" 보웰이 물었다.

"남편은 머리에 난 상처에 관해서 아무 말도 하지 않았습니다."

"머리에 난 상처를 발견했을 때, 피터에게 머리에 상처가 났다고 말했습니까?"

"뒤통수를 아파하길래 남편에게 어디서 머리를 다쳤냐고 물었습니다만, 대답해주지 않았습니다."

이어진 보웰의 질문에 답하면서, 벨은 남편이 소금물을 담은 그릇이 어쩌다 "머리 위에 엎어졌는지" 설명해준 적이 절대 없다고 잘라 말했으며, 그저 남편이 "어쩌다 보니 그릇 옆에 있었음이 틀림없다"고만 말했다. 남편 코가 어쩌다 부러졌냐는 질문을 받자, 벨은 모른다고 주장했다. "모르겠습니다. 말씀해주시기 전까지는 코가 부러진 줄도 몰랐습니다."

"피터가 코가 아프다고 하지 않던가요?" 보웰이 물었다. "코에서 피가 나지는 않던가요?"

"코피는 전혀 나지 않았어요." 벨이 말했다.

"누군가가 이곳에 와서 저 소시지 분쇄기로 피터를 쳐서 죽였는데, 그 소리를 당신이 듣지 못했을 가능성이 있다고 생각합니까?" 보웰은 벨이 이 질문에 관해 어떻게 생각하는지 무척 궁금해했다.

벨은 그 가능성을 단호히 부정했다. "만약 누군가 들어왔었더라면, 어떤 식으로든 제가 그 소리를 들었을 겁니다."

보웰은 마지막으로 벨과 피터의 관계가 어땠는지 물었다. 벨이 자기 눈앞에서 끔찍한 죽음을 맞이한 피터를 보고, 비탄에 빠져 걸으로 보기에 극심한 발작을 일으켰던 것은 고작 이틀 전이었다.

"당신과 피터, 두 분은 항상 행복하게 사셨죠?" 보웰이 묻고, "제가 알기로는요"라고 벨이 답했다. 메마른 눈을 한 채, 어깨를 으쓱하면서.

* * *

다음 증인은 열세 번째 생일을 여섯 달 앞두고 있었던 제니 거너스였다. 의붓아버지가 죽었던 밤에 무슨 일이 있었는지 설명하는 제니의 이야기는 벨의 이야기와 정확히 일치했다. 제니는 이렇게 설명했다.

부모님이 "돼지를 잡았고요. 고기로 소시지로 만들 준비를 했고요. 소시지를 만들려고 했어요". 그 일이 다 끝난 다음에는, "엄마가 몽땅 설거지하고 스토브 위에 올려놨어요. … 말리려고요". 그 뒤 엄마는 거실로 가 아빠와 만났는데, 엄마 아빠는 거실에서 "신문을 읽었고요. 그다음엔 아빠가 신발을 가지러 나간 것 같아요". 잠깐 뒤 큰 소리가 나서 깜짝 놀란 엄마가 주방으로 갔는데, 아빠가 끓는 물에 "데어 있었어요. … 엄마는 아빠가 잠시 쉬면 나을 줄 알았지, 이런 일이 생길 줄은 전혀 몰랐어요".

아빠를 소파에 앉힌 뒤, 엄마는 우리 옆에서 자려고 위층으로 올라왔어요. 잠깐 뒤에 엄마는 "아빠가 '여보, 여보'하고 부르는 소리를 들었어요. 아빠가 머리가 아프다면서 엄마한테 내려오라고 했어요".

그다음에 무슨 일이 있었느냐는 질문에 제니는 이렇게 답했다. 엄마가 "바로 일어나서" 아래층으로 내려갔고요. 아빠가 거실 바닥에 누워 있는 걸 봤어요. 엄마가 아빠 화상을 돌보는 동안, 저는 "니컬슨 씨네 집으로 곧장 가서, 문 앞에 있는 쇠막대기로 문을 두드렸어요. 니컬슨 씨네를 깨우려고요". 스완 아저씨와 아저씨네 아들과 돌아왔더니, 당황한 엄마가 "두 사람에게 의사를 당장 불러달라"고 했어요.

"엄마가 아빠가 데었다고 했니?" 보웰이 물었다.

"엄마가 아빠가 화상을 입었다고 했어요." 제니가 답했다. "엄마는 심각한 일인 줄 몰랐어요."

"엄마가 아빠 머리를 닦아줬을 때, 엄마가 아빠 머리에 난 상처를 발견했니?" 보웰이 물었다. "잘 모르겠어요. 엄마는 상처가 작은 줄 알았을 것 같아요. 상처가 안 보였거든요."

"아빠가 어떻게 머리를 다쳤을 것 같니?"

"글쎄요. 잘 모르겠어요. 맘마도 모르고요. 그런데 엄마가 거기로 갔을 때 바닥에 그게 있었어요."

"아빠가 엄마한테 아무 말씀도 안 하시던?"

"제가 알기로는요."

"아빠가 머리에 상처가 난 줄 아시는 것 같았니?"

"글쎄요. 그러셨던 것 같긴 한데, 잘은 모르겠어요."

이 여자애가 엄마가 자기한테 하라고 한 말을 그냥 시킨 대로

읊고 있는 것이 아닌지 의심했던 보웰은 제니에게 둘이서 "아빠가 어떻게 다쳤는지 얘기한 적이 있는지" 물었다. 제니는 고개를 홰홰 저으면서 고집스럽게 말했다. "우린 그런 말 한 적 없어요." 이와 동시에 제니는 '이 사고'가 일어났을 때 자신이 자고 있었다는 사실을 인정했다. 엄마의 이야기와 너무도 완벽하게 일치한다는 점에서 미루어 볼 때, 비록 제니가 부정하기는 했지만, 제니가 세심한 지도를 받았음은 불 보듯 뻔했다.

보웰이 분명하게 인식했다시피, 벨이 주장하고, 벨의 수양딸이 되풀이한 이야기에는 심각한 문제가 있었다. 무게가 나간다고는 하지만, 피터가 몸을 굽히면서 선반에서 떨어진 고기 분쇄기가 정말로 두개골에 골절을 일으킬 만큼 세게 머리를 강타할 수 있을까? 거실에서 두 시간 동안이나 함께 있었던 벨과 피터가 어떻게 단 한 번도 상처에 관해 이야기하지 않았을 수 있을까? 피터는 대체 왜 머리에 난 상처에 관해 이야기하지 않았을까? 대체 어떻게 벨이 피터의 코가 부러지고 피가 나는 것을 몰랐을 수가 있는가? 부검 결과 어디에서도 화상 흔적이 발견되지 않았던 이유는 무엇인가?

보웰이 제니에게 했던 몇몇 질문을 보면, 보웰이 벨이 설명한 사건의 전말에 심각한 의구심을 품었을 뿐만 아니라, 벨이 미래의 범죄학자들이 "블랙 위도Black Widow"라 부르는 유형의 범죄자가 아닌지 의심했음을 분명하게 알 수 있다. 블랙 위도형, 혹은 검은 미망인형 범죄자란 돈을 목적으로 배우자를 살해하는 사이코패스 여자 살인마를 일컫는다. 제니의 양아버지는 생명보험에 가입했을까? 유언은 남겼을까? 라포르테로 이사를 오면서 "돈을 챙겨 왔을까?" 각각

의 질문에 대한 열두 살 소녀 제니의 대답은 한결같았다. "모르겠어
요."

그렇지만 제니는 보웰이 난데없이 물었던 그다음 질문에 대해
서는 할 말이 많았다. 그 질문은 바로, 엄마의 첫째 남편인 매즈 소
렌슨이 죽었을 당시 "집에 있었니?"였다.

집에 있었다는 사실을 인정한 제니는 그날에 관해 숨 가쁘게
떠들며 이야기를 쏟아냈다. "매즈 아빠는 밤에 맨델 브라더스 백화
점에서 일하셨어요. 보통 아침 8시면 집에 오시는데, 낮에는 주무세
요. 아빠는 매일 아침 현관에 앉아서 우리랑 놀아주셨어요. 저는 그
날 아침에 현관에 내려가서 제 친구 몇 명이랑 현관 앞에 앉아 있었
어요. 아빠는 올라가서 자야겠다면서 올라가셨어요. 우리 집 주변
에 사는 다른 사람들도 보였어요. 엄마는 세탁소에 가서 빨래를 했
어요. 그런데 S 아줌마가 엄마한테 아빠가 엄마를 부른다고 했어요.
엄마가 뛰어 올라가서 아빠한테 왜 불렀냐고 물었는데, 아빠가 문
을 잠그라고 했어요. 그리고 나서 엄마가 물을 가져갔는데 아빠는
마시지 못했어요. 우리는 갑자기 난 비명을 들었는데, 그때 엄마가
어디 계셨는지는 모르겠어요. 엄마가 아래층으로 내려왔어요. 사람
들이 아빠가 이불을 움켜쥐고, 비명을 지르다가 죽었다고 했어요."

"매즈 아빠가 네 앞으로 남긴 생명보험이 있었니?" 이 질문은
다시 한번 보웰이 두 남편을 모두 묘한 상황에서 잃은, 이제는 두 번
째로 미망인이 된 여자에게서 불길한 예감을 받았음을 보여준다.

"모르겠어요."

"아빠가 남긴 돈이 전혀 없었니?"

지옥에서 온 여왕

"모르겠어요. 있었을 것 같지만, 저는 그거에 관해선 몰라요." 보웰이 엄마가 "이곳을 사는데" 든 돈을 어디서 구했느냐고 묻자, 제니는 "글쎄요. 모르겠어요"라고 답했다.

* * *

사인규명회는 스완 니컬슨의 증언으로 마무리되었다. 니컬슨은 자신이 피터 거너스의 시신에서 "화상 자국을 보지 못했다"고 진술했다. 또한 심하게 다쳤던 거너스가 누웠을 것으로 추정되는 소파에서도 핏자국을 보지 못했다고 했다. "소시지 분쇄기가 있던 곳에서 떨어지면서 **피터 거너스**의 머리를 강타하여 두개골을 깨뜨렸을 수 있는지" 묻는 질문에 니컬슨은 다소 모호한 답을 했다. "가능성은 있다고 생각합니다만, 저는 거너스 부인이 제게 알려준 이야기 외에 다른 내막이 있었을 거라고 생각해본 적이 없습니다."

보웰은 다음 질문을 니컬슨에게 던지며 조사를 빠르게 끝마쳤다. "거너스 씨가 살해되었을 가능성이 있다고 생각하십니까?" 니컬슨은 이번에는 더 단호히 답했다. "아뇨. 그런 생각을 해본 적 없습니다. 절대로요. 두 사람은 어린아이 같은 한 쌍이었습니다. 결혼한 날부터 계속 그러했지요." 그렇지만 니컬슨은 몇 분 전 증언을 시작하면서 자신이 새 이웃들에 관해 아는 것이 사실상 전혀 없다고 증언했었다. 니컬슨은 벨에게 어떤 인상을 받았느냐는 물음에 "여태껏 괜찮은 사람이라는 인상을 받았습니다. 그렇지만 우리는 그녀와 마주한 적이 거의 없습니다. 우리는, 그러니까 제 아내는 지난겨울에 한 번 이곳에 왔었지만, 저는 한 번도 와본 적이 없습니다".

* * *

보웰이 규명회를 열었을 무렵, 라포르테 지역 사회는 한 신문에서 보도한 대로, 온통 "살인에 관한 소문"으로 들끓고 있었다.[13] 주민들은 남편의 사망에 관한 벨의 해명에 코웃음 쳤다. 한 농부의 아내는 이렇게 조롱했다. "피터 거너스가 머리에 '떨어진' 고기 분쇄기에 맞아 죽었다네. 그것참 있을 법한 이야기네그려!"[14] 남편의 장례식에서 벨이 어떻게 처신했는지에 관한 소문도 사람들의 눈살을 찌푸리게 했다. 장례식은 12월 19일 금요일에 거너스 농가 거실에서 열렸다. 장례식은 조지 C. 무어 목사가 주관했는데, 무어 목사는 겨우 여덟 달 전에 벨과 피터의 결혼식에서 주례를 섰던 사람이었다. 이 사건을 기록한 사람에 따르면, "장례 설교 중에 벨은 앉은 채로 눈가에 손을 대고 구슬프게 울었다. 그렇지만 앨버트 니컬슨은 벨이 사람들이 자신이 슬퍼하는 모습을 보고 어떻게 반응하는지 주도면밀하게 살피고 있는 것을 목격했다".[15]

젊은 앨버트는 여전히 벨이 죄를 지었다고 확신했으며, 장례식 내내 그 의견을 다른 참석자들에게 계속해서 전했다. "아빠가 좀 닥치라고 하기 전까지는."[16] 이 견해에 동의하는 사람은 결코 앨버트 혼자만이 아니었다. 그렇기에 피터 거너스가 패튼 공동묘지에 안치된 바로 그날, 닥터 보웰이 발표한 조사 보고서는 많은 라포르테 사

지옥에서 온 여왕

람들에게 충격으로 다가왔다.

조사 보고서에 따르면 "시신을 부검하고 증언을 들은 결과, **우리**는 고인이 불운한 사고로 사망했음을 알아냈다. 주방에 있던 요리용 스토브의 선반 위에 올려둔 소시지 분쇄기가 떨어지면서 고인의 머리 뒤편을 강타했던 것이다. 이 소시지 분쇄기가 준 충격은 두개골 골절과 두개골 내 출혈을 일으켰으며, 고인은 그 결과로 사망했다".[17]

보웰의 보고서는 사건을 공식적으로 종결시켰을지언정, 소문을 가라앉히는 데는 별 도움이 안 됐다. 이 소문들 가운데 하나는 훗날 의문의 여지가 없는 진실로서 널리 받아들여졌다. 아버지가 사망했을 당시 다섯 살이었던 꼬마 머틀 소렌슨에 관한 소문이었다. 구전에 따르면, 머틀은 자기 자신이 죽기 한 주 전에 "학교에서 한 꼬마 친구의 귓속에 '우리 엄마가 우리 아빠를 죽였어. 엄마가 고기 칼로 내리치니까, 아빠가 죽었어. 유령한테도 말하지 마'라고 속삭였다".[18]

4
농장의 미망인

벨의 둘째 남편이 무덤으로 보내진 지 몇 달 뒤, 또 다른 아이가 벨의 새 식구가 되었다. 벨이 필립이라 이름 지은 남자아기였다. 이 아기는 미스터리하게 태어났다. 출산을 도우러 온 산파는 몹시 당혹스러워했다. 현장에 도착했을 때 아기가 이미 "태어나고, 씻겨지고, 옷을 입은" 상태였기 때문이다.

그날 아침 늦게, 더 구체적으로는 제니 거너스가 엄마가 "작은 남자아기를 얻었다"는 사실을 눈치챈 이후, 이웃 캐서린 라팜이 손을 거들기 위해 찾아왔다. 라팜은 깜짝 놀랐다. 벨이 수조를 등진 채로 세탁을 하고 있었던 것이다.

라팜 부인이 외쳤다. "일어나 계시면 안 돼요!"

"아." 벨이 말했다. "제 고국에서는 아이를 낳은 다음에는 절대 자러 가지 않는답니다."

마찬가지로 농가의 아낙이었던 루이사 디슬린 부인 역시 다음 날 벨의 모습을 보고 경악했다. 벨이 "뜰에서 돼지를 쫓아다니며 뛰

지옥에서 온 여왕

어다니고 있었던 것"이다. 디슬린 부인이 "아니 산모가 어떻게 그럴 수 있어요?"라고 놀라움을 표시하자, 벨은 또다시 어깨를 으쓱하며 이웃의 걱정을 대수롭지 않게 넘겼다.

마흔네 살 먹은 산모가 믿어지지 않는 회복력을 보여줬다는 점을 제외하더라도, 두 여자가 보기에 퍽 이상한 점이 있었다. 한 여자가 말했다시피, 아기는 "신생아라기에는 나이가 너무 많이 들어 보였다". 미망인 거너스 부인이 출산을 한 것이 아니라는 소문이 순식간에 퍼져나갔다. 이웃들은 그 남자아기가 입양된 것이 틀림없다고 추정했다.

그리고 훗날 라포르테 사람들 사이에서는 이 아기의 출생에 관한 또 다른, 그리고 훨씬 불길한 소문이 퍼져나가게 된다.[1]

* * *

피터 거너스의 죽음에 관한 공식 판결에 전혀 납득하지 못한 사람들 가운데는 피터의 형제 거스트가 있었다. 거스트는 형제 피터뿐만 아니라—피터와 벨이 결혼한 지 채 한 주도 지나지 않아 돌연히 사망했던—피터의 딸 제니 거너스 역시 살해당했을지도 모른다고 의심했기에, 여태껏 양엄마 벨의 슬하에 있었던 다섯 살배기 조카딸 스완힐드의 안위를 무척 걱정했다. 게다가 거스트는 피터가 결혼하기 전에 스완힐드를 2500달러짜리 생명보험의 수익자로 지정해두었다는 사실을 알고 있었다. 거스트는 이 보험금을 마땅히 받아야 할 사람이 받을 수 있도록 일을 확실히 매듭짓기를 원했다.

정확한 날짜는 분명하지 않지만, 거스트는 1903년 초에 미니애폴리스에 있는 집을 떠나 라포르테로 왔다. 거스트는 스완힐드가 잘 지내는 것처럼 보여서 안심했다. 비록 스완힐드가 때때로 미니애폴리스에서 살던 시절에 같이 지냈던 가족들을 그리워하기는 했지만 말이다. 그렇지만 스완힐드 소유의 2500달러는 어떻게 됐느냐는 질문에 대한 답에는 그다지 만족하지 못했다. 벨은 남편 피터가 불운하게 사망하기 전에 "채광 회사의 주식을 구입하면서 보험증권을 넘겨주었으며, 만약 주식 가격이 오른다면 스완힐드는 부자가 될 것"이라고 설명했다. 그렇지만 거스트가 주식증서를 보자고 했을 때, 벨은 증서를 내놓지 못했다. 대신 벨은 거스트에게 "스완힐드와 함께 머무르며 농장을 관리해달라고" 제안했다. 거스트가 형제 피터가 어떻게 죽었는지에 관해 의구심을 품고 있었다는 사실을 미루어 볼 때, 이 제안을 거절한 것은 전혀 놀라운 일이 아니었다. 그러자 벨의 눈빛이 별안간 험악해졌다. 거스트는 후에 "벨의 눈빛이 마음에 들지 않았다"고 말했다. 거스트는 며칠간 농장에서 머물렀는데, 불안한 마음이 점점 커져갔다. 거스트가 도착한 지 일주일이 채 되지 않았던 어느 날 아침, 잠에서 깬 벨은 거스트가 스완힐드를 데리고 사라졌다는 사실을 알아차렸다.[2]

* * *

라포르테에 처음 왔을 때 벨은 이웃들과 좋은 관계를 맺으며 즐거워했지만, 그 관계는 계속될 운명이 아니었다. "벨은 친구가 없었어요." 루이사 디슬린의 딸 도라는 훗날 이렇게 회상했다. "벨과 아무런 관계도 맺고 싶어 하지 않았죠. 우리만 그런 게 아니에요. 다른 이웃들도 전부 마찬가지였어요."

벨이 디슬린 부인과 절연한 것은 길을 잃고 헤매던 소 몇 마리가 일으킨 갈등 때문이었다. 도라의 설명에 따르면, 벨의 어린 암소 두 마리가 자꾸 길을 잃고 자기네 가족의 땅으로 넘어와 자기네 목초지에서 풀을 뜯었다. 도라의 아버지 윌리엄 디슬린은 "마을의 규범을 어긴"이 중대한 과실에 분개하여 벨에게 송아지를 울타리 안에 가둬두지 않으면, 목초지 사용에 대한 비용을 청구하겠다고 경고했다. 또다시 벨의 송아지들이 자신의 사유지에 들어와 있자, 윌리엄은 앞서 위협한 대로 마당에 송아지를 가두었으며, 벨이 벌금 1달러를 내기 전까지 돌려주지 않았다. 벨의 보복은 신속하게 이루어졌다. 벨은 길가를 따라 풀을 뜯고 있는 디슬린의 소 떼를 보고는 자기 집 마당으로 소 떼를 몰고 가버렸다. 급히 나타난 윌리엄이 소를 되찾아가려고 하자, 벨은 소를 돌려받고 싶으면 1달러를 내라고 요구했다.

"당신이 길가에서 소 떼를 몰고 갔잖소!" 윌리엄이 소리쳤다.

벨은 냉랭한 어조로 소 떼가 "무단 침입"했다고 주장했으며, 1달러를 내놓으라는 요구를 반복했다.

분개한 윌리엄이 문으로 다가와 자신의 소를 풀어주려고 하자, 벨은 수양딸 제니를 돌아보았다. 그리고는 "안에 들어가 내 리볼버를 가져오거라"라고 명령했다. 얼마 뒤 제니는 총을 들고 돌아왔다.

"문에 손대지 말아요." 벨은 윌리엄에게 총구를 겨누며 말했다.

"그래서 아빠가 결국 1달러를 내야 했다니까요!" 도라가 이야기했다. "그 여자는 그런 이웃이었어요!"[3]

벨은 그때까지 지역 사회에서 가장 가까운 친구였던 니컬슨 가족과도 사이가 틀어졌다. 역시나 가축과 관련된 충돌이 일어나면서였다. 앨버트 니컬슨의 이야기에 따르면, 벨의 돼지 떼가 계속해서 니컬슨 가족의 농장을 돌아다니며 "옥수수밭에 들어왔다". 돼지 떼를 집으로 돌려보내는 데 신물이 난 앨버트의 아버지 스완은 결국 돼지들을 자신의 돼지우리에 몰아넣었다. 그러고는 마차에 올라타 마을로 간 뒤 보안관에게 고소장을 제출했다. 벨은 돼지를 되찾기 위해 "마리당 1달러의 손해배상액"을 내야만 했다. 배상액은 총 11달러에 달했다.

다음 월요일, 앨버트의 어머니는 마을에서 벨과 우연히 만났다. 스완 니컬슨이 피터 거너스의 사인규명회에서 했던 증언이, 벨이 살인죄로 기소되지 않는 데 중대한 역할을 했음에도, 이 "돈에 미친" 여자의 뒤틀린 눈으로 볼 때, 스완 니컬슨은 이제 은인이 아니라 대죄를 범한 죄인이었다. 커다란 얼굴을 분노로 붉게 물들인 벨은 스완의 아내를 바라보며 폭언을 내뱉었다. "지난 세월 내내 니컬슨 씨는 제게서 돈을 갈취하려고만 했습니다. 그래요. 이제 제 돈을 가져가셨네요. 이제 당신들과는 더는 엮이고 싶지 않습니다!"

그날 이후로 니컬슨 가족과 벨 거너스는 결코 이야기를 나누거나 서로의 농장에 발을 들이지 않았다.[4]

* * *

지옥에서 온 여왕

피터가 죽은 이후, 벨은 보통 남자가 하던 일을 도맡아서 했다. 직접 씨를 뿌리고, 직접 곡식을 거두어들였으며, 직접 건초를 만들고, 직접 소 젖을 짰다. 물개 가죽 모자를 쓰고, 남성용 가죽 코트를 입고, 남편의 오래된 신발을 신은 채로, 벨은 남자들 사이에 섞여 농산물 경매에 참여했다. "다른 여자들이 스토브 주변에만 머무르는 동안, 벨은 진창 위를 뚜벅뚜벅 걸어 다니고 … 농기구를 관리했다." 벨은 가축 시장에서 90킬로그램짜리 수퇘지를 산 뒤 돼지를 번쩍 들어 수레에 집어 던질 수 있었는데, 그것도 마치 빨랫감이 든 주머니를 집어 던지듯 손쉽게 해냈다. 돼지를 도살할 때도 벨은 일을 스스로 처리했다. "총을 쏘고, 피를 빼고, 뜨거운 물에 담그고, 내장을 끄집어냈으며, 머리는 남겨두었다가 헤드 치즈로 만들었다."[5]

현지의 다른 농부들과 마찬가지로, 벨은 농산물을 마을에서 팔아 부수입을 올렸다. 라포르테 토박이인 메이블 카펜터에게 소녀 시절 벨 거너스와 만났던 날은 결코 잊을 수 없는 날이었다. 덜커덩거리는 짐마차를 타고 메이블의 집에 찾아온 벨 거너스는 좌석에서 풀쩍 뛰어내리더니만, "이따만큼 큰 감자 바구니를 번쩍 들어 어깨에 짊어지더니 … 집까지 곧장 행진하듯 걸어가 버렸다".[6]

벨 농장의 재산 목록은 최종적으로 "암퇘지, 담비, 어린 암소, 송아지, 닭, 말 각각 여러 마리와 수퇘지, 황소, 망아지, 세틀랜드종 조랑말 각각 한 마리 … 경운기, 파종기, 쇄토기harrow*, 바인더binder** 각

---

* 흙을 파종하기 쉽도록 곱게 부수는 기계.
** 곡식 단을 묶는 기계.

한 대, 마차, 손수레, 경마차, 짐수레 각각 여러 대, 마구와 안장, 톱, 사다리, 각종 양동이 여러 개, 철삿줄과 밧줄 등"이었다.[7] 그러나 벨이 제아무리 뛰어난 힘과 능력을 갖춘 여자였다고는 해도, 이토록 많은 작업을 혼자서 할 수는 없는 노릇이었다. 1904년 겨울, 벨은 남자가 급히 필요했다. 그리고 그것은 단지 농장 일을 돕게 하기 위해서가 아니었다.

* * *

그해 2월, 올라프 린드보Olaf Lindboe라는 30세 남성이 벨의 앞에 나타났다. 린드보는 3년 전에 시카고로 온 노르웨이계 이민자였는데, 노르웨이어 신문 〈스칸디나벤〉에 실린 '구인 광고'를 보고 벨의 농장에 찾아온 것이었다. 인디애나주 라포르테에 있는 농장에서 일할 노동자를 구한다는 광고였다. 평생에 걸쳐 모은 600달러를 비롯해 가치 있는 소지품을 챙겨 짐을 꾸린 뒤, 린드보는 자신을 지체 없이 고용해준 농장 여주인, 고 거너스 부인이 있는 인디애나주로 향했다.

린드보가 도착한 지 얼마 지나지 않아, 이웃들은 린드보와 거너스 부인이 유달리 친밀한 사이가 되었으며, 둘이 아주 즐겁게 지내고 있다는 사실을 점차 눈치채기 시작했다. 어느 정도였냐면 "린드보는 공공연하게 벨의 피앙세로 여겨졌다"는 신문 기사가 나올 정도였다.[8] 린드보는 세간의 평가를 잠재우려는 노력을 전혀 하지 않았다. 거너스 부인에게 고용된 지 딱 두 달 뒤에 노르웨이에 계신 아버지에게 보낸 편지에서, 린드보는 농장이 "어찌나 아름다운 곳에 있는지" 열정적으로 이야기했으며, "자신이 곧 결혼할 것 같다고 언급했다". 스완 니컬슨을 포함한 새로 사귄 이민자 친구들에게는 심지어 더 대놓고 이야기했다. 니컬슨이 훗날 증언했듯이, 거너스 부인은 "**올라프**에게 매우 친절했다. 어찌나 친절했는지 올라프가 거너스 부인과 결혼한다는 생각에 푹 빠질 정도였다. 올라프는 자신을 농장 주인으로 여기기 시작했다."[9] 린드보가 아버지에게 편지를 부친 지 얼마 지나지 않아, 벨의 이웃 가운데 한 명이었던 크리스 크리스토퍼슨Chris Christofferson은 거너스 부인에게서 "자신이 고용한 일꾼 올라프가 중요한 작업을 하던 도중에 떠나버려서 도움이 필요하다"는 전갈을 받았다. 크리스토퍼슨이 도착했을 때 벨은 옥수수밭을 경작하고 있었다. 크리스토퍼슨이 올라프가 어쩌다 사라졌냐고 묻자, 벨은 올라프가 세계박람회를 구경하러 세인트루이스로 가버렸으며, "그곳에서 땅을 살 예정"이라고 설명했다. 스완 니컬슨은 자신의 친구 올라프가 "새 노르웨이 국왕의 대관식을 보러 고향"으로 떠났다는, 이와는 사뭇 다른 소문을 들었다. 올라프의 아버지는 몇 달이 지나도록 아들에게서 아무런 연락을 받지 못했는데, 그러다가 결국 아들의 행방을 묻는 편지를 벨에게 보냈다. 벨은 이 편지에 자신이 알기로는 올라프가 "서부로 가서 어딘가에 농장을 얻었다"고 회신했다.[10]

사실 올라프 린드보는 단 한시도 벨의 농장을 떠난 적이 없었다. 그렇지만 올라프와, 아니 한때 올라프였던 것과 다시 만날 때까지 장장 4년을 기다려야만 했다.

　　　　　　　　　　＊ ＊ ＊

　린드보가 실종된 지 고작 몇 달이 지난 1905년 4월의 둘째 주,
웬 낯선 이가 마을에 도착했다. 이때 벨의 이웃 크리스 크리스토퍼
슨은 거너스 농장에 있었다. 남자는 크리스토퍼슨에게 자신을 헨리
거홀트Henry Gurholt라 소개한 뒤, "거너스 부인에게 고용되어 그곳에
왔다"고 설명했다. 거홀트는 무거운 트렁크 가방을 들고 왔는데, 크
리스토퍼슨은 헨리가 최근에 린드보가 떠나면서 빈방이 된 방으로
가방을 옮기는 것을 도와주었다. 거홀트는 숙소를 보고 아주 흡족
해했으며, 새 고용주에게 감사 인사를 전했다.

　"당연한 일이죠." 거너스 부인이 말했다. "저는 제가 고용하는
사람이 쓸 숙소를 항상 말끔히 정돈해두는 것을 즐긴답니다."

　거홀트는 새 환경을 무척 마음에 들어 했다. 도착한 지 1주일이
지나 어머니에게 쓴 편지에서, 거홀트는 거너스 농장을 "동네에서
가장 좋은 곳 가운데 하나"로 묘사했으며, 방 열세 칸짜리 벽돌집을
"푸르른 나무들이 멋지게 자라난 숲"이 둘러싸고 있다고 적었다. 거
홀트는 분명하게 말했다. "저는 한 가족처럼 대접받고 있어요."[11]

　크리스 크리스토퍼슨은 다음 몇 주간 거홀트의 모습을 수차례
걸쳐 봤는데, 거홀트는 때때로 거너스 부인과 함께 있었다. 수확철
이었던 1905년 8월의 어느 날, 크리스토퍼슨의 집에 나타난 벨은
크리스토퍼슨에게 귀리를 쌓는 일을 도와줄 수 있느냐고 물었다.
벨은 거홀트가 갑자기 일을 그만두었다고 설명했다.

　"거홀트가 이런 때에 떠났단 말입니까? 그냥 귀리를 베기만 하

고 가버렸다고요?" 크리스토퍼슨이 외쳤다.

"거홀트가 일이 지겨워 더는 못 하겠다고 하더군요." 벨이 답했다. 벨은 거홀트가 시카고로 가버렸으며, "손가방에 옷가지만 조금 챙겨갔어요"라고 말했다. 거홀트가 트렁크 가방과 두꺼운 모피 코트를 비롯한 많은 의류를 둔 채로 떠나버렸다는 것이다.

훗날 증언한 바에 따르면, 크리스토퍼슨은 그해 겨울 거너스 부인이 "거홀트가 두고 간 모피 코트"를 입고 있는 모습을 봤다. 시카고로 가면서 왜 코트를 두고 갔을까, 의아해한 크리스토퍼슨은 벨에게 "거홀트가 코트를 원치 않는지" 혹은 "코트를 보내달라는 편지를 보내진 않았는지" 물었다.

아니요, 벨은 답했다. "거홀트에게 아무 말도 듣지 못했어요."[12]

5
실종

헨리 거홀트가 사라진 직후인 1905년 늦여름, 〈미니애폴리스 티덴데Minneapolis Tidende〉와 아이오와주의 〈데코라 포스텐Decorah-Posten〉, 〈스칸디나벤〉 등의 미국 중서부 지역의 노르웨이어 신문에 구인 광고가 올라오기 시작했다. 그 내용을 번역하면 다음과 같다.

모집

아름다운 곳에 있는 최상급의 값비싼 농장을 소유한 여자가 착하고 믿음직한 남자 동업자를 구함. 약간의 현찰이 필요, 1등급 보안용품을 구비할 예정.[1]

관심 있는 사람들은 신문사를 통해 "B. G."에게 편지를 보내달라는 요청을 받았다. 정확히 얼마나 많은 사람이 이 광고를 보고 편지를 보냈는지는 분명하지 않지만, 거너스 농장에 편지를 배달하던 우체부 D. J. 헌터가 훗날 보고한 바에 따르면, 벨은 매일 아침 편지를 보통 "한 통에서 네 통 정도" 받았으며, 많을 때는 "하루에 여덟 통이나 열 통까지도 받았다".[2] 중년 남자였던 노르웨이인 이민자 조지 베리는 가장 빨리 편지를 보낸 사람들 가운데 하나였다. 베리는 지인에게 "새 직장을 구해" 라포르테로 이사를 가는데 "결혼을 할 수도 있다"는 소식을 전한 뒤, 오늘날로 치면 대략 4만 달러에 해당하는 현금 1500달러를 챙겨 집이 있던 일리노이주 터스콜라를 떠났다.[3] 몇 주 뒤, 위스콘신주 도버에 살던 〈데코라 포스텐〉의 구독자 크리스천 힐크벤Christian Hilkven은 신문사에 앞으로는 라포르테에 있는 새 주소지로 신문을 보내라는 연락을 보냈으며, 자신의 농장을 2000달러에 처분하고 친구들에게 작별 인사를 고했다.[4]

에밀 텔이라는 스웨덴인 미혼 남성은 캔자스주 오세이지에 있는 하워드 매시 가구사에서 일하던 사람이었는데, "부유한 미망인과 결혼"할 예정이라며 상사에게 직장을 그만두겠다고 통보한 뒤 "수중에 2000달러를 지니고" 라포르테로 떠났다.[5] 위스콘신주 아이올라에 살던 50살 먹은 홀아비 올레 버즈버그Ole Budsberg는 장성한 아들에게 농장을 판 뒤 현금 1000달러를 챙겨 인디애나주로 떠났다. "새장가를 들러 라포르테로 간다"는 이유에서였다.[6] 1905년 12월, 미네소타주 엘보우레이크에 살던 40세 독신남이자 〈스칸디나벤〉의 구독자였던 존 모John Moe는 현지 은행에 방문해 수표로 1000달러를 인출한 뒤 창구 직원에게 "인디애나주 라포르테로 갈 건데 이 돈을 그곳에서 쓸 예정"이라고 설명했다.[7]

사람들은 계속 찾아왔다. 이보다 훨씬 많은 사람들이.

"깍두기 머리를 한, 상식을 갖춘, 발랄한 아이"였던 아홉 살 소년 에밀 그리닝Emil Greening은 벨의 농장에서 일꾼으로 일했다. 이후에 에밀은 이렇게 증언했다. "거너스 부인은 항상 남자 방문객을 맞이하셨어요. 거의 매주 다른 남자들이 집에 머무르려고 찾아왔죠. 거너스 부인은 이 사람들이 캔자스나 사우스다코타, 위스콘신, 시카고에서 온 친척이라고 소개했어요. 남자들은 대부분 트렁크 가방을 들고 찾아왔었어요. 거너스 부인은 거실과 침실에서 친척들과 온종일 시간을 보냈습니다. 그리고 항상 자녀들이 친척들과 거리를 두도록 신경 쓰셨죠."

이들 가운데 농장에 오래 머문 사람은 아무도 없었지만, 에밀을 포함해 누구도 이들이 떠나는 모습을 보지 못했다. 게다가 이상하게도 이들이 떠난 자리에는 항상 트렁크 가방이 남아 있었다. 에밀은 당시를 이렇게 회상했다. 결국 "트렁크 가방이 열다섯 개쯤 쌓였고, 방 하나가 통째로 남자 옷으로 가득 찼어요. 거너스 부인은 친척들이 옷가지를 놓고 갔다고 하셨어요. 그러면서 친척들이 옷을 챙기러 돌아올지 잘 모르겠다는 말씀을 덧붙이셨어요".[8]

* * *

1906년 여름, 남자 "친척"들이 잠시 방문하지 않은 사이에 벨은 인근에서 윌리엄 브로기스키William Brogiski라는 폴란드계 이주민을 고용했다. 울타리를 두른 돼지우리 안에 구덩이를 두 개 파기 위해서였다. 벨은 구덩이의 치수를 아주 정확하게 주문했다. 길이 1.8미터, 폭 1미터, 깊이 1.2미터.

지옥에서 온 여왕

"구덩이에 쓰레기를 묻을 거예요." 벨은 설명했다.

다음 주, 브로기스키에게 다시 벨의 농장에 방문할 일이 생겼다. 브로기스키는 구덩이가 여전히 비어 있는 것을 눈치챘다. 훗날 증언했다시피, 브로기스키는 "두 구덩이 밑바닥에 무엇이 들어 있는지 본 적도 없고, 두 구덩이가 언제 가득 찼는지도 몰랐다".

브로기스키와 공포에 질린 세상 사람들이 구덩이의 진정한 용도를 알아낸 것은 7년이 지나서였다.[9]

* * *

1906년 가을이 될 무렵, 벨의 수양딸 제니는 깜짝 놀랄 만큼 예쁜 열여섯 살 소녀로 활짝 피어났다. 당시 제니를 촬영한 인물 사진은 우유를 마시며 자란 매력적인 농장 아가씨의 모습을 담고 있다. 앳된 얼굴에는 건강미가 넘쳤고, 입술은 도톰했으며, 눈은 순하고, 피부는 백옥 같고, 금발 머리는 삼단 같았다. 전혀 놀랍지 않게도 제니는 뭇 남성들의 관심을 끌었다.

벨이 고용한 소년 일꾼, 에밀 그리닝 역시 제니를 따라다니는 남자들 가운데 하나였다. 오랜 시간 동안 농장에서 일하면서 에밀은 제니와 절친한 친구가 되었다. 그리닝은 "우리 둘만 있을 때 제니는 여러 가지 자기 얘기를 해줬어요"라고 훗날 설명했다. 1906년 겨울 어느 날, 제니는 그리닝에게 어머니가 자신을 캘리포니아에 있는 대학에 보내기로 결정했으며, 교수 한 명을 라포르테로 초청해 자신을 학교까지 바래다주기로 했다는 소식을 전했다.

크리스마스 직전, 그리닝은 그 교수가 도착했다는 이야기를 들었다. 다음 날 아침 일찍 그리닝은 심부름을 하러 나갔으며, 농장에 돌아온 뒤 벨에게 제니를 만나 작별 인사를 하고 싶다는 뜻을 전했다. 벨의 대답은 그리닝을 아연실색하게 했다.

"거너스 부인은 제니가 그날 아침 떠났다고 했어요. 그런데 누구도 제니가 떠나는 모습을 보지 못했어요. 그리고 농장에 있던 사람들 가운데 교수가 떠나는 모습을 본 사람도 아무도 없었죠."[10]

마차 가게에서 일하던 젊은이 존 와이드너John Weidner는 제니에게 구애하던 남자 중 하나였는데, 역시나 비슷한 경험을 했다. 크리스마스 열흘 전에 와이드너는 제니의 집에 방문했다. 제니는 와이드너에게 대학 진학을 위해 로스앤젤레스로 간다는 이야기를 했다. 그러면서 엄마가 이미 일을 다 주선해놨다는 말을 덧붙였다. 와이드너는 의기소침해졌다. 제니 자신도 집을 떠나는 것을 그다지 마음에 들어 하지 않는 눈치였는데, 와이드너는 다음 주 일요일에 작별 인사를 하러 돌아오겠다고 제니에게 약속했다.

일요일이 되자 와이드너는 빌린 경마차를 타고 농장에 찾아왔다. "눈이 내리는 날이었습니다. 바람도 심하게 불었고요." 훗날 와이드너는 그날 있었던 일을 떠올리며 말했다. "농장에 도착한 뒤 문을 두드려 제니를 찾았습니다. 거너스 부인이 말하더군요. '어머, 이걸 어째 제니는 벌써 로스앤젤레스로 가버렸는걸.' 그 말을 듣고 저는 '정말요? 그것참 이상하네요. 제니가 자기가 떠나기 전에 한번 들리라고 했는데요'라고 했습니다. 그러자 거너스 부인이 이렇게 말했어요. '그래, 제니는 수요일에 떠났단다.'"

지옥에서 온 여왕

다음 반년에 걸쳐 와이드너는 캘리포니아에 있는 제니에게 편지를 여러 통 붙였으나 답장을 받지 못했다. 1907년 10월의 어느 날 마을에서 거너스 부인과 만난 와이드너는 제니와 연락하려고 백방으로 노력했지만 실패했다고 말했다. 그러자 벨이 웃으며 답했다. "오, 걱정하지 말렴. 제니에게서 네가 결혼하면서 편지를 보냈다는 말을 들었단다."

와이드너는 결혼한 사람은 자기가 아니라 자기 형이라고 설명한 뒤 "거너스 부인에게 제니에게 편지를 보내 자신이 아직 독신임을 전해달라고 부탁했다". 거너스 부인은 그러겠다고 약속했다.

그렇지만 제니가 와이드너에게 편지를 쓰는 일은 영영 없었다.[11]

6
레이

제니가 떠나자, 거너스 농장에서의 삶은 에밀 그리닝이 보기에
그 빛을 모두 잃었다. 1907년 6월, 제니가 떠난 지 6개월이 되었을
때, 에밀은 일을 그만두고 서부로 향했다. 한 달 뒤, 에밀의 빈자리
를 채운 것은 바로 레이 램피어Ray Lamphere였다.[1]

신문에 실린 사진을 보면, 램피어는 야윈 얼굴과 긴 코, 숱이 많
은 짙은 검은색 곱슬머리와 무성하게 기른 단정치 않은 턱수염, 구
석에 몰린 야생 동물 같은 눈을 지닌 사람이었다. 벨과 엮였을 당시
램피어는 서른일곱 살이었다. 램피어의 아버지 윌리엄 W. 램피어
는 한때 라포르테 지역 사회의 저명한 인사였으며, 교사와 정치인,
치안판사 자리를 역임했던 사람이었으나 "술에 취해 돈과 존경받는
사회적 지위, 행복한 가정을 모두 탕진했다".[2]

아버지와 마찬가지로, 레이 역시 술병을 과하게 좋아했다. 술
에 취하지 않았을 때는 숙련된 목수였으나, 레이는 보편적으로 "약
하고, 쓸모없고, 믿을 수 없는 남자"로 여겨졌다. 레이는 버는 돈을

지옥에서 온 여왕

(버는 돈이 있기나 하다면) 술과 창녀, 도박에 탕진했는데, 세평에 따르면 술집 뒷방에 들어가 단 하룻밤 만에 슬롯머신으로 50달러를 잃었다고 한다.[3]

레이가 어쩌다 벨에게 고용되었는지는 이야기마다 제각각이다. 몇몇 이야기에 따르면, 한동안 레이를 주시하던 벨이 6월의 어느 날 길가에서 레이를 멈춰 세우고선 농장에 와서 살면서 자신을 위해 일하라고 제안했다고 한다. 더 믿을 만한 다른 이야기들에 따르면, 레이가 지역 목수 조합에서 "거너스 농장에 조합에 소속된 목수를 위한 일이 있다는 이야기를 듣고, 면접을 보러 벨이 있는 라포르테에 찾아갔는데, 벨이 그자리에서 레이를 고용했다"고 한다.[4]

일이 어찌 되었든 간에, 6월 초부터 레이 램피어가 거너스 농장에서 살았던 것은 틀림없다. 레이는 농가 2층에 있는 방을 차지했다. 최근에 떠난 에밀 그리닝이 쓰던 방이었다. 또 레이는 술친구들에게 거듭 떠벌렸다시피 벨의 애인이 되었다. 호리호리한 젊은 남자가 온몸을 다 바쳐, 열한 살 연상인 체중 127킬로그램의 우락부락한 여자와 성관계를 맺으려 했다는 사실은, 이 사건을 연구하던 연구자들 가운데 적어도 한 명이 '안락의자를 이용한 정신분석'에 빠져들게 했다.* 이 연구자는 벨에게 "아주 성숙한" 매력이 있었기에 레이 램피어가 벨을 거부하지 못했으리라고 추측했다. "어머니의 보살핌을 갈망하며, 안전한 자궁으로 돌아가고 싶어 하는 외로운 남성에게 이런 여성은 아무런 책임을 지지 않고도 누릴 수 있는 안

---

* armchair psychologist. 정신분석학의 창시자 지그문트 프로이트를 일컫는다.

전을 상징했을지도 모른다."[5]

어쩌면 그랬을지도 모른다. 그러나 벨은 다른 고용인들과도 잠자리를 같이하는 사이였다. 이들 가운데는 2년 전부터 벨의 농장에서 일한 피터 콜슨Peter Colson이 있었다. 훗날 콜슨은 벨과의 짜릿했던 밤을 이렇게 묘사했다. 벨은 밤에 방으로 찾아와 "귓가에 달콤한 말을 속삭이고, 몸에 황홀한 애무를 퍼부으며, 나와 사랑을 나누었다. 벨은 갸르릉거리는 고양이처럼 만족스러운 소리를 내곤 했다. 자기 나름의 방식으로 부드럽고 상냥한 여자였다. 나는 이런 여자를 전에 본 적이 없었다".[6]

1907년 가을 내내 레이와 거너스 부인이 만나는 모습이 자주 목격되었다. 잭 스프랫Jack Sprat*과 아내처럼 보였던 두 사람은 벨의 마차를 타고 마을로 와서 길가를 나란히 걷곤 했다. 레이는 오랜 친구에게 벨이 자신에게 결혼해달라고 매달렸다고 떠들어댔으며, 멋진 은시계를 비롯해 벨이 자신에게 준 온갖 선물을 자랑스럽게 내보였다. 한 신문사가 "게으르고 하릴없는 놈팡이"라고 묘사했던, 마을의 웃음거리는 넓고 훌륭한 농장의 바깥주인이 될 운명을 맞이했다.[7]

그리고 바로 그때 앤드루 헬길리언Andrew Helgelien이 나타났다.

＊ 잭 스프랫 부부는 미국 동요에 나오는 주인공이다. 남편 잭은 비계를 먹지 못하는 빼빼 마른 남자였으며, 잭의 아내는 살코기를 싫어하는 뚱뚱한 여자였다. 그러나 사이 좋은 두 사람은 함께 접시를 깨끗이 비웠다고 한다.

지옥에서 온 여왕

7

헬길리언

1906년 초여름, 광고를 본 다른 남자들이 농장에 주기적으로 찾아오던 동안이었음에도, 벨은 앤드루 헬길리언과 서신을 나누기 시작했다.[1] 〈미니애폴리스 티덴데〉에 벨이 실은 광고를 보고 연락해온 헬길리언은 사우스다코타주에서 온 마흔아홉 살 먹은 밀농부였다. 가장 믿을 만한 출처에 따르면, 벨은 헬길리언의 첫 서신 이후 8개월 동안 헬길리언에게 편지를 75에서 80통 보냈다고 한다.[2]

이 편지들은 전부 노르웨이어로 쓰였으며, 어휘 선택과 철자, 필체가 모두 엉망이었는데, 나중에 편지를 영어로 번역하여 법원에 제출한 번역가가 묘사한 바에 따르면, "오류가 지극히 많고, 무식한 사람이 썼음에 틀림없"었다.[3] 비록 조잡하게 쓰이기는 했지만, 당시의 신문사 한 곳에서 남성을 유혹하는 "세이렌의 편지"라고 불렀던 이 편지들은, 헬길리언에게 사악한 주술을 거는 데 성공했다. 이전에 구혼자 행렬에 열렬히 참여했던 다른 남자들과 마찬가지로, 헬길리언은 벨의 유혹에 빠져 조만간 전미에서 "살인 농장"이라고 불

리게 될 곳에 찾아왔다.[4]

벨이 무려 1년 반에 걸쳐 올가미를 쳤다는 사실은 벨이 얼마나 사악하고 교활했는지 알려줄 뿐만 아니라 헬길리언이 어떤 사람이 었는지에 관해서도 많은 것을 알려준다. 이전의 희생자 대다수와는 달리 헬길리언은 결코 쉬운 먹잇감이 아니었다. 헬길리언을 찍은 사진 가운데 오늘날까지 잔존한 사진은 몇 장 없지만, 다행스럽게 도 헬길리언의 얼굴을 정면에서 찍은 사진과 측면에서 찍은 사진이 남아 있다. 이 사진들은 실은 교도소에서 찍은 죄수 사진이다. 헬길 리언은 목이 두꺼운 건장한 남자였으며, 어딘가 돼지를 연상케 하 는 외모였다. 헬길리언은 미네소타주 레드윙에서 우체국을 털고 증 거인멸을 위해 건물을 불태웠다는 죄목으로 미네소타 교정시설에 서 10년간 복역했다. 헬길리언은 감옥에서 풀려난 지 12년이 지난 시점이었던 1906년에 광고를 보고 벨에게 연락했다. 당시, 헬길리 언은 사우스다코타주 애버딘에서 농사를 짓고 살았는데, 인근 맨스 필드에는 헬길리언의 남자 형제 애슬리Asle가 정착해 있었고, 역시나 인근 레바넌에는 여자 형제 애나Anna가 살고 있었다.[5]

1906년 8월 8일에 헬길리언에게 보낸 답장에서 벨은 "P. S. 거 너스 부인"이라는 서명을 사용했는데, 헬길리언을 "친애하는 선생 님"이라 부르며 자신을 이렇게 소개했다. "저는 부유한 사람들이 여 름을 보내는 멋진 별장들이 들어선 곳 한복판에 있는 아름다운 집 을 소유하고 있습니다. … 집 주변에는 온갖 종류의 과일나무가 자 라나고, 새로 지은 훌륭한 집들이 들어서 있으며, 온갖 시설이 갖춰 져 있고, 멋진 가로수길이 깔려 있습니다." 벨은 편지에서 자신이

지옥에서 온 여왕

"토지 30만 제곱미터를 가지고 있다"고 주장했는데, 이는 실제보다 50퍼센트만큼 부풀린 크기였다. 그리고 그 추정 가치가 1만 2000달러에서 1만 4000달러에 달한다고 했는데, 이는 현재로 치면 대략 40만 달러에 해당하는 금액이다. 헬길리언이 관심을 기울일 만한 가치가 있는 후보인지 알아보기 위해, 벨은 편지 말미에서 헬길리언에게 "자기 자신에 관해 조금 더 설명해주십시오"라고 요청했으며, "얼마나 투자할 의향이 있는지" 묻는 더 중요한 질문을 했다.[6]

비록 헬길리언이 벨에게 보낸 서신의 절반가량이 소실되기는 했지만, 벨이 8월 20일에 헬길리언에게 보낸 다음 편지를 보면, 헬길리언이 앞선 편지에 즉시 답장을 주었으며, 벨이 헬길리언의 재산에 대단히 만족했다는 사실을 분명하게 알 수 있다. 벨의 어조에서는 자신의 기술을 총동원해 낚싯바늘에 걸린 엄청난 대물을 낚으려는 낚시꾼이 느끼는 흥분이 그대로 드러난다.

"친애하는 분께," 편지는 이렇게 시작했다. "말씀을 들으니 강직하고 정직한 성품을 지닌 착한 남자분 같습니다. 모든 면에서 진짜배기 노르웨이인다우십니다. 요즘 세상에 이런 남자분을 보기가 쉽지 않은데, 여자라고 다 그 진가를 알아보는 것은 아니지요. 제 주변에는 많은 미국인 '사내'들이 있습니다만, 저는 그들을 거들떠보지도 않습니다. 아무리 봐달라고 안달복달하더라도요." 벨은 인디애나주의 풍경과 기후를 목가적으로 묘사했다. "겨울에는 따뜻하고, 여름에는 **사우스다코타주**처럼 무덥지 않습니다. 비가 충분히 내리면서도 폭풍이 불지는 않지요. 땅이 비옥해서 뭐든지 기를 수 있답니다."

벨의 말에 따르면, 라포르테는 황금 같은 기회의 땅이었다. "시카고와 가까운 덕분에 온갖 것을 거래할 수 있는 훌륭한 시장이 있으며, 땅값이 항상 오릅니다. 이곳에는 백만장자들이 아주 많은데, 이들은 몇 년 전에 땅을 샀던 사람들입니다. 땅값이 두 배씩 뛰는 일이 자주 있었던 데다가, 그렇게 값이 뛴 땅을 작게 쪼개서 여름 별장을 사러 온 시카고의 사업가들에게 판 덕분이지요. … 선생님은 이곳에는 선생님의 자본을 유용하게 쓸 훨씬 좋은 기회를 잡으실 수 있을 겁니다. 그러면 아마 평생 일을 하지 않으셔도 될 거예요." "수백 명의 지원자 가운데" 헬길리언을 동업자로 선택했다고 선언한 벨은 헬길리언에게 지체 없이 오라고 재촉하면서 이렇게 조언했다. "은행에서 돈을 전부 찾은 뒤, 최대한 빨리 오세요."

* * *

두 사람이 처음으로 연락한 지 겨우 한 달이 지났을 무렵인 9월에 보낸 편지에서 벨라는 헬길리언을 단순한 동업자가 아니라 잠재적인 배우자로 대했다. 그리고 벨은 이때부터 보낸 편지 전부에서 자신의 이름을 벨라라 적었다. 벨라가 편지에서 쓴 어조는 자기 곁을 떠난 연인과 재회하고 싶어 안달이 난, 강렬한 사랑의 열병에 걸린 여인의 그것이었다. "당신을 더 잘 알고 싶은 마음이 굴뚝 같습니다만, 당신이 **이곳**에 올 때까지 인내심을 가지고 기다리겠어요. 저는 이제 다른 이가 보낸 편지를 모조리 치워버렸으며, 당신이 보낸 편지들만을 남겨 비밀 공간에 간직해 두었습니다. … 제가 당신

지옥에서 온 여왕

이 보낸 편지들을 어찌나 끔찍이 아끼는지 알지 못하실 거예요. 저는 20년간 미국에서 살면서 이토록 진실되고, 진정으로 노르웨이다운 것을 본 적이 없습니다."

사랑에 빠진 벨의 눈에 헬길리언은 여느 남자들과는 비교조차 할 수 없는 대단한 남자였다. 벨은 자신을 다 바쳐 헬길리언에게 헌신할 날을 손꼽아 기다렸다. 벨은 쏟아내듯 말했다. "여왕이라고 한들 당신의 짝이 되기엔 부족할 것입니다. 제 마음속에서 당신은 높은 사람들 가운데서도 가장 높은 사람이니까요. 그 무엇도 제가 당신에게 헌신하는 것을 막을 수 없어요."

벨은 두 사람이 누릴 더없이 행복한 가정생활을 담은 매혹적인 초상화를 그렸다. "당신이 이곳에 도착하면 우린 정말 행복하게 지낼 수 있을 거예요. 도착하시면 크림 푸딩과 다른 온갖 좋은 것들을 만들어 드릴게요. … 그곳에서 혼자 지내셨다니, 얼마나 외로우셨을까요. 서두르셔야 해요. 최대한 빨리 여기로 오세요. … 그곳에 너무 오래 계셨어요. 너무 오래 열심히 일하셨고요. 이제는 남은 날들을 위해 일은 쉬엄쉬엄하셔야만 해요."

벨이 강조한 것은 딱 하나였다. 그것은 바로 라포르테로 가서 벨과 결합한다는 계획을 헬길리언이 그 누구에게도, 특히 가족들에게 절대 말해서는 안 된다는 것이었다. 두 사람의 새로운 삶을 더 달콤하게 만들어줄 거라는 이유에서였다. 벨은 약속했다. "일이 다 마무리되고 자리가 다 잡히면, 레바넌에 사는 친애하는 당신의 여자 형제 애나에게 오라고 하자고요. 그렇지만 친애하는 당신, 이곳에 온다는 말은 입도 뻥끗하지 말아요. 그래야 애나가 이 사실을 알았을 때 느낄 놀라움이 더 커질 거예요. ⋯ 이 비밀을 우리끼리 간직하면 훨씬 즐거울 거예요. 다른 사람들이 이 사실을 알아냈을 때 얼마나 놀랄지 지켜보자고요."

편지를 끝맺기 전에 벨은 실용적인 조언을 하는 것을 잊지 않았다. 그리고 벨은 이 조언을 다음 몇 달에 걸쳐 여러 차례 반복해서 강조했다. "현금으로 바꿀 수 있는 것은 전부 파세요. 팔지 못한 것들이 많거든 그냥 오실 때 가져오시고요. 이곳에서는 물건을 좋은 가격에 금방 처분할 수 있습니다. 그곳에 돈이나 주식을 남겨두지 마세요. 다코타로부터 완전히 벗어나세요. 그곳을 다시는 신경 쓸 필요가 없는 곳으로 만드세요."

벨은 편지를 이렇게 끝맺는다. "사랑하는 분께, 어서 만나러 오시길."

＊＊＊

1906년 10월 27일, 벨은 헬길리언에게서 편지를 받았다. 헬길리언이 한동안 아팠다는 내용이었는데, 벨은 그날로 답장을 보냈다. "당신이 홀로 외로이 아팠다는 소식을 들으니 마음이 얼마나 아픈지 몰라요. 따뜻한 펀치를 만들어 드시고, 따뜻한 내의를 걸치시고, 항상 따뜻하게 지내시길 바라요. 친애하는 분, 우리가 가질 수 있는 것들 가운데 건강이 제일이랍니다."

헬길리언이 금방 도착하기를 바라며, 벨은 헬길리언에게 기차역에서 만나자는 편지를 보냈다. 헬길리언은 어렵지 않게 벨을 알

지옥에서 온 여왕

아볼 수 있겠다고 생각했을 것이다. 벨이 절제된 표현을 써서 말했다시피, 벨은 "노르웨이인 특유의 갈색 머리와 파란 눈동자를 한, 체격이 있는 노르웨이인 여자"였기 때문이다. 헬길리언은 벨이 자신을 마음속에서 우러나온 따뜻함으로 맞이해주리라 예상했을 것이다. "마음속에서 우러나온 만남을 갖게 되리라는 것을 잊지 마세요. 세상이 저를 조금 힘들게 하긴 했지만, 저는 여전히 선한 본성을 간직하고 있답니다."

벨은 다른 누구에게도 여행 계획을 알리지 말라고 여러 번 강조했으며, 추파를 던지며 이렇게 조언했다. "혼자 오세요. 서로를 알아가려면 시간이 필요하니, 그러기 전까지는 그곳에서 아무도 데려오지 마세요. … 우리 둘이서만 지내는 편이 좋지 않겠어요? 특히 처음에는요?" 벨은 오랫동안 떨어져 있었던 연인이 작별 인사를 하듯이 편지를 끝맺었다. "피곤해서 이만 줄여야겠어요. 이제 침대에 누워 당신을 생각해야겠어요."

* * *

겨울이 다가옴에도 헬길리언이 여행 준비를 할 조짐이 보이지 않자, 벨의 어조는 점차 다급해졌다. 벨은 "가장 친애하는 친구"에게 일을 최대한 빨리 마무리 짓고 어서 자신의 곁으로 오라고 애원했다. "그토록 안 좋은 곳에 왜 이리 오래 머무르려고 하시는 건가요? 그곳에 더 오래 계시다가 아프시지는 않을까 걱정이에요. 여기에 계셨더라면, 당신과 저, 우리 둘 다 훨씬 행복했을 텐데요. … 친애하는 분, 그곳에 머물면서 뼈 빠지게 일하실 필요 없어요. 그러지 마시고 전에 말씀하셨던 평화롭고 행복한 삶을 살도록 해요."

아내라도 된 듯이 헬길리언의 안위를 걱정하면서, 벨은 헬길리언에게 여행 짐을 꾸리라고 조언했다. "양모로 만든 질 좋은 내의와 커다란 곰 가죽 코트를 구해 여행길에 감기에 걸리지 않게 하세요." 그러나 벨이 걱정한 것은 헬길리언의 건강만이 아니었다. 벨은 이렇게 조언했다. "그곳에 돈을 약간 남기고 오시겠다고 하셨지요. 저라면 그러지 않겠습니다. 오실 때 가진 돈을 전부 챙겨오세요. 이곳 이자율이 더 높답니다. … 친애하는 분, 돈은 전부 지폐로 바꿔서 오세요. 가능한 고액권으로 바꾸시고요. 그런 다음에 옷 안에 아주 단단히 꿰매 넣으세요. 우선 지폐를 내의 안쪽에 꿰매 넣으신 다음, 얇은 천을 덧대고 돈이 눈에 띄지 않도록 잘 꿰매세요." 다시 한번, 벨은 비밀 엄수가 중요하다는 사실을 상기시켰다. "남들에게 입도 뻥긋하지 마세요. 아무리 가까운 친척이라고 해도요." 다음 대목에서 벨은 명백히 무언가를 암시하는 어휘를 사용했다. 한 역사가가 "행간에서 침실에서 일어날 일을 넌지시 드러냈다"고 표현했듯이 말이다.[7] 벨은 이렇게 썼다. "그러니 친애하는 분, 이 일은 오직 우리 둘만의 비밀입니다. 아마도 우리 둘 사이에서는 이것 말고도 다른 비밀이 많이 생기겠지요. 친애하는 분, 그렇지 않나요? … 우리 둘 사이에서는 남들이 모를 여러 가지 즐거운 일이 있을 테지요. 가장 친애하는 분, 안 그래요? 저는 반드시 당신이 즐겁게 지내도록 할 거예요."

벨은 조심하라는 말로 편지를 끝맺었다. 벨이 헬길리언을 위해

지옥에서 온 여왕

세워둔 진정한 계획이 무엇인지 생각해봤을 때, 이 대목은 벨이 지닌 사악한 성품에 관해 많은 것을 알려줄 뿐만 아니라, 마치 먹잇감을 가지고 노는 고양이처럼, 벨이 예정된 희생자를 가지고 놀면서 가학적인 쾌락을 느꼈음을 명백히 보여준다.

여행 중에 돈을 잘 간수해야 한다는 사실을 다시금 상기시키며, 벨은 헬길리언에게 항상 경계를 늦추지 말라고 당부했다. "저는 이제 당신이 다방면에 걸쳐 아는 것이 많은 분임을 알고 있습니다. 그렇지만 말재간이 좋고 사악한 사람들이 얼마나 많은지, 이런 사람들이 어찌나 자주 사기를 치고 속임수를 쓰려 드는지, 또 남들이 가진 것을 전부 빼앗으려 드는지, 일하는 대신 남들을 이용해 먹으려 드는지, 자신들이 저지르는 악행에 신경도 쓰지 않는지, 당신이 잘 알고 계실 줄로 압니다. … 친애하는 분, 부디 이런 사람들을 피하시길 바랍니다."

＊ ＊ ＊

1906년 12월 초, 벨은 헬길리언에게 편지를 받았다. 두 사람이 바랐던 만큼 빨리 라포르테로 이사를 오기는 어렵게 되었다는 내용이었다. "가장 친애하는 분께," 벨은 12월 14일에 이렇게 답장을 보냈다. "크리스마스에 이곳에 오실 수 없다는 말씀을 듣고, 또 겨우내 그곳에 머물기로 하셨다는 말씀을 듣고, 제가 얼마나 실망했는지 모르실 거예요. 제가 준비한 온갖 요리는, 노르웨이식 대구 요리와 크림 푸딩은 누가 먹게 될까요? 제가 계획한 온갖 즐거운 일은 누가 누리게 될까요?"

벨은 실망했지만, 헬길리언을 인내심을 가지고 계속해서 기다리겠다고 약속했다. 벨은 이렇게 선언했다. "저는 지상에 있는 그 무엇보다도 당신을 사랑합니다. 당신에게 충실한 채로, 당신이 도착할 때까지 기다리겠습니다." 언제나처럼 계산적이었던 벨은 두 사람이 누릴 행복한 결혼 생활을 묘사하며 편지를 끝맺었다. 다코타주의 거친 농장에서 혼자 힘으로 생활하던 외로운 미혼남에게 행복한 결혼 생활은 도저히 저항할 수 없을 정도로 매혹적으로 다가왔을 것이다. "이곳에 계셨더라면 함께 흔들의자에 앉아 이야기를 나누었을 텐데요. 또 당신께 제가 직접 만든 과실주를 한 컵 가득 따라드렸을 텐데요. 친애하는 분, 아쉽긴 하지만 당신이 진짜로 오시는 날 따라드리겠습니다."

* * *

새해 초, 헬길리언은 노르웨이에 계신 어머니가 돌아가셨다는 소식을 들었다. 1907년 1월 12일, 벨은 위로 편지를 보내며 헬길리언의 어머니가 돌아가신 것은 보상을 받기 위해서이며, "주님께서 어머님을 고향으로 불러들이셨으니," 마음을 편히 먹으라고 했다.

"부모자식 사이를 이어주던 끈이 끊어졌으니 얼마나 상심이 크실까요." 벨은 헬길리언이 힘든 시기를 보내고 있음을 인정했다. "그렇지만 우리는 모두 지혜로운 주님께서 인도하시는 대로 따라야만 합니다. 그리고 우리는 언젠가 다시 만나리라는 사실을 알고 있지요. 우리는 이 사악한 세상에서 최선의 삶을 살기 위해 노력해야 합니다. 죽은 자를 위해 슬퍼할 필요는 없습니다. 그들은 안식을 맞이했으니, 천국에서 주님과 함께 즐겁고 행복하게 살기를 기원해야 합니다."

벨은 가족을 잃었을 때 가장 좋은 약은 고인에 관한 생각은 제쳐두고 "우리와 함께하는 사람들을 위해 살아가고, 그들을 위해 최선을 다하는 것"이라고 주장했다. 즉 헬길리언의 경우, 가장 좋은 약이란 헬길리언이 도착하기를 학수고대하고 있는 사람 곁으로 서둘러 오는 것이란 의미였다. "친애하는 분, 이만 줄이겠습니다. 최대한 빨리 이곳에 오실 수 있도록 가능한 모든 일을 하셨으면 하는 바람이에요." 벨은 이렇게 편지를 끝맺었다.

* * *

봄이 다가오자 (헬길리언에게 더는 일을 미룰 핑곗거리가 없다고 확신했던) 벨은 헬길리언을 더 강하게 압박했다. 헬길리언을 단순히 "가장 친애하는 분"이 아니라 "온 세상을 통틀어 가장 훌륭하고 가장 충실하신 분"이라 불렀으며, 보내는 편지마다 두 사람이 함께할 장밋빛 미래를 집요하게 묘사했다.

벨이 4월에 보낸 편지는 이렇다. "당신이 오길 간절히 기다리고 있어요. 당신께서 이곳에 오시면 우리는 송아지와 작은 돼지, 닭과 새끼 고양이를 많이 기르게 되겠지요. 참 좋은 일이에요. 아주 즐거운 일이기도 하고요. 안 그런가요? 저는 제가 기르는 동물들을 무

벨라

101

척 귀여워하고, 제가 기르는 동물들도 모두 저를 무척 따른답니다."

이로부터 몇 주 뒤에 보낸 편지에서, 벨은 헬길리언이 올 때를 대비해 "집 내부를 단장하고 있다"며 신이 나 있었다. "집 단장을 마치면 정말 아늑하고 쾌적할 거예요. 당신이 얼른 오셨으면 좋겠어요. 집을 마음에 들어 하셨으면 좋겠고요. 그러면 우리는 아늑하게 지내면서 손수 만든 맛좋은 케이크를 즐기고, 훌륭한 커피도 마시고, 크림 푸딩을 비롯한 온갖 좋은 것들을 누릴 수 있을 거예요. 또 함께 앉아 더는 지쳐서 이야기할 수 없을 때까지, 이야기를 하고 또 할 수 있을 거고요. 그래요. 친애하는 분, 우리는 오랜 기다림을 만회할 수 있을 거예요. 장담해도 좋아요. … 오, 당신이 제가 얼마나 당신과 이야기를 나누고 싶어 하는지 안다면 얼마나 좋을까요. 당신과 온갖 이야기를 나누고 싶어요. 제 친구에 관해서, 또 … 그래요. 친애하는 분, 정말 즐거운 이야기일 거예요."

* * *

헬길리언이 1907년 여름에 드디어 자신에게 온다. 벨은 그렇게 믿었고, 헬길리언은 그렇게 믿게 했다. 그러나 헬길리언은 또다시 출발을 연기했다. 그해 가을 벨은 처음으로 좌절감을 드러냈다.

"어느새 9월 25일이 되었네요. 작년 이맘때부터 저는 당신을 기다리고 있었죠. 그런데도 당신은 오지 않네요." 벨은 책망하듯 말했다. "당신이 믿을 만한 분임을 알았기 때문에 저는 당신에게 충실한 채로 이토록 오랜 시간 동안 기다려왔습니다. 그런데 이제는 기

지옥에서 온 여왕

다리다 너무 지쳤고 또 너무 외롭습니다. 가을이 또 찾아왔습니다. 저는 지난 한 해 동안 최선을 다해 농장을 운영했습니다. 이곳에 상주하며 도와주는 사람도 없는 상황에서요. 그리고 저를 도와줄 사람이 없었던 이유는 당신이 약속을 미루고 또 미루는 동안 제가 계속해서 당신을 기다렸기 때문입니다. 인제 보니 당신은 그곳 생활을 영영 정리하지 못할 것 같네요."

비록 여전히 헬길리언을 "가장 사랑하고, 가장 충실하며, 온 세상에서 유일하게 친애하는 분"으로 여긴다고 확언하기는 했지만, 벨은 얇은 베일에 싸인 최후통첩으로 편지를 끝맺었다. "가능한 한 빨리 마음을 정하고 진짜 의향을 밝히시길 바랍니다. … 다음에 보내실 편지에서 당신이 이곳에 오고 있다는 대단히 기쁜 소식을 들었으면 좋겠습니다. 저를 세상에서 가장 행복한 사람으로 만들어주세요. 세상에서 가장 좋은 친구를 얻은 사람으로 만들어주세요."

헬길리언이 보낸 답장은 그가 보낸 다른 편지와 마찬가지로 더는 세상에 존재하지 않는다. 그렇지만 벨이 헬길리언에게 보낸 현존하는 마지막 편지를 보면, 헬길리언이 벨의 메시지를 무겁게 받아들였으며, 벨에게 긴 기다림이 곧 끝날 거라고 장담했음을 확실히 알 수 있다.

벨은 12월 2일에 보낸 편지에서 이렇게 말했다. "친애하는 분, 부디 서두르세요. 제 유일한 친구이자, 이 세상에서 가장 친한 친구인 당신이 너무나 걱정됩니다. 당신이 오고 있다는 소식을 매일같이 기다리고 있습니다. 더는 그곳으로 돌아갈 필요가 없도록 모든 준비를 마치도록 하세요."

벨라

헬길리언이 약속을 지킨 것은 한 달이 더 지나서였다. 1908년 1월 초, 앤드루 헬길리언은 마침내 라포르테에 도착했다.

지옥에서 온 여왕

8
라이벌

 벨 거너스의 애인이자 목수이자 일꾼으로 행복하게 지내던 레이 램피어는 1908년 1월 3일 금요일 아침에 웬 건장한 낯선 남자가 무릎 아래까지 내려오는 텁수룩한 코트를 입고 농장에 나타났을 때 끔찍한 충격을 받았다. 그날 늦게 벨은 레이에게 레이가 쓰는 침실을 손님에게 내주겠다고 통보했다. 그러면서 레이에게 "헛간에 가서 자"라고 했다.[1]

 다음 날 아침 동이 틀 무렵, 레이는 집으로 돌아와 평소 아침에 하던 대로, 거실 난로에 불을 피워 아침 식사를 하기 전에 방을 덥혔다. 새 남자가 계단을 내려왔을 때 레이는 막 불을 피운 참이었다. 두 사람은 이윽고 대화를 나누기 시작했는데, 이 대화는 벨이 나타나 레이에게 당장 나가라는 성난 손짓을 보내면서 끝났다. 레이는 훗날 이렇게 증언했다. "벨이 제게 입을 다물라고 하더니, 그자를 혼자 내버려두라고 했습니다."

 사우스다코타주에서 온 덩치 큰 노르웨이인 농부가 도착한 지

단 하룻밤 만에, 레이는 자신과 벨의 관계가 완전히 바뀌었다고 느꼈다. 레이는 후에 이렇게 말했다. "그전까지 우리는 잘 지냈습니다. 벨은 밤에 제 침실에 찾아오곤 했죠. 그러나 헬길리언이 온 뒤로 저는 벨에게 쓸모없는 사람이 되었습니다."[2]

* * *

라포르테 제일 국립은행의 출납원이었던 프랭크 J. 피트너Frank J. Pitner는 1월 6일 월요일 아침, 벨 거너스가 정강이까지 내려오는 회색 털 코트를 입은 어깨가 넓은 남자와 함께 나타났을 때, 평소처럼 출납 창구 뒤편에 앉아 있었다. 자신을 미스터 헬길리언이라고 소개한 남자는 사우스다코타주 애버딘에서 발행한 세 장의 양도성예금증서를 내놓으며, 전액 인출하고 싶다는 뜻을 밝혔다. 피트너가 수금을 하려면 예금증서를 발행 은행으로 보내야 한다고 설명하자, 거너스 부인은 그러려면 시간이 얼마나 걸리는지 물었다.

"4일이나 5일 정도 걸립니다." 피트너가 추정했다.

헬길리언은 지급 지연을 불만 없이 받아들였지만, 거너스 부인은 짜증을 감추지 못했다. 한 역사가가 적었다시피, "벨은 강력히 주장했지만, 현금은 지급되지 않았으며, 두 사람은 결국 땡전 한 푼 받지 못한 채 물러가야만 했다".[3]

* * *

지옥에서 온 여왕

1월 11일에 예금 전액에 해당하는 어음이 라포르테 은행에 도착했지만, 거너스 부인과 헬길리언은 이로부터 3일이 지난 뒤에야 모습을 드러냈다. 피트너는 지금은 전처럼 돈이 급하시지는 않으신가 봅니다, 라고 조심스럽게 말했는데, 그 답으로 헬길리언이 지난 며칠간 아팠다는 이야기를 들었다.

헬길리언이 수령할 금액은 2839달러로 오늘날로 치면 대략 7만 5000달러에 해당하는 돈이었다. 피트너는 액수가 액수인 만큼 자기앞수표를 써드리겠다고 제안했다. 헬길리언은 반대하지 않는 듯했으나, 거너스 부인은 전액 현금으로 찾아가야 한다고 고집을 부렸다. 피트너는 절반은 금화로, 절반은 지폐로 준비한 돈을 세면서 헬길리언에게 이 돈으로 뭘 하실 예정이냐고 물었다.

"당신 일이나 신경 쓰세요!" 날카롭게 소리친 벨 거너스는 연인의 팔을 붙잡더니만 연인을 은행 밖으로 끌고 가버렸다.[4]

* * *

같은 날인 1월 14일 화요일 늦게, 벨은 레이 램피어에게 심부름을 시켰다. 벨은 자신이 친척과 말을 교환하기로 약조했다고 설명했다. 친척의 이름은 존 모John Moe였다. 레이는 거래를 하기로 한 미시간시티에서 모와 만날 예정이었다. 어떠한 이유로든 모가 그날 저녁에 나타나지 않으면, 레이는 그곳에서 하룻밤을 보내면서 다음 날 아침까지 벨의 사촌을 기다리기로 되어 있었다.

저녁 5시 즈음 레이는 라포르테에서 20킬로미터 정도 떨어져 있는 미시간시티를 향해 출발했다. 레이는 친구를 데려갔는데, 존 라이John Rye라는 이름의 양조장 마차 운전사였다. 모가 거래를 하기로 약조했던 마차 대여소로 올 기미가 보이지 않았기 때문에 레이와 친구는 몇 시간 동안 시간을 죽였다. 처음에는 굴 요릿집에서 시간을 보냈고, 다음에는 5센트짜리 보드빌 쇼vaudeville show*를 관람했다.

아침 8시쯤 다시 한번 마차 대여소를 확인한 레이는 고용주가 분명하게 지시한 명령을 거역하고 친구 라이에게 라포르테로 돌아가자고 말했다. 두 사람은 8시 15분에 도시 간 열차interurban car를 탔으며, 약 한 시간 뒤에 라포르테에 도착했다.

"이 늙은 여자가 뭘 꾸미고 있는지 봐야겠어"라고 말한 레이 램피어는 이따가 스미스네 술집에서 만나자고 라이와 약속을 잡은 뒤, 어둠을 뚫고 거너스 농장을 향해 성큼성큼 걸어갔다. 라이는 한 시간 동안 레이를 기다렸으나, 레이는 결국 나타나지 않았다.[5]

앤드루 헬길리언은? 누구도 그를 다시 보지 못했다. 적어도 살아 있는 모습으로는.

---

* 1890년대부터 1930년대까지 미국에서 큰 인기를 끈 연극 형태의 가벼운 연예 쇼.

지옥에서 온 여왕

9
종막

라포르테로 여행을 떠날 준비를 하면서, 헬길리언은 온 세상에서 가장 친애하는 사람이 너무도 사랑스럽게 건넨 조언 가운데 몇 가지를 무시했다. 가령, 헬길리언은 현지 은행에서 돈을 전부 인출하지 않았으며, 인출한 돈을 속옷 안에 꿰맨 채로 가져오지도 않았다. 그렇지만, 벨이 한 다른 조언은 전부 따랐다. 헬길리언은 두 사람 사이에 관해 누구에게도 털어놓지 않는 편이 좋겠다는 벨의 의견에 동의했음이 틀림없다. 벨과 결합하여 새 삶을 시작한다는 계획을 두 사람만의 즐거운 비밀로 간직했던 것이다. 그 결과, 1월 2일에 인디애나주로 떠나기 전까지, 헬길리언은 남동생 애슬리에게 목적지가 어디인지 뻥끗도 하지 않았으며, 그저 "1주일이면 돌아오리라 확신한다"고만 했다.[1]

열흘이 지나도 형이 돌아오지 않자, 애슬리는 걱정이 들기 시작했다. 앤드루가 헬길리언 가족의 친구였던 미니 콘을 만나러 미니애폴리스로 갔을지도 모른다고 생각한 애슬리는 콘에게 편지를 보냈다. 콘은 앤드루가 그녀를 만나러 온 것은 사실이지만, 겨우 "한 시간 남짓"[2] 머물렀으며 "앤드루가 집에 돌아가지 않았다는 소식을 듣고 몹시 놀랐다"고 답장을 보냈다.

앤드루가 가축을 돌보기 위해 고용한 일꾼 존 헐스 역시 고용주가 어디로 갔는지 궁금해하기 시작했다. 헐스는 앤드루의 오두막집을 둘러보며 앤드루가 어디에 있는지 알려주는 단서를 찾으려 했는데, 10여 통의 편지를 발견한 뒤 즉시 애슬리에게 건넸다. 편지에는 전부 "벨라 거너스"라는 서명이 적혀 있었다.[3]

* * *

1908년 2월 3일에 벨과 레이 램피어 사이에서 정확히 무슨 일이 있었는지는 분명치 않다. 몇몇 신문 기사는 벨이 레이를 해고했다고 주장한 반면, 다른 기사들은 레이가 임금 체납 건으로 말다툼을 벌인 끝에 결국 일을 때려쳤다고 주장했다.[4] 그러나 두 사람이 그날 씁쓸하게 결별한 것만은 확실하다. 어찌나 급히 떠났는지, 레이는 농장에서 옷가지와 목수 연장조차 챙겨가지 않았다. 한 주도 채지나지 않아, 벨은 레이를 대신할 조지프 맥슨Joseph Maxson을 고용했다. 맥슨은 벨이 앞으로 고용할 일꾼을 위해 남겨두었던 2층 침실을 차지했다.

그러는 동안 레이 램피어는 현지 변호사에게 상담을 받았다. 변호사는 레이에게 농장으로 돌아가 자신의 돈과 소지품을 반환할 것을 요구하라고 조언했으며, 만약 거너스 부인이 요구에 응하지 않거든 자신이 불법적으로 빼앗긴 사유재산을 보상받기 위해 동산 점유회복소송replevin을 걸 준비를 마쳤다고 전하라고 일렀다. 램피어는 조언받은 대로 행동했다. 그러나 벨은 레이의 위협에 전혀 주눅들지 않았다. 벨은 자신의 땅에서 레이를 내쫓았을 뿐만 아니라, 즉시 카운티 보안관 앨버트 스머처Albert Smutzer에게 편지를 몇 통 보내, 자신이 전에 고용했던 잡일꾼에게 해코지를 당하고 있다고 고발했다. 다음 달, 레이 램피어가 농장 주변을 살금살금 걸어 다니는 모습을 본 벨은 레이를 무단 침입 명목으로 체포당하게 했다. 3월 13일, 치안판사 S. E. 그로버가 담당한 재판에서 레이 램피어는 법정대리인이 없는 상태에서 유죄를 인정했으며, 1달러에 경비를 더한 벌금을 부과받았다.[5]

* * *

3월 중순, 라포르테 우체국장에게 편지를 보내 거너스 부인이 라포르테에 거주한다는 사실을 확인한 애슬리 헬길리언은 벨에게 편지를 보냈다. 벨은 3월 27일에 이렇게 답장을 보냈다. "형이 어디 있는지 알고 싶다고 하셨지요, 확실한 답을 드리기는 거의 불가능해 보입니다. 저 역시 앤드루가 어디 있는지 몹시 궁금합니다." 벨의 몹시 수상쩍은 설명에 따르면, 전문 도박사였던 앤드루의 또 다른 동생이 1월에 애버딘에서 종적을 감추었는데, 앤드루는 이 동생을 찾으러 집을 떠났다. 미니애폴리스에서 동생을 찾지 못한 앤드루는 라포르테에 잠시 들린 뒤 다시 동생을 찾으러 떠났다. "앤드루는 시카고와 뉴욕을 샅샅이 뒤져 동생을 찾을 작정이었습니다. 앤드루는 계속 동생이 노르웨이로 가버렸다고 생각했으며, 자기도 동생을 뒤쫓아 노르웨이로 가야겠다고 마음먹었습니다."

벨은 앤드루가 시카고에 도착한 뒤 자신에게 "내일 동생을 수색할 것이며, 동생 소식을 다시 듣기 전까지는 연락하지 않겠다"고 편지를 보냈으며, 그때부터 앤드루의 소식을 듣거나 모습을 보지 못했다고 주장했다.

벨은 이렇게 편지를 끝맺었다. "이 문제에 관해 제가 아는 바는 이것이 전부입니다. 저는 매일같이 앤드루의 소식을 기다리고 있습니다."[6]

* * *

애슬리 헬길리언에게 편지를 보낸 지 하루 뒤였던 3월 28일, 벨은 레이 램피어가 정신 이상임을 주장하는 선서진술서affidavit를 법원에 제출했다.

이 선서진술서는 인쇄된 설문지에 벨이 자필로 응답한 문서였다. 문서에 따르면, 벨은 1907년 12월에 램피어에게서 "처음으로 정신 이상을 나타내는 징후"를 발견했다. "램피어가 제게 사실이 아니며 부당한 말을 했습니다." 램피어에게 "괴상한 행동을 하거나 이상한 기분에 빠지는 경향이 있는지" 묻는 질문에 벨은 단호히 답했다. "네. 램피어는 매일 밤 저의 집에 찾아와 밤새도록 창문 안을 들여다보는 비행을 저질렀습니다." 이미 이 공격적인 행동에 대해 유죄를 선고받았음에도, 램피어는 "계속해서 똑같은" 행동을 되풀이했으며, 이런 행동을 할 때는 대개 "술에 취한" 상태였다. 벨은 램피어의 행동적 특성을 가장 잘 묘사한 단어를 고르는 점검표에서, "과묵한, 우울한, 긴장한, 은둔형, 우둔한, 불경한, 추잡한, 무절제한, 범죄형" 등의 항목에 표시했다.

벨의 선서진술서에는 레이의 주치의 보 보웰의 진술이 첨부되어 있었다. 보웰은 이렇게 증언했다. "지난 5년 동안 저는 램피어 씨에게 여러 차례 약을 처방해왔습니다. 저는 램피어 씨의 어떤 정신 장애도 치료한 적이 없습니다. 저는 램피어 씨가 정신이상자라고 생각하지 않습니다."

램피어의 정신 이상 여부를 가리고, 벨이 제기한 혐의를 판결하기 위해 임명된 세 위원은 모두 같은 결론에 도달했다. 세 위원은 이렇게 판결했다. "우리는 환자가 조용하고, 깔끔하며, 단정하다고 판단한다. 환자는 신경이 약간 과민하다. 환자는 먼 과거나 최근에 있었던 사건을 기억할 수 있다. 환자는 지적이며 조리 있게 말할 수 있다. 레이 램피어는 정신이상자가 아니다."[7]

* * *

램피어를 공공연하게 정신이상자로 낙인찍으려는 시도는 좌절되었으나, 벨은 4월 초에 또다시 램피어를 무단 침입 명목으로 체포당하게 했다. 램피어의 재판은 4월 15일에 열렸다. 재판이 열린 직후, 애슬리 헬길리언은 벨에게 다시 편지를 보내, 지난번 나눈 서신에서 벨이 언급했던, 앤드루가 시카고에서 보냈다는 편지를 좀 보자는 뜻을 전했다.

벨은 편지를 도난당했기 때문에 그럴 수 없다는 답장을 보냈다. "제가 한동안 고용했었던 램피어라는 남자가 편지를 훔쳐갔습니다. … 이 램피어라는 작자는 사실이 아닌 온갖 이야기를 지껄이기 시작했는데, 결국 적발되어 체포당했습니다. 이 자가 제정신인지 밝혀내기 위해 세 명의 의사가 검사를 진행했습니다. 이 의사들은 이 자가 정신병원에 가둘 만큼 미치지는 않았다고 판결했습니다. 그렇지만 이 자는 완전히 제정신이 아닙니다. 이 자는 현재 보석으로 풀려난 상태이며, 다음 주에 재판을 받을 예정입니다. … 그렇지만 이 자가 앤드루가 제게 보낸 편지를 어떤 식으로든 훔쳤다는 사실 하나만큼은 확실합니다. 저는 이 작자가 앤드루를 질투했으며, 그 이유로 저를 이렇게 괴롭히는 거라고 다른 사람들에게 들었습니다."

* * *

램피어는 두 번째 재판에서 자신을 변호할 사람으로, 지역 변호사 워트 워든을 고용했다. 워든은 인근 스틸웰 타운으로 재판지를 전환하고 싶다고 요청했다. 4월 15일 수요일, 치안판사 로버트 C. 킨케이드의 주재하에 재판은 예정대로 진행되었다.

벨을 반대 심문하는 동안, 워든은 벨의 과거를 점차 강도를 높여가며 심문함으로써, 벨의 신빙성을 떨어뜨리려 시도했다.

"증인의 남편 피터 거너스는 아주 갑작스럽게 사망했죠. 맞습니까?" 워든의 질문은 즉시 주 지방 검사 랠프 N. 스미스_{Ralph N. Smith}를 벌떡 일어나게 했다. "이의 있습니다!" "증인의 남편분은 고액의 생명보험에 가입했었죠. 맞습니까?"

"이의 있습니다!"

"보험금을 수령한 사람이 증인 본인이 맞습니까?"

그 무렵 약이 바짝 오른 상태였던 스미스는 증인에게 "대답할 필요가 없다"고 말했다.

"거너스 부인." 워든이 물었다. "그건 그렇고, 대체 어떻게 소시지 분쇄기와 뜨거운 소금물을 담은 그릇이 거너스 씨의 머리 위로 떨어진 겁니까?"

펄쩍 뛰다시피 일어난 스미스는 비분강개하여 얼굴을 시뻘겋게 물들이면서, "증인을 윽박지르고, 무방비 상태의 여성을 모욕하는 행위를 당장 멈추라고 강력하게 항의했다."

워든은 이에 굴하지 않고 벨에게 첫 남편 매즈 소렌슨의 갑작스러운 죽음에 관해 계속해서 질문을 던졌다. 워든은 "소렌슨 씨가 어떻게 죽었는지, 소렌슨 씨가 생명보험에 가입한 상태였는지, 벨이 보험금을 수령했는지" 캐물었다. 워든이 질문을 할 때마다 스미스는 성난 어조로 이의를 제기했으나, 킨케이드 판사는 이의를 기각했다. "남편분이 독살되었을지도 모르니 시신을 조사해보자는 얘기가 나오지 않았던가요?" 워든이 매즈 소렌슨의 죽음에 얽힌 의심스러운 정황으로 벨을 압박하자, 마침내 스미스의 분노가 폭발했다. "저는 이 질문들에 이의를 제기합니다!" 스미스 검사가 울부짖었다. "이 질문들은 본 사건과 아무런 관련이 없습니다. 이런 질문을 당장 멈출 것을 요구합니다." 그리고 나서 증인석을 돌아보더니, "거너스 부인, 부인께서 이 자가 집으로 갈 때 두들겨 팬다고 하더라도 누구도 부인이 잘못했다고 하지 못할 겁니다!"

킨케이드 판사는 이에 동의했다. "질문이 너무 과한 것 같습니다." 킨케이드 판사는 워든에게 주의를 줬다.

워든은 겉으로는 반성하는 태도를 보이며 증인을 보내줄 준비가 되었다는 뜻을 내비쳤다. 그러나 벨이 증인석에서 일어서는 순간, 워든은 불현듯 질문을 던졌다. "아, 잠시만요. 그런데 거너스 부인, 따님 제니 올슨은 언제 집으로 돌아옵니까?"

킨케이드 판사는 이 질문에 날카롭게 반응하며, 워든에게 "그런 질문으로 본 법정의 시간을 낭비하지 말라"고 꾸짖었다.

워든 변호사가 심문을 시작할 무렵에는 완벽한 평정심을 유지하고 있었던 벨은 이때 증인석에 선 채로 눈에 띄게 동요하고 있었다. 킨케이드 판사가 보기에 벨이 내보인 반응은 전혀 이상하지 않았다. 변호인이 "제아무리 점잖은 여자라도 분개할 수밖에 없게끔 교묘하게 벨에 대한 의심을 불러일으켰기 때문"이다. 그러나 얼마 지나지 않아, 킨케이드 판사는 전혀 다른 결론에 도달하게 된다. 그것은 워든의 날카로운 질문이 실제로 거너스 부인을 심하게 동요시켰을 뿐만 아니라, 애슬리 헬길리언이 형의 행방을 물었을 때 거너스 부인이 처음으로 느꼈던 공포, 즉 자신이 일으킨 범죄가 발각될지도 모른다는 공포를 더 크게 만들었다는 것이다.[8]

지옥에서 온 여왕

* * *

램피어는 유죄를 선고받았으며, 5달러에 경비를 덧붙인 금액
인 19.01달러를 벌금으로 내라는 명령을 받았다. 이 벌금은 램피어
의 현 고용주였던 농장주 존 위트브룩John Wheatbrook이 대신 내주었다.
그렇지만 벨은 여기에서 멈추지 않았다. 자신의 전 연인이자 농장
일꾼을 그냥 내버려두지 않았던 것이다. 1주일도 채 지나지 않아,
벨은 또다시 램피어를 무단 침입 명목으로 체포당하게 했다.[9]

벨이 애슬리 헬길리언에게서 또다시 심란한 편지를 받았을 때,
레이는 카운티 구치소에 갇혀 있었다. 4월 24일에 보낸 답장에서,
벨은 "앤드루가 어디에 있는지 … 자신도 궁금하다"고 표현했다. 벨
은 "아는 바를 모두 말해주겠다"고 약속했으나, 약간의 세부사항을
덧붙여가며 앞서 한 이야기를 되풀이했을 뿐이었다. "앤드루가 라
포르테를 떠난 정확한 일자는 기억나지 않습니다만, 1월 15일이 아
니면 16일이었습니다." 벨은 이렇게 이야기를 시작했다.

제 어린 딸이 … 앤드루를 시내 전차역으로 데려다주었습니다. 앤
드루는 미시간시티행 전차를 탔습니다. 라포르테에서 20킬로미터
가량 떨어진 그 작은 도시를 둘러보고 싶어 했기 때문입니다. 앤드
루는 미시간시티에 하루 이상 머물지 않았고, 오후 1시에 그곳을 떠
났습니다.

2~3일 뒤에 앤드루가 시카고에서 보낸 편지를 받았습니다. 동
생을 추적했지만 찾지 못했다는 내용이었습니다. … 앤드루는 만약

동생을 찾지 못한다면, 뉴욕으로 가서 동생이 노르웨이로 떠난 것이 아닌지 알아보겠다고 했습니다. 만약 동생이 정말 노르웨이로 갔다면, 제 생각에는 앤드루도 노르웨이로 떠났을 듯합니다. 전에 말씀드렸다시피, 앤드루는 동생이 어디 있는지 알아내기 위해 잠시 동안 어디에 머무를지 정하기 전까지는 제게 답장을 보내지 말라고 했습니다. 제가 말씀드릴 수 있는 것은 이것이 다이며, 저는 이 편지를 가지고 있지 않습니다. 저는 아침에 이 편지를 받았으며, 편지를 다 읽고 도자기 장식장 안에 넣어둔 뒤 우유를 짜러 갔습니다. 그런데 제가 돌아왔을 때 편지는 사라진 채였습니다. 램피어가 이곳에 왔었으니 아마 그자가 편지를 가져갔을 겁니다. …

저는 **앤드루**가 왜 이렇게 오랫동안 나가 있는지 잘 모르겠습니다. 당신이 말씀하셨다시피 앤드루가 모종의 문제에 휩쓸렸으며, 우리 중 누구에게도 그 사실을 알리고 싶어 하지 않는 것이 아니라면요. 제 입장에서는 앤드루가 편지를 보내지 않는 것이 퍽 이상하게 느껴집니다. 앤드루가 보낸 편지는 램피어가 훔쳐 간 것이 거의 확실하고요. 그렇지만 앤드루가 왜 당신께 편지를 보내지 않는지는 잘 모르겠습니다.

라포르테로 와서 형의 행방을 찾는 조사에 착수하겠다는 애슬리의 제안에 벨은 기쁜 마음으로 가능한 모든 방법을 써서 애슬리를 돕겠다고 답했다. 비록 "앤드루를 찾기 위해 우리가 무엇을 할 수 있을지는 잘 모르겠지만요"라고 말하긴 했지만 말이다.

* * *

벨이 답장을 보낸 바로 다음 날, 레이 램피어는 또다시 법정에 소환되었다. 증언대 위에서, 벨과 열한 살배기 딸 머틀은 입을 모아 램피어가 "또 주변을 배회했다"고 주장했다. 증언에 따르면, 두 사람은 고작 며칠 전에 "돼지우리 주변에 있는 램피어를 보고 램피어를 쫓아내기 위해 급히 뛰쳐나왔다". 그러자 "램피어는 침착한 태도로 철조망을 끊고, 울타리 기둥을 뽑고, 기둥을 들고 가버렸는데, 두 사람은 4.5미터도 채 되지 않는 거리에서 그 모습을 지켜봤다".[10]

그렇지만 피고인 측 변호인 워트 워든은 이번 재판에서는 증인을 두 명 데려올 수 있었다. "이들은 카운티의 부유한 시민"이었는데, 이들은 벨이 피고인과 자신의 사유재산을 훼손하고 있었다고 주장했던 시기에 "램피어는 집에 있었습니다. … 도심에서 10킬로미터쯤 떨어진 존 위트브룩의 집에요. 그러니 거너스 부인의 집에 있었을 수가 없습니다"라고 증언했다. 램피어는 무죄를 선고받았으며, 벨은 법정 비용을 내야 할 처지가 되었다.

* * *

메인스트리트에 위치한 시카고 리더 포목점의 점원이었던 미스 버사 슐츠는 "거너스 부인을 자주 상대했는데," 훗날 4월 마지막 주에 벨이 아주 심란해 보이는 모습으로 찾아왔다고 증언했다. 미스 슐츠가 무슨 일이 있냐고 물었을 때, 벨은 램피어와 문제가 있다고 이야기하면서 "램피어가 자신을 괴롭히려고 … 저지른 일"을 묘사했으며, 램피어가 "마치 자신에 관해 뭐라도 아는 것처럼 굴면서, 뻔뻔하게도 계속해서 자기를 괴롭힌다"고 분명하게 말했다.

다음 날에도 가게에 들렀던 벨은 미스 슐츠에게 다시 한번 램피어에 관한 걱정거리를 털어놓았다. "거너스 부인이 램피어가 언제고 자기 집과 건물에 불을 지를까 봐 무섭다고 하시더군요." 미스 슐츠는 잠시 말을 멈추었다. "그리고 램피어가 부인과 부인의 자식을 죽일까 봐 겁이 난다고 하셨어요."[11]

지옥에서 온 여왕

10
1908년, 4월 27일, 월요일

레이 램피어 대신 고용되었던 조지프 맥슨이 훗날 증언한 바에 따르면, 벨은 그날 딸들을 학교에 보내지 않았다. 그러나 퀘이커학교의 교사 미스 캐리 가우드는 다른 이야기를 했다. 미스 가우드의 이야기는 다음과 같다.

4월 27일 아침, 저는 거너스 부인의 두 어린 딸이 교실 안에서 울고 있다는 사실을 알아차렸습니다. 두 아이는 우느라 볼이 퉁퉁 부어 있었는데, 몹시 괴로워하는 것처럼 보였습니다. 저는 큰애 머틀을 불러 무언가 문제가 있냐고 물었습니다. 머틀은 자신과 여동생이 그날 아침 어머니한테 심하게 맞았다고 답했습니다. 아이들의 이런 모습을 처음 봤기 때문에 저는 몹시 놀랐습니다. 저는 질문을 이어나갔습니다. 머틀이 자신과 동생이 같이 놀다가 거너스 부인댁 지하실을 향해 내려갔다고 하더군요. 그런데 지하실 계단을 다 내려가기 전에 거너스 부인이 황급히 쫓아와 둘을 질질 끌고 올라가 심하게 때렸다는 것이었습니다.

머틀은 거너스 부인이 이렇게 말했다고 했습니다. "절대 그곳에 가면 안 된다. 가면 안 된다고 한 곳에 함부로 얼굴을 들이밀지 말거라."

아이들에게 거너스 부인이 이전에 지하실로 내려가면 안 된다고 말씀하셨던 적이 있는지 물었습니다. 그렇다더군요. 그런데 두 아이는 그 말씀을 까먹었다고 했습니다.[1]

＊ ＊ ＊

같은 날 이런 일이 있었던 이후에 벨은 마차 위에 올라타 시내로 향했다. 벨이 처음 들린 곳은 자신의 변호사 멜빈 E. 릴리터의 사무실이었다. 벨은 릴리터에게 레이 램피어가 "집을 불태워버리겠다"고 위협했으며, 램피어 때문에 무서워서 못 살겠다고 울먹이며 말했다.

릴리터는 벨에게 램피어를 처리하는 가장 간단한 방법은 다음번에 램피어가 초대를 받지 않고 농장에 나타났을 때 "산탄총 총알을 왕창 먹여주는 것"이라고 조언했다. 그럴 수는 없다고 답한 벨은 변호사에게 유언장을 쓰고 싶다는 뜻을 밝혔다. 벨은 "무슨 일이 일어날 때를 대비해 모든 것을 정리하고 싶어 했다".

릴리터 변호사는 벨의 지시에 따라 다음과 같이 유언장을 작성했다. 벨은 "부동산과 동산을 포함한 전 재산을 세 자녀, 머틀 애돌핀 소렌슨과 루시 버글리엇 소렌슨, 필립 알렉산더 거너스 앞으로

　　　　　　　　　　　　　　지옥에서 온 여왕

남긴다. 규정에 따라, 언급한 세 자녀 가운데 누군가가 자식을 남기지 않은 채로 벨보다 먼저 사망할 경우, 생존한 자녀가 그 몫을 상속한다. 규정에 따라, 언급한 세 자녀가 전부 자식을 남기지 않은 채로 벨보다 먼저 사망할 경우, 전 유산은 시카고 노르웨이인 고아원에 기부한다".[2]

이렇게 작성한 유언장에 서명을 마친 뒤, 벨은 자신의 안전 금고가 있는 주립은행에 찾아가 현금 730달러를 인출했다.[3]

벨이 다음에 한 일은 가게에 가서 과자와 케이크, 장난감 기차를 산 일이었다. 벨은 점원 메리 판하임에게 "애들한테 작은 선물을 줄 것"이라고 했다.

"생일 파티를 여시나 보죠?" 미스 판하임이 물었다.

"아니에요. 그냥 작은 깜짝 선물을 줄 생각이랍니다."[4]

* * *

그날 오후, 벨의 시내 여행은 존 미니치의 잡화점에 들르면서 끝이 난다. 점원 조지 웨이스는 벨이 그날 "식료품을 대량으로" 구입했다고 회상했다. 벨이 사 간 것은 식료품만이 아니었다. 벨은 가게에서 5갤런짜리 기름통을 빌린 뒤 등유를 2갤런 사서 통에 담아 갔다.* 그러면서 집을 나온 뒤로 계속해서 기름통을 사려고 했는데, 파는 곳을 못 찾았다는 설명을 덧붙였다.

---

* 　미국의 경우, 1갤런은 3.8리터다.

레이 램피어가 가게에 들어와 5달러짜리 씹는 담배를 한 개비 주문했을 때, 벨은 가게에 15분 남짓 머물던 상태였다. 웨이즈에 따르면, "램피어와 거너스 부인은 한마디도 하지 않았으며, … 심지어 고개 한 번 까딱하지 않았다". 램피어는 계산대 옆에 서서 벨이 쇼핑을 마무리하는 동안 벨을 노려봤다. 그런 다음에는 벨을 뒤따라 밖으로 나가 벨이 말뚝에서 말을 풀어준 뒤 마차에 타고 떠나는 모습을 지켜봤다.[5]

* * *

벨은 오후 5시 반쯤 집에 도착했다. 조 맥슨은 벨을 도와 짐 정리를 했다. 맥슨은 기름통을 집 안으로 들고 간 뒤 계단 아래에 있는 저장고 안에 넣었다.

한 시간 뒤, 맥슨과 거너스 가족은 식탁에 앉아 성찬을 즐겼다. 맥슨은 당시를 이렇게 회상했다. "빵과 버터, 말린 고기, 연어, 소고기 스테이크, 감자로 만찬을 즐겼습니다. 다들 참 잘 먹었죠. 다들 소고기 스테이크를 두 접시나 비웠고, 쿠키와 잼을 엄청나게 먹었어요."

식사를 마치고 식탁에서 접시를 치운 뒤, 맥슨, 벨, 루시, 머틀, 필립 다섯 사람은 거실로 가서 "온갖 종류의 게임을 했는데, 특히 '빨간 모자와 늑대'를 주로 했다". 맥슨의 기억에 따르면, 거너스 부인은 "이 게임을 무척 좋아했는데, 늑대가 빨간 모자를 잡으려고 시도할 때면 비명을 지를 정도였다". 8시 30분경, 맥슨은 더는 졸음을 참기 어려웠다. 다른 사람들에게 잘 자라는 인사를 건넨 뒤, 맥슨은 계단으로 향했다. "제가 마지막으로 거너스 부인을 봤을 때, 부인은 바닥에 앉아 두 딸과 아들과 놀아주고 계셨습니다." 그날 낮에 아이들에게 주려고 산 "장난감 기관차와 객차를 가지고요".[6]

II
살인 농장

11
대화재

맥슨이 눈을 뜨면서 처음으로 떠올린 생각은 '거너스 부인께서 벌써 일어나 아침을 준비하고 계신가 보군'이었다. 그런데 냄새를 맡아 보니 핫케이크가 타고 있었다. 별안간 맥슨은 완전히 잠에서 깼다. 숨이 막히고 기침이 터져 나왔다. 방은 연기로 가득 차 있었다.

내복을 입은 채로 침대에서 뛰쳐나온 맥슨은 거칠게 창문을 열고 고개를 창밖으로 내밀었다. 집이 불길에 휩싸여 있었다. 맥슨은 후다닥 부츠를 신은 뒤 거너스 부인과 자녀들이 자고 있는 본체로 이어지는 문을 발로 차고 온몸으로 밀쳤다. 맥슨은 "불이야!"라고 외치려 했으나, 연기가 너무 자욱해 숨을 쉬기조차 어려웠다.

맥슨은 재빨리 작업복을 걸치고 작은 가방과 소지품 약간을 챙긴 뒤, 황급히 측면 층계를 내려가 15미터 거리에 있는 마차 차고로 달려갔다. 그러고는 그곳에 짐을 내려놓은 뒤 다시금 불타는 집으로 돌아왔다. 맥슨은 자기 방으로 돌아가려고 시도했으나, 불길이 너무 거세어서 2층에 가까스로 발을 디딘 뒤 집 밖으로 물러나야만 했다.

맥슨은 발길질을 해서 정문을 열려고 시도했으나 실패했고, 결국 도구함에서 도끼를 꺼내 문짝을 쪼갰다. 바로 그 순간, 머리 위에서 갑자기 커다란 우지끈 소리가 났다. 위를 쳐다본 맥슨은 불타는 지붕이 무너지며 바로 몇 분 전까지 자신이 세상 모르게 자고 있었던 침실로 떨어지는 모습을 보았다.[1]

* * *

멀지 않은 곳에서는 엘라 클리퍼드 부인이 평소처럼 새벽 4시에 일어나 동이 트기 전에 일터로 나가는 남편 마이클을 위해 아침을 준비하고 있었다. 부엌 창밖을 내다본 클리퍼드 부인은 이웃집이 불타고 있는 모습을 봤다. 부인은 10대 아들 윌리엄을 부르며 잠에서 깨웠다. 몇 분도 채 지나지 않아, 윌리엄은 자전거에 타고 미친 듯이 페달을 밟아 거너스 농장으로 갔다. 윌리엄이 훗날 증언했듯이, "만에 하나라도 자고 있는 사람이 있으면 깨우기 위해서"였다.

윌리엄은 조 맥슨이 도끼로 정문을 내려찍으려던 바로 그 순간에 도착했다. 맥슨 옆으로 뛰어간 소년은 부서진 문 안쪽을 들여다봤다. 윌리엄의 눈에 보인 것은 오직 불길뿐이었다.[2]

* * *

지옥에서 온 여왕

그 무렵 클리퍼드 부인은 남편 마이클과 시동생 윌리엄 험프리에게 불이 난 사실을 알렸다. 이들이 거너스 농장에 도착했을 때 조 맥슨은 손에 도끼를 든 채로 정문 옆에 망연자실하게 서 있었다.

"그 사람들의 침실은 어디에 있나!" 험프리가 불길이 타오르는 소리 속에서도 들릴 만큼 크게 소리쳤다.

맥슨은 집 왼편에 있는 2층 창문 두 개를 가리켰다. 주변을 둘러본 험프리는 벽돌 두 개를 찾아, 창문에 하나씩 던졌다. 창문이 깨지면서 불길이 솟구쳐 나왔으나 안쪽에서는 사람의 반응이 없었다.

"주변에 사다리가 있나?" 험프리가 맥슨을 향해 외치자, 맥슨은 즉시 장작 창고로 달려갔다.

잠시 뒤 맥슨이 사다리를 질질 끌며 나타났다. 클리퍼드 부자에게 사다리 양쪽을 붙잡게 한 뒤, 험프리는 사다리를 타고 올라가 깨진 창문 안쪽을 들여다보았다. 훗날 험프리가 한 말에 따르면, 방 한구석에 빈 침대가 있긴 했으나, "시체는 없었으며, 침대 매트리스만 덜렁 있었다. 침대 위에는 아무도 없었다". 불길이 침실 바닥을 뚫고 올라오고 있었다.

황급히 내려온 험프리는 클리퍼드와 함께 사다리를 두 번째 창문 쪽으로 옮겼다. 그러고는 다시금 사다리 위로 올라가 방안을 들여다보았으나 역시나 빈 침대 말고는 아무것도 보이지 않았다. 험프리는 훗날 이렇게 증언했다. "방 안으로 들어가볼까 고민했습니다만, 바닥을 뚫고 올라오는 불길을 보니 너무 위험하다는 생각이 들었습니다."[3]

＊＊＊

험프리는 마이클 클리퍼드를 보내 가까운 거리에 살았던 대니얼 허트슨 가족에게 경고를 보냈다. 클리퍼드가 끈질기게 문을 두드리자, "처음에는 누군가 정문으로 침입하려 한다고 생각했던" 대니얼 허트슨은 잠옷 셔츠도 갈아입지 못한 채로 비틀비틀 걸어 나와 무슨 일이냐고 물었다.

"이웃집이 다 타는 동안 잠만 잘 셈이오?" 손가락으로 찌르듯이 거너스 농장을 가리키며 클리퍼드가 소리쳤다. 클리퍼드의 손가락이 가리키는 곳을 본 허트슨의 눈에 "모든 창문에서 불길이 계속 솟구치는 모습이 보였다. 집이 온통 불길에 휩싸여 있었다".

허트슨의 증언에 따르면, 클리퍼드는 불타는 집으로 급히 돌아갔으며, 허트슨은 옷을 황급히 걸치고는 "신발 끈도 묶지 못하고, 반쯤 벗은 채로, 현장으로 최대한 빨리 갔다. 그곳에 갔더니 집이 온통 불바다였다. 딱 한 곳, 남서쪽 귀퉁이만 불이 붙지 않은 상태였는데, 바람이 강하게 불면서 불이 번지는 것을 막고 있어서였다. 집 전체가 활활 타고 있었으며, 오른쪽 부분은 무너지기 일보 직전이었다".

허트슨은 곧바로 자신이나 다른 사람들이 할 수 있는 일은 아무것도 없다는 사실을 깨달았다. 허트슨이 맥슨에게 "스머처 보안관에게 알리는 편이 좋겠소"라고 말하자, 맥슨은 즉시 마구간으로 달려가 묶어두었던 말 네 필 가운데 한 필을 끌고 나왔다.

허트슨은 이렇게 회상했다. "말이 겁에 질려 있었습니다. 우리세 사람 가운데 맥슨 씨가 마차에 타기로 했습니다. 맥슨 씨는 라포르테로 출발했습니다. 다행히 말이 잘 달리더군요."[4]

* * *

조 맥슨이 구치소에 도착했을 때 법원 시계는 다섯 시를 가리키고 있었다. 창구를 지키고 있었던 사람은 보안관보 윌리엄 앤티스William Antiss였다. 사정을 들은 앤티스는 맥슨과 함께 뒤 몇 블록 거리에 있는 스머처 보안관의 집을 찾아갔다. 앨버트 F. 스머처 보안관은 6연발 권총을 허리에 카우보이식으로 매고 있을 때조차 댄디한 구석이 있는 남자였다. 스머처의 모습을 담은 가장 널리 알려진 신문 사진은, 깔끔하게 다듬은 커다란 콧수염을 한 채, 주변과 어울리지 않는 세련된 옷을 입고 있는, 얼굴이 둥근 남자를 보여준다. 사진 속 스머처는 터틀넥 니트 스웨터 위에 잘 만든 울 재킷을 걸친 채로 머리에 뾰쪽한 가죽 모자를 멋지게 쓰고 있다. 스머처는 여행도 멋스럽게 다녔다. 스머처는 새빨간 포드 런어바웃runabout*을 타고 마을 주변에서 드라이브를 했는데, 말이 끄는 교통수단을 이용한 이웃들과 극명한 대조를 이루었다.[5]

스머처는 앤티스를 조수석에 태운 채로 거너스 농장으로 차를 몰고 갔으며, 맥슨은 마차에 타고 그 뒤를 쫓았다. 이들이 농장에 도착했을 무렵, 멀쩡히 서 있던 것은 세 벽의 일부분뿐이었다. 당시를 기록한 사람이 말했다시피 "불길이 잦아들 때까지 지켜보는 것 말

---

*   1900년대의 소형 오픈카.

고는 할 수 있는 일이 없었다". 스머처가 부른 의용 소방대원들이 "양동이에 물을 한가득 담아 타고 남은 잔해에 뿌렸으며, 쓰러질 듯 휘청거리는 벽돌담의 파편을 뜯어냈다".[6]

이 무렵에는 최소한 50명의 구경꾼이 모여 있었는데, 그 수는 얼마 지나지 않아 수백으로 늘어났다. 구경꾼 가운데는 〈아르거스 불레틴Argus-Bulletin〉의 편집자 해리 버 달링Harry Burr Darling이 있었다(라 포르테 지역에는 일간지가 두 개 있었는데 〈아르거스 불레틴〉은 그 가운데 하나였다). 그날 오후, 〈아르거스 불레틴〉은 앞으로 몇 달에 걸쳐 전국적으로 선풍적인 반응을 불러일으킬 사건을 최초로 보도하는 기사를 1면에 실었다.

"미스터리 하우스, 호러 하우스가 되다" 달링이 쓴 기사는 꼭 멜로드라마처럼 시작되었다.

몇 해 전, 미스터리가 얽힌 집이 되었던 이 곳은 오늘 화장용 장작더미가 되었다. 남편이자 아버지였던 한 남자가 이곳에서 미스터리하게 세상을 떠났던 사건은, 오늘날까지도 밝혀진 바가 거의 없는 비극이었다. 그런데 오늘 아침, 대참사가 일어났다. 커다란 화재가 이남자의 아내과 자녀들마저 고통스럽게 태워 죽인 것이다. ⋯ 한 시간가량 맹렬히 타오른 불은 벽돌 벽 세 개를 제외하고는 그 무엇도 남기지 않았다. 스산하게 서 있는 이 벽돌 벽들만이 대화재가 일으킨 엄청난 파괴를 보여주는 증거물이었다.[7]

비록 새벽에 다 탄 불길이 스스로 잡히기는 했지만, 검게 탄 잔해가 내뿜는 열기 때문에 스머처 보안관과 다른 사람들은 현장과 거리를 두어야 했다. 의용 소방대원들은 인근에 있는 클리어 호수에서 물을 끌어오기 위해 한 줄로 늘어선 채로 손에서 손으로 양동이를 날랐으며 사람이 접근할 수 있을 만큼 온도가 내려갈 때까지 잔해에 계속해서 물을 뿌렸다. 소방대원들은 지하실 문에서 "화재가 일어난 흔적을 발견했는데, 흔적이 좁은 범위에서 집중적으로 나타났다는 점에서 볼 때 사람의 소행임이 틀림없었다". 즉, 화재는 방화범의 소행이었다. 목을 길게 내밀고 들여다보던 구경꾼들 사이에서는 거너스 부인이 최근에 있었던 분쟁들 때문에 "신경 쇠약"에 시달렸으며 그래서 스스로 불을 질렀다는 소문이 돌았다. 달링은 벨이 "느꼈던 허탈감이 … 참혹한 비극을 계획하고 실행에 옮기게 했다"고 보도했다.[8]

그러나 스머처 보안관을 비롯해 벨과 레이 램피어 사이에서 일어난 추악한 불화의 내막을 아는 사람들은 이에 동의하지 않았다. 달링이 독자들에게 알렸다시피, 수사관들은 "예전에 고용한 일꾼이 … 집에 불을 질렀으며, 그 동기는 복수였다"고 굳게 믿었다. 스머처는 즉시 보안관보 두 사람에게 용의자를 검거하는 임무를 줬다. 그러나 그날 오후 〈아르거스 불레틴〉의 인쇄가 시작될 때까지도, 레이 램피어는 행방이 묘연했다. 달링은 이렇게 썼다. "혐의를 받은 용의자의 흔적은 발견되지 않았으며, 여전히 행방불명인 상태다."

그러는 동안, 또 다른 추적이 시작되려 하고 있었다. 스머처 보안관을 비롯해 곡괭이와 삽으로 무장한 열댓 명의 사람들이 화재로 폐허가 된 집의 잔해를 파헤쳐 실종된 거주자들의 흔적을 찾아낼

준비를, 달링의 표현을 빌리자면 "네 사람이 사망했다는 증거"를 찾아낼 준비를 마쳤던 것이다.[9]

지옥에서 온 여왕

12
발견

거너스 농장에서 1.5킬로미터쯤 떨어진 지점에 있는 레이크쇼 어 철도 선로 옆에는 라포르테의 가장 저명한 시민인 에드워드 A. 럼리Edward A. Rumely 박사가 세운 인터라켄 학교가 있다. 1907년 9월에 9세에서 18세 사이의 남자 입학생 열세 명으로 시작한 이 학교의 목적은 럼리 박사가 인터뷰에서 설명했다시피, "진취적이고, 용감하고, 독립적이며, 감히 위대한 일에 도전하고, 여태까지의 관행에 굴하지 않고, 이 위대한 산업 공화국의 지도자가 되기에 걸맞은" 젊은 이를 배출하는 것이었다.[1]

첫 입학생 가운데는 카터 휴 매니가 있었는데, 매니는 후에 사업가이자 시민 지도자, 예술 후원자로서 뚜렷한 족적을 남겨 럼리 박사의 포부를 이루어주었다. 끝내 발행되지 않은 매니의 회고록에는 당시 있었던 일이 적혀 있다. 1908년 4월 28일 아침 4시경, 몇 달 뒤면 열일곱 살 생일을 맞이하는 매니를 급우였던 "땅딸보" 위시번이 깨웠다. 위시번의 방은 창문이 북쪽으로 나 있어서, 거너스 농가를 "정확히 가리켰는데," 워시번은 매니를 "찾아와 몇 킬로미터 떨어진 큰 농장에서 불이 났다는 사실을 알려줬다". 잠시 뒤 기숙사를 순시하던 럼리 박사는 두 사람에게 "원한다면 자지 않고 구경을 해도 좋지만, 학교 밖으로 나가서는 안 된다"고 말했다.

럼리 교장이 사태를 알아보기 위해 학교 전화실로 간 동안, 매니는 방에 남아 워시번과 함께 커다란 창문 앞에 의자를 세워놓고 불구경을 했다. 매니가 관찰한 바를 기록으로 남겼다. "상당한 규모의 농가에 불이 났던 것이 틀림없다. 화재가 두 시간 가까이 계속되었기 때문이다. 만약 마구간에서 난 불이었다면, 훨씬 빨리 꺼졌을 것이다."

날이 밝자 럼리는 소년들에게 화재가 거너스 미망인댁을 집어삼켰다는 사실을 알렸다. 매니는 "우리는 그때까지 거너스 부인이라는 이름을 들어본 적이 없었다"고 밝혔다. 럼리 교장은 그날 아침에는 수업이 열리지 않을 거라고 공지했다. 아침을 먹은 뒤, 학생들은 거너스 농장을 자유롭게 방문해도 좋았지만, "점심까지는 돌아와야만 했다".

매니는 이렇게 썼다. "그래서,"

아침을 먹은 뒤, 우리는 빠른 걸음으로 길을 따라갔다. 현장에 도착했을 때 우리는 그곳에서 벌어진 일을 보고 깜짝 놀랐다. 보안관 본인을 포함해 보안관 사무실에서 온 제복을 입은 사람들이 있었으며, 라포르테에서 온 경찰도 두 명 있었다. 의용소방단에서 온 소방관들도 있었는데, 라포르테에서 온 소방 마차를 이용하고 있었다.

　　　　　　　　　　　　　　　지옥에서 온 여왕

헛간 하나는 신문 기자들에게 할당된 상태였는데, 미시간시티와 라포르테, 사우스벤드에서 온 기자들이 이미 대여섯 명이나 와 있었다. 시카고나 인디애나폴리스, 혹은 다른 지역 출신의 기자들도 곧 도착할 예정이었다. 큰 화재가 났으며, 이 화재가 여느 농장에서 난 평범한 화재가 아니라는 사실이 철도 전보를 통해 이미 널리 퍼졌기 때문이다.

"한때 시골의 아름다운 집"에서 남은 것은 오직 "을씨년스럽게 서 있는 시커먼 벽" 세 개뿐이었다. 매니가 관찰했다시피, 소방대장 토머스 워웰이 이끄는 소방대는 사다리와 밧줄, 갈고리를 이용해 이 벽돌 벽을 허물었으며, 덕분에 수색자들은 벽돌이 떨어질지도 모른다는 걱정 없이 잔해를 조사할 수 있었다. 그 작업이 끝날 무렵에는 매니가 "파헤쳐진 우물" 같다고 묘사한 지하실을 제외하고는 조사를 모두 마친 상태였다.[2] 스머처 보안관이 앞장서자 수색자들은 지하실을 파헤치기 시작했으며, 그러는 동안 소방관들은 양동이로 물을 뿌려가며 여전히 열기를 내뿜는 잔해를 식히려고 했다.

* * *

아침나절에 집으로 돌아가 아침을 먹으면서 잠시 쉰 윌리엄 험프리는 거너스 농장에 돌아와 땅 파는 일에 동참했다. 한 목격자가 기록했다시피, "작업은 대단히 어려웠다. 폐허가 온통 숯덩이 천지여서 연기와 증기가 계속 뿜어져 나왔기 때문이다". 그렇지만 수 시간 동안의 작업 끝에 사람들이 발견한 것은 "침대와 침대 틀 조각과 오래된 권총 같은 물건들뿐이었다". 서너 시경에는 지하실을 거의 다 파헤친 뒤였는데, 폐허 어디에서도 시신을 찾을 수 없다는 사실에 사람들은 "당혹스러워하기 시작했다".[3]

아직까지 수색하지 않은 곳은 오직 남동쪽 귀퉁이뿐이었다. 윌리엄 험프리는 그곳에서 숯덩이가 된 잔해를 삽으로 파 내려갔는데, 험프리가 나중에 표현했다시피, 오후 3시 45분경 험프리의 삽이 "무언가 물컹한 것과 부딪혔다".

험프리는 근처에 있었던 스머처 보안관을 불렀고, 두 사람은 "신중하게 땅을 파헤쳤다". 두 사람 주위에 금세 사람들이 모여들었다. 잠시 뒤, 험프리는 삽질을 멈추고 "그 사람들이 여기 있소"라고 말했다.[4]

* * *

라포르테 사람들은 이 소름 끼치는 발견을 사건이 일어난 지 겨우 몇 시간 만에 알게 되었다. 해리 버 달링이 자신의 1면 기사가 인쇄되기 직전에 가까스로 이 사실을 전하는 문장 두 줄을 넣을 수 있었기 때문이다. "어머니와 자녀들의 시신이 … 겹겹이 쌓인 채로 발견되었다. 어머니가 자녀들을 품에 안은 채로 집에서 탈출하려고 시도했음이 분명하다."[5]

다음 날, 사건을 훨씬 자세히 다룬 기사가 신문지 전면을 휩쓸었다. 달링은 "무고한 세 아이 가운데 막내였던" 꼬마 필립 거너스의 시신이 "네 사람 가운데 가장 적게 탔다"며, 어머니가 "자녀를 구하기 위해 … 영웅적으로 분투했지만, 역부족이었다"는 가슴이 미어지는 이야기를 전해주었다.

불꽃이 타오르는 소리와 숨 막히는 연기 때문에 잠에서 일어난 어머니는 모성 본능에 따라 아이를 퀼트 담요로 감쌌다. 바깥에 나갔을 때 가냘픈 아이가 감기에 걸리지 않게 하려는 생각이었음이 틀림없다. 담요는 어느 정도 아이의 몸을 보호하는 역할을 했다.

병적인 자극을 갈망하는 독자들에게 답하기 위해, 달링은 필립의 유해를 사진처럼 묘사한 내용을 아낌없이 제공했다. "아이의 얼굴은 시커멓게 탔는데, 이마에 구멍이 뚫린 점에서 볼 때 떨어진 벽돌에 맞았음이 틀림없다. 무릎 아래쪽은 불타 없어진 상태였다. 아이는 입을 벌리고 있었는데, 이는 고통스러운 죽음을 알리는 소리 없는 증언이었다."

달링은 필립의 두 누나를 묘사할 때도 필립을 묘사할 때와 똑같이, 뻔뻔하게도 역겨운 감상평과 끔찍한 선정성을 뒤죽박죽 섞어 넣었다. "지난밤, 귓가에 울리는 애정이 어린 기도를 듣고서는, '주님, 저는 이제 자려고 눕습니다. 자는 동안 제 영혼을 지켜주세요'라고 짧은 혀로 더듬더듬 따라 했던 소녀들은, 불과 몇 시간 전까지만 하더라도 주님의 미소 속에서 살아가던 이 소녀들은, 이제는 사람이었음을 간신히 알 수 있는 형체가 되었다."

그렇지만 이 "시커멓게 탄 조각난" 시체 가운데서 "가장 소름 끼치는 모습"을 하고 있었던 사람은 바로 거너스 부인이었다. 거너스 부인의 시신은 "알아볼 수 없을 정도로 엉망진창이었으며, 뼈가 살갗을 뚫고 튀어나와 있었다". 이보다 더 사람들의 간담을 더 서늘케 했던 것은, 바로 유해에 머리가 없다는 점이었다. 달링은 "무자비하고 잔인한 불꽃"이 시신의 목을 쳤음이 분명하다고 추정했다. 달링은 "잔해를 파헤치는 사람들은 여태껏 두개골을 찾아내지 못했다. 그러므로 사라진 머리에서 남은 것은 두개골뿐일지도 모른다"고 보도했다.

사람들은 시신 네 구를 잔해에서 조심스럽게 추려내 판자 위에 올려둔 뒤, 마을의 장의사 오스틴 커틀러가 짐마차를 타고 오기를 기다렸다. 도착한 커틀러는 시신을 짐마차에 실어 장례식장의 시체 안치소로 운송했다.[6]

해리 버 달링에 따르면, 거너스 부인의 수양딸 제니는 이 저주받은 가족 가운데 "참화"에서 살아남은 유일한 생존자였다. 이 젊은 아가씨는 불이 났던 바로 그 순간에도 "캘리포니아에서 이 도시로 오는 중이었다. 제니는 하루 이틀 안에 이곳에 도착할 예정이었는데, 사람들은 제니가 미스터리를 밝혀낼 실마리를 제공해주리라 여겼다".[7]

13
체포

초기 보고서에 "행방불명"이라고 적혀 있기는 했지만, 사실 레이 램피어는 그날 아침에 존 위트브룩의 농장에 일을 하러 갔었다. 그날 오후 늦게 보안관보 리로이 마르Leroy Marr와 윌리엄 앤티스가 마차를 몰고 오고 있을 때도 램피어는 여전히 그곳에 있었다. 농장에서 1.5킬로미터쯤 떨어진 곳부터 길이 진창으로 변했기에, 마르는 마차에서 내려 농장까지 걸어갔다. 마르가 집 정문에 다가오자 창문을 통해 그 모습을 보고 있었던 램피어가 나와 문을 열어주었다.

"레이, 코트를 입게. 나와 함께 시내로 가세." 마르 보안관보가 말했다.

어쩌면 마르는 이 작지만, 강단 있는 잡역부가 어떤 식으로든 비극과 연관되어 있다는 이야기를 미심쩍게 여겼을지도 모르지만, 레이에 입에서 나온 첫 마디는 그 의심을 완전히 지워버렸다. "그 여자와 세 아이가 건물에서 무사히 탈출했습니까?"

마르가 불이 난 줄 어떻게 아느냐는 묻자, 레이는 자신이 그날 새벽 3시에 일어났으며, 그 뒤 10킬로미터 거리에 있는 존 위트브룩의 농장을 향해 걸어왔다고 답했다. 그리고 그러는 동안 거너스 농장 옆을 지나가면서 "창문과 지붕에서 연기가 나오는 모습을 봤다"는 말을 덧붙였다.

"왜 아무에게도 알리지 않았나?" 마르가 물었다.

"내 알 바 아니라고 생각했으니까요." 레이가 답했다.[1]

＊ ＊ ＊

카운티 구치소로 끌려온 레이는 당시에 흔히 "고문sweating"이라고 불렸던 3급 심문the third-degree grilling＊을 연이어 받을 처지에 놓였다. 심문을 진행한 사람은 스머처 보안관과 앤티스 및 마르 보안관보, 그리고 램피어가 체포됐다는 소식을 듣고 서둘러 구치소로 온 주 지방 검사 랠프 N. 스미스였다.

레이는 처음에 했던 이야기를 고수했으나, 경고를 보내지 못한 이유에 관해서는 다르게 해명했다. 레이는 "제가 불을 냈다는 의심을 받을까 두려웠습니다"라고 말했다. 그러면서 처음에 이야기할 때 빼먹었던 내막도 밝혔는데, 자신이 불이 났던 날 밤에 엘리자베스 스미스Elizabeth Smith의 침실에 있었다는 것이었다. 레이는 수사관들에게 이 사실을 절대 대중에 공개하지 말아달라고 간청했다.[2]

＊　협박과 질문 공세를 동원한 가혹한 심문.

굳이 기록을 찾아보지 않더라도, 20세기 초 미국에서 인종차별
은 일상적인 일이었다. "마미Mammy" 송＊＊이나 "피커니니pickaninny＊＊＊"
농담, 검은 얼굴의 보드빌쇼 배우들black-face vaudevillian＊＊＊＊을 보면 잘 알
수 있듯이, 인종차별주의는 당시 문화 전반에 구석구석 스며들어
있었다. 또한 거너스 농장에서 불이 난 뒤 20년 안에, 인디애나주가
전국에서 가장 큰 쿠 클럭스 클랜Ku Klux Klan(이하 KKK단)＊＊＊＊＊ 지부
가 있는 지역으로 성장하며, 인디애나주에 사는 백인 남성 가운데 4
분의 1이 KKK단에 가입하여 그 회원 수가 무려 25만에 이르렀다는
사실에도 주목할 필요가 있다.[3] 그러니 당시 이 지역 신문사들이 엘
리자베스 스미스를 지칭하면서 썼던 정식 명칭이, 이웃들이 스미스
를 부르던 호칭과 마찬가지로, "검둥이 리즈Nigger Liz"였던 것은 전혀
놀라운 일이 아니다.

　버지니아주 출신 노예의 딸이었던 스미스는 남북 전쟁이 끝난
뒤 인디애나주로 이주했는데, 어려서부터 미인 소리를 들었다고 한
다. 스미스는 "인디애나주에서 가장 아름다운 흑인 소녀"라고 불렸
다. 인디애나주에서 퍼진 소문에 따르면, 스미스는 "그 시절 여러 젊

＊＊　　백인 앨 졸슨이 얼굴을 검게 칠하고 부른 재즈곡.
＊＊＊　흑인 어린이를 일컫는 멸칭.
＊＊＊＊　얼굴을 검게 칠하고 쇼에 등장한 백인 배우들.
＊＊＊＊＊　백인 우월주의를 내세우는 패륜적인 인종차별주의자 집단, 흔히 KKK단이라 불
　　　　　린다.

은 남자들"의 마음을 사로잡았는데, "이들의 얼굴이 전부 검지는 않 았다". 널리 알려진 연인 가운데 한 명은 "라포르테에 사는 똑똑한 변호사"였는데, 스미스는 이 남자와의 사이에서 흑백 혼혈인 사생 아 딸을 낳았다고 한다. 소문 속 이야기는 이렇게 절정을 맞는다. 그 내용이 어찌나 놀라웠는지 반세기가 지나서도 소문이 가라앉지 않 을 정도였다. "남자는 스미스에게 우리 딸의 교육에 쓰라며 600달 러짜리 어음을 써준 뒤, 자신이 저지른 잘못을 공개적으로 시인하 고 아이의 법적 지위를 회복시켜주었다. 두 사람이 일으킨 스캔들 은 대중적으로 큰 관심을 불러일으켰다. 검둥이 소녀는 광장에 모 인 수많은 군중 앞에서 변호사를 채찍질했으며, 결국 남자는 탈출 해 주변에 있는 약국에 숨었다."[4]

레이 램피어가 체포될 무렵, 스미스에게서는 예전 어여뻤던 모 습을 흔적조차 찾을 수 없었다. 뼈만 남은 몸과 주름진 얼굴을 한 채, 낡아 빠진 검은색 숄과 "오래된 '허버드 아주머니' 드레스"를 입 은 스미스는 마치 허수아비처럼 보였다. 스미스는 당시 70대 노인 이 되어 있었다. 이웃 아이들은 스미스가 사는 다 무너져가고 좁아 터진 집을 마녀 소굴이라고 믿었다. 많은 아이들은 성인이 되고 나 서 오랜 시간이 흐른 뒤에도 "어린 시절 겁에 질린 채로 스미스의 집 앞을 지나 뛰어갔던 일"을 기억했다.[5]

레이 램피어는 여성의 아름다움을 평가하는 대단히 유연한 기 준을 가진 복 받은 남자임이 틀림없다. 나이를 먹고 육체가 쇠했음 에도, 레이 램피어 눈에는 스미스가 변함없이 아름다웠으니 말이다. 몸무게가 130킬로그램이 넘었던 애인 벨 거너스에게 내쫓겼던 램

지옥에서 온 여왕

피어는 다리가 길고 가늘었던 엘리자베스 스미스의 침대에서 안식을 찾았다.

레이가 체포된 다음 날 구치소를 찾아간 스미스는 현지 기자에게 램피어의 알리바이를 확인해주었는데, 사려 깊게도 그 과정에서 추문을 불러일으킬 만한 내용은 일절 밝히지 않았다. 물론, 지난 저녁에 레이가 이미 조사관들에게 속사정을 속속들이 털어놓긴 했지만 말이다.

스미스는 이렇게 사정을 설명했다. "그 남자 램피어가 월요일 밤에 저의 집에 찾아와 방을 내달라고 했습니다."

자기가 아픈데 돈이 없다고 하더군요. "돈이 생기면 내겠다"고 하면서 잠시 자리에 앉았어요. 램피어는 의자에 앉은 채로 잠이 들었고, 한 30분쯤 잤습니다. 일어난 다음에 "자기에게 방을 내어줄 것인지" 묻길래, 그럴 생각이라고 했지요. 그는 배를 채우러 스미스네 술집에 다녀왔습니다. 저는 시계 알람을 4시 반에 맞추었습니다만, 램피어가 3시 반으로 시곗바늘을 돌려놓았습니다. 저는 알람이 울리는 소리를 듣고 램피어를 깨우러 갔습니다. 코 한번 시원하게 골더군요. 4시가 넘었다고 했더니, 램피어가 "이런 세상에, 위트브룩 씨네 농장에 벌써 가 있어야 했는데"라고 하더니만 바로 출발했습니다. 그날 아침에 램피어가 저의 집을 떠난 뒤로 램피어를 다시 보지 못했습니다. 그렇지만 램피어가 새벽 4시에 저의 집에 있었다는 사실만큼은 분명히 말할 수 있습니다.[6]

* * *

스미스가 불이 났을 당시 레이가 어디 있었는지 입증해주었음에도, 사람들은 대부분 여전히 레이가 범인이라고 생각했다. 중서부전역의 신문들은 앞을 다투어 레이를 "미치광이"이자, 살인을 저지른 "방화범"으로 낙인찍었으며, 거너스 부인이 "사랑에 미친" 레이의 "격정적인 마음에 응해주지 않자" 레이가 집에 불을 질렀다고 보도했다. 램피어가 린치를 당했다는 소문도 돌았다. 〈클리블랜드 플레인 딜러Cleveland Plain Dealer〉지는 이렇게 보도했다. "라포르테 사람들의 감정이 고조되고 있으며, 언제라도 집단 폭행이 일어날 우려가 있다. 온 도시가 흥분한 상태이며, 경찰 다수가 램피어가 수감된 구치소를 지키고 있다."[7]

* * *

그날 저녁, 찰스 맥Charles Mack 검시관이 개최한 사인규명회에서 조 맥슨, 마이클과 윌리엄 클리퍼드 부자, 윌리엄 험프리, 대니얼 허트슨 등 다섯 증인이 증언을 했다. 사인규명회의 위원은 스미스 주지방 검사와 스머처 보안관, 앤티스 및 마르 보완관보 등이었으며, 서기 J. 로이 모리슨이 증거를 속기로 기록했고, 이 밖에도 약간의 신문 기자들이 규명회에 참석했다.

다섯 증인은 이들에게 그 운명적인 아침에 어떤 사건이 있었는지 생생히 전했다. 비극이 일어나기 전날 저녁에 거너스 농가에서

지옥에서 온 여왕

무슨 일이 있었냐는 질문에, 맥슨은 자신이 잠자리에 들 무렵에는 장작 난로가 꺼져 있었으며, 등유 램프는 원래부터 밤에 켜놓는 법이 없다고 증언했다. 한 기자는 "맥슨의 증언은 방화로 인해 화재가 시작되었다는 믿음이 … 옳음을 증명하는 중대한 증거이다"라고 기록했다.[8]

그러나 신문 기자들이 사인규명회에서 가장 극적인 증언을 했다고 여긴 인물은 바로 대니얼 허트슨이었다. 스머처 보안관이 지하실에서 시체를 네 구 발견했던 일을 묻자, (잔해에서 시신을 거두는 일을 도왔던 사람 가운데 한 명이었던) 허트슨은 "목덜미 위에 붙어 있어야만 할 거너스 부인의 머리가 통째로 사라졌었다"고 공언했다. 판자 위에 올려놓은 벨의 유해를 본 허트슨은 이렇게 증언했다. "원래라면 머리가 있어야 하는 곳을 통해, 거너스 부인의 심장이 보였습니다. 부인의 어깨가 있는 위치에서 심장을 직접 볼 수 있었습니다." 어쨌든 허트슨은 자신이 본 것이 심장이라고 믿었다. 비록 "시신이 불에 탔잖습니까. 그러니 그게 뭐였는지 확실히 말하지는 못하겠습니다"라고 덧붙이기는 했지만 말이다.[9]

* * *

"고문"을 반복했음에도 램피어에게서 자백을 받아내지 못하자, 스머처 보안관은 혐의자를 무너뜨리는 또 다른 전통적인 기법에 기댔다. 목요일 아침 일찍, 레이는 감옥에서 수갑을 찬 채로 끌려 나와, 스머처의 멋진 자동차 앞까지 에스코트를 받은 뒤, 드라이브나 하러 가자는 얘기를 들었다. 레이는 몰랐지만, 목적지는 커틀러 장례식장의 시체 안치소였다. 해리 버 달링은 후에 이 사건을 여느 때처럼 지나치게 공들인 문체를 써서 보도했다. "램피어는 자신이 평생 동안 집요하게 괴롭혔던 여인과 그 여인의 세 자녀들의 지상에 남은 부분과 마주해야만 했다. 이 아이들은 겨우 며칠 전까지만 해도, 화장용 장작더미가 될 운명이었던 집에서 뛰어놀던 무고한 아이들이었다."

끔찍하게 불탄 벨과 아이들의 유해와 마주한 램피어는 창백히 질려 전율했다. "하느님 맙소사." 레이는 간신히 말을 내뱉었다.

"그래, 램피어." 스머처가 말했다. "여기 자네 작품이 몇 점 있군. 어떻게 생각하나?"

"끔찍하군요." 금방이라도 쓰러질 것만 같았던 레이가 웅얼거렸다. 스머처는 깊은 충격을 받은 레이의 등을 떠밀어 자동차로 데려간 뒤, 곧장 법원으로 향해 레이를 기소했다. 치안판사 그로버의 주재하에 스미스 주 지방 변호사는 큰 소리로 램피어를 고발하는 선서진술서를 읽었다.

1908년 4월 28일, 피고인 레이 램피어는 그때 그곳에서 방화를 저질러 벨 거너스를 불법적이고 의도적으로 살해했다. 피고인은 그때 그곳에서 의도적이고, 고의적이고, 악의적으로 상술한 벨 거너스의 집에 불을 질렀다. … 상술한 레이 램피어가 상술한 동기와 수단으로 일으킨 화재는 앞서 말한 바와 같이 그때 그곳에 있었던 상술한 벨 거너스에게 심한 화상을 입혔으며, 그때 그곳에서 사망하게 했다. 이 소송은 법적 요건을 충족하며 인디애나주의 평화와 존엄성에 반反한다.

무죄를 주장한 레이는 보석 없는 구속 명령을 받았다. 그 뒤 레이는 감옥으로 돌아와 5월 11일 월요일에 열릴 예정인 순회재판소 circuit court의 대배심grand jury에서 재판이 열릴 때까지 대기했다.[10]

* * *

그러는 동안 스무 명 남짓한 남자들은 죽은 여인의 사라진 두개골을 찾아 계속해서 잔해를 파헤쳤다. 〈시카고 트리뷴〉은 "벨 거너스의 머리는 대체 어디에 있는가?"라는 머리기사를 냈다. 닥터 루시우스 그레이Lucius Gray를 비롯한 라포르테의 의사들은 "여자의 두개골을 완전히 재로 만들 만큼 온도가 높았을 리가 없다"고 입을 모았다. 지하실 잔해에서 벨의 두개골이 발견되지 않는다는 사실은 자연스럽게 다른 가설에 힘을 실어주었다. 그 결과 당시 많은 사람들이 이 가설을 믿게 되었다. 그것은 바로 레이 램피어는 단순한 방화범이 아니라 "어둠을 틈타 **거너스 부인의** 방에 몰래 숨어 들어 부인의 목을 친 뒤 범행의 흔적을 지우기 위해 집에 불을 지른" 사악한 살인마라는 것이었다.[11]

14
자매들

사라진 머리에 관한 이야기는 끊이질 않았다. 한 이야기에 따르면, 거너스 부인이 생명과 머리를 잃은 것은 금니 때문이었다고 한다. 그러나 스머처 보안관은 이 설에 조소를 보냈다. 스머처 보안관은 누구도 이토록 잔혹한 범죄를 "고작 몇백 달러어치" 금 충전재 때문에 저지를 수는 없으며, "머리는 들고 가기에는 너무 크고 무겁다"고 주장했다.[1]

거너스 부인의 시신을 부검한 결과, 스머처의 의견이 옳음이 밝혀졌다. 닥터 J. 루시우스 그레이가 이끄는 의료진은 이렇게 결론 내렸다. "거너스 부인의 머리는 죽기 전에 잘리지 않았다. 머리가 불에 타서 떨어졌다는 데 전원 동의했다. … 폭력적인 행위가 있었다는 증거를 찾을 수 없었다. … 질식과 화재를 제외한 다른 사인이 있었음을 나타내는 증거는 없다."[2]

시신에서 사라진 부분은 머리만이 아니었다. 비록 절제된 의학 용어로 표현되어 있긴 하지만, 최종 부검 보고서는 벨의 시신에서

지옥에서 온 여왕

드러나는 오싹한 점을 생생히 전달했다. "왼팔은 상완골 3분의 1 지점 아래부터 불에 타 소실되었다. 오른팔은 어깨 아래부터 불에 타 소실되었다. 오른 다리는 무릎 아래부터 불에 타 소실되었다. 왼발은 발목부터 불에 타 소실되었다. … 모든 근조직이 철저히 불에 타 새카맣게 되었다." 가슴부터 배까지 복부 우측이 통째로 불에 타 없어지면서 내장이 완전히 노출되어 있었다. 보고서에 적힌 바에 따르면, 폐와 창자, 간과 췌장은 모두 "익었다는 점을 제외하면, 정상으로 보였다".[3]

* * *

5월 1일 금요일, 이 잔학 행위의 혐의자가 "종교에서 위안을 얻으려 한다"는 기사가 보도되었다. 라포르테 감리교회의 에드윈 A. 셸Edwin A. Schell 목사는 레이 램피어의 요청에 따라, 레이의 감방을 방문하여 성경을 전해주었다. 다음 날 〈아르거스 불레틴〉 1면에 실린 기사에서, 해리 버 달링 편집자는 죄수가 갑자기 성서에 관심을 보인 것은 죄수가 자백하기 일보 직전 상태임을 나타내는 신호라고 해석했다. 달링은 여느 때처럼 과장된 문체로 기사를 썼다. "램피어가 성경을 읽고 싶어 했던 것은, 거룩한 말씀 속에서 자신을 참회하고 고백하게 할 주님의 말씀을 찾길 바랐기 때문이다."[4]

* * *

그날 아침 시카고에서 기차를 타고 온 승객들 가운데는 풍채가 당당한 백발의 부인이 있었다. 부인은 할머니들이나 쓸 법한 동그란 금테 안경을 끼고 있어서 꼭 70대처럼 보였지만 실제로는 54세였다. 부인의 정체는 바로 넬리 라슨이었다. 넬리 라슨이 당시 벨라 소렌슨이라 불렸던 여동생을 마지막으로 본 것은 8년 전이었다. 넬리는 수요일 신문을 읽다가 끔찍한 충격을 받았다. 자신과 사이가 소원해졌던 자매의 사진이 실린 기사에 벨과 세 자녀가 끔찍한 화재로 목숨을 잃었다는 소식이 적혀 있었던 것이다.

후속 기사를 통해, 불이 나기 하루 전에 벨라가 작성한 조항에 따라, 약 1만 5000달러로 추정되는 벨의 전 재산이 시카고 노르웨이인 고아원에 증여될 예정이라는 소식을 접했을 때, 넬리의 경악은 극에 달했다. 넬리는 장성한 자녀 존 R. 라슨과 에드워드 하워드 부인과 함께 라포르테로 발걸음을 재촉했다.[5]

기차에서 내린 삼인방은 곧장 커틀러 장례식장의 시체 안치소로 향했다. 동생의 끔찍한 유해를 차마 자신의 눈으로 직접 볼 수 없었던 라슨 부인은 이 엄숙한 의무를 아들에게 대신하게 했다. 그런 뒤, 세 사람은 죽어서 포레스트홈 공동묘지에 묻히고 싶다는 벨의 마지막 소원에 따라, 네 사람의 시신을 시카고로 운송하는 문제에 관해 장의사들과 협의했다. 이들이 다음에 들린 곳은 벨의 변호사였던 멜빈 릴리터의 사무실이었다. 그곳에서 라슨 부인과 자녀들은 자신들이 벨의 유언에 이의를 제기할 것이며, 고인의 가장 가까운 친척으로서 유산 상속분을 주장할 것임을 분명히 했다.[6]

지옥에서 온 여왕

＊　＊　＊

　그날 아침, 역시나 신문에서 비극적인 소식을 접했던 또 다른 이해당사자가 기차를 타고 라포르테를 찾아왔다. 제니 올슨의 언니였던 조지 올랜더 부인이 시카고 사우스파크애비뉴 2818로부터 찾아왔던 것이다. 벨이 제니를 데려가면서 어린 시절부터 따로 살기는 했지만, 이들 자매는 정기적으로 연락을 주고받는 사이였다. 그러나 제니에게서 캘리포니아주에 있는 노르웨이인 신학 대학을 간다는 편지를 받은 이후로, 올랜더 부인은 지난 2년간 여동생에게서 아무런 소식을 듣지 못한 상태였다. 올랜더 부인은 이 학교의 정확한 이름과 위치를 밝혀내려 애썼지만, 성공을 거두지 못했다.

　넬리 라슨과 마찬가지로, 올랜더 부인은 시카고 지역 신문에서 이 비극에 관한 기사들을 접하자마자 서둘러 라포르테로 찾아왔다. 제니가 캘리포니아주에서 결혼을 했으며, 현재 신혼여행을 떠난 상태라는 소문이 떠돌기 시작했다. 〈아르거스 불레틴〉지는 "제니는 현재 남편과 함께 이 도시로 오고 있을 것으로 추정되며, 제니가 어린 시절 걸음마를 뗄 때 자신의 손을 잡아줬던 여성이 비극적인 운명을 맞이했다는 사실을 알고 있는지는 확실치 않다"고 보도했다. 그렇지만 올랜더 부인은 제니가 혹시나 불이 나기 하루 전에 도착하여 수양어머니와 수양 남매들과 같은 운명을 맞이했을지도 모른다고 걱정했다.

　올랜더 부인을 심란하게 한 것은 그것만이 아니었다. 그녀 역시 신문 기사로 거너스 부인의 유언을 접했는데, 그 내용이 도무지 이해가 되지 않았던 것이다. 어째서 벨이 전 재산을 머틀과 루시, 필립 앞으로만 남겼는지, 나아가 이들이 죽은 경우에는 시카고에 있는 고아원이 증여를 받도록 했는지, 그러면서 왜 제니 앞으로는 아무것도 남기지 않았는지, 올랜더 부인은 이해할 수 없었다.[7]

* * *

　　행방불명된 형이 어디에 있는지 알아내려고 했던 애슬리 헬길리언은 벨 거너스뿐만 아니라 라포르테 경찰서장이었던 클린턴 코크런과도 연락을 나누었는데, 코크런 서장은 앤드루의 인상착의와 일치하는 남자가 라포르테에서 목격된 적이 있다는 사실을 확인해 주었다. 앤드루가 자신이 저축한 돈을 라포르테 제일은행에 송금하도록 조처했다는 사실을 알아낸 애슬리는 이 거래를 담당했던 은행원 프랭크 J. 피트너에게 문의서와 함께 형의 사진을 보냈다. 피트너는 그 즉시 양도성예금증서를 현금으로 인출하려고 벨 거너스와 함께 찾아왔던 남자가 "앤드루임에 의심할 여지가 없다"는 답장을 보냈다.

　　5월 1일, 라슨 부인과 두 자녀, 그리고 올랜더 부인이 라포르테에 도착했던 바로 그날, 애슬리는 피트너에게서 온 편지 봉투를 받았다. 봉투 안에는 거너스 농가가 전소되었으며 그 거주자들이 사망했다는 소식을 전하는 〈라포르테 데일리 헤럴드La Porte Daily Herald〉지의 4월 28일 자 신문 1면이 들어 있었다.[8]

　　다음 날, 애슬리 헬길리언은 라포르테를 향해 길을 떠났다.

　　　　　　　　　　　　　　　　　　　지옥에서 온 여왕

15
공포

5월 3일 일요일 늦게 라포르테에 도착한 애슬리 헬길리언은 티가든 호텔에서 하룻밤 머물렀다. 다음 날 아침 일찍, 애슬리는 〈라포르테 헤럴드〉 사무실에 찾아가, 화재가 일어난 날부터 발행된 지난 신문을 몽땅 구입한 뒤, 한 시간가량 세심히 읽었다. 그다음에는 보안관 사무실로 찾아가 앨 스머처 보안관에게 자신을 소개했다. 자초지종을 들은 스머처 보안관은 애슬리를 차에 태운 뒤 거너스 농가로 향했다.

그 무렵까지 현장에 남아 잔해를 파헤치고 있던 사람은 벨 거너스가 고용한 일꾼이었던 조 맥슨과 이웃 대니얼 허트슨 두 사람뿐이었다. 애슬리는 형의 실종에 관한 단서를 찾고자 작업에 동참했으며, 맥슨과 허트슨은 눈에 불을 켜고 여전히 행방이 묘연한 거너스 부인을 머리를 찾았다.

지하실은 시커멓게 불탄 집의 잔해를 제외하고는 그 무엇도 내놓지 않았다. 그날 밤, 애슬리는 벨의 이웃이었던 스완 니컬슨의 초대를 수락했으며, 니컬슨 가족은 기꺼운 마음으로 노르웨이인 동포에게 문을 열어주었다. 다음 날 아침 일찍 애슬리가 거너스 농장으로 돌아왔을 때, 이미 작업을 시작한 맥슨과 허트슨이 삽으로 지하실 바닥을 파헤치고 있었다.

애슬리는 얼마간 건물 주변을 돌아다니며 무언가 의심스러운 것이 있나 찾았다. 훗날 증언했다시피, 주변에 있는 큰 호수를 살펴본 애슬리는 땅을 파고 있던 두 사람에게 돌아와 "겨울 동안 얼어붙은 호수 표면에 구멍이 났던 적이 있는지, 또 물은 얼마나 깊은지 물었다". 만약 누군가 형을 살해했다면, 피시트랩 호수가 시신을 유기하기에 안성맞춤인 곳이라는 생각에서였다. 그렇지만 맥슨과 허트슨이 기억하기로는 그해 겨우내 호수는 단단히 언 상태였다.[1]

애슬리는 거너스 농장 주변을 더 서성여봐야 부질없다고 느꼈다. 앤드루의 흔적을 찾아내려면, 다른 곳을 찾아봐야만 했다. 애슬리는 "저는 친구들에게 작별 인사를 건넸습니다. 그러고는 길을 따라 걷기 시작했죠"라고 당시를 회상했다. 그런데 얼마 가지 않아 애슬리는 다시금 발길을 돌렸다. 애슬리는 이렇게 설명했다. "납득할 수가 없었습니다. 그래서 지하실로 되돌아가 맥슨에게 혹시 이 농장에서 봄에 구덩이를 파거나 흙을 파낸 적이 있는지, 아는 바가 있냐고 물었습니다."

사실, 맥슨에게는 짚이는 바가 있었다. 비록 정확한 날짜를 기억하지는 못했지만, 맥슨은 지난 3월에 거너스 부인을 도와 "오래된 깡통과 신발과 다른 쓰레기들"을 손수레에 실어 구덩이까지 나른 적이 있었다. 거너스 부인은 농가에서 남쪽으로 15미터쯤 떨어진 곳에 있는 헛간 앞마당을 울타리를 쳐서 용도별로 구분해놓았는데, 이 구덩이는 돼지를 치는 구역 안에 파여 있었다. 고용주의 지시에 따라, 맥슨은 쓰레기를 구덩이에 버린 뒤 흙으로 메웠다.

애슬리는 맥슨에게 그 장소를 보여달라고 부탁했고, 이윽고 세 사람은 손에 삽을 든 채 헛간 앞마당으로 가 삽질을 시작했다.

얼마 지나지 않아 "끔찍한 악취"가 세 사람의 콧구멍을 공격했다. 애슬리는 "맥슨 씨가 거너스 부인이 그곳에 토마토 통조림과 생선 통조림을 대량으로 버렸다는 사실을 알려주었다. 그러면서 그것들이 악취를 풍기고 있을지도 모른다"고 말했다고 밝혔다. 그렇지만 구덩이에서 풍겨 나오는 끔찍한 악취는 토마토 썩은 내나 생선 썩은 내와는 전혀 달랐다.

1.2미터 정도 파 내려갔을 때, 세 사람의 삽이 악취의 근원인 "마대 자루에 든 어떤 딱딱한 물체"에 부딪쳤다. 자루에는 찢어진 부분이 있었다. 세 사람이 그곳을 통해 본 것은 바로 사람의 목이었다. 마대 주변에 있는 흙 속에는 남자의 잘린 팔이 들어 있었다.

몇 분도 채 지나지 않아, 맥슨은 거너스 부인의 마차에 타고, 고삐를 바짝 쥔 채 시내를 향해 질주했다. 애슬리는 마당을 둘러보며 낡은 외투와 마대 자루를 몇 개 찾아낸 뒤 이 끔찍한 발견물 위에 덮었다. 그런 다음에 허트슨과 함께 삽을 들고 이 악취를 풍기는 묘지에서 조심스럽게 흙을 걷어냈다.

스머처 보안관이 차를 타고 나타났을 때 두 사람은 일을 거의 끝낸 상태였다. 보안관 옆에는 찰스 S. 맥 검시관이 있었다. 맥 검시관은 새하얀 수염을 기른 인상적인 사내였는데, 주름이 잡힌 스리

피스 정장과 깃을 세운 윙칼라 셔츠를 입고 있었으며, 목에는 검은
색 나비넥타이를 매고 있었고, 조끼에는 회중시계 시곗줄이 늘어져
있었다. 맥 검시관이 주의 깊게 지켜보는 가운데, 스머처와 다른 사
람들은 금세 표면에서 썩은 시체 조각들을 끄집어낼 수 있었다.

맥 검시관이 이후에 한 증언에 따르면, 시체의 "특징을 간단히
묘사하기는" 불가능했다. "그 이유는 … 머리는 몸통에서 분리되어
있었고, 양팔은 어깨 아래에서 분리되어 있었으며, 양다리는 무릎
위 3인치 지점에서 분리되어 있었던 데다가, 심지어 부패가 진행된
상태였기 때문이다."[2] 게다가 한 기록자가 "두려운 무언가"라고 불
렀던 얼굴은(혹은 얼굴에서 남은 부분은) 눈이 있던 자리에 움푹 파인
구멍이 생기고, 입이 있던 자리에 음흉하게 갈라진 틈새가 생기고,
두개골 꼭대기부터 이마까지 지그재그 형태로 금이 간 상태였다.[3]

비록 상태가 형편없기는 했지만, 이 부패한 시체를 보면서 확
실히 추론할 수 있는 사실들이 있었다. 예를 들어, 희생자는 "살아남
기 위해서 목숨을 걸고 싸웠다. 이 남자의 왼쪽 손목에는 뼈가 드러
날 정도로 깊은 자상이 두 개 나 있는데, 날붙이를 휘두른 공격을 막
기 위해 손을 들면서 생긴 상처로 보였다. 잔인한 공격이 또다시 가
해졌으며, 이번에는 남자의 오른손 손가락 첫마디가 모조리 잘렸다.
힘껏 움켜쥔 형태로 불구가 된 손아귀는 남자를 살해한 자의 머리
카락을 한 움큼 쥐고 있었다".[4]

무시무시한 얼굴은 사람의 얼굴이 아니라 할로윈용 호러마스
크처럼 보이는 상태였지만, 신원을 밝혀내기에 충분한 특징을 간직
하고 있었다. 애슬리 헬길리언이 훗날 이렇게 증언했다. "저는 그 얼

굴의 생김새를, 눈과 이마와 뺨을 알아볼 수 있었습니다. 15년 동안 매일 본 형인데, 모를 수가 없지요."[5]

그렇게, 형 앤드루를 찾아 헤매던 애슬리의 오랜 여정은 벨 거너스의 마당에 있는 쓰레기 구덩이에서 그 끝을 맞이했다.

＊ ＊ ＊

보슬보슬, 비가 내리기 시작했다. 맥 검시관은 발굴한 유해를 더 가까이서 살펴보기 위해 웅크리고 앉았고, 스머처 보안관은 조 맥슨에게 농장 안에 구덩이를 판 뒤에 흙으로 덮은 다른 "부드러운 지점"은 없냐고 물었다. 맥슨은 조금 떨어진 곳을 가리켰다.

그 무렵에는 농장에 호기심 많은 구경꾼들이 조금 모여 있었다. 이들이 철망 울타리 가까이에 얼굴을 들이밀고 있을 때, 맥슨과 허트슨, 스머처 보안관은 땅을 파기 시작했다. 쓰레기 더미 아래 1미터 지점에서 세 사람은 마구 뒤섞인 부패한 시체 조각들을 찾아냈다. 마대로 감싼 벌거벗은 몸통과 머리와 팔다리들이 온통 뒤섞여 있었다.

마차 차고는 이 흉측한 발견물들을 보관하는 임시 시체 보관소가 되었다. 희생자는 전부 넷으로, 성인 남자 두 명, 성인 여자 한 명, 여자 청소년 한 명이었으며 각각 6등분된 상태였다. 앤드루 헬길리언의 시체와 함께 고려했을 때, 심하게 부패한 토막 난 유골들을 보고 몇 가지 확실한 결론을 내릴 수 있었다. 의학 수사관들이 겪었던 어려움은, 맥 검시관이 성인 여성의 시신을 부검하기 위해 라포르테에서 불러온 닥터 프랭클린 T. 월콕스의 증언에서 잘 드러난다.

자궁을 제외하고는 어떤 내장도 식별할 수 없는 상태였다. 오른팔은 상완골 윗부분의 1인치 아래 지점에서 절단 도구를 이용해 잘린 상태였다. 양팔이 모두 몸통에서 떨어져 있었다. 대퇴골 두 개는 아래쪽 3분의 1지점에서 절단된 상태였다. 시신과 함께 팔 네 개와 손이 달린 팔뚝 네 개가 발견되었지만, 이것들 가운데 과연 무엇이 이 시신의 것인지, 혹은 이것들이 이 시신의 것이 맞기나 한지 알아내기란 불가능하다. 이 시신과 함께 두개골 두 개와 턱뼈 두 개가 발견되었지만, 역시나 이것들 가운데 무엇이 이 시신의 것인지, 혹은 이것들이 과연 이 시신의 것이 맞긴 한지 알아내기는 불가능하다. 종아리뼈 두 쌍도 같이 발견되었으나, 이 시신에 속하는 것이 맞는지 확실히 식별할 수 없다. 검사 결과, 사인을 밝혀내기란 불가능하다.[6]

비록 똑같이 끔찍한 상태기는 했지만, 이 젊은 여성의 유해에는 눈에 띄는 특징이 하나 있었다. 살점 없는 두개골에서 길게 땋은 금발 머리가 자라 있었던 것이다. 이 명백한 증거를 보고, 생전에 이 도살당한 젊은 여자를 알았던 증인들이 그녀의 신원을 확인해주었다.

제니 올슨은 2년 전에 캘리포니아주에 있는 신학교에 간 것이 아니었다. 제니 올슨은 결혼을 하지도, 신혼여행을 떠나지도 않았다. 제니 올슨은 여섯 토막이 난 채로, 양어머니의 돼지우리 안에 있는 시체가 가득 찬 구덩이 속에서, 쓰레기에 뒤덮여 있었다. 그리고 얼마 지나지 않아 전미의 신문사들이 대대적으로 보도했듯이, 잔인

　　　　　　　　　　　　　지옥에서 온 여왕

하게 살해당한 제니 올슨의 시신이 백일하에 드러난 5월 5일은 제니가 살아 있었더라면 제니의 열여덟 번째 생일이 되었을 날이었다.[7]

16

여 살인마

물론 인디애나주에서는 이전에도 끔찍한 살인 사건들이 벌어졌었다. 가장 세상을 경악게 한 살인 사건은 아마도 윌리엄 E. 힌쇼 목사가 1895년에 저지른 사건일 것이다. 벨빌 마을에서 존경받는 인물이었던 힌쇼 목사는 (젊은 교구민과 바람을 핀) 아내 서자를 살해한 혐의로 고발당하자, 권총과 면도칼로 자기 자신에게 스무 군데가 넘는 얕은 상처를 낸 뒤, 밤에 야음을 틈타 침실에 침입해 아내를 살해한 두 침입자와 용감히 맞서 싸우다가 난 상처라고 주장했다. 재판은 그해 8월에 열렸는데, (힌쇼 목사가 유죄를 선고받으면서 그 절정에 달했으며) 재판이 진행된 두 달에 걸쳐 "대중의 관심이 쏠린" 법적 대사건이 되었다.[1]

그러나 이 모든 자극적인 매력에도 불구하고, "벨빌의 비극"은 어디까지나 이 지역 안에서만 유명한 사건이었으며, 인디애나주 밖에서는 거의 알려지지 않은 사건이었다. 이와 대조적으로 거너스 사건은 미국 전역은 물론 해외에서도 신문 전면을 장식한 사건이었

지옥에서 온 여왕

다.[2] 한 범죄 역사학자는 이렇게 적었다. "거물급 신문 기자들이 모조리 라포르테로 모여들었다. 시카고 지역의 일곱 신문사는 총 스물두 명의 신문 기자를 현장에 파견했다. 뉴욕과 세인트루이스, 디트로이트에서도 신문 기자들이 찾아왔다. 신문 기자는 전부 합쳐 서른다섯 명이나 되었다. 기자들은 티가든 호텔에 본부를 세웠으며 … 이들이 단 열흘 동안 써낸 기사를 무려 100만 명이 읽은 것으로 추정된다."[3]

여태껏 언론사로부터 "자녀들을 구하기 위해 … 영웅적으로 분투한" 어머니라고 칭송받았던 벨 거너스는 단 하룻밤 사이에 악마로 탈바꿈되었다. 〈시카고 아메리칸Chicago American〉은 5월 5일에 있었던 이 소름 끼치는 발견에 관해 최초로 보도하면서 기사 문단 사이사이에서 벨 거너스를 "이 시대의 가장 사악한 살인마"이자 "역사상 가장 사악한 여 살인마"라고 낙인찍었다. 또 이 기사는 이 사건을 영원토록 따라다닌 의혹을 최초로 제기했다. 벨의 악마적인 교활함이 드러나면서, 지하실 잔해에서 발견된 목 없는 시체는 애초에 벨 거너스가 아니며, "희대의 여 살인마"로 위장된 벨의 또 다른 희생자라는 의혹에 신빙성이 더해졌다고 보도했던 것이다. 기사는 거너스 부인이 "현재 살아 있는 것으로 보인다"고 공표했다.[4]

＊ ＊ ＊

스머처 보안관이 거너스 농장에서 돌아와 그날 사건이 끔찍하게 전개되었다는 사실을 알렸을 때, 레이 램피어는 성경을 읽고 담배를 씹으면서 깊은 생각에 잠겨 있었다.

"세상에" 레이가 간신히 말을 내뱉었다.

"시체가 다섯 구라니. 문제가 있는 여자인 줄은 알았지만 이 정도일 줄은 몰랐네요."

레이는 감방에서 나와 신문 기자 무리 앞에 불려 나갔다. 기자들은 레이에게 땅에서 파낸 시체들에 대해 질문을 퍼부었다. 레이는 자신이 "아무것도 모른다"고 주장했으나, 몇 가지 의심을 품고 있었다는 사실은 인정했다.

"의심스럽게 느꼈던 점들이 있었습니다. 제 생각보다 더 심각한 일이었던 모양입니다." 레이는 말했다.

더 구체적으로 말해달라는 요청에 레이는 당시 있었던 일을 설명했다. 앤드루 헬길리언이 도착한 직후에 거너스 부인이 자신에게 마을에 가서 러프온래츠Rough on Rats를 한 통 사오라고 했다는 것이었다. 러프온래츠는 그을음과 비소를 1 대 9로 섞어서 만든 유명한 살충제였다. 레이는 "벨 거너스가 클로로포름chloroform*을 구했던 적도 있다"고 밝혔다.

"다른 것도 있습니까?" 한 기자가 캐물었다.

"글쎄요." 레이가 답했다. "한 1년 전쯤에 새카만 콧수염을 한 남자가 농장에 찾아왔었는데, 거너스 부인은 그 사람이 제니의 친구라고 했습니다. 그 사람은 커다란 트렁크 가방을 들고 왔습니다. 그런데 그 사람이 떠난 지 한참이 지나서도, 가방은 계속 집에 남아

---

*　마취제의 일종.

있었습니다. 집 위층에 놓여 있었지요. 가방 안에는 여전히 그 남자의 옷이 들어 있었는데, 퍽 이상한 일이라는 생각이 들었습니다."

"제니 이야기가 나왔으니 말인데, 그날 낮에 발굴된 소녀의 시체가 제니일 수도 있다고 생각하십니까?" 누군가 레이에게 물었다.

레이는 엄숙하게 고개를 끄덕였다. "제니가 틀림없습니다. 저는 제니가 캘리포니아주에 있다는 말을 애초에 믿은 적이 없습니다. 제니에게 편지를 받았다는 말을 누구에게도 듣지 못했습니다."

다시 감방으로 끌려가기 전에 레이는 앤드루 헬길리언에 관해 다시 질문받았다.

레이는 이렇게 답했다. "이보십시오. 저는 그 일에 대해서 아는 바가 없습니다. 화재에 대해서도 아는 바가 없습니다. 오래전에 이미 했던 이야기를 제외하고는 말입니다. 거너스 부인은 제게 헬길리언과 이야기하지 말라고 했습니다. 한번은 거너스 부인이 거실에 들어왔을 때 우리 둘이 같이 있었던 적이 있는데, 부인은 화를 내며 제게 당장 밖으로 나가고 다시는 헬길리언과 이야기하지 말라고 했습니다. 저는 마음 내키는 대로 헬길리언에게 말을 걸 거라고 답했죠. 그런데 며칠이 지난 뒤, 마을에 갔다가 농장에 돌아왔더니 헬길리언은 이미 떠난 뒤였습니다. 헬길리언에 관해 물었더니, 거너스 부인이 '다시는 그 남자와 이야기하지 못할 거라고 했을 텐데'라고 하더군요."

자신의 팔을 붙잡은 스머처 보안관에게 끌려가면서 레이는 말했다. "저는 그녀가 한 말의 뜻을 이해하지 못했습니다. 이제는 알겠네요."[5]

살인 농장

***

같은 날, 라포르테 우체국에 거너스 부인 앞으로 온 편지가 도착했다. 화재 이후에 벨에게 온 편지가 모두 그러했듯이, 편지는 벨이 유언 집행자로 임명한 라포르테의 "공구 상인" 웨슬리 포글에게 전달되었다.

편지는 위스콘신주 워파카에서 칼 피터슨이란 남자가 보낸 것이었는데, "거너스 부인이 요구한 재정적 기준에 미달하는 점은 송구스럽지만," 자신은 "모든 면에서 점잖은 어엿한" 사람이라고 장담하는 내용이었다. 자신을 찾아온 기자들에게 피터슨은 자신이 처음에 〈스카디나벤〉에 실린 벨의 광고를 보고 벨에게 연락했다고 설명했다. 피터슨이 바로 지난주에 받은 답장에서, 벨은 자신의 농장을 열정적으로 묘사하면서 농장에서 함께할 남자를 찾고 있다고 밝혔다. 그러면서 "현금으로 1000달러를 내놓을 수 있다면" 피터슨을 파트너로 고려할 확실한 의사가 있지만, 그렇지 못할 경우에는 일을 추진할 의미가 없음을 분명히 했다.

전 미국의 신문사들이 보도했다시피, 피터슨에게는 "구사일생했다고 자축할 만한" 타당한 이유가 있었다. 불이 나기 한 주 전까지도, 벨 거너스는 계속해서 희생자를 찾아 헤매고 있었던 것이다.[6]

지옥에서 온 여왕

17

묘지

5월 6일 수요일 아침, 거너스 농장으로 가는 길은 마차와 짐마차 그리고 자전거로 꽉 막혀 있었다. 거너스 농장으로 차를 몰고 가던 스머처 보안관은 교통 체증 때문에 운전에 어려움을 겪었다. (그날 최종적으로 그 숫자가 수천 명까지 불어났던) 남녀노소로 이루어진 엄청난 인파가 돼지우리를 둘러싼 철망 울타리에 몸을 바짝 붙여가며, 최근에 일어난 소름 끼치는 사건을 어렴풋이라도 보고 싶어 했다.[1]

이들의 기다림은 길지 않았다. 스머처와 조 맥슨을 비롯한, 이 암울한 임무를 떠맡은 남자 몇 사람이 어제 시체 네 구를 찾아낸 곳에서 1.5미터쯤 떨어진 돼지우리의 북동쪽 귀퉁이를 파기 시작했다. 거의 즉시, 이들의 삽은 메스꺼운 냄새를 풍기는 물컹한 땅덩이를 내리쳤다. 1미터쯤 파 내려가자, 잔인하게 살해당한 다른 희생자의 뼈가 나왔다. 갈비뼈와 골반, 척추뼈가 원래 몸통이 들어 있었던 마대 자루가 썩으면서 남은 잔여물에 들러붙어 있었다. 그 근처에는 잘려나간 다리뼈와 함께 3인치 크기의 상처가 난 두개골이 있었는데, 이 상처는 "어떤 날카로운 도구에 의해 생긴 것처럼 보였다". 조각 난 시체가 유기된 곳은 방치된 야외 변소 안이었는데, 못자리가 못자리인지라 시체의 악취는 더더욱 심해졌다.[2]

엽기적인 발굴 작업이었지만, 스머처 일행이 점심 식사 겸 휴식을 취하는 것을 막지는 못했다. 30분쯤 뒤에 일행은 작업을 재개했다. 파헤친 변소로부터 고작 몇 미터 떨어진 곳에서, 이들은 열 켤레가 넘는 남자 구두를 찾아냈다. 구두 아래쪽에는 사람의 뼈가 무더기로 쌓여 있었다.

시카고의 신문사 중 하나는 "일행 중에 한 사람이 삽으로 구두 더미를 파헤치던 도중 시신 두 구의 다리 일부가 드러났다"고 보도했다.

삽으로 흙을 한 번 더 퍼내자, 구덩이 안에 시신 세 구가 묻혀 있다는 사실이 밝혀졌다. 시신은 전부 마대 자루에 싸여 있었다. 자루 안에 생석회Quicklime가 들어 있긴 했지만, 시체에는 석회 가루가 대충 뿌려져 있을 뿐이었다. 석회가 스며들지 않은 뼈에는 살점이 여러 덩이 붙어 있었다.

다리뼈들을 뽑아내자, 뼈에 난 상처 자국이 드러났다. 이 자국들은 여 살인마가 희생자들에게 드러낸 끔찍하고 광기 어린 분노를 최초로 보여준 증거물이었다. 벨은 관절 주위를 도끼로 난도질했다. 뼈 끝부분은 으깨져 있었는데, 마치 … 토막 난 이후에 망치질을 당한 것처럼 보였다. 두개골 두 개는 서로 맞닿아 있었는데, 얼굴을 위

지옥에서 온 여왕

로한 채 매장되어 있었다. 얼굴에는 생석회가 뿌려져 있었으며, 귀에도 생석회가 채워져 있었다. 머리 하나에는 석회를 충분히 뿌리지 않아 뇌가 온전히 남아 있었으며 … 시체들의 하반신은 부패한 상태였다. 이들이 남자인지 여자인지는 식별이 불가능했다.[3]

고약한 악취를 풍기는 유해는 주석 양동이에 담겨 임시 시체 보관소로 쓰고 있는 마차 차고로 옮겨졌다. 한 기자가 목격했다시피 "그곳에서 풍기는 악취는 가장 단호하고 호기심 많은 사람들조차 두렵게 할 정도였다".[4]

＊ ＊ ＊

이날의 발견으로 거너스 부인의 돼지우리에 묻힌 도살 당한 시체는, 전날 발굴된 시신 다섯 구에 더해 총 아홉 구가 되었다. 〈뉴욕 타임스York Times〉에서 〈샌프란시스코 크로니클San Francisco Chronicle〉까지, 미국 전역의 신문사들은 최근에 밝혀진 무시무시한 사실을 열렬히 알렸으며, "금고에 피를 부어 금으로 만든 현대판 여자 맥베스" "라 포르테의 구울Ghoul＊" "인디애나주의 여자 오거" "인간 뱀파이어" "여자 푸른수염" "살인의 여제사장" "죽음의 성채의 여주인" "범죄의 여왕" "지옥에서 온 여왕" 등의 별의별 무시무시한 별명으로 벨을 낙인찍었다. 〈피츠버그 프레스Pittsburgh Press〉의 관점에 따르면, "이

＊　　무덤을 파헤쳐 시체를 먹는 악귀.

사건에 비한다면 〈모르그가의 살인 사건〉*조차도 빛이 바랜다". 〈시카고 이브닝 아메리칸Chicago Evening American〉의 작가 한 사람은 이런 의견을 밝혔다. 만약 에드거 앨런 포가 "살아 돌아온다면, 아마 〈어셔가의 몰락〉을 더 스릴 넘치게 새로 쓸 것이다. 인디애나주 라포르테에 사는 잔혹한 과부, 안마당이 무덤으로 뒤덮인 죽음의 성채의 소유자, 벨 거너스라면 포에게 여태껏 썼던 그 어떤 작품보다도 더 소름 끼치는 '기괴한 이야기'를 쓰게 할 만한 새로운 소재를 던져 줄 터이기 때문이다".[5]

시카고의 신문 기자들이 기사를 쓰기 위해 라포르테에 현지 조사를 하러 찾아온 것은 전혀 놀라운 일이 아니었다. 벨이 예전에 시카고 시민이었던 데다가, 라포르테는 시카고와 가까웠으며, 시카고의 황색 신문들은 부끄러움을 모르는 선정주의적 매체였기 때문이다. 〈이그재미너Examiner〉는 수요일 호에 실은 머리기사에서 특히 놀라운 주장을 했다. 이 기사는 윌리엄 랜돌프 허스트가 쓴 것이었는데, 이 놀라운 소식을 요란하게 떠들었다. "벨 거너스는 시카고 갱단 소속이며, 경찰이 이곳에서 거너스의 행방을 찾고 있다."[6]

치안정감Assistant Police Chief 허먼 F. 슈틀러Herman F. Schuettler는 시카고에 "희생자의 보험금을 목적으로 조직된 살인자 갱단"의 근거지가 있다고 했다. 슈틀러 치안정감은 벨 거너스가 "이 살인자 갱단의 소속원이며 … 시카고에서 죽인 희생자들의 시신을 받아 라포르테에 있는 집에 유기한 것"이라고 말했다. 슈틀러의 가설은 주로 인근

---

*   애드거 앨런 포가 쓴 최초의 추리 소설.

마차 대여인들의 증언에 근거를 두고 있었는데, 이들은 1906년과 1907년에 거너스 농장으로 커다란 트렁크 가방을 최소 아홉 번 배송했다고 증언했다. 〈이그재미너〉가 발표했다시피, 시카고 경찰 당국은 "트렁크 가방에 사람의 시체가 들어 있었을 것"이라고 믿었다.

증언을 한 마차 대여인 가운데 한 사람이었던 클로드 스터지스는 자신이 1907년 가을에 겪었던 일을 극적으로 설명했다. 스터지스는 "로프로 단단히 묶은" 커다란 트렁크 가방을 거너스 농가 현관에 내려놓은 다음에 거실 앞으로 옮긴 뒤, 로프를 풀기 시작했다. 바로 그 순간, 거너스 부인이 "미친 듯이 뛰쳐나와 스터지스에게 뭘 하고 있냐고 물었다. 스터지스가 '전 항상 숙녀분들을 위해 트렁크를 풀어드립니다만'이라고 답하자, 광분한 거너스가 스터지스의 팔을 붙잡고 정문 밖으로 밀쳐내며 자기 일이나 신경 쓰라고 소리쳤다".

시카고 형사국의 오브라이언 경감은 거너스 농장으로 배송할 예정인 "정체를 알 수 없는 트렁크 가방 두 개"가 현재 대기 상태라는 말을 듣고, 즉시 철도 화물창고 전부와 현지 운송회사 조사할 수사팀을 꾸렸다. 경찰 측 정보원에 따르면, 이 트렁크 가방에는 "살해당한 희생자들의 시체가 들어 있었다".[7]

이 소식을 들은 미국 전역의 신문사들은 이 범죄자 집단을 "범죄국crime bureau" "범죄 공모단criminal conspiracy" "살인자 연합murder syndicate" "살인 신탁man-killing trust" 등으로 다양하게 칭했으며, 벨 거너스가 이 범죄 집단의 일원이라고 보도했다. 거너스는 이 사악한 단체에서 "장물아비"와 "물류 보관소" 역할을 수행했으며, 농장 앞마당을 희생자들의 무덤으로 썼다는 것이었다.

벨의 "공포의 집" 안에 이 악마적인 돈벌이에 뒤따르는 무시무시한 작업을 수행하는 "비밀 살인실"이 있다는 소문이 돌기 시작했다. 한 신문사는 이렇게 보도했다. "거너스 농가에는 벨 혼자만 이용하는 방이 하나 있었다. 벨은 자녀들을 포함해 그 누구도 이 방에 들이지 않았다. 방문은 참나무로 만든 두꺼운 문이었으며, 창문은 빛이 들어오지 못하도록 꼼꼼히 막혀 있었다. 바로 이 방이 시카고에서 배송된 시체들을 보관하는 방이었다. 벨은 시간이 충분히 지나, 시체에서 피가 흐를 우려가 사라질 때까지 시체를 이곳에 쌓아두었으며, 그 뒤 시체를 토막 냈다."[8]

과거에 쿡 카운티 병원에서 일한 의사였으며, 러시 의과대학의 동창회장을 맡고 있었던, 닥터 J. H. 윌리엄 메이어J. H. William Meyer는 이와는 다소 다른 가능성을 제시했다. 닥터 메이어는 앤드루 헬길리언으로 밝혀진 시체를 포함하여 발굴된 시신 몇 구의 부검에 참여한 뒤, 기자단에게 "시신의 목을 베고 팔다리를 절단한 사람은 인체 구조에 조예가 깊은 사람이다. … 해부실에 익숙한 사람 말이다"라고 공언했다.

닥터 메이어는 "어깨 절구관절ball and socket joint에 시행한 분리절단술"에서 이 사실이 특히 잘 드러난다고 설명했다. 그러면서 "일상적인 도구를 쓰는 아마추어가 할 수 있는 일이 아니다. 시술은 전부 깔끔히 이루어졌다. 강인한 손과 수술용 메스가 아니고서는 불가능한 일이다"라고 주장했다.[9] 이 사실은 희생자들이 시카고에서 의학적 지식을 지닌 살인자에게 토막 난 뒤 라포르테로 옮겨졌음을 분명하게 암시했다.[10] 시카고 사람들은—공포의 성이라 불렸던 자신의 성 안쪽에서 셀 수 없이 많은 희생자를 계획적으로 처형하고 해부했던—악명 높은 연쇄살인마 닥터 H. H. 홈스H. H. Holmes를 여전히 생생히 기억하고 있었으므로, 사람 목숨으로 돈을 버는 음모에 연루된 의료계의 괴물이 있다는 이야기를 쉽게 믿었다.[11]

시카고에 벨의 공범이 있다는 견해는, 당시 전국적으로 퍼져나갔던 벨이 아직 살아 있다는 믿음에 신빙성을 더해주었다. 이 믿음은 거너스 농가에서 불이 났던 4월 28일 아침에 라포르테발 시카고행 열차에 탑승하는 "망토로 몸을 가린 사람"의 모습을 봤다는 익명의 제보자가 나타난 뒤로 더 널리 퍼져나갔다. 슈틀러 치안정감은 이 제보에 의거하여 벨이 "시카고에서 공모자와 만났으며, 현재 몸을 숨긴 채 노르웨이로 도주할" 기회를 엿보고 있다고 추측했다.

그렇게, 이 희대의 여 살인마를 찾기 위한 대규모 조사가 시작되었다.

〈이그재미너〉는 이렇게 보도했다. "경찰이 시카고에 있는 모든 철도역을 주시하고 있으며, 우체국 역시 감시 중이다. 여 살인마가 나타날 수 있는 다른 수많은 장소 역시 마찬가지다. 경찰은 트렁크 가방이나 여 살인마의 흔적을 찾아내기 위해 운송회사의 창고와 철도역의 수화물 임시보관소를 수색하고 있다. 온 도시에 수사망이 펼쳐져 있다."[12]

경찰 당국이 도망자를 추적하는 동안, 기자들은 8년 전에 쓰러졌던 매즈 소렌슨의 머리맡에 불려간 사람이었던 닥터 J. C. 밀러를 찾아갔다. 최근 일어난 사건 때문에 닥터 밀러는 처음에 내린 진단을 다시 고려해볼 수밖에 없었다.

밀러는 신문 기자들에게 이렇게 말했다. "제가 소렌슨 가족네 집에 도착했을 때, 매즈 소렌슨은 침대 기둥을 움켜쥔 채 심한 고통을 겪고 있었습니다. 소렌슨은 30분 안에 사망했습니다. 소렌슨은 죽기 전에 건강 상태가 아주 양호했는데도요. 당시 저는 소렌슨이 아마 뇌출혈로 사망했을 거라고 생각했습니다. 그렇지만, 인제 와서 다시 생각해보니, 증상이 꼭 스트리크닌strychnine 중독 같았었다는 생각이 드네요."[13]

슈틀러 치안정감은 벨이 시카고에 살았을 때부터 "트렁크 살인 갱단"과 관계를 맺었을 것이라고 확신했으며, 즉시 수사대를 꾸려 당시 벨이 살았던 오스틴 지역에서 모습을 감춘 실종자에 관한 기록을 전부 조사하라고 명령했다. 또 슈틀러는 수요일 늦게 기자들을 만나, 다음 날 동틀 녘에 부하들을 시켜 알마스트리트에 있는 벨과 매즈 부부가 살았던 집의 "뒷마당을 삽으로 파낼 것"이라고 발표했다.

슈틀러는 기자단에게 "우리가 뒷마당에서 시신을 여럿 찾아내리라 확신한다"고 말했다.

더불어, 슈틀러는 찾아낼 시체가 전부 어른의 시체는 아닐 것이라는 믿음도 가졌다. 슈틀러에 따르면, 벨 거너스가 저지른 극악무도한 악행 가운데는 "아기 농사" 사업도 있었기 때문이다.[14]

19세기 후반부터 20세기 초반까지, 원치 않는 아이가 생긴 엄마들(대개 미혼이거나 몸을 팔았거나, 이미 자식이 너무 많았던 가난한 여성들)은 돈을 내고 불우한 신생아들을 부양자에게 위탁했다. 세간에서

지옥에서 온 여왕

는 이런 부양자들을 아기 농부라고 불렀는데, 이들은 다달이 혹은 일시불로 돈을 받는 대가로 아이들에게 가정을 제공하거나 이 아이들을 입양하기에 적합한 가정을 찾아주었다. 아기 농부들 가운데 일부는 아이들을 진짜 엄마처럼 따뜻하게 돌보았으나, 상당수는 최대한 많은 이익을 내기 위해 아이들에게 사는 데 필요한 최소한의 물품만을 제공하는, 무정하기 이를 데 없는 여자들이었다.

사회복지가 아서 올덴 길드가 아동복지청의 의뢰를 받아 시카고에 있는 아기 농장들의 실태를 조사했는데, 조사 결과 질병과 영양실조에 시달리는 아동 수백 명이 끔찍한 환경에서 살고 있었다.[15] 이 비규제 단체들의 아동 사망률이 어찌나 높았던지, 많은 참관인들이 보기에 아기 농장은 '죽음의 덫'과 다를 바가 없었다. 게다가 이 추악한 사업에 종사하는 여자들 가운데 일부는 직무 태만보다 훨씬 심각한 죄를 지었다. 가장 악명 높은 아기 농부는 아마도 영국인 아멜리아 다이어일 텐데, 다이어는 자신이 보살피던 유아 수백 명을 살해했다고 여겨졌다.[16]

시카고 경찰 당국은 거너스 부인이 이 소름 끼치는 사업에 종사했다고 굳게 믿었다. 벨이 "돈을 받고 아기를 입양한 뒤 알맞을 때를 기다려 죽여버렸다"는 것이었다. 경찰 당국은 벨이 아멜리아 다이어와 맞먹을 정도는 아니라고 생각했지만, 벨 역시 상당한 기록을 세웠을 거라고 믿었다. 오스틴 경찰서의 매튜 짐머 경위는 "벨이 아이들을 대량으로 살해했을지도 모른다"고 말했다. 짐머 경위에 따르면 벨은 실제로 "아이들을 대상으로 한 범죄를 은닉하는 데 성공하면서, 더 심각한 범죄를 저지를 용기를 얻었을지도 모른다".

짐머 경위는 라포르테의 구울이 아마도 "아기들을 죽이는 것에서부터" 끔찍한 경력을 시작했을 거라고 추측했다.[17]

* * *

라포르테 당국은 시카고 경찰 당국의 이론을 받아들이지 않았다. 거너스 농장에서 나온 시체들은 벨이 속한 시카고 범죄 조직의 조직원들이 그곳으로 보낸 것이라는 슈틀러 치안정감의 의견에 레뮤얼 대로우Lemuel Darrow 라포르테 시장은 단호하게 응답했다.

대로우 시장은 기자들에게 공언했다. "이 미스터리의 정답은 단 하나뿐이오. 그것은 거너스 부인이 돈을 갈취할 목적으로 사람들을 이곳으로 유인한 뒤 살해했다는 것이오."

대로우 시장은 말을 이어나갔다. "벨 거너스는 동향 남자들과 계속해서 서신을 주고받았소. 이들은 돈이 많은 독신남이나 홀아비들이었소. 그리고는 결혼을 약속하거나 훌륭한 농장을 판매한다는 식으로, 유인책을 써서 이들이 자신을 찾아오게 했소. 남자들이 농장에 찾아오면 벨은 극진히 대접하여 이들을 기쁘게 하고 더 오래 머무르게 했소. 그러다가 적절한 시기가 찾아오면, 이들에게 비소나 클로로포름 같은 독약을 투여했을 것이오. 그리고 희생자들이 죽으면 시간을 들여 시체를 조각낸 뒤, 마당에 묻어버렸을 것이오."

신문 기자들은 수첩에 대로우 시장의 말을 휘갈겨 썼다. "나는 벨이 계속해서 이 기발한 수법을 써서 희생자를 확보해왔을 거라고 믿소. 나는 수사가 진행됨에 따라 이 잔혹한 여자가 취급한 시체가 더 발견되리라 믿소."

한 기자가 시체가 몇 구나 더 나올 것으로 예상하느냐고 묻자, 대로우 시장은 주저 없이 답했다. "나는 설령 남녀노소의 시체가 스무 구 넘게 나온다고 하더라도 놀라지 않을 거요."[18]

18
버즈버그

5월 7일 목요일, 비가 억수로 쏟아지면서 유해 발굴 작업이 연기되었다. 이 암울한 작업이 연기되면서 스머처 보안관은 동료 보안관과 상의하기 위해 그날 아침 일찍 시카고로 떠났다.

구치소에 있던 앤티스 보안관보에게 웬 남자 2인조가 거너스 농장의 마차 창고에 침입했다는 소식이 전해졌을 때 스머처 보안관은 여전히 자리를 비운 채였다. 마차 차고는 문이 잠긴 상태였는데, 그 안에는 시신을 발굴하는 과정에서 나온 썩은 뼈와 살이 무더기로 쌓여 있었다.

황급히 농장으로 간 앤티스 보안관보는 조 맥슨과 만났는데, 조 맥슨은 마당을 거닐다가 차고의 옆 창문으로 빠져나오는 남자 두 명을 봤다고 했다.

맥슨은 이렇게 증언했다. "한 남자는 키가 크고 머리가 검었으며, 다른 남자는 키가 크지는 않았지만 체격이 컸습니다. 비가 억수로 쏟아졌던 데다가, 이자들이 모자를 눌러 쓰고 코트 목깃을 올리

지옥에서 온 여왕

고 있었기 때문에 얼굴을 제대로 보지는 못했습니다. 보안관의 명령에 따라 누구도 차고에 접근해선 안 된다고 말했더니, 그 치들 가운데 한 명이 '당신 일이나 신경 쓰시오. 우린 의사로서 안에 들어갈 권한이 있소'라고 하더군요." 그 말을 들은 맥슨은 즉시 이웃에 사는 소년 한 명을 마을로 보내 앤티스 보안관보에게 이 사실을 알렸다. 그러나 이 무렵 두 남자는 이미 현장에서 도망친 뒤였으며, 황급히 숲속을 뚫고 나가 인근에 숨겨둔 차량에 도착한 상태였다. 삽시간에 온 도시로 이런 소문이 퍼져나갔다. "벨 거너스의 공모자들이 차고 문을 부수고 들어가 거너스에게 불리한 증거를 인멸했다. … 공모자들은 독약이 들었다고 알려진 병을 몇 개 훔쳤으며, 신원 확인을 막기 위해 유골을 뒤섞었다."[1]

실상은 이보다 훨씬 심심했다. 두 남자는 후에 미시간시티의 거주민으로 밝혀졌으며, 이들이 창문을 통해 임시 시체 보관소에 침입한 '사악한' 이유는 그저 병적인 호기심을 채우기 위해 거너스 부인에게 희생당한 사람들의 오싹한 유해를 가까이에서 보는 것뿐이었다.[2]

* * *

그날 오후 1시 30분경, 스머처 보안관이 돌아오기 전에 위스콘신주 아이올라로부터 두 젊은이가 기차를 타고 도착했다. 이들은 자신들보다 연상인 에드윈 채핀이란 철물 장수와 동행하고 있었다. 이들은 창고에서 라포르테 저축은행의 지점장 제임스 벅James Buck

살인 농장

과 만났다. 벅은 이들을 법원으로 바래다주었고, 앤티스 보안관보는 법원에 도착한 이들을 책임졌다. 두 젊은이는 머사이어스와 오스커 버즈버그 형제로, 나이는 각각 스물일곱과 스물아홉이었는데, 한 신문사는 거들먹거리는 태도로 이들이 "단순하고 순박한 젊은 농부이며, 생각과 말이 느린 사람들"이라 보도했다.[3] 이들은 자신들의 아버지 올레 버즈버그의 것으로 추정되는 해골을 확인하는 침울한 임무를 수행하러 이곳에 왔다.

* * *

14개월 전, 50세의 홀아비이자 〈스칸디나벤〉과 〈데코라 포스텐〉의 구독자였던 올레 버즈버그는 두 아들에게 라포르테에 있는 농장을 관리하러 그곳으로 여행을 떠난다고 알렸다. 그렇지만 형제에게는 다른 이야기를 했는데, 부유한 미망인과 결혼을 하기 위해 라포르테에 간다는 것이었다.

버즈버그는 1907년 3월 셋째 주에 아이올라를 떠났으며, 1주일 뒤에 아이올라로 돌아와 새로운 집으로 영영 떠나기 전에 신변을 정리했다. 버즈버그는 1000달러를 받고 농장을 머사이어스에게 팔았다. 4월 5일, 버즈버그는 농장을 판매해 얻은 1000달러와 소유한 토지를 담보로 잡아 발행한 1000달러짜리 담보어음을 가지고 라포르테로 출발하는 기차에 탔다. 그러면서 두 아들에게 자리가 잡히면 곧바로 편지를 쓰겠다고 약속했다.

은행 출납원 J. W. 크럼패커가 후에 증언했다시피, 버즈버그는

지옥에서 온 여왕

다음 날 벨 거너스와 함께 라포르테 제일국립은행을 찾아와 담보어음을 아이올라에 있는 파머스 주립은행으로 보내 수금을 하겠다는 뜻을 밝혔다. 버즈버그는 4월 16일에 거너스 부인과 함께 은행에 다시 방문해 돈을 찾아갔다. 크럼패커는 "살아 있는 버즈버그의 모습을 본 것은 그때가 마지막"이라고 했다.[4]

4월 말까지 아버지로부터 아무런 편지를 받지 못해 걱정이 컸던 머사이어스는 거너스 농장에 아버지 앞으로 편지를 보냈다. 이 편지는 끝내 워싱턴 D.C.에 있는 배달 불능 우편물 취급소부터 반송 처리되었다. 그러는 동안 담보어음의 만기가 도래하면서 아이올라 파머스 주립은행의 출납원 J. C. 스웬슨은 라포르테 제일국립은행의 크럼패커 출납원에게 "최근에 버즈버그 씨를 본 적이 있는지" 묻는 문의서를 보냈다. 크럼패커는 이 편지를 자신의 고용주인 벅 지점장에게 전달했고, 벅은 직접 거너스 농장으로 차를 몰고 가 버즈버그가 그곳에 있는지 알아봤다. 벅이 노크를 하자 거너스 부인이 문을 열었으나 집 안으로 들어오라고 권하지는 않았다. 벅이 버즈버그에 관해 묻자 벨은 버즈버그가 어디에 있는지 모른다고 답했다. 벨은 자초지종을 이렇게 설명했다. 시카고에 방문한 동안 버즈버그가 "가진 돈 대부분"을 강도에게 뺏겼는데, 라포르테로 돌아온 뒤 "집안 사람들이 알기 전에 서부로 가서 빼앗긴 돈을 벌충해야겠다"고 결심했다는 것이었다. 벨은 날짜는 정확히 기억나지 않지만, 그로부터 며칠 뒤에 자신이 버즈버그를 기차역까지 배웅했으며, 버즈버그는 기차를 타고 오레곤으로 갔다고 했다. 그러면서 그 때가 버즈버그를 마지막으로 봤던 때라고 덧붙였다.[5]

벅은 크럼패커에게 아이올라에 있는 은행 직원에게 이 사실을 알리라고 지시했다. 몇 달 뒤 거너스 농장에서 대화재가 일어나고 돼지우리에서 시체가 처음 발견되면서 크럼패커는 신문 기사를 오려 스웬슨 출납원에게 보냈으며, 스웬슨 출납원은 버즈버그 형제에게 이 사실을 알렸다. 그리고 머사이어스와 오스카 형제는 최악의 사태를 두려워하며 즉시 라포르테로 출발했다.[6]

＊ ＊ ＊

오후 2시경, 앤티스 보안관보는 버즈버그 형제를 거너스 농장으로 태워다주었다. 그날 아침 이른바 악당들이 마차 차고에 침입했다는 소문이 순식간에 퍼져나가면서, 날씨가 험악했음에도 스무 명 남짓한 남자들이 차고 바깥에 모여 있었다. 앤티스가 두 사람을 데리고 지독한 악취를 풍기는 차고에 돌입하자, 안달이 난 사람들이 그 뒤편에 모여들었다.

낡은 램프의 희미한 불빛 속에서 머사이어스와 오스카는 한 줄로 늘어선, 마당에서 발굴한 유해를 올려둔 널빤지들을 자세히 살펴봤다. 부패한 뼈와 피부 더미 위에 놓은 해골을 위에서 내려다보던 두 사람은 해골을 더 가까이에서 살펴보기 위해 허리를 숙였다.

머리에는 알아볼 수 있는 특징이 거의 없었지만, 독특한 수염은 몰라볼 수가 없었다. 한 역사학자는 "폭포처럼 쏟아지는 헝클어진 붉은 콧수염이 살점 없는 입안까지 자라나 있었다"고 묘사했다.[7] 잠시 후 형제는 자리에서 일어나 음울한 표정을 주고받은 뒤, 차고

지옥에서 온 여왕

를 뛰쳐나가 맑은 공기를 마셨다.

두 사람은 길가를 벗어나 짧게 속삭인 뒤 마차 차고로 돌아왔다. 그때쯤 모습을 드러낸 앤티스 보안관보가 두 사람을 기다리고 있었다.

"아버지예요. 확실합니다." 머사이어스가 말하자,

"저희가 걱정했던 대로네요." 오스카가 뒤를 이었다.[8]

버즈버그가의 아들들은 그렇게 아버지를 찾았다.

* * *

〈뉴욕타임스〉는 5월 7일 자 전면기사에서 "전국을 뜨겁게 달군 연쇄살인마" 벨 거너스 사건에 관한 네 가지 주요 가설을 요약 정리하여 독자들에게 전달했다.

가설 1 — 벨 거너스는 오랫동안 저질러온 살인 행각이 발각될까 봐 두려워 세 자녀와 자기 자신을 죽이고 집에 불을 질러 범죄를 은닉했다.

가설 2 — 벨 거너스는 살인 행각이 발각될까 두려워 세 자녀를 죽인 뒤 도주했다. 그러면서 수사에 혼선을 일으키기 위해 다른 여자의 목 없는 시체를 대신 놓아두었다.

가설 3 — 사건을 저지른 사람은 벨이 고용한 일꾼 레이 램피어다.

램피어가 살인을 저지른 동기는 복수와 질투다.

가설 4 — 네 사람을 죽인 것은 시카고의 살인 갱단이다. 이들은 자신들이 보험금을 노리고 연쇄살인을 저질렀으며, 거너스 농장을 시체 "보관소"로 썼다는 사실이 벨 거너스 때문에 드러날까 봐 범행을 저질렀다.[9]

이런 기사가 실린 신문이 발행될 예정이었으나, 그러거나 말거나 시카고 당국은 마지막 이론을 일축했다. 고작 하루 전에 벨 거너스가 "범죄자 연합"과 관련되었다고 확신한다고 발표했던 슈틀러 치안정감은 입장을 180도 바꿨다. 슈틀러가 입장을 바꾼 이유는 첫째로는 스머처 보안관이 거너스 농장에서 발굴한 부패한 유해가 시카고에서 운반되었을 리가 없다고 말했기 때문이며, 둘째로는 수사관들이 "정체불명의 트렁크 가방" 두 개가 "살인 농장"으로 배송될 예정이라는 제보가 거짓이며, 허위 제보인 듯하다는 결론을 내렸기 때문이다.

슈틀러 치안정감은 기자들에게 "더는 거너스 부인이 살인 갱단의 앞잡이라거나 아기 농장을 운영했다고 믿지 않는다"고 견해를 밝혔다.

벨 거너스가 구혼자들을 직접 살해한 뒷마당에 묻은 것이 틀림없어 보인다. 벨 거너스가 이런 식으로 열 명이 넘는 남자를 유혹한 뒤 살해했다고 보는 편이 전적으로 타당하다. 나는 벨 거너스가 자신과

지옥에서 온 여왕

같은 나라에서 온 남자들이 보낸 편지에 답장을 보냈으며, 이들을 농장에 초대했다고 믿는다. 농장에서 벨 거너스는 이들에게 풍요로운 들판을 보여주었다. 농장이 너무나도 훌륭했으며 그 전망이 너무나도 밝았기에 나머지 일은 생각보다 어렵지 않았을 것이다. 맥주잔이나 커피잔에 마취제를 약간 묻히고, 망치나 도끼를 적절히 휘두르면 신속한 죽음을 선사할 수 있으니 말이다. 또한 강인한 여자였던 벨 거너스가 스스로 시체를 묻지 못할 이유도 없다. 게다가 거너스 농장은 가까운 이웃과도 한참 떨어져 있었다.

이와 동시에 슈틀러 치안정감은 여전히 이 희대의 여 살인마가 여전히 살아 있다고 확신한다고 밝혔다. "벨 거너스가 죽었다고 믿을 수 없다. 숙련된 범죄자인 벨 거너스가 그런 식으로 죽었을 리 없다. 벨 거너스는 아마도 시카고에 있을 것이다."[10]

슈틀러의 의견은 하루 전인 5월 6일 수요일에 벨이 "서머데일 애비뉴에서 노스클락 전차"에 탄 모습을 봤다고 경찰에 제보한 벨의 지인에 의해 사실로 밝혀진 것처럼 보였다.[11] 다른 목격자 몇 사람도 지난주에 시카고 루프 남쪽에 있는 워배시애비뉴 인근 지역에서 벨 거너스를 목격했다고 주장했다. 목격자 가운데는 앨 레비라는 약사가 있었는데, 레비는 워배시애비뉴와 해리슨스트리트의 교차점에 있는 약국을 소유하고 있었다. 〈시카고 트리뷴〉에 실린 벨의 사진을 우연히 본 레비는 〈시카고 트리뷴〉에 연락해 "거너스 농장의 공포의 집이 불탄 지 4~5일 뒤에 자신의 약국에서 모르핀을 사려고 했던 여자"가 바로 그 여자라고 주장했다.

"그 여자가 틀림없습니다. 코랑 입이랑 눈이 똑같이 생겼습니다."[12] 레비는 자신이 살아 있는 벨 거너스를 실제로 봤다고 주장한 마지막 사람이 아니었다.

벨이 오직 라포르테에 있는 외딴 농장에서만 잔혹 행위를 저질렀다고 납득한 슈틀러 치안정감은 오스틴에 있는 벨 거너스의 예전 거주지 마당에서 다른 실종자들을 수색하려던 계획을 취소했다. 그러거나 말거나 의욕 넘치는 기자들은 알마스트리트에 삽을 들고 나타났다. 그런데 삽질을 시작하려던 찰나, 기자들의 앞을 건물의 현 소유주가 막아섰다. 1907년 11월에 이 부지를 구입한 존과 대니얼 넬리스 형제는 위스콘신주에서 온 건장한 배관공이었는데, "이곳을 발굴하고 싶다면 법원 명령서를 가져오라"며 기자들을 위협하면서 "이곳은 우리가 구입한 사유지인데, 선정적인 소문이 우리 권리를 침해하고 있다"고 주장했다.[13]

* * *

레뮤얼 대로우 라포르테 시장과 클링턴 코크런 라포르테 경찰서장은 벨 거너스가 죽음을 위장한 뒤 시카고로 도주했다는 슈틀러의 생각에 동의했다. 반면 스머처 보안관과 스미스 검사는 생각이 달랐는데, 두 사람은 벨이 화재로 숨졌다고 확신했다. 신문사들이 금세 지적했다시피, 스머처와 스미스에게는 그렇게 주장해야 할 타당한 이유가 있었다. 〈시카고 트리뷴〉지가 적었듯이, 만약 벨 거너스가 여전히 살아 있다고 인정한다면, "레이 램피어를 상대로 제기한 기소가 무효가 될 것"이기 때문이었다.

5월 7일 당일 오후, 스미스 검사는 떼 지어 몰려든 기자들을 향해 극적인 발표를 했다. 주 법원이 보기에 램피어를 상대로 한 소송은 "법적 요건을 갖추었으며", 거너스 부인의 전 애인이자 일꾼은 방화뿐만 아니라 살인 혐의로 기소되어 재판을 받을 예정이라는 것이었다.

스미스 검사는 이렇게 공표했다. "저는 우리가 레이 램피어가 농가에서 일어난 죽음에 책임이 있다는, 합리적인 의심을 넘어서는 수준의 증언을 확보한 데 만족합니다. 우리는 레이 램피어가 불이 나기 전에 거너스 농장 주변에 있었으며, 후에 그곳에서 도주했음을 증명해줄 목격자들을 증인으로 내세울 것입니다. 또한 벨이 자신과 헤어진 이후에 자신에게 건 소송에 대한 보복으로 램피어가 농장에 불을 질렀음을 입증할 것입니다. 우리가 찾아낸 증거에 따르면 램피어는 헬길리언을 살해하는 데도 관여했습니다. 우리는 두 사람 사이의 불화가 헬길리언을 살해하면서 일어난 언쟁으로 인해 일어났음을 입증할 것입니다."[14]

한 가지가 당시 대대적으로 보도되었던 것처럼, 경찰 측이 램피어로부터 정보를 캐내기 위해서 3급 "고문"을 한 것이 사실이냐고 묻자, 스미스 검사가 발끈하며 말했다. "이곳에서는 사람들을 고문하지 않습니다. 라포르테는 문명화된 도시입니다. 이곳은 시카고나 뉴욕과는 다릅니다."[15]

스미스 검사는 "다음 법정개회일에 이 사건이 재판에 회부되도록 최선을 다하겠습니다"라는 말로 기자회견을 마쳤다. 스미스

검사는 레이 램피어가 "3주 안에 재판정에 서게 될 것"이라고 예상했다.[16]

지옥에서 온 여왕

19
거미줄

〈시카고 트리뷴〉은 금요일에 스미스 주 지방 검사의 발표를 "램피어를 휘감은 거미줄"이라는 제목의 머리기사로 보도했다. 그런데 같은 호에는 이와는 전혀 다른 거미줄이 대문짝만하게 실려 있었다. 곤충 날개가 달린 남자들이 가방을 손에 든 채 비대한 암거미의 마수를 향해 날아가는 모습을 묘사한, 1면에 실린 시사만화에 등장한 거미줄이 말이다. 이 거미의 등에는 "결혼 중매 회사"라는 단어가 아로새겨져 있었다.[1]

한 추정치에 따르면, 20세기의 첫 10년 동안 시카고에는 결혼 중매 회사(혹은 친교 회사)가 최소 125개 있었으며, 이 중 절대 다수는 절박하고 외로운 남녀에게서 최대한 많은 돈을 쥐어짜 내려 하는 한탕주의에 빠진 회사들이었다. E. L. 글린이라는 여자가 저지른 사기극은 이를 보여주는 대표적인 사례다. 글린은 신문에 잘나가는 남자 사업가와 부유한 미망인들이 마음이 맞는 짝을 찾고 있다는 허위 광고를 실었다. 사기 광고에 낚인 피해자들은 미스 글린에게 5달러의 "입회비"를 편지로 보내고 결혼 중매 회사에 가입했으며, 그 대가로 결혼 상대를 찾는 (존재하지 않는) 회원들에 관한 상세한 정보와 잠재적인 (그리고 역시나 존재하지 않는) 결혼 후보 목록을 받았다. 체포당하고, 재판받고, 우편 사기로 유죄를 선고받기 전까지, 글린은 600명이 넘는 순진한 남녀를 꾀어냈으며, 말할 필요도 없이 이들 가운데 남편이나 아내를 얻은 사람은 없었다.[2]

시카고 당국은 이런 악질 범죄자들의 뒤를 쫓으면서 미스 글린 같은 족속들이 "사랑과 결혼이라는 이상"을 "싸구려 상업주의"로 격하시킴으로써 "미국 사람들을 위험에 빠뜨리는 존재"라고 매도했다.[3] 전설적인 인물이었던, 클리프턴 R. 울드리지Clifton R. Wooldridge 경사는 스스로를 "미국의 셜록 홈스"라 칭한 인물이었다. 20년의 경력 생활 동안 울드리지 경사는 2만 건이 넘는 체포 횟수를 달성했는데, 체포 횟수는 이런 사기꾼들과 전쟁을 치르면서 하늘 높은 줄 모르고 치솟았다. 울드리지 경사는 결혼 사기꾼들이 친 교묘한 사기를 "가장 교활한 범죄 가운데 하나"라 일컬었으며, 이런 범죄는 "사기와 사취, 이중 결혼, 처자 유기 같은 죄를 토해내는 화산"과 같다고 했다. 베스트셀러가 된 회고록 《세상에서 가장 사악한 도시의 20년 차 형사Twenty Years a Detective in the Wickedest City in the World》에서 울드리지 경사는 자신이 100명이 넘는 "한탕주의 사기꾼"들이 사업을 접게 만들었으며, 이들이 제작한 겉만 번드르르한 전단지와 광고지를 "마차 40대 분량"이나 몰수하고 파괴했노라고 자랑스럽게 선언했다.[4]

거너스 사건의 전모가 드러나면서, 시카고의 "사랑 중매인"들과의 전투는 이제 총력을 기울인 박멸 운동으로 변했다. 벨이 단 한 번도 결혼 중매 회사를 범죄에 이용한 적이 없었다는 사실은 형편 좋게 무시당했으며, 지방 검사 사무실은 곧바로 "시카고 관할 구역에서 친교 회사의 경영자들을 지금 당장 모조리 잡아들이라"는 지시를 내렸다.

지방 검사보Assistant D. A. 수어드 S. 시러는 기자들에게 이렇게 밝혔다. "라포르테에서 일어난 사건의 전모가 밝혀지면서, 우리는 다른 '중매' 회사들도 거너스 부인이 운영한 것과 같은 살인 시설에 사람들을 보낸 혐의가 있다고 믿게 되었습니다. 중매 회사들은 아마도 희생자의 주머니에 든 푼돈을 갈취하려는 목적에서 이런 짓을 저질렀을 것입니다. 이 불쌍한 사람들은 그다지 지능적인 사람들이 아니었기에 살해한 뒤 없애버리더라도 발각될 우려가 크지 않았을 겁니다." 시러 검사보는 결혼 중매 회사가 전부 "살인 도매업"에 종사하고 있지는 않다는 사실은 인정했지만, "중매 회사의 경영자들이 매혹적인 광고에 걸려든 불쌍한 사람들에게서 푼돈을 쥐어짜기 위해 얼마나 심한 짓을 저지를지 아무도 모른다"고 주장했다.[5]

울드리지 형사는 회고록에서 이런 견해에 동조한다. 울드리지 형사는 이번에는 "토해내는" 화산이라는 지질학적 비유 대신 "지옥에서 온 식물"이라는 식물학적 비유를 써서 결혼 중매 회사를 묘사했으며, 거너스 농장은 이런 회사들의 가장 추악한 "꽃봉오리"라고 했다.

울드리지 형사는 사실과 반하는 주장을 했다. "이 여자 대량학살자는 결혼 정보지나 결혼 중매 회사를 통해 불운한 희생자들을 유혹하는 광고를 뿌렸다. ⋯ **이 여자**는 이런 사기 회사들의 도움을 받아 여태껏 살았던 그 어떤 인간보다도 더 많이 사람을 죽였다." 이 구절이 쓰인 부분에는 밤에 마당에서 낫을 휘두르는 벨의 모습을 담은 삽화가 들어 있었다. 삽화 속 벨의 주변은 온통 무덤 천지였는데, 무덤 위에는 해골 위에 꽃을 피운 식물들이 자라나 있었다. 삽화에는 "죽음의 수확자"라는 제목이 붙어 있었다.

울드리지 형사는 이렇게 결론 내렸다. "바로 이것이 결혼 중매 회사가 만든 걸작품이다. 조각난 시체들이 파묻힌 이 진저리나는 매장지가, 인디애나주 산비탈에 파인 이 오싹한 구덩이가 바로 결혼 중매 회사의 걸작품이다. '그들의 열매로 그들을 알지니,'* 거너스 농장의 공포 속에서 무르익은 결혼 중매 회사들의 과실을 바라볼 지어다!"[6]

---

* 성경 마태복음 7장 16절.

20

시체 수확

5월 8일 금요일 아침, 지난 36시간 동안 쏟아졌던 폭우가 누그러지면서 보슬비가 내렸다 그치기를 반복했다. 동틀 녘, 말과 마차, 짐마차를 비롯한 온갖 탈것들이 떼를 지어 "공포의 농장"을 향해 몰려가기 시작했다. 오전 8시경에는 1000명이 넘는 남녀노소가 몰려들었는데, 이들은 재개된 시체 탐색 작업을 구경하러 "인근 마을과 도시로부터 몰려온 농부와 상인, 사무원과 거주민들이었다".[1]

수요일에 파낸 구덩이에서 멀지 않은 곳에서 "부드러운 지점"을 찾아낸 스머처 보안관과 조 맥슨, 대니얼 허트슨은 허리를 굽히고 땅을 파기 시작했다. 땅이 흠뻑 젖은 덕분에 발굴 작업은 수월했다. 삽질을 한 지 고작 30분 만에 허트슨은 무언가 단단한 것을 발견했다. 그것은 썩어가는 나무 상자였는데, 허트슨이 삽날로 쿡 찌르자 상자가 산산이 조각났다.

목격자 한 사람은 이렇게 적었다. "파편이 흩어진 뒤, 누더기가 된 마대 자루를 들어내자 그 안에 들어 있던 대량의 석회 가루가 드러났다. 구덩이 밑바닥에는 뒤엉킨 뼈가 무더기로 쌓여 있었었는데, 몇몇 뼈다귀에는 젤리처럼 변한 살점이 여전히 붙어 있었다. 검은 머리카락 몇 가닥이 눌어붙은 해골도 있었다."[2]

맥 검시관은 지표면으로 옮긴 뼈를 검사했다. 벨 거너스의 희생자들이 다 그러했듯이 이 유해 역시 매장되기 전에 토막 났다. 두 다리는 무릎 관절 위 2인치 지점에서 말끔히 절단되었으며, 두 팔은 어깨 부근에서 절단되었다. 맥 검시관은 뼈의 크기와 두개골의 용적을 고려해 이 유해가 성인 남성의 것이라 결론 내렸다. 비록 구덩이 속에는 어울리지 않게도 여자 구두 두 켤레가 함께 들어 있었지만 말이다.

군중 사이로 새로운 시신을 발견했다는 소식이 퍼져나가자, 수백 명의 군중들이 새로 연 무덤을 보기 위해 미친 듯이 달려들었다. 신문 기자 한 사람은 군중들이 광란에 빠지는 순간을 목격하고 증언을 남겼다. "회색 턱수염을 길게 기른 노인"이 나무로 된 작은 짐마차를 타고 농장에 막 도착했는데, 짐마차에는 손주처럼 보이는 어린아이 둘이 타고 있었다. 노인이 돼지우리에 다가가자, "작은 짐마차가 뒤집히면서 아이들이 진창에 처박혔다. 바로 그 순간 '다른 시체가 발견됐다!'는 함성이 퍼져나갔는데, 노인은 땅바닥에서 울고 있는 어린아이들을 내팽개친 채 발굴지를 향해 달려갔다".[3]

몇 분 뒤 여자 구두의 수수께끼가 풀렸다. 같은 구덩이를 계속 파던 허트슨이 금세 또 다른 뼈 무덤을 발견했던 것이다. 무덤에는 두개골이 하나밖에 없었기 때문에 스머처 보안관은 처음에 유해가 한 희생자의 것이라는 가설을 세웠다. 맥 검시관은 스머처 보안관

지옥에서 온 여왕

의 가설을 재빨리 정정해주었다. 맥 검시관은 이렇게 공표했다. "만약 이 뼈들이 전부 한 사람의 것이라면, 그 사람은 키가 3에서 3.5미터에 달하는 괴물일 거요."[4] 맥 검시관의 훈련된 눈으로 볼 때, 두 번째 유골은 틀림없이 여성의 것이었다.

이들은 각각 "죽음의 정원"에서 발견된 10번, 11번 희생자였다. 주석 양동이 두 개에 나눠 담은, 잔인하게 살해당한 두 사람의 뼈는 벨 거너스의 다른 희생자들의 유해가 보관된, 악취가 진동하는 임시 시체 보관소로 옮겨졌다.

* * *

거너스 사건이 전국적으로 보도된 결과, 오랫동안 실종된 사랑하는 사람들이 거너스 농장의 돼지우리의 안에 파인 분뇨 구덩이 속에서 최후를 맞은 것이 아닌지 우려하는 사람들의 문의서가 라포르테 경찰서로 빗발쳤다. 인디애나주 파인레이크스에 사는 J. M. 캐너리 부인은 열아홉 살 먹은 아들 에드워드에 관한 편지를 보냈다. 에드워드는 "머리가 영특하지는 않은" 어딘가 문제가 있는 젊은이였는데, "한 번은 빈 오두막에 불을 지른 뒤, 오두막이 불타는 모습을 즐겁게 지켜본 적도 있었다". 에드워드는 농장에서 일꾼으로 일했는데, 1906년 7월에 농장에서 일을 마치고 돌아오는 길에 갑작스럽게 실종된 이후 다시는 그 모습을 드러내지 않았다.[5]

필라델피아에서 술집을 운영하던 윌리엄 스턴은 스물여덟 살 먹은 종업원 찰스 네이버그에 관해 묻는 편지를 썼다. 최근에 스웨덴에서 온 이민자였던 네이버그는 "부유한 여자와 결혼하겠다는 단 하나의 야망을 품은 사람"이었는데, "여가 시간을 온통 결혼 광고를 보고 편지를 보내는 데 썼다". 네이버그는 1906년 6월에 "큰 농장을 가진 미망인"과 결혼을 하러 인디애나주로 간다고 고용주에게 알렸 다. 네이버그는 결혼을 하면 사람을 보내 짐을 가져가겠다고 말한 뒤, 자신의 자전거와 트렁크 가방 하나 분량의 옷가지를 남겨놓고 떠났는데, 스턴은 두 번 다시 네이버그에서 소식을 듣지 못했다.[6]

또 다른 편지는 일리노이주 터스콜라에서 G. R. 버크 씨가 보 낸 것이었는데, 버크 씨는 전에 고용한 일꾼이었던 조지 브래들리 에 관해 물었다. 지난 10월, 45세 남성 브래들리는 "라포르테 근처 에 멋진 농장을 갖고 있는 미망인"과 결혼하려고 한다는 소식을 알 렸다. 브래들리는 "1500달러에 해당하는 부동산"을 처분한 뒤 "버 크 씨의 집에 옷가지를 남겨놓고" 인디애나주로 떠났으며, "훗날 옷 을 가지러 돌아오겠다는 말과는 달리, 다시는 돌아오지 않았다".[7]

푸르덴셜생명보험의 시카고 지부에서 일했던 벤저민 칼링의 아내는 남편에 관한 탄원서를 제출했다. 탄원서에 따르면, 칼링은 1 년 전에 라포르테로 떠나면서 "아내에게 부유한 미망인을 통해 훌 륭한 투자 기회를 얻었다고 말했다. 칼링은 계획에 열중했으며, 이 계획에 관심이 있었던 시카고 사람들로부터 수천 달러를 빌렸다. 이때 칼링은 보험사에 재산 1000달러를 넣어둔 상태였다". 이 뒤로 누구도 다시는 칼링을 보지 못했다.[8]

펜실베이니아주 매키스포트에 사는 쿨러스 부인은 스머처 보 안관에게 연락하여 듀케인에 살았던, 행방불명된 아버지 존 E. 헌터에 관해 문의했다. "아버지께서는 가족들에게 예고하신 대로, 1907년 11월에 부유한 미망인과 결혼하러 북인디애나주로 가셨습니다. 아버지는 큰돈을 들고 가셨고, 우리 딸들에게는 언제 돌아올지 모르겠다고 말씀하셨습니다."[9]

펜실베이니아주 워싱턴의 주민이었던 구스타브 툰스 역시 가족과 친구들에게 "라포르테에 있는 부유한 미망인과 연락을 주고받고 있다"고 말했다. 툰스의 전 고용주 패트 시맥에 따르면, "툰스가 지난 여름에 1000달러를 지닌 채로 인디애나주에 있는 도시로 떠난 이후로" 누구도 툰스를 보지 못했다.[10]

그 밖에도 실종된 사람을 걱정하는 수십 명의 사람들이 편지와 전보를 보냈다. 시카고의 허먼 코니처, 위스콘신주 그린레이크의 어거스트 건더슨, 사우스다코타주 휴론의 린드너 니켈슨, 캔자스주 로렌스의 앤드루 앤더슨, 오하이오주 영스타운의 E. F. 플라토, 네브라스카주 노스벤드의 I. T. 스트라이버, 인디애나주 미셔와카의 버트 체이스, 미주리주 캔자스시티의 에밀 텔, 펜실베이니아주 와프월로펜의 조지 윌리엄스를 비롯한 수많은 사람들이 편지나 전보를 보냈던 것이다.[11]

문의서에는 대개 실종자의 인상착의가 포함되어 있었으나, 이런 정보는 대부분 아무런 쓸모가 없었다. 발굴된 유해는 썩어가는 토막 난 유골에 불과했으며, 백골이 된 해골은 이따금씩만 남아 있는 상태였기 때문이다. 대부분의 유해는 신원을 밝혀내기가 불가능했다. 그러나 몇몇 시체는 정황증거상 그 신원에 의심의 여지가 거의 없었다.

벨 거너스가 고용한 농장 일꾼 올라프 린드보와 헨리 거홀트는 의심스러운 상황에서 실종되었는데, 수사 당국은 여러 목격자의 진술을 통해, 두 사람이 벨 거너스의 초창기 희생자라는 결론을 내렸다.[12] 올라프 젠슨이라는 남성은 노르웨이에 있는 가족에게 인디애나주 캐럴에 있는 집을 떠나 "라포르테에 농장을 소유한 부유한 미망인"과 결혼을 하러 간다는 편지를 보냈다. 젠슨이 거너스 농장에서 벨을 도와 허드렛일을 하는 모습이 목격되었으나, 젠슨은 라포르테 제일국립 은행에서 큰돈을 인출한 직후에 실종되었다. 이웃들이 젠슨이 어디갔냐고 묻자, 벨은 "젠슨이 '라포르테가 마음에 들지 않는다며' 서부로 떠났다고 주장했다".[13]

라포르테 제일국립 은행의 보조 출납원 아서 페글로는 벨의 마수에 걸려든 다른 희생자를 알아봤다. 이 희생자는 40세 독신남이자, 엘보레이크의 주민이자, 〈스칸디나벤〉의 구독자였던 존 모였다. 모는 가족에게 "시카고에서 멀지 않은 인디애나주의 도시로 이사를 간다"고 알린 뒤 라포르테에 도착했다. 1906년 12월, 모는 은행을 찾아와 수표 두 장을 현금으로 인출해 총 1000달러를 찾아갔다. 존 모는 그 뒤로 다시는 모습을 보이지 않았다. 페글로는 "사진에서 존 모의 모습을 보고, 그를 똑똑히 기억해냈다".[14]

1906년 초, 위스콘신주 도버에서 온 55세의 남성 크리스천 힐크벤은 자신의 농장을 현금 2000달러에 판 뒤 갑작스럽게 사라졌다. 힐크벤이 어떤 운명을 맞이했는지 밝혀준 사람은 노르웨이어 신문 〈데코라 포스텐〉의 편집자 요하네스 B. 위스트였다. 거너스가 저지른 잔혹 행위에 관해 읽은 위스트 편집자는 자신이 1906년 봄

지옥에서 온 여왕

에 오랜 세월 구독자였던 힐크벤에게 이후에는 신문을 라포르테로 배송해달라고 요청하는 편지를 받았다는 사실을 수사 당국에 알렸다. 라포르테 우체국장은 "힐크벤이 보낸 편지가 거너스 부인의 농장에서 왔다"는 사실을 확인해주었다.[15]

자기가 사는 지역에 극악무도한 살인마가 살고 있었다는 사실이 밝혀졌을 때 사람들이 흔히 그러하듯이, 라포르테 사람들은 자신들이 구사일생한 이야기를 숨 가쁘게 늘어놓았다. 그러나 이런 이야기 가운데 일부는 지나친 상상력의 산물임이 명확했다. 가령, 오스틴에 사는 18세 소녀 해리엇 대니얼슨은 예전에 제니 올슨과 같이 놀던 또래 친구였는데, 지난 9월에 소꿉친구 제니로부터 라포르테로 와서 한 주간 놀다 가라는 초대를 받았다고 제보했다. 해리엇은 이렇게 설명했다. "제니는 자기가 라포르테에 있는 예쁜 집에서 살고 있으니, 그곳에서 함께 재밌는 시간을 보내자고 했어요. 자기 엄마가 저한테 꼭 한번 찾아오라고 했다더라고요. 제가 그곳에 가지 않은 것은 순전히 우연이었어요. 제 친구 한 명이 저보고 그곳에 가지 말라고 했는데, 마침 그때 가지 않아도 될 구실이 있었거든요. 저는 제니에게 이번에는 못 갈 것 같다고 편지를 보냈어요. 답장은 안 왔고요."

해리엇은 단언했다. "만약 제가 그곳에 갔더라면, 그 여자가 저를 죽였을 거라고 확신해요. 그 여자가 제니에게 저를 그곳에 불러도 된다고 허락할 만한 이유는 저희 둘을 동시에 죽이려는 것 말고는 없으니까요. 그 여자가 제 머리를 자르고, 팔이 뜯어내는 생각만 해도 몸서리가 나요."[16]

인디애나주 엘크하트의 주민이었던 멜빈 카나가라는 젊은이는, 그가 한 이야기가 극도로 있을 법하지 않았음에도 사실인 양 널리 보도되면서, 대중 사이에서 상당한 명성을 얻었다. 카나가는 지난 8월에 친구 델버트 랜더스와 함께 기차에 타고 직장에서 집으로 돌아가던 도중에 객실에 "웬 이상한 여자"가 들어와 두 사람의 옆자리에 앉았다고 했다.

카나가는 이렇게 이야기했다. "그 여자는 친근한 태도로 델버트와 이야기하기 시작했어요. 주로 멀리서 살려니 외롭다는 내용이었죠. 그러면서 델버트를 무척 마음에 들어하는 척 하더군요. 그 여자는 자신이 독신이며 라포르테에서 가까운 곳에 멋진 농장을 갖고 있다고 했어요. 그러다가 델버트에게 한번 들르라고 넌지시 말하더군요. 자기는 부자고, 델버트가 찾아와서 재밌게 지내면 더없이 기쁘겠다고 했어요. 그러고 나서 그 여자가 델버트에게 자기 집에 와서 함께 살자고 했어요. 두 사람이 평화롭고 행복한 삶을 살 수 있을 거라면서요. 델버트가 그 여자에게 저에 관해서 말하자, 그 여자가 저를 돌아보더니만 저도 같이 오면 좋겠다고 했어요."

이 여자는 라포르테에서 내렸는데, 카나가는 벨 거너스의 살인 농장이 신문에 보도되기 전까지 이 여자를 까맣게 잊고 있었다. 신문사들은 이렇게 보도했다. "만약 카나가가 벨 거너스였음이 틀림없는 이 여자의 초대에 응했더라면, 아마도 카나가는 많은 희생자들이 그러했듯이 벨 거너스의 마수에 빠져 같은 대가를 치렀을 것이다. 벨 거너스가 카나가를 집으로 초대한 목적은 카나가를 설득해 보험에 가입하게 한 뒤 목숨을 빼앗는 것이었음이 틀림없다."[17]

벨이 해리엇 대니얼슨의 피를 갈망했다거나 멜빈 카나가와 친구를 유혹하려고 접근했다는 것은 극도로 있을 법하지 않다. 그러나 신문사들이 보도했다시피, 다른 제보자들에게는 "악마의 마수에서 가까스로 벗어났다"고 볼 만한 타당한 이유가 있었다. 위스콘신주 워파카에 사는 36세 남성 칼 피터슨은 1000달러가 없다는 이유로 벨에게 거부당했다. 캔자스주 토피카에 사는 알론조 "론" 타운센드는 부유한 농부였는데, 5월 초에 거너스 농장에 방문하기로 약속했으나 늦은 시기에 "봄비가 내리면서 원하는 시기에 농작물을 심지 못했다". 타운센드가 여행을 떠날 준비를 마쳤을 무렵에는 거너스 농장이 이미 잿더미가 되어 있었다.

〈아르거스 불레틴〉은 "벨 거너스가 범죄 행각을 며칠만 더 계속했더라면, 타운센드는 아마도 벨의 손에 최후를 맞았을 것이다. 현재 타운센드는 미래의 신부에게서 벗어난 것이 너무도 기뻐하고 있으며, 이 운 좋은 탈출을 축하하러 이른 아침에 토피카에서 열차를 타고 캔자스시티로 떠났다"고 서술했다.[18]

타운센드가 악천후가 부른 행운 덕분에 살아남았다고 한다면, 일리노이주 옵하임에 사는 또 다른 독신자 농부 올라프 W. 캐추센은 급한 집안일에 구원받았다. 화재가 나기 얼마 전에 벨과 열정적으로 편지를 주고받았던 캐추센은 벨의 뜻대로 은행에서 2000달러를 인출한 뒤 라포르테로 갈 계획을 세웠다. 그러나 출발 예정 시각 직전에 캐추센은 "일리노이주 비숍에 계신 부모님 댁에 급히 오라는 전갈을 받고 그곳으로 갔다. 이 전갈이 오지 않았더라면, 이 사내 옵하임은 인간 도살장의 희생자 가운데 한 명이 되고 말았을 것이

다".[19]

미주리주에 살던 39세 남자 조지 앤더슨은 1906년에 벨의 광고를 보고 편지를 썼는데, 정말 아슬아슬하게 살아남았다. 앤더슨의 재정 상태에 만족했던 벨은 앤더슨에게 재산을 현금으로 바꾼 뒤에 자신을 만나러 라포르테로 오라고 지시했으며, 라포르테에서 식을 올리자고 했다. 라포르테에 도착한 날 밤, 앤더슨은 농가 2층에 있는 침실에서 가서 곯아떨어졌다.

한밤중, "무언가 불가사의한 것이 머리 위를 맴도는" 꿈 때문에 잠을 설친 앤더슨이 눈을 뜨자 "거너스 부인이 침대 옆에 서 있었다. 거너스 부인은 말을 몇 마디 건넨 뒤 황급히 방을 나갔다. 몹시 놀란 앤더슨은 그 뒤로 눈을 감지 않았고, 날이 밝자마자 거너스 농장을 떠났다". 앤더슨은 최근에 드러난 끔찍한 사건을 고려했을 때, 벨 거너스가 악의를 품었음이 틀림없다고 했다. 한 신문 기사는 이렇게 보도했다. "벨 거너스는 앤더슨을 살해하려는 마음을 품고 한밤중에 죽음의 방에 들어왔던 것이 틀림없으며, 만약 앤더슨이 계속 잠들어 있었더라면 거너스의 욕망은 결실을 맺었을 것이다. 그러나 신께서 굽어살피신 덕분에 앤더슨은 목이 잘리고, 토막 나고, 벨 거너스의 사설 묘지에 매장당할 운명에서 벗어났다."

앤더슨이 확신한 것은 이것만이 아니었다. 앤더슨은 신문 기자에게 "저는 그 여자가 아직 살아 있다고 확신합니다. 또 자기 농가에 스스로 불을 질렀다고 확신합니다"라고 말했다.[20]

✳ ✳ ✳

시카고에서는 계속해서 벨을 목격했다는 제보가 이어졌다. 벨이 시내 전차를 타고 있었다든가, 길가를 황급히 걸어갔다든가, 레스토랑에서 식사를 했다든가 하는 식이었다. 밴뷰렌스트리트에 있는 버크빈더 카페의 종업원 메이 와그너는 경찰에게 5월 8일 아침 9시경에 벨 거너스의 인상착의와 정확히 일치하는 여자가 "한 남자와 함께" 가게에 들어왔다고 제보했다. 와그너에 따르면, "이 커플은 몇 분 전에 열차에서 내렸으며, 하차 장소는 록아일랜드였다. 남자는 스테이크 두 접시를 주문했으며, 주문을 받은 미스 와그너는 두 사람에게 라포르테의 비극에 관한 자세한 최신 정보가 담긴, 전면에 벨 거너스의 사진이 찍혀 있는 신문을 넘겨주었다. 미스 와그너는 남자가 신문을 힐끗 보고 바닥에 내팽개쳤으며, 두 남녀가 고작 스테이크 한 조각과 커피 한 모금을 먹고 마신 상태로 황급히 떠났다고 했다. 미스 와그너가 음식에 뭔가 문제가 있느냐고 묻자 남자는 그렇지 않다고 답했으나, 불편한 기색이 역력했다". 한 시간쯤 뒤, 똑같은 커플이 이번에는 웨스트잭슨대로와 할스테드스트리트의 교차점에 있는 하이벨 레스토랑에서 급히 아침을 먹는 모습이 목격되었는데, 두 사람의 수상쩍은 태도는 주인의 이목을 끌었다.[21]

〈시카고 트리뷴〉지가 보기에 목격자들의 증언은 희대의 여 살인마가 도시를 자유롭게 활보하고 있다는 확실한 증거였다. 〈시카고 트리뷴〉은 독자들에게 "양심의 가책과 법망에 붙잡힐지도 모른다는 끊임없는 공포에 시달리는 벨 거너스가 이곳저곳으로 도망 다니며 … 수많은 수사관들에게 쫓기고 있다"고 알렸다.[22] 그러나 이 사안을 가장 극적으로 보도한 매체는 트리뷴지의 경쟁자 〈시카고

인터 오션Chicago Inter Ocean〉이었다. 라포르테로 파견한 특파원이 어찌
어찌 오스틴 커틀러 장례식장의 방부처리실에 들어갔던 것이다. 방
부처리실에는 잿더미가 된 농가의 지하실에서 추스른 새카맣게 탄
유해가 보관되어 있었다. 죽은 여자의 토막 난 몸을 수의에 넣고 꿰
매기 전에 커틀러 장의사는 몸통의 무게를 재고, 줄자로 치수를 측
정했는데, 그 자리에 있던 기자가 그 모습을 지켜봤다. 장의사는 사
라진 머리와 발을 감안했을 때, 죽은 여자가 생전에 키가 152센티미
터 정도였을 것이며, 몸무게는 60킬로그램쯤 나갔을 거라고 추정했
다. 이와 대조적으로, 벨 거너스는 이웃들에 따르면 키 174센티미
터에 몸무게가 130킬로그램에 달하는 당당한 체구였다.

〈시카고 인터 오션〉은 "이 경악스러운 발견"에서 도출할 수 있
는 결론은 단 하나뿐이라고 주장했다. 그것은, 20여 명의 남자를 꾀
어내어 살해한 세이렌, 벨 거너스 부인이 여전히 살아 있다는 데
"합리적 의심의 여지가 없다"는 것이었다.[23]

지옥에서 온 여왕

21

거너스 부인의 정신

　웨스트어빙대로와 58번대로의 교차점에 있는 노르웨이 루터교 고아원의 집행위원들은 이러지도 저러지도 못 하는 상황에 부닥쳐 있었다. 집행위원들은 노우드파크에 새 건물을 세우려고 2만 5000달러를 모금하던 도중에 거액의 상속액이라는 뜻밖의 선물을 받게 되었다. 그러나 불행히도 고아원에 전달된 기부금은 미국 범죄 연감에 실린 가장 악명 높은 연쇄살인마가 보낸 것이었으며, 전부는 아니라 해도 이 기부금 가운데 상당량은 희생자들에게서 갈취한 것이 명백했다. 집행위원회의 회장 C. E. 솔버그 목사는 벨의 유언장이 공개되었을 때, 미네소타주에서 교회 관련 업무를 보고 있었는데, 즉시 시카고로 돌아와 다른 위원들과 상의했다. 그러나 솔버그 목사가 도착하기 전에 고아원의 관리자였던 미스 캐럴라인 윌리엄스는 이미 고아원 측은 벨의 "피 묻은 돈"을 받을 의향이 없다고 공표했다.[1]

　벨에게 희생된 사람이 몇 명이나 되는지 정확히 알 수 없었으므로, 벨이 인간 도살로 돈을 정확히 얼마나 벌었는지 말하기는 불가능했다. 널리 배포된 신문 기사 "인디애나주 여 살인마의 작은 성공"에 따르면 벨이 두 남편이 죽으면서 받은 생명보험금과 "잿더미가 된 농장에서 한집살이를 하던 사람들에게서 긁어모았다고 여겨지는 금액"을 더하면 4만 6900달러가 된다. 이는 오늘날로 치면 120만 달러가 넘는 금액이다.[2]

* * *

"돈에 미친" 거너스 부인이 재정적 이익을 위해 살인을 저지른 것은 분명하지만, 탐욕만으로는 그녀가 범죄를 저지르면서 극명하게 드러낸 야만성을, 그녀가 희생자들을 가축처럼 도살하면서 분명하게 느낀 즐거움을 설명할 수 없었다. 인간 정신에 관한 다양한 전문가들이 벨의 기괴한 정신 상태를 분석하기 위해 즉시 소집되었다. 한 저명한 정신과 의사에 따르면, 벨은 "이중인격을 앓던 여자였다. 어느 때는 아이의 응석을 다 받아주는 상냥한 엄마였으나, 또 어느 때는 신과 인간, 법을 두려워하지 않는 악마였다". 다른 정신과 의사는 벨이 "목숨을 빼앗는 것에 대한 격정을 억제하지 못하는 조증을 앓는 살인광이다"라고 진단했다.[3]

하버드 대학의 심리학 교수이자 《증인석: 심리학 및 범죄 에세이On the Witness Stand: Essays on Psychology and Crime》의 저자인 닥터 휴고 뮌스터버그Hugo Münsterberg는 벨을 공감 능력이 완전히 결여된 사람으로 보았으며, 훗날 사이코패스라 알려진 유형의 범죄자라고 보았다. 뮌스터버그는 "벨이 비정상적인 범죄를 저지른 이유를 찾으려는 과학수사대는 벨이 감정적으로 죽은 사람이었다고 결론 내릴 것이다"라고 적었다.

대다수 여성들이 잔인한 일에 그토록 민감한 것은 바로 감정 때문이다. 감정이 죽는 순간, 범죄의 길이 활짝 열리며, 그 길은 끝 없이 이어진다. 감정이 죽으면 여성은 여성으로서 자연스러운 감정을 전혀 느끼지 못하게 되어 공포를 느끼거나, 피를 보고 무서워하는 일이 없어진다. 또 정상적인 사람에게 항상 영향을 주는 연민이나 동정심도 느끼지 못하게 된다. 감정이 죽었기 때문에 벨 거너스는 시체를 토막 낼 수 있었으며, 애처롭게 토막 난 시체 조각들을 하나하나 챙길 수 있었으며, 모인 시체 조각을 마대 자루에 쏟아부을 수 있었으며, 달이 빛나는 밤에 마대 자루를 등에 지고 운반할 수 있었으며, 마당에 구덩이를 팔 수 있었으며, 눈 하나 깜짝 않고 구덩이에 처치 곤란한 보따리를 집어던질 수 있었다.[4]

"성격 연구 전문가" 닥터 J. M. 피츠제럴드J. M. Fitzgerald는 신문에 실린 벨의 얼굴 사진을 보고 실시한 분석을 토대로 벨이 "남성적인 결의와 강한 정신"의 소유자이며, "눈에 띄게 커진 뇌저base of brain(뇌 바닥)에서 드러나듯이, 살인 본능"을 가진 "이기적이고, 지배적인 여자"라는 판단을 내렸다. 워싱턴 D.C.에 거주하는 닥터 S. V. 리하트에게 벨의 얼굴 사진은 "골상학Phrenology(관상학)이 옳음을 보여주는 실용적인 삽화"였다. 리하트는 이렇게 말했다. "사진은 … 실용

적이고 사무적인 지성이, 독창적이고 건설적이며, 대단히 파괴적이고, 비밀스럽고 물욕이 가득한 성격과 만난 모습을 보여준다. 사회성은 많이 발달하였으나, 도덕성과 신앙심은 적게 발달하였다. 희생자들이 덫에 빠진 이유는 이 여자의 계획을 세우고 방법을 찾아내는 뛰어난 능력이 발달된 사회성과 결합했기 때문이다. 이 여자는 뛰어난 실행력을 갖고 있었기에 도덕적 제약이나 연민에 얽매이지 않고 계획을 실행할 수 있었다. 우리는 정확히 어떤 사람이 이 여자가 저지른 것과 같은 범죄를 저지르는지 알고 있다."[5]

벨이 매즈 소렌슨과 함께 오스틴에서 살았던 시절에 소렌슨 가족의 주치의로 일했던 닥터 찰스 존스는 전혀 다른 결론을 내렸다. 존스는 자신이 "비록 법의학자로서 수련을 받지는 않았지만, 범죄 심리학을 성실히 연구한 연구자"라고 주장했다. 존스가 보기에 벨은 종교적 광신자였으며, 벨이 잔학 행위를 저지른 동기는 "중세에 종교의 이름으로 다른 사람들을 고문하고 화형에 처한 사람들과 다르지 않았다".

존스는 "나는 심리학 연구를 하면서, 종교가 도덕에 구애받지 않는다는 사실을 관찰했다. 종교는 윤리와 같지 않다. 광신적인 사람들에게 종교란 도덕성이 결여된 열정이며, 이들은 목적을 이루기 위해 수단과 방법을 가리지 않는다"라고 설명했다.

애초부터 "종교적 기벽에 빠져 정신이 이상한 상태였던" 벨이 매즈 소렌슨을 살해하고 생명보험금을 수령하면서 범죄자로서의 전무후무한 경력을 시작했다는 것이었다. 존스는 "순식간에 손에 들어온 거액의 돈은 벨에게 큰돈을 쉽게 벌 수 있는 거부할 수 없는

지옥에서 온 여왕

제안처럼 느껴졌을 것이다. 바로 이 사건에서, 벨이 잔학 행위를 저지르게끔 부추기는 유혹이 탄생했을지도 모른다".[6]

벨의 정상 상태를 감별한 가장 저명한 인물은 체사레 롬브르소 Cesare Lombroso였다. 비록 오늘날에는 괴짜 취급을 받는다지만, 롬브르소는 그 당시 세계 제일의 범죄학자로 인정받았다. 엄청난 영향력을 지닌 책이었던 자신의 저서 《르우오모 델린퀜테(범죄자)L'Uomo delinquente(Criminal Man)》에서 롬브르소는 폭력적인 범죄자들은 단순히 야만적인 행동을 하는 사람이 아니라, 문자 그대로 원시적인 야만인이라 하였으며, 이런 원숭이 같은 족속들이 현대에 태어난 것은 모종의 유전적 결함 때문이라고 주장했다. 또 툭 튀어나온 이마와 커다란 턱, 두꺼운 목을 비롯한 숨기려야 숨길 수 없는 특징에서 드러나듯이, 폭력적인 범죄자들은 진화에 역행하는 사람들이며, 인류가 가장 퇴화한 상태를 보여주는 표본이라고 주장했다.[7]

거너스 사건을 다룬, 전국적으로 여러 차례 재발행된 신문 기사에서 롬브르소는 라포르테의 이 여 살인마가 자신이 "범죄자로 태어난 여자"라고 부르는 유형에 들어맞는 전형적인 예시라고 주장했다. 롬브르소는 이런 여자들은 "대개 남자보다는 범죄를 적게 저지르지만, 한번 범죄자가 되면, 남자들보다 훨씬 많은 범죄를 저지른다. 이런 여자들에게 단순히 적을 죽이는 것은 충분치 않다. 이들은 남자에게 고통을 주고 싶어 하며, 남자가 죽는 모습을 즐긴다"라고 적었다.

"항상 범죄와 에로티시즘을 결부하는" 동류의 살인자들과 마찬가지로, 벨 거너스는 "희생자를 꾀어내기 위해 틀림없이 관능적으로 유혹했을 것이다. … 벨 거너스의 비정상적으로 비대해진 변태적인 성욕은 자신이 가장 친애하는 사람들을 죽이는 과정에서 분명하게 드러났을 것이며, 이 때 벨 거너스는 묘한 희열을 느꼈을 것이다". 벨 거너스가 자신의 자녀들을 살해했다는 데서 롬브로소는 이런 유형의 살인자들, 그러니까 비정상적인 여자 살인마들 사이에서 공통적으로 나타나는 또 다른 요소를 발견했다. 즉, 이런 여자들에게는 "정상적인 여성에게서 뚜렷이 나타나는 모성 본능이 억압되었을 뿐만 아니라 반전되기까지 하여, 자신들의 자녀들을 고문하는 데서 쾌감을 얻는다"는 특징이 있다는 것이었다.

위대한 범죄학자가 제시한, 벨 거너스가 이런 짓을 저지른 이유는 역겨운 여성 혐오와 유사 과학적인 허튼소리와 근본적으로 앞뒤가 맞지 않는 말들과 기막히게 결합했다.

여자는 흔히 어린아이에게서 나타나는 특성을 많이 갖고 있다. 가령, 여자는 툭하면 앙심을 품고 질투하는데, 이런 결점은 보통 신앙심과 모성애는 물론이고 부족한 열정과 발달하지 못한 지능, 특유의 나약함에 의해 중화된다. 그러나 여자가, 만약 정신적으로 병적인 자극을 추구하여 나쁜 본성이 악화되거나 감정을 분출할 사악한 방법을 찾아낸다면, 만약 연민이나 모성을 갖고 있지 않다면, 만약 열정이 강하다면, 만약 강한 이상 성욕에서 비롯된 욕망을 갖고 있다면, 만약 충분히 발달한 근력과 우월한 지능을 가져 사악한 일을 저지를 수 있다면, 잠재된 범죄 본능이 모습을 드러내면서 여자는 남자보다 더 무서운 범죄자가 된다.[8]

지옥에서 온 여왕

유명한 저널리스트 아서 제임스 페글러는 널리 유포된 기사에서 익명의 전문가의 훨씬 통찰력 있는 의견을 인용했다. 이 전문가는 벨 거너스를 범죄학적으로 올바르게 분류했으며, 벨 거너스는 "몹시 두려운 유형의 살인광으로, 화이트채플 살인마Whitechapel murderer*와 같은 유형에 속한다"고 보았다. 또 이러한 살인마들을 이끄는 것은 "돈이 아니라, 끈임없이 커져만 가는 피에 대한 갈증"이며, 이들이 원하는 것은 "상대에게 깊은 상처를 내어 선혈이 샘솟는 모습을 지켜보고, 피 냄새에 취하고, 손을 피로 적시는 것"이라고 했다. 이 전문가는 이렇게 설명했다. "이런 살인마들에게는 범행을 저지를 때마다 똑같은 수법을 사용한다는 두드러지는 특징이 있다. 벨 거너스는 희생자들의 목을 모조리 베었다. 또 매번 희생자들의 팔다리를 절단했다. 즉, 항상 시신을 최대한 토막 냈던 것이다."[9]

이 익명의 전문가는 벨 거너스를, 마찬가지로 피에 대한 욕망으로 범행을 저질렀으며, 특징적인 MO(범행 수단, Modus Operandi)을 사용한 살인마 잭 더 리퍼Jack the Ripper에 빗댔다. 그리고 벨 거너스를 당시에는 아직 지칭하는 용어가 없었던 살인광 유형으로 정확히 분류했다. 이 유형은 훗날 연쇄살인범이라 불리게 된다.

---

* 　유명한 연쇄살인마 잭 더 리퍼Jack the Ripper를 일컫는다.

22
요한과 케이트

부검 과정에서 적출된 앤드루 헬길리언의 위와 간, 신장은 항아리에 밀봉되어 시카고 대학 러시 의과대학의 닥터 월터 S. 게인즈에게 보내졌다. 최종 보고서에서 닥터 게인즈는 위에서 스트리크닌이 "치사량보다 몇 배는 많은 양인" 1.5그레인*가량 발견되었으며, 이와 함께 비소도 "상당량" 발견되었다고 했다.[1] 물론 벨이 어떤 식으로 희생자에게 약물을 복용시켰는지는 알 수 없었다. 그렇지만 게인즈가 알아낸 바와 여러 유골의 상태에서 알아낸 점을 종합해보면 가능성이 큰 시나리오가 하나 나온다.

벨이 독약으로 양념하여 손수 만든 최후의 만찬을 즐긴 희생자는 얼마 지나지 않아 극심한 죽음의 고통에 빠져든다. 그러면 벨 거너스가 희생자에 머리에 손도끼나 고기 칼을 몇 차례 휘둘러 두개골을 쪼개버림으로써, 희생자의 고통을 덜어준다. 그런 다음에 벨은

---

*   약 0.065그램.

시체를 끌고 지하도살장으로 내려가 작업을 시작한다. 몸통에서 팔다리와 머리를 제거하는 작업이 끝나면, 벨은 각 부분을 마대 자루에 넣어 포장한 뒤, 자루를 짊어지고 돼지우리로 가서 구덩이에 집어 던지고는, 시체가 더 빨리 썩게끔 석회 가루를 뿌린다.

얼마나 많은 희생자가 이렇듯 고통스러운 운명을 맞이했느냐 역시 대답할 수 없는 질문이다. 그러나《기네스북 세계기록Guinness Book of World Records》12호에 따르면, 벨 거너스는 총 28명의 희생자를 살해한 것으로 추정되며, 이는 "현대의 여성 살인마가 기록한 살인 횟수 가운데 가장 큰 숫자였다".[2]

* * *

벨 거너스의 공포가 세상에 드러나기 불과 2년 전에 미국은 모든 면에서 벨에 견줄 만큼 극악무도한 연쇄살인범이 일으킨 사건으로 온통 들끓었다. 이 남자의 태명은 요한 슈미트Johann Schmidt였으나 악랄한 경력을 쌓아 올리는 과정에서 여러 이름을 사칭했다. 앨버트 허시버그Albert Huschberg, 오토 폰 케인Otto von Kein 백작, 닥터 L. G. 하트L. G. Hart, 마틴 도츠Martin Dotz, 제이컵 더스Jacob Duss, 헨리 F. 하트먼Henry F. Hartman, 하인리히 발트잔드Heinrich Valtzand 등이 그것이다. 남자가 사칭한 이름은 이 밖에도 최소한 10여 개가 더 있는데, 그 가운데는 세상에 널리 알려진 이름인 요한 호크Johann Hoch도 있다.[3]

독일 태생이었던 호크는 1887년에 스물다섯의 나이로, 아내와 세 자식을 버린 채 미국에 왔다. 1895년, 그는 허프Huff라는 이름으로 마사 스타인버처라는 유복한 미망인과 이중 결혼을 했다. 넉 달 뒤, 마사는 치명적인 장 질환으로 앓아누웠다. 고통으로 온몸을 비틀면서, 마사는 주치의에게 자신이 중독당했다고 말했으나, 마사가 섬망delirium 상태에서 그 말을 했다고 여긴 주치의는 아무런 주의를 기울이지 않았다. 다음 날 마사는 죽었다. 마사가 죽자마자, 남편은 아내의 재산을 4000달러에 처분한 뒤 모습을 감췄다.

허프에게 살해당한 두 번째 희생자는 웨스트버지니아주 휠링에 사는 캐럴라인 호크로, 캐럴라인은 허프와 결혼한 직후에 극심한 질병에 걸렸다. 캐럴라인을 병문안하러 찾아온 목사는 허프가 아내에게 어떤 하얀 가루를 주는 모습을 보고 놀랐으나, 약이겠거니 했다. 다음 날 캐럴라인은 죽었다. 허프는 즉시 집을 팔고, 아내의 사망보험금 900달러를 챙기고, 자살을 가장한 뒤, 종적을 감췄다.

이제 스스로 요한 호크라 칭하는 살인범은 시카고로 향했다. 그 과정에서 호크는 수를 가늠할 수 없는 여자들을 먹잇감으로 삼았다. 일부는 죽이고, 일부는 뜯어내고, 나머지는 버렸다. 요한 호크는 한동안 시카고 가축 수용소에서 일했는데, 이 직업 덕분에 결국 "가축 수용소의 푸른수염"이라는 별명을 얻었다.

1904년 12월, 호크는 독일어 신문에 결혼 광고를 실었으며, 얼마 지나지 않아 작은 과자점을 소유한 46세의 미망인 마리 왈커에게 연락을 받았다. 얼마 뒤 두 사람은 결혼식을 올렸다. 결혼식으로부터 1주일 뒤, 마리는 극심한 복통과 끔찍한 갈증과 손발이 따끔거리는 증상에 시달렸다. 마리는 마치 개미가 살갗을 기어 다니는 것 같다고 말했는데, 이는 모두 전형적인 비소 중독 증상이었다. 그러나 주치의는 신장염nephritis이라는 진단을 내렸다. 마리는 2주 뒤에 죽었다. 몹시 괴로워하던 마리가 마지막 숨결을 내뱉자마자, 호크는 죽어가는 자매를 돌보기 위해 찾아온 줄리아에게 청혼했다. 3일 뒤, 호크와 줄리아는 결혼식을 올렸다. 얼마 지나지 않아 호크는 줄리아의 돈을 모조리 가로채 자취를 감췄다.

경찰에 제보하는 과정에서 줄리아는 호크가 이미 사기와 살인 혐의를 받고 있다는 사실을 알게 되었다. 예전에 캐럴라인 호크의 시체를 발굴하여 검사하기는 했으나, 검시관들은 캐럴라인의 위에 독극물이 들어 있는지 판단할 수 없었다. 용의주도하게도 호크가 시신의 내장을 제거한 뒤 오하이오강에 버렸기 때문이다. 마리 왈커의 시신을 조사할 때는 수사 당국 측에 조금 더 운이 따랐다. 부검 결과 마리의 내장에 치사량의 비소가 있었던 흔적이 발견된 것이다.

경찰은 즉시 도망자의 사진을 배포했다. 뉴욕 시티로 도주했던 호크는 신문에 실린 사진을 알아본 여자 집주인의 신고로 체포되었다. 호크를 체포했을 때, 경찰은 호크의 소지품 가운데서 만년필을 하나 발견했다. 만년필 잉크 통에는 잉크 대신 가루로 된 물질 58그레인이 들어 있었는데, 이 물질은 비소로 판명되었다. 호크는 마리 왈커 살해 건으로 유죄를 선고받았으며, 1906년 2월 23일에 교수형에 처해졌다. 호크의 희생자가 몇 명이었는지는 불분명하나, 가장 신뢰할 만한 연대기 작가는 호크가 "43명에서 50명 사이의 여자와 결혼했으며, 이는 호크가 살해한 사람의 3분의 1에 해당하는 수"라고 추정했다.[4]

벨이 저지른 범죄의 전모가 터무니없이 크다는 사실이 분명히 드러나면서, 신문에 벨과 요한 호크를 비교하는 기사가 실리기 시작했다. 전국적으로 발행된 이런 기사들 가운데 가장 특이한 기사의 표제는 "만약 그들의 길이 교차했다면"이었다. 이 기사는 시카고의 찰스 피터스 경무사deputy chief sheriff가 추측한 내용에 영감을 받아 탄생한 대체역사물이었다.

피터는 생각에 잠긴 채로 기자들에게 이렇게 말했다. "만약 벨 거너스와 호크가 맞붙었다면, 범죄학적인 관점에서 봤을 때 흥미로운 이야기가 탄생했을 겁니다. 호크가 신문에 실린 벨 거너스의 광고를 보고 편지를 보낸 뒤 서로 만나기로 약속을 잡았다고 가정해 보죠. 벨 거너스는 호크의 돈을 노릴 것이고, 호크는 벨 거너스의 돈을 노릴 겁니다. 결국 두 사람은 실력을 겨루게 되겠죠. 각자 자신의 지혜를 쥐어짜 음모를 꾸미고, 계략을 세워 상대를 뛰어넘으려 할 것입니다. 여태껏 무대에서 상연된 어떤 악당극도 이 이야기에 견주지는 못하겠지요."[5]

피터스 경무사의 섬뜩한 가상 시나리오에 살을 붙인 이 신문 기사는 남자 푸른수염과 여자 푸른수염이 만났을 때 벌어질 무시무시한 일을 상세히 묘사했다. 벨 거너스의 광고를 보고 편지를 보내면서 호크는 "악귀 같은 표정으로 미소 짓는다." 이 "풍요로운 농장"이 곧 내 것이 되리라, 호크는 상상한다. "잔인한 미소"를 지은 채로, 벨은 호크의 편지를 읽는다. 그런 뒤 "뒷 창문 너머에 있는 토막 난 희생자들이 묻힌 묘지를 흘깃 쳐다본다". 벨은 고민한다. "이 녀석은 어디다 묻으면 좋을까?"

지옥에서 온 여왕

첫 만남에서 서로를 가늠한 두 사람은 생각한다. "쉬운 먹잇감이군." 다음 날, 벨은 "천진난만하게 호크의 손을 잡고, 호크의 뺨을 어루만지며 경작지를 보여준다. 벨이 이미 자신의 외모와 매력적인 몸가짐에 반했다고 여기며, 호크는 답례하듯 벨을 쓰다듬는다." 이제 두 사람은 재산에 관한 이야기를 시작한다. "호크는 눈앞의 미망인에게 자신이 수천 달러를 갖고 있으며, 이를 공동 재산으로 삼겠다고 말한다. 우리가 결혼하면 제 농장은 당신의 것이 될 거예요, 벨이 미소를 지으며 화답한다. 어쩌면 두 사람은 바로 그 자리에서 결혼식 날짜를 정했을지도 모른다."

식을 올린 두 사람은 짧은 신혼여행을 마치고 농장으로 돌아간다. "종장의 시작을 알리는 막이 오르고," 두 사람의 "악마적인 계획"이 "비극적" 클라이맥스로 치달을 곳으로.

극악무도한 결혼 범죄자 둘 가운데 누가 승자가 되었을까? 작가는 그저 추측만 할 뿐이었다.

"과연 누가 상대보다 한 수 앞섰을 것인가? 과연 누가 선공을 가했을 것인가? 그리고 공격 수단은 무엇이었을까? 독이 든 식사? 야음을 틈타 휘두른 도끼? 애정이 어린 포옹 뒤편에서 꺼내든 비수? 과연 둘 중 누가 땅속에 파묻혔을 것인가? 누가 상대의 간계에 희생당했을 것인가? 그리고 과연 누가 상대의 돈을 차지하는 즐거움을 누렸을 것인가?"[6]

*** *** ***

벨이 저지른 범죄가 요한 호크가 저지른 범죄와 유사하다고 한다면, 두 사람의 사건은 또 다른 악명 사건인 캔자스주의 "피투성이 벤더 일가Bloody Benders" 사건과도 유사하다.

벤더 가족의 구성원은 다음과 같다. 60살 먹은 아버지 존John. 기골이 장대하고 텁수룩한 수염을 기른 남자로, 기록에 따르면 흔히 "벤더 영감"이라고 불렸다. 그저 "엄마"라고만 알려진 존의 아내. "하얀 비누" 같은 얼굴을 한 통통하고 가정적인 50대 여자로, 남편만큼이나 퉁명스러운 성격이었다고 한다. 20대 중반이었던 아들 존 주니어John Jr. 명랑한 얼굴에 잘 다듬은 콧수염을 한 호리호리한 젊은이로, 돌연히 신경질적으로 키득키득 웃는 버릇이 있어서 몇몇 사람들은 존 주니어가 천치인 줄 알았다고 한다. 그리고 20대 초반 아가씨였던 딸 케이트Kate. 케이트는 대체로 가족의 두뇌역을 맡았다고 여겨진다. 비록 전설 속에서 붉은 머리를 한 요부로 그려지기는 하지만, 케이트는 혈색이 좋은 얼굴에 남자 같은 외양을 한 여자였던 것으로 보인다. 케이트는 "미스 케이트 벤더 교수"라는 이름하에 심령회séance를 열었으며, 자신이 심령 치료사라고 주장했다.

1870년 무렵, 캔자스주 라벳 카운티에 도착한 벤더 가족은 체리베일 타운 철도로부터 남쪽으로 몇 킬로미터 떨어진 곳에 나 있는 길가 옆에 집을 세웠다. 이들의 주거지는 가로 4.8미터, 세로 6미터 크기였는데, 통나무 상자와 별 다를 바가 없었다. 실내는 캔버스 천으로 만든 커튼으로 반을 나눈 상태였다. 한쪽 공간은 벤더 가족의 거주 구역으로 쓰였다. 다른 한쪽은 원시적인 여관으로 쓰였는데, 여행자들은 이곳에서 가정식 요리를 맛볼 수 있었으며, 원한다

지옥에서 온 여왕

면 밤에 바닥에 깔린 밀짚 매트리스 위에서 잠을 청할 수 있었다.

2년 뒤에 달아나기 전까지, 벤더 가족이 이 으스스한 도로변 여관에서 얼마나 많은 손님들을 접대했는지는 아무도 알지 못한다. 그러나 손님 가운데 적어도 아홉 명은 다시는 살아서 모습을 드러내지 않았다. 이들이 맞이한 끔찍한 운명은 1873년 봄에 밝혀졌다. 미스터리하게 실종된 윌리엄 요크William York의 행적을 좇는 과정에서였다. 요크는 이 지역에서 이름난 의사였는데, 마차를 타고 오세이지족의 오솔길을 여행하는 모습이 마지막으로 목격되었다. 수색대를 이끈 사람은 윌리엄 요크의 형제 A. M. 요크 대령이었는데, 요크 대령은 형제의 발자취를 좇아 벤더 가족의 집에 도착했다. 요크 대령의 질문을 받은 존 주니어는 닥터 요크가 여관에서 하룻밤 묵어간 것은 사실이지만, 다음 날 아침에 건강한 상태로 떠났다고 주장했다. 존 주니어는 최근에 자기 자신이 노상강도에게 매복을 당해 간신히 살아왔다고 주장하면서, 요크 대령에게 닥터 요크가 강도단의 희생양이 되었을지도 모른다고 넌지시 말했으나, 요크 대령은 이 이야기가 대단히 미심쩍다고 여겼다. 자신의 천리안을 이용해 실종된 사람을 찾아주겠다고 제안한 케이트에게 질문을 던진 뒤, 요크 대령과 수색대원들은 그곳을 떠났다. 그러나 이들이 깊은 의혹을 품었다는 사실은 명백하다.

몇 주 뒤, 여관에 들른 벤더 가족의 이웃 한 사람은 여관에 개미 새끼 한 마리 없는 것을 보고 깜짝 놀랐다. 여관 내부는 난장판이었다. 더러운 접시와 낡은 시계, 독일어 성경, 망치 몇 자루, 고기 톱, 긴 칼, 구석에 내팽개친 둘둘 말린 칸막이용 커튼 등 온갖 쓰레기가 어지럽게 흩뿌려져 있었다. 벤더 가족이 급히 집을 버리고 떠났음이 명백했다.

이 소식을 전해 들은 요크 대령은 한시도 지체하지 않고 사람들을 모아 여관으로 직행했다. 몇몇 기록자들에 따르면, 벤더 가족이 주방으로 쓰던 곳 바닥에서 작은 문을 찾아낸 사람은 요크 대령이었다. 문을 여는 순간, 끔찍한 악취가 요크 대령의 코를 찔렀다. 가까이 다가가 조사해보자, 이 끔찍한 악취의 근원이 돌바닥 위에 생긴 말라비틀어진 피 웅덩이라는 사실이 드러났다.

조사대 사람들은 튼튼한 장대를 지렛대로 써서 오두막집 전체를 들어 올리고 집의 토대 위에서 치워버렸다. 바닥이 드러나자 이들은 슬레지해머를 이용해 돌바닥을 깨부쉈으나 그 아래에서 아무것도 발견하지 못했다. 그러나 늦오후의 태양이 빛을 비출 무렵, 한 사람이 사과 과수원 근처에 있는 땅에서 무언가 의심스러운 것을 발견했다. 직사각형 모양으로 움푹 파인 이상한 땅이었는데, 꼭 살짝 주저앉은 무덤처럼 보였다. 이 남자는 동료들을 부른 뒤, 동료들과 함께 삽과 부삽을 들고 땅을 파기 시작했다. 1분도 채 지나지 않아, 이들은 옷을 일부만 입은 상태에서 얼굴을 아래로 한 채 묻힌 남자의 시신을 파냈다. 남자는 두개골 안쪽이 완전히 박살 나 있었다. 사람들이 시체를 앞으로 돌리자 귀에서 귀까지 목을 그은 상처가 드러났다. 시신이 부패한 상태긴 했으나, 요크 대령은 남자의 정체가 자신의 형제 윌리엄이라는 사실을 어렵지 않게 알아차릴 수 있었다.

그 무렵 어둠이 내렸다. 다음 날 아침 이곳에 돌아온 일행은 쇠막대기로 땅을 찔러가며 과수원 전체를 샅샅이 뒤졌다. 조사가 끝났을 무렵, 일행은 시신 여덟 구를 더 찾아냈다. 시신은 전부 성인 남성의 것이었는데, 후에 이들 전원이 오세이지족 오솔길을 따라 여행하던, 목적지에 도착하지 못한 여행자라는 사실이 밝혀졌다. 이 여행자들은 전원 상당량의 현찰을 갖고 있던 것으로 알려졌으며, 전원 같은 식으로 최후를 맞았다. 누군가 이들의 두개골 안쪽을 박살 내고, 목을 그었던 것이다. 단 한 사람의 예외는 여덟 살배기 여자아이 메리 앤 론처였는데, 실크 스카프에 목을 꽉 졸린 채로 아버지의 시신 옆에서 발견되었다. 부검 결과 메리는 목이 졸려 의식을 잃은 상태에서 산채로 매장당했다.

남자들의 머리에 난 상처의 크기와 형태, 오두막에서 발견된 망치의 크기와 일치하는 상처의 면적, 무슨 일이 있었는지 고자질 하듯 캔버스 커튼에 묻어 있던 흔적 등의 물적 증거와 여관에서 머물렀던 몇몇 생존자들의 증언을 종합하자, 벤더 가족의 극악무도한 범행 수법MO이 생생히 그려졌다. 부유한 차림의 여행자가 모습을 드러내면, 벤더 가족은 여행자를 식당으로 안내한 뒤 캔버스 천 칸막이를 등지는 좌석에 앉게 한다. 케이트가 식사 중인 여행자와 잡담을 나누며 주의를 끄는 동안, 케이트의 아버지나 오빠는 커튼 뒤편에 숨어 망치를 휘두를 준비를 마친다. 무슨 일이 일어날지 꿈에도 모르는 손님이 커튼에 머리를 기대는 순간, 망치가 손님의 뒤통수를 박살 내며 요란한 소리를 낸다. 그다음에 시체를 질질 끌고 오두막집 뒤편으로 가서 주머니를 털고, 옷을 벗기고, 바닥에 난 문을 통해 지하실에 처박는다. 그곳에서 추가로 여행자의 목을 칼로 긋는다. 이후 지하실에서 시체를 꺼내 과수원에 묻는다.

　도망친 벤더 가족에게는 체포 시 3000달러의 현상금이 걸렸다. 보안관과 현상금 사냥꾼, 각종 자경단이 대대적으로 범인을 수색했으나, 벤더 가족은 교묘하게 체포망을 벗어났다. 수년 동안, 벤더 가족의 행방에 관한 소문이 떠돌았다. 존 주니어가 텍사스주에 있는 철도 갱단에서 일하고 있다거나, 케이트가 샌프란시스코에서 창관을 운영하고 있다거나, 벤더 영감이 미시간주에서 자살했다거나, 열기구에 타고 멕시코 국경을 넘어가려고 시도하던 과정에서 온 가족이 비명횡사했다는 식이었다. 그렇지만 벤더 가족의 운명은 결국 미스터리로 남았다.[7]

　거너스 농장에서 무시무시한 사건이 일어났음이 밝혀지자, 신문사들은 벨 거너스가 저지른 잔혹 행위와 "벤더 가족이 저지른 악명 높은 사건" 사이에 "놀라운 유사성"이 있다고 앞다투어 보도했다. 실제로 두 사건은 어떤 면에서는 너무도 비슷해서, 벨과 벤더 가족이 연관되어 있을 가능성이 있다는 소문이 돌 정도였다. 널리 발행된 신문 기사 하나는 익명의 독자가 켄터키주 루이스빌에 있는 신문사에서 일하는 편집자에게 보낸 편지를 인용했는데, 이 편지는 벨 거너스와 케이트 벤더가 혈연으로 이어져 있으며 "케이트의 아버지와 거너스의 할아버지는 형제 사이"라는 주장을 담고 있었다.[8]

　또 다른 작가는 "거너스 부인이 … 바로 케이트 벤더"라는 이보다 더 놀라운 이론을 내놓았다. 만약 이것이 사실이라면, "벨 거너스는 케이트 벤더로 살았을 때보다 더 대단한 무시무시한 업적을 세운 셈이었다". 벤더 가족이 저지른 범죄가 제아무리 끔찍하다고 하더라도, 벤더 가족이 세운 희생자 기록은 이미 벨 거너스의 돼지 우리에서 나온 기록에 무참히 깨졌기 때문이었다. 게다가 "벤더 가족은 네 사람이 서로 의지하면서, 치명적 비밀을 공유하는 데서 오는 끔찍한 안도감을 느낄 수 있었지만," 이와 대조적으로 "벨 거너스는 램피어 혹은 다른 어떤 사람 하나만을 공범으로 둔 것으로 보이며," 이와 마찬가지로 "전부는 아니더라도 대부분의 범행을 단독으로 저지른 것으로 보이기" 때문이었다.

종적을 감췄던 케이트 벤더가 30년 만에 라포르테에서 새로운 신분으로 다시 나타났다는 생각이 아무리 터무니없다고 하더라도, 이 작가의 머릿속에서 케이트 벤더와 벨 거너스는 "범죄사 안에서" 영원토록 연결된 것이 분명했다. 그는 이렇게 말했다. 벨과 케이트는 둘 다 "끔찍한 불멸성"을 얻었으며, "두 사람의 이름만 들어도 온 세상이 하얗게 질릴 것이다". 그리고 이들의 극악무도한 범죄 행위는 사람들을 숙연하게 만드는 진실을 드러냈다. 그것은 바로, "인간의 내면에는 끝없이 선으로 나아갈 가능성도 존재하지만, 한없이 악에 물들 가능성도 존재한다는 것이다".⁹

23
생사불명

5월 8일 금요일, 디트로이트에서 온 외판원 E. R. 뷰엘과 A. J. 헌트는 뉴욕주 로체스터로 향하는 애틀란틱 익스프레스의 특별 객차에 나란히 앉아 있었다. 저녁 7시경 열차는 오하이오주 애슈터뷸라에 정차했는데, 그곳에서 탑승한 여자 한 명이 두 사람 건너편에 있는 좌석에 앉았다.

여자는 체격이 컸는데, 겉으로 보기에 키가 180센티미터 정도로 보였으며, 몸무게는 90킬로그램 정도 나갈 것으로 보였다. 여자는 상복을 입고 있었으며, 시커먼 베일로 자신의 얼굴을 가리고 있었다.

후에 뷰엘은 기자들에게 이 여자의 행동이 어딘가 이상했다고 말했다. "열차 안에서 어떻게든 이목을 끌지 않기 위해 애썼다"는 것이었다. 두 남자는 최근까지 시카고에 있었기 때문에 거너스 사건에 관해 아주 잘 알고 있었으나 벨이 어떤 운명을 맞았는가에 관해서는 의견이 일치하지 않았다. 사실, 뷰엘은 이때 "여자 푸른수

지옥에서 온 여왕

염"의 사진이 전면에 실린 시카고 지역 신문을 들고 있었다.

여행을 하던 도중 여자는 베일을 걷어 올렸다. 여자의 얼굴을 본 두 외판원은 서로 눈짓을 교환했다.

로체스터에 도착했을 때, 뷰엘과 친구는 파워스 호텔로 직행하여 경비원에게 여자의 정체가 의심스럽다고 알렸다. 경비원은 즉시 헨리 R. 맥알리스터 경위에게 전화를 걸었으며, 맥알리스터 경위는 열차의 다음 정거장인 시러큐스에 있는 토머스 R. 퀴글리 경감에게 전화를 걸었다. 퀴글리 경감은 즉시 칼 니스 형사와 존 도노반 형사를 파견하여 열차가 도착하는 즉시 수색하게 했다.

새벽 1시가 되기 몇 분 전이었다. 열차가 시러큐스역에 들어왔다. 역장과 동행한 두 형사는 열차에 타 특별 객차의 승무원 O. S. 브리튼에게 말을 걸었다. 두 형사는 애슈터뷸라역에서 탑승한 검은 옷을 입은 여자가 아직 열차에 타고 있는지 물었다. 브리튼 승무원이 두 사람에게 그 여자분의 친구냐고 묻자, 니스와 도노반 형사는 경찰 배지를 보여주며 자신들이 왜 이곳에 왔는지 설명했다. 브리튼은 즉시 두 사람을 데리고 그 여자가 잠을 자고 있는 하단 침대로 갔다.

이 여자는 후에 **여자의** 침대를 유심히 살펴보던 두 남자의 머리"가 자신을 깨웠을 때 느낀 "소름 끼치는 기분"을 묘사했다. 그녀의 머릿속에 처음 떠오른 생각은 "열차 강도가 열차를 점거했구나"였다. 신원을 밝힌 두 사람이 자신들이 왜 이곳에 왔는지 알리자, 그녀는 "어처구니가 없었다". 두 사람은 그녀에게 당장 옷을 입으라고 명령했다. 그러나 출발 예정 시각에서 이미 15분을 지체한 열차가

칙칙폭폭 소리를 낼 때까지도 그녀는 준비를 마치지 못했다.

두 형사는 유티카까지 그녀와 동행했으며, 역에서 그녀를 내리게 한 뒤, 말에 태워 경찰 본부로 데려갔다. 그 무렵, 두 형사가 맡은 임무에 관한 이야기가 열차 전체로 퍼져나가면서, 승객들 사이에서 자신들이 전국에서 가장 악명 높은 도망자인 "인디애나주의 여자 오거" 벨 거너스가 체포되는 역사적 사건에 동참했다는 엄청난 흥분이 일었다.[1]

＊ ＊ ＊

5월 9일 토요일 아침, 전 미국의 신문사들은 이 소식을 대서특필했다. 비록 대중에게는 벨 거너스가 체포되었다는 소식이 전해졌지만, 뉴욕주 북부의 경찰 당국은 자신들이 황당한 실수를 저질렀음을 시인했다. 열차에서 내린 여자는 자신이 신원을 손쉽게 증명했다. 이 여자의 정체는 시카고 시스니스 화학의 전 회장이었던 남편 프레더릭 B. 헤론Frederick B. Herron과 최근에 사별한 코라 헤론Cora Herron이었던 것이다. 헤론 부인은 자매 에타 V. 록펠러Etta V. Rockefeller를 만나러 뉴욕시로 가는 길이었다. 에타는 웨스트 40번가에 살았는데, 에타의 남편은 자신이 '석유왕' 존 D. 록펠러John D. Rockefeller의 먼 친척이라 주장하는 시내 전차 차장이었다.

헤론 부인의 신원을 확인한 유티카 경찰 당국은 헤론 부인을 다시 시러큐스로 데려갔다. 헤론 부인은 그곳에서 자매에게 전보를 보낸 뒤 경찰 본부에 있는 여자 숙소에서 남은 밤을 보냈다. 다음 날

지옥에서 온 여왕

아침 일찍, 헤론 부인은 콘돈Condon 경찰서장과 면담했다. 콘돈 소장은 헤론 부인에게 사과를 건네며 우리 서가 부인을 불법 체포한 것에 대한 책임을 면제해주는 증서에 서명해달라고 청했으나, 헤론 부인은 이 요청을 거부했다. 그런 뒤 헤론 부인은 기차역으로 가서 티켓을 보여준 뒤 엠파이어 익스프레스에 타고 뉴욕시로 갔다.

자매를 기다리는 에타 록펠러 부인과 〈뉴욕타임스〉를 비롯한 온갖 신문사에서 온 신문 기자들이 그랜드센트럴 역에서 코라 헤론 부인과 만나기 위해 대기했다.

록펠러 부인은 헤론 부인을 따뜻하게 맞이한 후 매섭게 선언했다. "이건 정말 끔찍한 일입니다. 제 자매를 설득해서 그 멍청한 시러큐스 형사들 때문에 생긴 오명을 법적으로 씻어내고 말겠습니다."

소송 금액을 얼마나 걸 생각이냐는 물음에 녹초가 된 헤론 부인은 "자신에게 총 5만 달러를 받을 자격이 있다고 말했다".

기다시피 하여 택시에 간신히 올라탄 뒤, 자매의 아파트가 있는 곳까지 짧은 거리를 이동한 헤론 부인에게 〈뉴욕타임스〉의 기자가 "겪으신 일에 대해 하실 말씀이 없으십니까?"라고 외쳤다.

떨리는 목소리로 헤론 부인이 답했다. "오, 무슨 말을 할 수 있겠어요? 정말 너무나도 끔찍했어요."[2]

* * *

앤티스 보안관보가 보기에 시러큐스 경찰이 잘못된 여자를 체포한 것은 전혀 놀랍지 않은 일이었다. 다른 라포르테 사람들과 마찬가지로, 앤티스 보안관보는 벨 거너스가 죽었다고 즉, 공범 레이 램피어에게 살해당했다고 굳게 믿었기 때문이다. 앤티스 보안관보에 따르면, 핑커톤 탐정사무소에서 수사를 지원하기 위해 온 3인조의 도움으로, 라포르테 보안관 사무실은 이미 "램피어에게 살인 죄를 선고하기에" 충분한 증거를 모은 상태였다.[3] 레이 램피어가 철창 안쪽에서 밤에 잠을 이루지 못할 때마다, 언론은 이것이 램피어가 죄의식에 시달리고 있으며, 양심의 가책을 느끼고 있다는 사실을 보여주는 반론의 여지가 없는 증거라고 보도했다. 여느 때처럼 사실 입증 따위는 전혀 신경 쓰지 않는 뻔뻔함을 발휘한 〈시카고 아메리칸〉지는 "헛소리를 지껄이는 미치광이"라는 이름으로 레이 램피어의 사진을 실으면서, 램피어가 양심을 품고 감방에 나타난 거너스 부인의 망령에 의해 미치광이가 되었으며, 밤마다 "그 여자가 손가락으로 나를 가리켰어, 그 여자가 '네놈에게 복수하겠어! 네놈에게 복수하겠어!'라고 외쳤어, 그 여자에게서 도망칠 수 없어!"라며 울부짖고 있다고 보도했다.[4]

앤티스 보안관보의 주장을 반박하며, 램피어의 변호사 워트 워든은 자신의 의뢰인이 결백하다는 성명을 발표했다. 거너스 부인을 상대로 한 여러 소송에서 레이 램피어를 대변해온 워든 변호사는 비록 램피어가 "범속한 사고관은 가진 남자"인 것은 부정할 수 없으나, 램피어에게는 "범죄 성향이 없다"고 주장했다.

워든 변호사는 말을 이어갔다. "화재가 일어난 원인과 그 시발점을 설명하는 합리적인 이론이 두 가지 있습니다."

지옥에서 온 여왕

첫째는 벨 거너스가 자신의 유죄를 입증할 만한 무언가를 레이 램피어가 찾아냈다고 생각하고는, 그리고 애슬리 헬길리언이 조사를 하러 방문할 예정이라는 사실을 알고서는, 어떻게든 자신이 저지른 범죄의 증거를 은닉하고 죽음을 피해 도주하기 위해서, 세 자녀를 살해한 뒤 그 시신을 성인의 시체와 함께 지하실에 가져다 놓고, 농장에 불을 지른 뒤 도주했다는 것입니다. 다른 이론은 벨 거너스가 애슬리 헬길리언이 도착하면 일이 어떻게 끝장날지 예상하고는, 스스로 목숨을 끊고 전에 저지른 범죄의 증거를 은닉하기로 마음먹었으며, 그렇게 하는 과정에서 자녀들을 살해하고, 집에 불을 지르고, 자살했다는 것입니다.

"둘 중 어떤 일이 벌어졌든 간에, 제가 확신하듯이, 램피어는 어떤 범죄에 대해서도 결백합니다. 램피어는 그저 정황증거에 따라 지목된 피해자일 뿐입니다."[5]

* * *

지하실에서 발견된 목 없는 여자의 시신이 벨이 던져둔 미끼라는, 워든 변호사가 제시한 첫 번째 이론을 지지하는 사람들은, 희대의 여 살인마를 목격했다는 증언이 줄을 잇자, 자신들의 생각이 옳다고 더더욱 확신하게 되었다. 인디애나주 엘크하트의 경찰 한 명은 몸무게가 90킬로그램 나가고 "눈에 띄게 남성적인 외모"를 지닌 여자를 찾아다녔는데, 스틸먼이라는 서점 직원을 보고 수상쩍다고 여겼다. 스틸먼이 스칸디나비아식 억양으로 말한 데다가, "금니 여러 개를 하고 있어서 … 라포르테의 대악마의 인상착의와 일치"했기 때문이다.[6] 이스트세인트루이스에 사는 약사 조지 G. 스퍼러네스키는 "벨 거너스 부인의 인상착의와 일치하는 여자"가 최근에 이 도시에 입주했다며 경찰에 신고했다.[7]

콜로라도주 델타 카운티의 R. S. 윌리엄스 보안관은 벨 거너스가 주변에 정착했다고 확신했으며, 라포르테 당국에 전보를 보내 "벨 거너스를 생포했을 시 보상이 주어지는 물었으며, 만약 그렇다면 자신이 체포할 수도 있다"는 뜻을 밝혔다.[8] 라포르테 경찰서에 온 전보는 이밖에도 또 있는데, 이 전보는 미네소타주에 거주하는 윌마가 보낸 것으로, 벨 거너스가 현재 인근 농장에서 가정부로 일하고 있으니 당장 "와서 잡아가라"는 내용이었다.[9] 미주리주 캔자스시티의 새뮤얼 하비는 대로우 라포르테 시장에게 직접 서신을 보내 "자신이 벨 거너스가 불타 죽었다고 알려진 지 엿새가 지난 5월 4일에 유타주 오그던에서 벨 거너스를 만났다"고 전했다.[10] 미시간주 그랜드래피즈, 워싱턴주 팰루스, 아칸소주 핫스프링스, 오하이오주 신시내티, 일리노이주 졸리엣, 캐나다 앨버타주 등지에서도 벨 거너스가 목격되었으며, 벨 거너스가 "남자 옷을 입은 채로 멕시코 치아파스주의 황야를 여행하는 모습"을 봤다는 제보도 있었다.[11]

5월 9일 토요일, 스머처 보안관의 사무실에 나타난 자칭 "예언자" 제시 디킨슨은 훨씬 핵심을 찌르는 주장을 했다. 디킨슨은 벨 거너스가 아직 라포르테에 있다고 공언했으며, 자신이 신통력을 이용해 거너스의 위치를 추적할 수 있다고 장담했다. "내게 필요한 것

지옥에서 온 여왕

은, 그저 한때 레이 램피어가 소유했던 물건이오. 그 물건을 이용하여 나는 벨 거너스의 정확한 위치를 알아낼 수 있소. 이 미스터리를 풀 수 있단 말이오."[12]

영력을 가진 사람은 또 있었는데, 사우스밀워키에 사는 A. 제임스 부인은 자신이 황도 십이궁Zodiak sign을 살펴보고 벨 거너스가 현재 있는 위치를 찾아냈다고 했다. 그녀에 따르면, 벨 거너스는 "미시간시티나 포트웨인, 인디애나폴리스, 테러호트 중 한 곳에 있으며 … 남자 옷을 입은 채로 마차 대여소에서 남자가 하는 일을 하고 있었다".[13]

벨을 목격했다는 이야기가 너무도 흔한 일이 되면서, 언론에서는 이런 목격담을 우스갯소리 취급하기 시작했다. 한 인디애나주의 신문사는 이런 광고를 실은 정도였다. "체격이 큰 여성분들은 부디 집에 머물러 수사 당국에 벨 거너스로 오인당하는 일이 없도록 하십시오." 다른 신문사는 기사에서 벨이 "이렇게 여러 장소에 거의 같은 시간에 나타난 점에서 볼 때," 벨이 기존의 "고속 운송 수단이 갖고 있던 문제를 해결한 것으로 보인다"고 비꼬았다.[14]

* * *

여전히 벨이 죽었다고 확신한 스머처 보안관은 참신한 방법으로 이를 증명하려 했는데, 시카고 지역의 한 신문사는 이 방법을 "미스터리한 살인 사건을 풀기 위해 흔히 쓰는 기존 기법들에서 벗어난 독창적 시도"라 칭했다. 5월 9일 목요일 늦게, 스머처 보안관은 자신이 20년 가까이 캘리포니아와 콜로라도의 협곡을 누비며 금을 찾아온 루이스 슐츠Louis Schultz라는 베테랑 광부를 고용했다고 발표했다. 그러면서 슐츠가 다음 월요일에 거너스 농장에 사금 채취통을 설치하고 지하실에 있는 잿가루를 감별하여 벨 거너스의 금니를 찾아낼 것이라고 설명했다.

슐츠는 이렇게 말했다. "저는 시간과 공을 들여 잔해에 있는 조각 하나하나를 전부 조사할 겁니다. 만약 그곳에 이빨이 있다면, 제가 찾아내겠습니다. 만약 벨 거너스가 불길 속에서 죽었다면, 그곳에 이빨이 있을 테니까요."

벨의 치과의였던 닥터 아이라 P. 노턴Ira P. Norton은 슐츠의 의견에 동의했다. "거너스 부인은 1년 전에 제게 치과 치료를 받았습니다. 두 번 방문하여 총 40달러를 치료비로 냈죠. 거너스 부인의 아래턱은 앞니 네 개가 사라진 상태입니다. 저는 거너스 부인의 아래쪽 소구치(작은 어금니) 두 개에 금으로 치관(크라운)을 씌웠으며, 그 사이에 도자기로 만든 가공 의치를 네 개 끼웠습니다. 이 네 개의 도자기 의치는 뒷면이 18캐럿 금으로 보강되어 있습니다. 만약 폐허에서 발견된 시체가 거너스 부인이라면, 잔해 속에는 거너스 부인의 틀니가 온전한 상태로 들어 있을 것입니다. 불길은 금을 녹이거나 도자기를 재로 만들 만큼 뜨겁지 않았습니다."[15]

* * *

온종일 이어진 길고 보람 없는 발굴 끝에 스머처 보안관은 성명을 발표했다. 보안관과 협력자들이 이 암울한 발굴 작업을 개시한 이래 최초로 벨의 "죽음의 정원"이 새로운 시체를 내어놓지 않았다는 내용이었다. 해 질 녘에 수색이 중단되자, 이른 아침부터 모여든 군중은 놀라움을 감추지 못했다. 그때까지, 대중의 상상 속에서 벨은 엄청난 괴물로 여겨졌으므로, 사람들은 대개 "벨이 12만 제곱미터 크기의 농장 전체에 1제곱야드(0.8제곱미터) 단위로 희생자의 시체로 농사를 지었다"고 여겼기 때문이다.[16]

다음 날에는 발굴 예정이 없었다. 안식일이라는 이유도 있었지만, 주된 이유는 거너스 농장으로 엄청난 인파가 몰려들 것으로 예상되었기 때문이었다. 농장 잔해와 지하실을 지키는 경비가 배치되었는데, 만약 그러지 않았더라면 "구경꾼들이 자유롭게 활보했을 것이다".

레이크이리 철도와 웨스턴 철도는 거너스 광풍을 이용해 돈을 벌고자, 인디애나폴리스와 시카고에서 오는 방문객들이 이용할 수 있는 특별 왕복 열차를 운행했다. 라포르테와 인근 미시간시티에 있는 모든 호텔은 객실이 전부 예약되어, 복도에 간이침대를 세웠다. 레스토랑들도 호황을 누렸다. 한 지역 신문사가 이야기했다시피, "라포르테에는 마치 축제나 큰 대회가 열리는 듯한 풍경이 펼쳐져 있었다".

마차 대여 회사들은 거너스 농장으로 오가는 관광객을 태울 마부를 추가로 고용했다. 그리고 이 마부들은 셀 수 없이 많이 왕복 운행을 했다. 추정한 바에 따르면, 일요일에 최소 1만 명의 사람들이 소름 끼치는 호기심을 채우기 위해서 "살인 농장"에 몰려들 것으로

예상되었는데, 이는 라포르테 전체 인구의 4분의 3에 해당하는 숫자였다.[17]

지옥에서 온 여왕

24

축제

신문사들이 토요일에 보도한 예측치는 틀린 것으로 드러났다. 5월 10일 일요일에 거너스 농장에서 몰려든 사람들의 숫자는 1만 명이 아니었다. 가장 신뢰할 만한 추정치들에 따르면, 그 숫자는 1만 6000명에 가까웠으며, 심지어 2만 명에 달했을 수도 있었다.

아침 7시 직후에 첫 왕복 열차가 라포르테에 도착했다. 승객으로 미어터지는 다른 왕복 열차들이 그날 내내 주기적으로 라포르테에 도착하여 수백 명씩 승객들을 쏟아내었다. 현지 마차 마부들은 새로이 도착한 사람들을 거너스 농장으로 태워갈 준비를 마치고 역에서 대기했다. 마차 요금은 통상 1마일(1.6킬로미터)당 10센트였는데, 농장에 도착한 승객들은 돌아가는 요금이 1마일당 25센트라고 통보받았다.[1]

아침나절이 되자 맥클렁 쇄석도로는 2륜 경마차, 4륜 경마차, 4륜마차, 4륜 짐마차, 대형 유람마차 등등 온갖 종류의 탈것과 엄청난 도보 여행자 무리로 북적댔다. 또한 시카고, 미시간시티, 사우스벤드, 엘크하트, 고션, 나일스, 미셔와카 및 기타 중서부 도시들로부터 말쑥한 차림의 방문자들을 태운 50여 대의 차량이 온 것으로 추정된다. 젊은이들은 자전거를 타고, 새로 엄마가 된 이들은 유모차를 밀고, 절뚝거리는 연장자들은 목발을 집고, "앞을 다투며 길을 나아갔으며, 그러는 동안 오토바이가 번번이 인파를 뚫고 지나갔다". 상황이 이렇게 혼잡했음에도, 놀랍게도 사고는 단 한 차례만 일어났는데, 그것은 벤저민 제인라 부부가 탄 2륜 경마차를 끌고 가던 말이 차를 보고 깜짝 놀라면서, 제인라 부인이 마차에서 떨어져 팔이 부러진 사고였다.[2]

거너스 농장에는 축제 분위기가 그득했다. 신문 논평가들은 그 모습을 "지역 축제"나 "운동회장", "일요일의 놀이공원"에 빗댔다.[3] 확성기로 파는 물건의 이름을 외치는 상인들이 주변을 돌아다니며 땅콩과 팝콘, 레모네이드를 팔았다. 벨에게 희생당한 두 사람의 썩어가는 유골이 발굴된 구덩이 옆에서는 웬 통통한 사람이 임시 다과 판매대를 세우고 "핑크 아이스크림과 케이크"를 팔고 있었다.[4]

이 행사를 위해 현지 인쇄소에서 고용한 젊은 남자 패거리들이 주변을 활보하며 사진엽서를 한 장당 10센트, 석 장당 25센트에 팔러 다녔다. 다른 희생자들의 해골 사진도 인기가 있었지만, 앤드루 헬길리언의 토막 난 시체 사진은 단 몇 분 만에 매진될 정도였다. 사진 가운데는 벨과 자녀들의 인물 사진도 있었고, 농장 전경을 찍은 사진도 있었으며, 무릎 깊이의 구덩이에서 삽을 휘두르는 땅 파는 사람들의 모습을 담은 사진도 있었다. 많은 방문객들이 코닥 사진기를 가져왔는데, 이들은 가족들을 폐허가 된 거너스 농장 앞이나,

돼지우리 안에 있는 시체 구덩이 옆에 세우고 포즈를 취하게 한 뒤 직접 사진을 찍었다.[5]

몇몇 모험적인 젊은이들이 주변을 돌아다니며 소위 "죽음의 정원"에서 나왔다는 사람 뼈를 팔았는데, 이 가짜 유물을 덥석 산 사람들은 결국 자신들이 돼지 뼛조각을 샀다는 사실을 알게 되었다. 다른 열정적인 기념품 수집가들은 손에 넣을 수 있는 보물은 무엇이든 가지고 떠났는데, 이들이 가져간 보물은 불탄 농가에서 나온 벽돌 덩어리, 새카맣게 탄 난로 굴뚝 조각, 구부러진 못, 불탄 구두 단추, 과수원에서 나온 나뭇가지 등이었다. 사우스벤드 야구 클럽의 회원 조 자너Joe Zahner는 "오래된 커피포트와 흉측한 구두를 확보했다".[6]

현장을 지키는 경비를 무시하고 폐허가 된 지하실로 기어들어 간 고물 수집가들은 자루 한가득 잔해를 담아 빠져나왔다. 다른 이들은 파헤친 구덩이로 뛰어 들어가 흙바닥을 뒤지며 엽기적인 기념품을 찾았다. 한 아름다운 아가씨는 "자신의 예쁜 드레스 치마를 들어 올리고 그 위에 죽은 개의 사체 일부분을 이고 갔는데, 그녀는 이 개가 벨 거너스가 희생자에게 쓸 독극물을 시험하는 과정에서 죽은 개라고 생각했다".[7]

거너스 농장에 가장 일찍 도착한 축에 드는 사람들은 지체 없이 마차 차고로 향했다. 마차 차고에는 발굴된 시체들의 유해가 지독한 악취를 풍기며 널빤지 위에 널브러져 있었기 때문이었다. 스머처 보안관은 차고 바깥에서 경비를 서며, 방문객들을 일렬종대로 줄 세운 뒤, 한 번에 몇 명씩만 임시 시체 보관소 안으로 들여보냈다. 그렇지만 아침 9시가 될 무렵에는 차고에 들어가려고 몰려든 군중이 주체할 수 없을 정도로 많아져서, 스머처 보안관은 어쩔 수 없이 차고 문을 자물쇠로 걸어 잠갔다. 비명을 내지르며 좌절감을 표출하던 여자 몇몇은 "어떻게든 붉은 마차 차고 안을 들여다보고 싶어서 … 차고 틈새에 손가락을 밀어 넣고 세게 비틀면서 틈새를 벌리려 시도했으며" 그러는 동안 "남자들은 의기투합하여 건물 끝에 있는 창가로 몰려가서 다른 구경꾼들이 비키라고 밀쳐내기 전까지 멍하니 차고 안을 바라봤다".[8]

이날은 소풍을 가기에 완벽한 날이었기에 아침에 도착한 수많은 가족들이 도시락 바구니를 챙겨왔다. 점심이 되자 이들은 앞뜰에 있는 전나무들 밑에 있는 잔디 위나 사과 과수원에 있는 풀밭 위에 식탁보를 깔고 점심을 먹었다. 웃고 떠드는 아이들이 사람들 주변을 쌩쌩 뛰어다니거나, 지역에서 괴짜로 통했던 "엉클 벤" 옆을 우르르 몰려다녔다. 엉클 벤은 끝이 갈라진 버드나무 점 막대기divining rod를 든 채로 농장을 돌아다녔는데, 엉클 벤이 주장하기로는, 아직까지 발견되지 않은 희생자들의 무덤을 찾기 위해서였다. "총 서른일곱 구가 있군요." 엉클 벤은 기자들에게 자신의 조사 결과를 엄숙하게 발표했다.[9]

* * *

거너스 농장의 주말 풍경은 미국 중서부 전역의 신문 전면을 장식했을 뿐만 아니라 광범위한 훈계의 대상이 되었다. 2주 동안,

지옥에서 온 여왕

이 비극 사건을 신나게 이용해 먹었던 신문사들은 한순간에 태세를 전환해, 살인 농장을 축제 마당으로 바꿔놓음으로써 안식일을 더럽힌 군중들의 부적절한 행동에 분개를 표하는 사설을 내놓았다. 평소처럼 "고요하게 종교의식"을 치르는 분위기여야 마땅한 일요일이 "상스럽고, 추잡하고, 역겹고, 미친놈처럼 까부는 폭도 무리가 시끄럽게 웃고 떠들며 제멋대로 뛰어노는" 분위기로 대체되었다는 것이었다. 축제 분위기가 어찌나 대단했던지, "마치 거너스 농장 안에 시체 보관소가 아니라 서커스 무대가 들어 선거처럼 느껴질 정도였다". 분개한 비평가 한 사람에 따르면, 이토록 잔학하고 끔찍한 범죄가 일어난 현장에 "산더미처럼 쌓인 1만 5000명"의 미치광이들은 그 자체로 소위 문명화된 사람들의 도덕성을 보여주는 슬픈 논평이자 "사실 인간종이 여전히 야만적인 단계에서 그다지 벗어나지 못했음을 보여주는 반박할 수 없는, 분통이 터지는 증거였다".[10]

이렇듯 가열한 공격이 쏟아지자, 〈라포르테 위클리 헤럴드La Porte Weekly Herald〉의 편집자는 소름 끼치는 사건을 쫓아 거너스 농장에 구름처럼 몰려든 구경꾼들이 특별히 비난받을 이유가 없으며, "이런 일은 다른 주나 다른 나라 **사람들** 사이에서도 똑같이 일어난다"고 항변하며 라포르테 지역 사회를 변호했다. 이 엽기적인 구경거리는 "그저 모든 지역 사회에서 거의 매일 일어나는 일의 확대판일 뿐이다. 즉결 심판소police court는 항상 범죄자랑 옷깃이라도 스쳐보려고 안달 난 사람들로 붐빈다. 시체 안치소는 본래 사람들의 이목이 쏠린 곳이며 … 살인이나 끔찍한 인명 사고와 관련된 '유물'은 여러 가정에서 열심히 수집하여 눈에 잘 띄는 곳에 전시하는 물건이다".

이렇듯 "공포를 원하는 불건전한 욕구"는 어떻게 설명해야 할까? 어쩌면 저자가 숙고 끝에 넌지시 말했듯이, 타인의 고통을 보는 데서 묘한 안도감이 나오기 때문일지도 모른다. "어떤 이는 모든 사람들의 삶에 이미 피할 수 없는 비극이 차고 넘치므로, 사람들이 끔찍하고 보기 흉한 일을 멀리하는 편이 마땅하다고 여길지도 모른다. 그러나 사람에게는 누구나 짊어져야 하는 짐이 있다는, 바로 그 사실 때문에 사람들은 세상에서 일어나는 비참한 일을 보며 위안을 얻고, 잠시나마 어깨의 짐의 무게를 잊는 것일지도 모른다."[11]

어느 쪽이 사실이든 간에, 거너스 사건의 소름 끼치는 세부사항을 모조리 알고 싶어 하는 대중적 열기는 계속해서 사그라지지 않았으며, 마찬가지로 거너스 사건으로 재미를 보려는 장사치들의 노력도 끊이질 않았다. 다음번 일요일에는 농장에 관광객 1만 명이 찾아왔다. 며칠 뒤 〈라포르테 위클리 헤럴드〉는 사우스벤드에 있는 극장 두 곳이 "거너스 농장의 22가지 풍경"으로 구성된 마술랜턴 쇼를 선보인 데 대해 격분하는 사설을 냈다. 저자는 "다음번에는 이 작자들이 벨 거너스가 희생자들을 살해하는 움직이는 사진을 보여줄지도 모르겠다"며 통렬히 풍자했다.[12]

논평을 한 저자에게는 선견지명이 있던 것으로 드러났다. 이로부터 얼마 지나지 않아, 미국 중서부의 극장 전체에서 에디슨 컴퍼니가 제작한 움직이는 사진인 〈여자 푸른수염 거너스 부인Mrs. Gunness, the Female Bluebeard〉을 상영했기 때문이다.[13]

지옥에서 온 여왕

25

"벨 거너스의 미스터리"

대중은 거너스 사건에 질릴 줄을 몰랐다. 라포르테 지역의 인쇄소들은 두 지역 신문의 수요에 맞추기 위해 시간 외 근무를 했다. 〈라포르테 위클리 헤럴드〉지의 일일 판매량은 800부 이상으로 상승했다. 많은 독자들이 신문이 발행될 때마다 "추가로 세 부에서 네 부를" 구매하여 한 부는 자신이 읽고, 나머지는 "친지들에게 주었다".[1]

시카고에서는 거너스 사건에 관한 맛깔나는 토막 소식을 있는 대로 전해 듣고 싶다는 사람들의 욕구를 황색 언론들이 채워주었다. 황색 언론들은 전할 만한 제대로 된 소식이 없을 때는 기꺼이 얼토당토않은 루머와 선정적인 가십, 심지어 역겨운 가짜 뉴스를 제공했다. 〈시카고 데일리〉에 따르면, 벨 거너스는 "자기 시체로 위장할 생각으로, 주변에 있는 파인레이크 묘지에서 시체를 훔친 뒤 불타는 자기 집에 갔다 둔" 무덤 도굴꾼이었다.[2] 다른 황색 언론지는 벨 거너스가 최면술사이며, "자신에게 대항하려는 희생자들을 복종하게 하는 놀라운 힘을 지녔다"고 보도했다.³ 여러 신문사들이 공동으로 발행한 기사였던 "그날 밤의 공포들"에서 저자 로버트 애시는 이 "사람을 여럿 죽인 여 살인마"를 죄책감이라는 귀신이 들린 난파선으로 묘사했으며, 벨 거너스가 밤마다 "희생자들의 유령"에게 고통받는 모습을 생생히 전달했다.

> 희생자들이 죽은 지 몇 달이 지나도록, 이 대악마는 죽은 이들이 가하는 고문에 고통받았다. … 여 살인마는 꿈속에서 안식을 찾지 못했다. 헬길리언과 제니 올슨의 망령과 바스러진 해골들이 출몰했기 때문이다. … 공포로 가득 찬 어둠이 여 살인마의 꿈을 물들였다. 밤에 정신착란을 겪을 때마다, 여 살인마의 입에서는 "살인 농장"의 희생자들이 내뿜은 분노가 여과 없이 튀어나왔다.⁴

노르웨이 온 소식이라면서 널리 퍼진 소문에 따르면, 벨의 아버지 "페테르 파울손"은 "방랑 주술사이자 마술사"였으며 노르웨이 전국을 돌며 축제에서 공연을 했다. 파울손은 벨과 "벨의 세 남매"를 데리고 다녔는데, 벨 역시 "무대에 참여하여" 텐트 앞에서 "로프 곡예"를 선보였으며 … 이때 남자 관객들을 유도하기 위해 "짧은 치마"를 입었다고 한다.⁵

벨이 앤드루 헬길리언에게 보낸, 강렬한 마성을 깃든 편지 가운데 하나의 복사본이 신문에 실려 전국에 널리 퍼졌다. "이 세상에 저보다 더 행복한 여자는 없어요. 이제 당신께서 제게로 와서 제 남자가 되어주실 테니까요. … 당신의 이름이 들릴 때면, 꼭 아름다운

　　　　　　　　　　　　지옥에서 온 여왕

음악이 제 귓가에 울려 퍼지는 듯합니다. 당신을 떠올릴 때면, 제 가슴이 환희로 가득 차서 가쁘게 뛰곤 합니다. 앤드루, 내 사랑. 영원히 머물 준비를 하고 얼른 오세요." 연구자들이 이 사악한 편지가 실은 라포르테 외부에서 온 신문기자 한 사람 혹은 여럿이 티가든 호텔에 숨어서 날조한 위조 편지라는 사실을 밝혀낸 것은 오랜 세월이 지나서였다.[6]

인디애나주에 속한 다른 지역 사회 몇몇은 비뚤어진 질투에 사로잡혔다. 인근 워소에서 벨 거너스가 수많은 희생자를 매장한 새로운 '살인 농장'이 발견되었다는 소문이 퍼지자 "워소 시민들은 광적인 흥분 상태에 빠졌으나", 소문이 허위로 판명되자 풀이 죽어 의기소침해졌다.[7] 벨퍼레이조에서는 한 신문사가 이렇게 보도했다. 라포르테에서 농장을 사기 전에 "벨 거너스는 우리 시민 한 사람에게 팔려고 내놓은 토지의 가격이 어떻게 되는지 문의했다". 벨 거너스는 "벨퍼레이조 주변에서 새로운 사설 묘지를 사업을 시작하려고 했음"에 틀림없다. 그러나 알 수 없는 이유로, "협상은 성사되지 않았다". 기사는 어딘가 아쉬워하는 듯한 태도로 끝이 났다. 그렇게 "우리 도시는 전 세계적인 악명을 얻을 기회를 놓쳤다".[8]

70세 노인 제이컵 라우치는 워소의 주민이었는데, 거너스 사건에 너무 심취하여 "일시적으로 정신이 나갔으며 … 그 상태에서 스스로 목숨을 끊었다"고 한다.[9] 〈뉴욕타임스〉는 심지어 이보다 더 괴상한 이야기를 보도했는데, 그 제목은 "거너스견ᴬ 잔디를 망치다"였다. 기사의 내용은 이렇다. 뉴저지주 글렌리지에 사는 세라 D. 스터버트 부인은 맨해튼에서 온 F. H. 소여에게 "멋진 집"을 임대했다. "항상 자기 집 잔디밭을 자랑스럽게 여겨왔던 스터버트 부인은 집을 돌려 받기 위해 돌아왔을 때 경악했다. 소이어 씨가 기르는 개 지프가 아름다운 잔디밭을 망쳐놓았기 때문이었다. 지프는 마치 벨 거너스를 흉내 내듯, 잔디밭에 뼈다귀를 묻어놓았다." 스터버트 부인은 소여 씨에게 즉시 손해 배상 소송을 제기했으며, "거너스견"이 일으킨 피해에 대해 500달러를 청구했다.[10]

* * *

이 모든 이야기 가운데 가장 황당한 이야기는 소위 "실제 범죄" 서적이라는 페이퍼백 책에 실려 있었다. 이 책은 익명의 저자들이 날림으로 휘갈겨 쓴 책으로, 그해 여름 시카고의 출판사 톰슨 앤 드 토머스Thompson & Thomas가 발간했다. 한 역사학자는 이 책을 "허구로 만든 사건을 매콤한 양념 대신 뿌린, 제대로 정리도 하지 않은 채로 오려 붙인 신문 조각들"로 묘사했다.[11] 가위질과 풀칠로 만든 이 파렴치한 책에는 25센트라는 가격표와 "벨 거너스 미스터리! 스릴 넘치는 사랑과 사기, 범죄 이야기The Mrs. Gunness Mystery! A Thrilling Tale of Love, Duplicity & Crime"라는 거창한 제목이 붙었다. 외설적인 표지는 벨을 속이 비치는 잠옷을 입은 조각상 같은 미인으로 묘사했으며, 벨을 한 손에 촛불을 높이 들고 다른 손에는 독이 든 병을 든 채, 잠에 취한 농장 일꾼의 침대 위를 내려다보는 모습으로 그렸다. 책 전체에는 표지에서 풍기는 음란한 분위기가 만연해 있었다. 책은 표면적으로는 벨의 어린 시절을 다룬 챕터 "칼 삼키는 자의 딸The Sword Swallower's

^{Daughter}"로 시작된다.

이 챕터는 이렇게 시작한다. "노르웨이 트론헤임 근처에 있는 집시 캠프에서 축제가 벌어진 날이었다. 칼 삼키는 거인 페테르 파울손이 하늘 높이 매달린 흔들리는 로프 위에서 앙증맞은 까치발로 서서 춤을 추던 작고 호리호리한 아라벨라에게 결혼 승락을 얻어낸 순간, 온 나라가 열광의 도가니에 빠져들었다." 이 챕터에서 우리는 "늠름하고 잘 생긴" 페테르가 선보인, 기다란 강철 검을 이빨 사이에 낀 "보석 박힌 손잡이"만 보일 때까지 목구멍 속에 있는 "인간 칼집" 안에 밀어 넣을 수 있는 놀라운 칼 삼키기 실력이 어떤 식으로 "아름다운 아라벨라"의 마음을 사로잡았는지 알 수 있다. "그 행위에 담긴 야만적인 공포는 무희를 매혹시켰다. 공포에 빠져든다는, 여성이라는 성별에서만 드러나는 이상한 특성 때문에 아라벨라는 이 겁 없는 거인과 사랑에 빠져들었다."

아라벨라는 얼마 안 있어 페테르가 고안한 새로운 공연 〈참수 The Decapitation〉에서 조수 노릇을 했다. 페테르는 참수극에서 사랑스러운 어린 아내의 목을 마치 실제로 치는 듯한 놀랍도록 생생한 착각을 불러일으켰다.

이 공연은 거대한 검과 도마, 전신 거울, 그리고 페테르의 아름다운 아내를 닮은 밀랍으로 만든 머리로 구성된다. 새빨간 핏빛 타이츠를 입고 검은 가면을 쓴 사형 집행인, 페테르는 사형대 옆에 선 채로 아름다운 아라벨라가 섬뜩하게 생긴 도마 위에 자신의 금빛 머리를 올려놓을 때까지 대기한다. 아라벨라가 준비를 마치면, 페테르는 관객들 사이에서 공포를 불러일으키기 위해 아라벨라의 새하얀 목덜미를 손가락으로 만진다. 거대한 강철 검이 눈부신 빛을 내뿜는 순간, 칼날 아래쪽에서 우두둑하고 속을 매스껍게 하는 뼈 부러지는 소리가 울려 퍼진다. 그리고 **연출용 가짜** 피가 분수처럼 솟구치며, 미녀의 머리가 도마 위에서 데굴데굴 굴러 아래에 있는 바구니로 떨어진다. 전율하는 관객들이 공포에서 채 벗어나기도 전에, 도마 뒤편에서 아라벨라가 벌떡 일어나, 새하얀 이를 드러내고 관객들에게 미소를 보내면서, 잘린 머리가 진짜가 아니라 가짜라는 사실을 보여준다. 그러고는 관객들에게 키스를 날리며 무대를 마친다.

결혼한 지 1년이 지났을 때, 두 사람 사이에서 여자 아기가 태어났다. "아기에게는 엄마의 이름을 본뜬 아라벨라라는 이름이 붙었지만, 사람들은 다들 아기 벨라라고 불렀다." 아기 벨라는 "1년 단위로 노르웨이와 스웨덴 도시를 순회"하던 부모를 따라다녔는데, 이 푸른 눈을 한 귀여운 여자아이는 얼마 지나지 않아 부모를 흉내 내며 스스로 사람들의 눈을 현혹시키는 공연을 펼쳤다. 어느 날, "거대한 쇼맨"과 아내는 두 사람의 어린 딸이 집시 텐트 뒤편에 앉아 있는 모습을 발견했다. 아기 벨라는 "어린 시절의 보물 가운데 하나"였던 돌리라는 이름의 누더기 인형을 향해 "명랑하게 재잘거리고 있었다". 갑자기, 아기 벨라는 아버지의 검 하나를 집어 들고 "즐겁다는 듯이 까르르 웃으며" 돌리의 머리를 잘라버렸고, 부모는 겁에 질려 그 모습을 지켜봤다.

아기 벨라의 이 행동에 너무도 큰 충격을 받았던 페테르와 아

지옥에서 온 여왕

라벨라 부부는 "일시적으로 공연을 선보이는 일에서 은퇴했으며," 크리스티아나로 가서 도자기 상점을 열었다. 얼마 뒤, 할아버지 댁에 방문한 아기 벨라는 할아버지가 "벨라가 서 있던 계단 꼭대기에서 아래층으로 굴러떨어지면서 목이 부러져 끔찍한 죽음을 맞는 모습"을 보았다.

이 책에 따르면 최악의 사태는 아직 일어나지 않았다. 도자기 사업이 실패하면서 페테르는 "예전에 하던 칼 삼키기 사업으로 돌아올 수밖에 없었다. 그런데 어느 날, 수많은 관객 앞에서 면도날처럼 날카로운 칼을 뱃속으로 집어넣던 페테르가 갑자기 미끄러지면서 넘어졌다. 칼끝이 페테르의 창자를 꿰뚫고 튀어나왔다. 아기 벨라는 아빠가 끔찍한 고통 속에서 죽어가는 모습을 지켜봤다".

비록 특유의 잔뜩 공들인 문체로 표현하기는 했지만, 이 챕터는 결국 오늘날까지도 커다란 논란거리인 질문으로 그 끝을 맺는다. 그것은 바로 본성과 양육 환경 가운데 어느 쪽이 연쇄살인범을 만드는 상대적으로 더 주요한 요인인가이다. "이 여자아이를 오거로 자라게 한 것은 유전인가, 아니면 어린 시절에 겪은 두려운 사건들인가? 이 여자아이가 사람의 피를 갈망하게 하고, 시체의 팔다리를 찢어발기는 데서 희열을 느끼게 하고, 사람의 머리통을 탐내게 하여, 결국 최소 스물다섯 명의 남녀노소를 살해한 뒤 참수하게 만든 원인은 과연 둘 중 무엇인가?"[12]

이 책의 핵심 내용은 벨이 저지른 범죄에 관한 대단히 선정적인 이야기였다. 책의 상당 부분은 신문에서 표절한 내용이었으며, 남은 부분은 완전한 날조에 화려한 색을 입힌 내용이었다. "칼 삼키

는 자의 딸"이나 마술사, 세이렌, 오거, 피에 굶주린 괴물, 하이드*
여사 등 다양한 이름으로 일컬어지는 벨은 두 남편을 떠나보낸 뒤,
"사악한 살인 장치를 고안하고, 가슴속 깊은 곳에 도사리고 있는 피
에 대한 갈망을 충족시키기 위해 자신이 만든 함정에 미끼를 놓기
시작했다". 첫 단계는 라포르테에 있는 사유지에 "지하 감옥"을 만
드는 것이었다. 이사를 마친 직후, 벨 거너스는 "훈연실"을 만든다
는 명목으로 석공을 고용하여 방음벽을 설치한, 두꺼운 참나무 문
이 달린, 창문이 없는 방을 만들었다. 그런 뒤 이 미래의 "살인실"에
"고기를 자르거나, 소시지를 만들거나, 사람의 몸을 토막 내면서 요
긴하게 쓸 수 있는 부속물"인 고기를 매다는 갈고리와 큰 통을 구비
했다.

이다음에 구매한 물건은 "비소 약간과 클로로폼 한 병, 날카로
운 메스와 몇 자루, 절단용 칼 몇 자루 등 이 살인 장치에 필요한 다
른 부대 용품이었다". 최종 단계는 "희생자들의 뼈를 묻을 수 있는
소형 개인용 살인 묘지"인 "죽음의 정원"을 만드는 것이었다. 그리
고 마침내, 벨 거너스는 "살인 사업에 뛰어들 준비를 마쳤다".[13]

자신의 악마적인 계획을 실행하기 위해 벨 거너스는 "세상에
무수히 많은 편지를 보냈다. 자신과 결혼하면 누릴 수 있는 행복한
미래를 남자들에게 유혹하듯 속삭이는, 욕정으로 요동치는 러브 레
터를". 그리고 "벨 거너스라는 불꽃에 불나방들이 몰려드는 데는 오
랜 시간이 걸리지 않았다".

＊ 〈지킬 앤 하이드〉의 등장인물로, 선량한 지킬 박사의 내면에 있는 사악한 자아.

지옥에서 온 여왕

한 이름 없는 저술가는 벨 거너스의 잔학 행위를 최대한 외설적으로 묘사하기 위해 최선을 다했는데, 빅토리아 시대의 싸구려 외설 소설 마냥 그 장면을 포르노에 가까운 스타일로 묘사했다. 이는 **마치 실제로 있었던 일인 양 날조한** 1906년 크리스마스이브의 이중 살인 사건을 묘사한 데서 잘 드러난다. 책에 따르면, 이 사건의 희생자는 벨의 수양딸 제니 올슨과 미네소타주에 사는 독신남 존 모였다.

칼 삼키는 자의 딸은 먹잇감을 쫓는 암호랑이처럼 재빠르고 은밀하게 처녀의 방을 살핀다. 그녀의 나긋나긋한 손가락이 부드럽고 새하얀 목덜미의 감촉을 느낀다. 새된 목소리로 내지른, 반쯤 억눌린 비명이 울려 퍼지며 모든 일이 끝난다.

이제 암호랑이는 모 씨의 방에서 슬그머니 그 모습을 드러낸다. 암호랑이는 잠옷 허리띠 아래쪽에서 작은 병을 꺼낸다. 인제 와서 주의할 필요는 없다. 남자는 약을 탄 와인에 취해 있으니.

그녀의 눈길이 작고 뾰족한 날붙이에 머무른다. 피 냄새를 맡고 그녀의 코가 부르르 떨린다. 그녀의 손은 발톱과 같다. 그녀의 얼굴은 마치 무시무시한 괴물 석상 같다. 하이드 여사는 핏빛으로 도배한 손님방에 앉아, 촛불이 내뿜는 불빛 속에서 먹잇감이 마지막으로 몸부림치는 모습을 마음껏 즐긴다. …

그녀는 무거운 시체를 지하 감옥으로 끌고 내려간다. 도마를 내려다보던 그녀는 그 위에 생명을 잃은 육신을 내려놓는다. 숙련자다운 능숙하고 재빠른 솜씨로 그녀는 두 사람에게서 옷을 벗긴다. 그녀는 어깨 위로 칼날이 날카로운 거대한 푸주 칼을 들어 올린다. 벨의 절단 작업은 빠르고, 능숙하고, 깔끔했다. 아무런 양심의 가책 없이, 아무런 떨림 없이, 아무런 감흥 없이, 벨 거너스는 갓난아기 때부터 길러온 어린 소녀의 가녀린 시신에서 팔다리를 분리한다.[14]

시체들을 "죽음의 정원"에 심은 가상의 벨은 자신이 만든 무시무시한 작품의 흔적을 완전히 없애버리기 위해 그 위에 표백분chloride of lime을 뿌렸을 것이다. "산acid은 매일같이 증거를 먹어치우고, 뼈와 머리카락과 살점을 잡아먹으면서 악마적 천재성을 지닌 과부가 시작한 작업을 계속해서 수행했다."

비록 산이 제 역할을 하긴 했지만, "벨의 피에 대한 갈망과 금에 대한 욕망은 빠른 속도로 자라났다". 벨은 자신의 책상에 앉아, 마성을 지닌 러브 레터를 공들여 쓰고, "독수리처럼 미소 지으며 혀로 우표를 적신" 뒤, 이런 내막을 모르는 다음 희생자에게 편지를 부쳤다.

얼마 지나지 않아 "또다시 피의 잔치가 벌어졌을 것이다. 은수저 위에 가루가 약간 올라갔을 것이며, 끙끙거리는 신음이 울려 퍼졌을 것이며, 목구멍에서 숨넘어가는 소리가 났을 것이며, 테이블에 내기 위해 닭을 저미는 요리사처럼 신속하고 능숙하게 뼈 사이를 잘라내는 수술이 이루어졌을 것이며, 한밤중에 작은 정원에서 장례식이 열렸을 것이며, 나머지는 석회가 알아서 했을 것이다".[15]

벨에게 희생당한 사람의 숫자를 기록하면서, 저자는 벨이 저질

지옥에서 온 여왕

렀음이 "확인된 살인" 건수는 스물다섯 건이며, 저질렀다고 의심되는 살인 건수는 최대 쉰 건에 이른다고 주장했다. 이 기록과 비교하면, 미국의 다른 악명 높은 "다중 살인자"들이 앗아간 생명의 숫자는 빛이 바랬다. "캔자스주에서 살인 목장을 운영하던 벤더 가족에게는 '확인된 살인' 건수가 고작 여덟 건밖에 없었다. 살인 성채의 소유자로 유명한 H. H. 홈스가 죽인 사람은 스무 명이 넘지 않으며, 이중 결혼의 일인자 호크는 고작 열 명을 죽였다."

숫자 그 자체가 이들을 대변했다. "살인 농장의 마녀" 벨 거너스는 큰 차이로 "이 시대의 가장 무시무시한 범죄자"가 되었다.[16]

26
노다지

　친구들 사이에서 "클론다이크 영감"이라 불리던, 백발의 광부 루이스 슐츠는 5월 11일 월요일을 사금 채취 통을 조립하면서 보냈다. 이 사금 채취 통은 길이가 3.6미터쯤 되는 나무 여물통이었는데, 지면을 향해 경사진 상태로 설치되었다. 슐츠가 작업하는 동안에 조 맥슨과 다른 몇몇 사람들은 전소된 농가 지하실에서 잿더미를 삽으로 퍼내 사금 채취 통 옆에 무더기로 쌓았다. 다음 날, 살수차가 필요한 물줄기를 제공하자, 슐츠는 벨의 금니를 찾아내기 위해서 잔해를 씻어내는 작업을 시작했다.[1]

　불이 난 뒤 몇 주에 걸쳐, 발굴자들은 지하실에서 세 사람의 시계를 찾아냈다. 일련번호를 추적하자, 한 시계는 캔자스주 아이올라의 가게에서 구입한 것으로 드러났으며, 가게 장부를 통해 이 시계를 구입한 사람이 올레 버즈버그라는 사실이 밝혀졌다. 마찬가지로 다른 두 시계도 벨에게 희생당한 사람의 소지품일 것으로 추측되었다. 이제, 슐츠가 사금 채취 통으로 세척 작업을 진행하자, 다른 시계들도 그 모습을 드러냈다. 다음 2주에 걸쳐 다섯 개의 시계가 추가로 모습을 드러내면서, 발견된 시계는 총 여덟 개가 되었다.[2]

스미스 주 지방 검사가 보기에 이 발견은 벨이 저지른 범죄의 가장 큰 의문점들 가운데 하나를 해결해주었다. 스미스 검사는 "이 사실을 근거로" 벨의 돼지우리에서 최소 시신 열두 구가 추가로 발견될 것이라는 이론들을 부정하면서, 자신은 "벨 거너스 부인의 무덤이 이미 마지막 희생자를 내어놓았다고 확신한다"고 주장했다.

잔해 속에서 발견된 시계의 수가 중요합니다. 총 여덟 개가 발견되었지요. 이는 거너스 부인이 고용한 사람들과 처형실에서 기적적으로 도망친 사람들이 시계를 가지고 있었음을 나타내며, 이 범죄의 여왕이 광적으로 시계를 수집했다는 사실을 보여주는 증거입니다. 따라서 희생자들이 전부 시계를 가지고 있었으며, 거너스 부인이 자신과 결혼하기 위해 찾아온 후보자들에게서 목숨과 함께 시계를 빼앗았다고 보는 편이 합리적입니다.[3]

다음 몇 주에 걸쳐, 스머처 보안관은 농장 주변 이곳저곳을 막무가내로 파헤쳤다. 스머처 보안관은 야외 변소에서 한 남자의 두개골을 발견했으나, 이 두개골은 예전에 발굴한 목 잘린 희생자의 머리로 추정되었다. 마당에서 풀을 뜯던 돼지 몇 마리가 사람 뼈 두어 개를 발견했다. 그러나 스미스 검사가 예상한 대로, 더는 시체가 발견되지 않았다.[4]

＊　＊　＊

　5월 16일 토요일, 거너스 무덤에서 발굴한 첫 번째 희생자의 유해가 다시금 대지로 돌아갔다.

　커틀러 영안실로 옮겨진 앤드루 헬길리언의 유해는 공식 신원 확인 절차를 남겨놓고 있었다. 5월 15일 금요일 밤, 시카고 경찰서에 소속된 베르티용식 인체 식별법—당시 법의학계에서 신원 확인을 위해 사용하던 표준 방식으로, 곧 지문채취법으로 대체되었다—의 전문가였던 에드워드 A. 에반스Edward A. Evans가 토막 난 시신을 검사했다. 앤드루 헬길리언이 절도와 방화로 10년간 복역했던 미네소타 스틸워터 교도소로부터 받은 베르티용 기록지를 이용하여, 에반스는 이 유해가 사우스다코타주의 농부 앤드루 헬길리언의 시체가 맞다고 확인해주었다.

　앤드루 헬길리언의 유해는, 애슬리 헬길리언이 고향으로 돌아가면서 형의 장례비용으로 남긴 200달러로 구입한 관에 담긴 뒤, 커틀러 장의사의 "시체 마차"에 실려 패튼 묘지Patton Cemetery로 이송되었으며, 그곳에 있는 지하 납골당에서 하룻밤 동안 보관되었다. 다음 날 아침 10시경, 스웨덴인 루터교 교회의 주임 목사 어거스트 존슨August Johnson이 묘지에서 짧게 추도 예배를 진행했다. 존슨 목사가 "너는 흙이니 흙으로 돌아갈 것이니라For dust thou art, and unto dust shalt thou return"라는 성경 구절에 이르자, 참가자 가운데 한 명이었던, 인근 호텔의 소유주 찰스 H. 마이클이 관 위에 라일락 꽃다발을 관 위에 올려놓았다. 그런 뒤, 사람들은 벨 거너스의 비밀 묘지에서 처음으로

발굴된 희생자 앤드루 헬길리언을 그의 마지막 안식처에 내려놓았다.[5]

* * *

비가 내려 작업을 할 수 없었던 하루를 제외하고는, 슐츠는 한 주일 내내 섬뜩한 채굴 작업을 진행했다. 슐츠는 시계 말고도 녹슨 칼 몇 자루와 금박을 입힌 사진틀, 민무늬 반지, 열쇠 몇 벌, 벨트 버클, 뼛조각 약간, 해부학책의 잔해를 발견했다. 그러나 잿가루는 금니의 흔적을 내어놓지 않았다.

슐츠의 작업을 보기 위해 매일같이 많은 구경꾼들이 농장에 몰려들었다. 이들 가운데는 핑커톤 탐정사무소에서 나온 삼인조가 있었는데, 이 삼인조는 스머처 보안관이 레이 램피어에게 불리한 증거를 찾아내고자 부른 탐정들이었다. 램피어의 변호사 워트 워든은 이들의 존재를 탐탁지 않아 했는데, 언론을 통해 신랄한 성명을 발표했다. 워든 변호사는 핑커톤 탐정들이 종종 미심쩍은 전술을 사용하여 고발당했었다는 사실을 넌지시 암시하면서, "현재 형사들이 세운 이론에 맞춘 증거가 의도적으로 위조되고 있다"고 단호히 선언했다. 워든 변호사는 자신이 "치과의사가 남긴 특별한 흔적이 있는, 거너스 부인의 금니가 발견될 것"임을 믿어 의심치 않는다고 말했다.[6]

* * *

5월 19일, 정오가 되기 직전에 워든 변호사의 예상은 현실이 되었다. 슐츠가 잿더미를 삽으로 크게 퍼서 사금 채취 통에 집어넣은 직후, 위아래 틀니가 한 벌씩 발견되었던 것이다.

"찾아냈소!" 가죽 모자를 하늘 높이 내던지며, 스머처 보안관이 외쳤다. 함박웃음을 지은 광부에게서 틀니를 건네받은 스머처 보안관은 뛰다시피 자동차에 올라타, 전속력으로 차를 몰고 시내로 간 뒤, 벨의 치과의 이라 노턴의 병원으로 직행했다.

닥터 노턴은 어렵지 않게 보철물을 알아봤다. 위쪽 틀니는 벨 거너스가 라포르테에 오기 전에 시카고에서 다른 치과의사에게 시술받은 의치로, 닥터 노턴이 벨을 처음 검사했을 때부터 차고 있던 것이었다. 아래쪽 틀니는 닥터 노턴 본인의 작품으로, 뒷면을 18캐럿 금으로 보강한, 도자기로 만든 앞니 네 개를 벨의 아래턱 양쪽에 있는 두 어금니에 부착한 것이었다. 닥터 노턴은 이 "인공 치아"의 제작자가 누구인지 의심할 여지가 없다고 기자들에게 말했다. "이것은 저만의 고유한 방식으로 제작된 치아입니다. 아래쪽 가공 의치는 제가 거너스 부인을 위해 제작한 것이 확실합니다."[7]

"거너스 부인이 틀니를 떼어내 불길 속에 내던지고 떠났을 가능성은 없습니까?" 한 기자가 물었다.

노턴은 여전히 아래쪽 틀니에 매달려 있는 새카맣게 탄 어금니를 가리켰다. "보시다시피, 자연 치아가 여전히 틀니에 부착되어 있습니다. 말씀하신 대로 하려면, 거너스 부인은 생니 하나를 뽑아냈어야만 합니다."[8]

모든 사람들이 납득하지는 않았다. 그토록 교활한 벨 거너스

　　　　　　　　　　　　　지옥에서 온 여왕

라면 다른 희생자에게서 어금니를 뽑아낸 뒤 의치에 붙이지 않았을까? 벨 거너스의 두개골을 완전히 잿가루로 만들 만큼 뜨거운 불길이 치솟았던 대화재였는데, 가공 의치는 어째서 이토록 멀쩡할까?

그러나 노턴이 공표한 의견에는 대다수 수사관들을 설득하고, 〈라포르테 아르거스 불레틴〉이 "벨 거너스가 또다시, 그리고 이번에야말로 죽었다"는 기사를 내게 할 만한 권위가 있었다.[9] 그때까지도 폐허가 된 농가에서 발견된 머리 없는 여자 시체의 신원에 관한 공식 보고서를 발표하지 않았던 찰스 맥 검시관은, 고작 며칠 전에 자신이 시신의 신원을 불명으로 발표할 가능성이 크다고 발표했었다. 〈아르거스 불레틴〉이 보도한 기사의 제목은 "맥 검시관, 아직까지 시체가 희대의 여 살인마의 것이라고 확신하지 못해"였다.[10] 가공 의치 두 벌이 발견되자 맥 검시관의 마음을 고쳐먹었다. 5월 20일 오후 4시, 맥 검시관은 법원 서기에게 보고서를 제출했다. 보고서는 이렇게 결론 내렸다. "나의 판결은, 이 시신이 … 벨 거너스의 시신이며, 벨 거너스가 '중죄살인felonious homicide*'을 저지른 누군가에게 살해당했다는 것이다. 가해자의 신원은 불명이다."[11]

이로부터 이틀이 지난 5월 22일 금요일, 대배심은 레이 램피어를 방화 및 벨 거너스와 벨 거너스의 세 자녀, 앤드루 헬길리언에 대한 1급 살인 혐의로 기소하는 고소장에 답신을 보냈다.[12]

---

* 정당 살인Justifiable Homicide, 면책 살인Excusable Homicide, 과실치사Accidental Homicide 등에 해당하지 않는 살인.

III
인디애나주 대 레이 램피어

27

거너스빌

　거너스 광풍이 정점에 달했던 5월 중순, 미국 중서부 전역의 일간지 전면은 온통 여자 푸른수염 이야기에 점령당했다. 라포르테의 유명한 구두끈 제작자 F. W. 맥도널드는 신시내티와 세인트루이스로 사업차 여행을 갔었는데, 여행에서 돌아온 뒤 〈라포르테 아르거스 불레틴〉의 편집자에게 우려 섞인 편지를 보냈다.

　"이야 맥, 좋아 보이는구려. 부인께서는 어떻게 지내시오?" 평소에 이런 식으로 인사를 건네며 자신을 맞이하던 도매업자들이 이번에는 "만나서 반갑소, 맥. 라포르테 남자들은 다 죽은 줄 알았는데 말이오" 따위의 섬뜩한 농담으로 자신을 맞이했다는 내용이었다. 맥도널드가 보기에 거너스가 일으킨 비극인 라포르테의 평판에 먹칠을 했음이 분명했다. 맥도널드는 상황이 이러니 "라포르테 시와 카운티 공직자들"에게 벨 거너스 사건이 라포르테 지역 사회에 드리운 검은 그림자를 걷어내고 "라포르테의 명예를 회복하기 위해

서" 할 수 있는 것은 무엇이든 하라고 촉구했다.[1]

맥도널드는 세상이 라포르테와 라포르테의 가장 악명 높은 주민을 결부하지 않기를 원했으나, 그런 일은 결코 일어나지 않았다. 벨 거너스가 소유했던 땅이 다른 소유주에게 넘어간 지 한참이 지나서도, 미국 전역에서 온 관광객들이 현장에 몰려들었다. 관광객들은 마당을 거닐면서 한때 벨 거너스의 희생자들이 묻혀 있었던 곳을 조사했으며, 인근 과수원을 터벅터벅 걸어 다니다가 기념품 대신 "사과나무 … 가지를 꺾어 도망쳤다". 사람들은 라포르테를 오가는 여행자들에게 특정한 반응을 보였는데, 포드라는 여성이 겪은 일은 이를 잘 보여준다. 1913년에 라포르테를 방문한 뒤 멤피로 돌아가는 기차를 탄 포드는 승무원에게 티켓을 건넸는데, 승무원은 티켓에 적힌 출발지를 보더니만 "거너스빌!"이라고 비명을 내질렀다.

포드 부인의 딸은 이렇게 말했다. "그 사람은 거너스 사건에 관해서 모조리 알고 있더라고요. 라포르테라는 이름을 보자 무척 동요했어요." 그리고 남은 여정 동안, "계속해서 거리를 두더라고요".[2]

* * *

라포르테에는 맹세컨대 벨이 이곳에 계속해서 출몰하고 있다고 주장한 사람들이 있었다. 7월 초, 대니얼 허트슨은 "나무 사이로 거너스, 부인과 이상한 남자가 과수원을 거니는 모습을 봤다"고 주장했다. 이때 허트슨은 건초 더미를 실은 짐마차를 운전하며 거너스 농장 옆을 지나가고 있었다. 허트슨의 딸 엘도라도 비슷한 장면

지옥에서 온 여왕

을 목격했다고 제보했다. 엘도라의 이야기는 이렇다. 7월의 어느 날, 맥클링 도로에 나가 있던 엘도라는 웬 마차가 다가오는 모습을 보았다. 마차는 "지난겨울 벨의 문에 묶여 있었던, 얼룩무늬를 한 아름다운 갈색 말이 끌고 있었다. 마차는 점점 다가왔는데, 그런데 세상에! 벨이 거기 있었다!" 같은 날 파인레이크 공동묘지 옆을 걸어가던 두 소년은 짙은 베일로 얼굴을 가린 여자가 급수대에서 물을 마시는 모습을 목격했다. 여자가 베일을 걷어 올린 순간, 두 소년은 여자가 벨임을 알아차렸다.

"마을 청소부"라고만 알려진 다른 목격자는 이와 유사한 오싹한 만남을 가졌다. 어느 "비 오는 여름 저녁"에 마차를 타고 벨의 농장 옆을 지나가던 청소부는 검은 옷을 입은 여자가 마차에서 내린 뒤, 마치 무언가를 찾으려는 듯이 "농가 남동쪽 귀퉁이 주변에 있는 땅을 손으로 더듬는 모습을 보았다". 청소부가 동료들에게 "고삐를 풀지 말라"고 제지했을 때, 여자는 마차로 돌아와 "그 돈은 여기 없어"라고 중얼거렸다. 갑자기, "번갯불이 번쩍였다". 그 여자가 누구인지 알아본 순간, 청소부는 "온몸이 얼어붙고 마비되는 듯한" 감각을 느꼈으며, "최대한 빨리 마차를 몰아 시내로 갔다".[3]

어떤 사람은 이러저러한 이야기들을 고려했을 때, 지역 사회에 드리운 벨 거너스의 사악한 존재감을 지우는 최선의 방법은, 남아 있는 벨 거너스의 소지품을 무더기로 쌓은 뒤 커다란 화톳불로 "정화하여" 모조리 멸하는 것이라고 주장했다.[4] 그러는 대신, 라포르테 시는 경매를 열었다.

5월 29일 금요일, 벨의 유언 집행자 웨슬리 포글이 주최한 경매가 열렸다. "거너스의 일요일"로 알려진, 거너스 농장에서의 흥겨운 나들이와 마찬가지로, 이 행사에는 엄청난 인파가 몰려들었는데, 일부 추정치에 따르면 그 수가 5000명에 달할 정도였다. 경매가 끝날 무렵에는 사람들이 낚아채 가지 않은 물건이 단 하나도 없었다. 여자 푸른수염이 쓰던 주방용품이나 원예 도구들 가운데 하나를 소유한다는 특권을 얻기 위해서 입찰자들은 원래 가격의 최대 10배에 해당하는 돈을 냈다. 가장 높은 가격으로 낙찰된 물품은 벨이 기르던 보더콜리 '프린스'와 벨의 자녀가 소유한 조랑말이었는데, 각각 107달러와 205달러에 팔렸다. 닭 두 마리와 늙은 집고양이와 그 새끼 고양이들과 함께, 프린스와 조랑말을 구입한 사람은 W. W. 한스라는 행상인이었는데, 한스는 시카고 루나파크에서 이 동물들을 전시했다.[5]

한 인디애나주 신문사의 편집자가 보기에 거너스 부인의 물건을 구입한 사람들은 "유례를 찾아볼 수 없는 여 악마의 기념품"을 구입함으로써, 사악한 힘에 노출될 위험을 자초한 사람들이었다. 사이코메트리에서 주장하는, 물건에는 전 소유자의 생명 에너지의 잔여물이 담겨 있다는 초자연적인 이론을 인용하며, 이 편집자는 벨의 소지품이 "사악한 아우라"를 품고 있으며, 접촉한 사람에게 영향을 미칠 수 있다고 경고했다. "이런 피 튀긴 물건을 얻기 위해서 큰돈을 내놓은" 멍청한 사람들은 "자녀에게 방울뱀을 장난감으로 사주는 엄마"처럼 무모한 짓을 한 셈이라는 것이었다.[6]

지옥에서 온 여왕

＊ ＊ ＊

6월 17일 수요일 오후, 공식적으로 벨 거너스로 식별된 여자의 유해는 오스틴 커틀러 장의사의 감독하에 벨의 세 자녀의 시신과 함께 시카고로 향하는 레이크쇼어 열차에 실렸다. 유니언역에 도착한 뒤, 이들의 관은 현지 장의사의 운구 마차에 옮겨졌다. 장의사는 곧장 시청으로 향해 장례 허가를 받았다. 다음 날 아침 10시, 시체 네 구는 포레스트레이크 공동묘지에 아무렇게나 매장되었다. 추도 예배는 열리지 않았고, 참가한 친척도 없었으며, 심지어 벨 거너스의 언니 넬리 라슨 여사조차 참석을 거부했다.

〈라포르테 위클리 헤럴드〉의 독자들은 6월 25일에 발행된 신문에서 장례식 소식을 접했다. 기사 제목은 "벨 거너스 마침내 죽다"였다.[7]

＊ ＊ ＊

그러나 모든 사람이 벨 거너스가 죽었다고 믿지는 않았다. 아서 제임스 페글러 기자가 쓴 기사에 따르면, 검시관이 판결을 내리고, 포레스트레이크 공동묘지에서 관을 묻었음에도 불구하고, "라포르테 일대에 사는 사람들 가운데 최소 75퍼센트는 이 희대의 여살인마가 … 여전히 살아 있으며, 현재 숨어 있다고 믿었다".[8] 미국 다른 지역에서는 여자 푸른수염을 목격했다는 제보가 주기적으로 보도되었다.

6월의 마지막 주, 그러니까 장례식으로부터 2주도 채 지나지 않았을 무렵, 〈뉴욕타임스〉는 디트로이트 경찰 당국이 "벨 거너스로 알려진 시신이 폐허가 된 거너스 농가에서 발견된 이후에 벨 거너스를 만났다고 하는 젊은 여성 두 사람"을 구속하고 있다고 보도했다. 미시간주 힐스데일의 보안관에게서 자신이 벨 거너스를 체포했다는 소식을 전하는 전화를 받은 뒤, 앤티스 보안관보와 코크런 경찰서장은 힐스데일로 1박 여행을 떠났으나, 구금당한 여인은 "어떤 유목민 부족의 점쟁이였으며, 몸무게가 70킬로그램쯤 나간다는 점을 제외하면 여 살인마와 닮은 점이 전혀 없었다". 그해 여름 늦게, 앨라배마주 버밍햄과 미네소타주 미니애폴리스, 메인주 포틀랜드, 뉴저지주 퍼세이익, 텍사스주 갤버스턴 등지에서 벨이 목격되었는데, 갤버스턴에서는 벨이 미국과 독일 함부르크를 오가는 여객선 데이니어호에 타고 함부르크로 떠나는 모습이 제보되었다고 한다.

어떤 두 남자는 벨 거너스가 기차를 타고 텍사스를 지나는 모습을 목격했다고 주장했다. 그해 늦여름, 외판원 조지 L. 로빈슨은 경찰에게 이렇게 설명했다. 케이티 플라이어 열차를 타고 데니슨으로 향하던 도중, "냉수기 옆에 서서 컵에 물을 받고 있던 때였는데, 상복을 차려입은 여인 한 명이 다가와 물을 달라고 청했다. 컵을 들어 입가로 가져간 여인은 베일을 걷어 올렸다. 그 순간 나는 그 여자가 벨 거너스라는 사실을 알아차렸다. 내가 그녀의 이름을 부르며 말을 건네자, 벨 거너스가 고개를 홱 돌리고 황급히 자신의 좌석으로 돌아가더니, 들고 온 짐 약간을 챙긴 뒤 다음 역에서 열차에서 내렸다". 몇 달 뒤, 한때 라포르테의 주민이었던 헨릭 프리츠Henrik Fritz

지옥에서 온 여왕

는 포트워스에서 덴버로 향하는 열차를 타고 있는 동안 비슷한 경험을 했다고 제보했다. 프리츠는 풀먼식ᵀᵉ 침대열차 칸을 지나가다가 "화장실에서 나오는" 벨을 봤다. 프리츠가 있다는 사실을 알아차린 벨 거너스는 즉시 "두꺼운 베일을 내려 얼굴을 가리고," 다시 화장실에 안에 들어가 문을 잠갔다.⁹

벨 거너스가 살아 있는 모습을 목격했다는 프리츠의 제보는 1908년 10월 9일에 신문에 게재되었다. 레이 램피어가 벨 거너스를 살해한 죄로 재판에 회부되기 한 달 전이었다.

28
메이폴

재판 전날, 자신의 감방에서 진행된 취재에서 레이 램피어는 처음부터 그러했듯이 완강히 결백을 주장했다. "그들은 원하는 만큼 증거를 뒤집고 비틀 수 있을 겁니다. 그렇지만 제가 농가에 불에 질렀다는 것을 입증하려면, 위증을 할 수밖에 없을 겁니다. 저는 흥청망청 살았습니다. 어쩌면 때때로 술을 너무 많이 마셨을지도 모릅니다. 그러나 지금 라포르테 거리를 거니는 사람들 가운데는 저만큼 좋지 않은 일을 저지른 사람들이 있습니다. 저는 소위 '범죄의 집'에 관해 아는 바가 없습니다. 맞습니다. 저는 한동안 거너스 부인을 위해 일했습니다. 그렇지만 저는 거너스 부인이 누군가를 죽이는 모습도 보지 못했고, 누군가를 죽였다는 사실도 알지 못했습니다."[1]

램피어의 노모 한나는 기자들에게 자신이 아들을 변함없이 믿는다고 선언했다. "레이가 열 살이 될 때까지 입은 옷은 전부 제가 직접 손으로 짠 옷입니다." 레이의 노모가 손수건으로 눈가를 훔치면서 떨리는 목소리로 말했다. "한 땀 한 땀에 제 사랑을 담았습니다. 어린 아들은 제 심장이자 목숨과도 같았습니다. 아들이 감옥에 갇혀 있던 동안, 날이면 날마다 아들이 그리워 가슴이 아팠습니다. 신께서 아시다시피, 그리고 제가 알다시피, 제 아들은 무죄입니다! 레이는 이 사실을 제게 편지로 알렸습니다. 제 아들은 평생 단 한 번도 제게 거짓을 말한 적이 없습니다!"[2]

＊ ＊ ＊

〈라포르테 위클리 헤럴드〉에 실린 엄숙한 칼럼에서 에드워드 몰로이Edward Molloy 편집자는 레이 램피어의 "재판이 열리는 이유"는 "횃불로 언덕 위에 있는 농가에 불은 붙인 사람이 레이 램피어였는지 여부를 가리고, 또 레이 램피어가 잔혹 행위를 저질렀다는 혐의에 대해 무죄인지 여부를 판가름하는 것"임을 독자들에게 상기시키며 "이 재판은 쇼가 아니다"라고 강조했다. "재판의 목적은 재판에 참석한 구경꾼들이나 일간지 독자들에게 즐거움을 주는 것이 아니다."

공교롭게도, 〈라포르테 위클리 헤럴드〉의 같은 페이지에는 라포르테 홀 극장에서 실제로 열리는 쇼에 관한 광고가 큼지막하게 실려 있었다. 제임스 로런스 본 신부가 선사하는 "장엄한 도덕극" 〈서부의 여인A Woman of the West〉"배경: 여태껏 무대에 등장한 교회 가운데 가장 경건한 교회""마차 한 대 분량의 연출 장치: 산더미처럼 쌓인 마차와 말 등장".[3] 이 쇼는 지역 평론가들에게서 찬사를 받으며, 티켓 값으로 25센트에서 1달러를 기꺼이 내놓을 감성적인 관객들을 끌어들였다. 그렇지만, 레이 램피어의 재판만큼 큰 인기를 끌지는 못했다. 몰로이 편집자의 훈계에도 불구하고 레이 램피어의 재판은 라포르테에서 제일가는 쇼가 되었으니 말이다.

* * *

1908년 11월 9일 월요일 아침, 소송 절차가 진행되었다. 법정 위층에 발 디딜 틈도 없이 모여든 구경꾼들은, 오전 10시 직전에 앤티스 보안관보가 피고인을 데리고 나타났을 때, 피고인에게서 "풍기는 의기양양한 자신감"을 보고 충격을 받았다. 6개월간의 투옥으로 인해 안색이 창백해졌다는 점을 제외하면, 레이는 건강하고 기민해 보였다. 게다가 가게에서 새로 산 정장과 넥타이, 옷깃이 깨끗한 셔츠, 갓 광을 낸 구두를 쫙 빼입고 있었기에 이웃들이 보기에 그 어느 때보다도 말끔한 모습이었다. 정오 휴회 시간 동안, 레이는 여러 시카고 지역 신문사에서 나온 기자들의 "번쩍이는 카메라" 앞에서 포즈를 취하는 등 퍽 태평한 모습이었다.[4]

레이의 변호사 워트 워든은 라포르테 지역 사회에서 제법 명망 있는 인물이었다. 3년 전, 워든 변호사는 지금 담당한 사건만큼 세상을 놀라게 하진 않았지만 지역 사회에서 상당한 관심을 불러일으켰던 사건에 관여했었다. 그러나 이 사건에서 워든 변호사는 변호사가 아니라 피고인 가운데 한 사람이었다.

지옥에서 온 여왕

1904년 12월, 인디애나주 미시간시티의 주민이었던 스텔라 룰라 부인과 메리 소빈스키 부인 자매는 허먼 지스 직물점Herman Zeese Dry Goods Store에서 모피를 훔친 죄로 체포되었다. 1905년 초에 열린 두 사람의 재판에서 피고인 측 변호사였던 위든과 위든의 법률 파트너 레뮤얼 대로우 라포르테 시장은 로즈 덕Rose Duck 부인을 증인으로 내세웠다. 로즈 덕 부인은 자신이 시카고 백화점의 점원이라고 밝힌 뒤 지난 3월에 두 여자에게 모피를 팔았다고 증언했다. 두 피고인은 모두 석방되었다.

그런데 후속 수사에서 덕 부인의 진짜 이름은 보이스Boyce이며, 덕 부인이 변호 측으로부터 25달러를 받는 대가로 증인석에 오른 가짜 증인이었다는 사실이 드러났다. 1905년 3월, 라포르테의 존 C. 릭터John C. Richter 판사가 소집한 조사 위원회는 2쪽짜리 보고서를 제출했다. 보고서는 대로우와 위든과 이 사건에 관여한 제3의 변호사, 사우스벤드의 존 E. 탤벗이 "음모를 획책하고, 공모하고, 방조하여 **덕 부인**이 위증죄를 저지르게 했다"고 결론 내렸다.[5] 1906년 1월에 열린 재판에서 대로와 탤벗은 비전문적 행위unprofessional conduct로서 유죄를 선고받았으며, 인디애나주 안에서 변호사 자격을 영구히 상실했다. 그러나 위든은 무죄로 석방되었다.[6]

레이 램피어의 재판을 주재한 판사는 위든과 동업자들의 행위를 조사하라고 지시함으로써, 결과적으로 이들의 변호사 자격증을 박탈했던 바로 그 판사, 존 C. 릭터였다. 이제, 기소를 각하하려는 변호인단의 신청을 기각한 뒤, 릭터 판사는 인디애나주 측이 요청한 대로, 배심원단을 선정하는 동안 모든 증인들에게 법정에서 나가

있으라고 명령했다.[7]

배웜원단을 선정하는 데는 나흘이 걸렸다. 100 하고도 열다섯 명의 보결 배심원talesman*들이 뽑혔는데, 이들은 대부분 농부나 상인 이었으며, 나이가 31세에서 72세에 이르는 견실한 시민들이었다.[8] 이들은 각각 같은 동일한 일련의 질문을 받았다. 이 사건에 관한 기사를 읽었는가? 벨 거너스를 아는가? 벨 거너스가 죽었는지, 살았는지에 관한 의견을 가지고 있는가? 레이 램피어의 지인인가? 레이 램피어가 유죄인지 무죄인지에 관한 확고한 신념을 갖고 있는가? 공정하게 판단할 수 있겠는가?

전혀 놀랍지 않게도, 이들 가운데 대다수는 자신들이 이 사건을 다루는 지역 신문 기사를 관심 있게 살펴봤으며, 그 결과 레이 램피어가 범죄에 연루되었는지, 또 벨 거너스가 맞이한 운명이 무엇인지에 관해 확고한 결론에 다다랐음을 시인한 뒤 배심원단 선정 과정에서 제외되었다.

보도할 만한 내용이 거의 없었던 이 길고 지루한 과정 동안, 〈아르거스 불레틴〉의 편집자 해리 버 달링은 독자들을 계속해서 즐겁게 할 다채로운 방법을 찾아냈다. 대개 기괴하고 앞뒤가 맞지 않는, 억지로 만든 비유를 쓰는 버릇이 있는 작가였던 달링은 11월 10일에 쓴 전면기사에서 평소보다 더한 짓을 했다. 램피어의 배심원단이 해야 할 일을 "메이데이 축제May Day celebration**"에 비유했던

---

*   방청객 중에서 선정한 소배심원.
**   봄맞이 축제인 5월제나 노동절을 뜻하며 5월 1일에 열린다.

것이다.

메이폴Maypole***이 어떻게 될지, 온 세상이 주목하고 있다. 메이폴
꼭대기에서는 기다란 리본 열두 가닥이 뻗어 나와 있으며, 이 리본
을 각각의 배심원들이 붙들고 있다. 이 사건은 결국 검찰 측이 벨 거
너스가 죽었다는 결정적인 증거를 제시할 수 있느냐에 달려 있다.
만약 그렇게 하지 못한다면, 메이폴이 요란한 소리를 내며 쓰러지
면서, 인디애나주 측의 주장은 산산이 조각날 것이다. 만약, 배심원
들이 여인의 사망에 관해 검사 측이 제시한 증거가 설득력이 있다
고 믿게 된다면, 메이폴은 굳건히 서 있을 것이다. 레이 램피어에게
유죄를 선고하려면, 인디애나주 측은 알맞은 음악을 연주해야 한다.
주 측이 리본 하나하나 마다 "레이 램피어"라는 이름을 낙인찍지 않
는 한, 배심원들은 자리에서 꼼짝도 하지 않을 것이며, 축제는 그대
로 끝나게 될 것이다. 합리적인 의심을 마지막 한 조각까지 없애버
리려면 … 이 죄수에 대한 정황증거가 제대로 짜여야만 한다. 그런
일이 일어난다면, 미스터리의 매듭이 풀리면서, 벨 거너스는 죽고,
벨과 세 자녀의 죽음이 레이 램피어를 칭칭 옭아매게 될 것이다. 그

*** 메이폴은 메이데이 축제에서 쓰이는 기념 기둥으로 대개 꽃으로 장식한다. 축제에
참가한 사람들은 기둥에서 뻗어 나온 여러 리본을 각각 손에 쥔 채로 기둥 주위를 빙
글빙글 돌며 춤춘다. 만약 참가자들이 다 같이 기둥 주위를 돌며 춤을 춘다면, 리본
이 점차 기둥을 칭칭 휘감게 된다. 그런데 참가자 가운데 단 한 명이라도 제자리에
선 채로 움직이지 않는다면, 그 사람이 잡아당긴 리본 위로 다른 사람들의 리본이 휘
감기면서, 리본이 기둥을 불규칙하게 감싸게 되는데, 그러면 결국 기둥에 불규칙한
힘이 가해지면서 기둥이 쓰러지게 된다. 미국의 배심원제는 평결에 만장일치를 필
요로 한다는 점에서, 메이폴 댄스와 유사한 점이 있다.

런 일이 일어난다면, 배심원들은 살인으로 검게 그을린 리본을 돌려줄 것이다. 그러나 정황증거라는 거미줄이 죄수를 칭칭 휘감지 않는 한, 배심원들은 리본을 티끌 한 점 없이 새하얀, 원래 그대로의 상태로 되돌려줄 것이다.[9]

* * *

11월 10일 화요일, 정오 휴회 직전에 일곱 번째 배심원이 선출되었다. "램피어의 여윈 뺨이 창백해졌다. 램피어는 마치 고통스럽다는 듯이 나지막한 신음성을 내질렀고, 램피어의 고개가 눈앞의 탁자 위에 떨어졌다. 램피어는 일어서려고 하였으나, 코와 입에서 피가 솟구쳤다."

그 즉시 램피어 옆으로 서둘러 다가간 리로이 마르 보안관보는 램피어를 일으켜주었으며, 램피어를 반쯤 지탱한 상태로 반쯤 앞장서서 램피어를 공기가 서늘한 복도로 데리고 갔다. 깜짝 놀란 사람들이 법정에서 수군거리는 동안, 스머처 보안관은 램피어와 마르 보안관보를 따라 복도로 뛰쳐나갔다. 몇 분 뒤 돌아온 스머처는 "램피어의 출혈이 심하지 않으니, 곧 돌아올 수 있다"고 안내했다.

시카고의 신문사들은 램피어가 쓰러지면서 재판이 아예 열리지 않을 수도 있다고 추측했으나, 램피어는 다음 날 아침 법정으로 돌아왔으며, 겉으로 보기에 멀쩡했다. 그러나 라포르테 구치소에서 수감자들을 돌보는 의사는 기자회견에서 "**램피어**가 초기 결핵incipient tuberculosis에 걸렸을 우려가 있다"는 불길한 소견을 내놓았다.[10]

지옥에서 온 여왕

＊ ＊ ＊

수요일에 〈시카고 데일리 저널Chicago Daily Journal〉이 가장 크게 보도한 기사는 의사가 밝힌 레이 램피어의 건강 상태가 아니라, 램피어의 이른바 심리적 기질에 관한 기사였다. 기사 제목은 "성격 전문가가 말한 레이 램피어의 주된 성격 요소는 증오와 비겁"이었는데, 이 기사에는 램피어의 얼굴 초상화와 얼굴과 머리 여러 부위를 가리키는 10여 개의 화살표가 실려 있었다. 저자 J. M. 피츠제럴드J. M. Fitzgerald는 의학 박사였으며, "골상학과 성격 연구의 전문가"로 소개되었는데, 피츠제럴드는 레이 램피어가 **"벨 거너스**가 모든 지인 가운데서 조수 겸 충실한 하인으로 뽑을 만한 유형에 딱 들어맞는 사람으로, 정신적으로 나약하고 도덕심이 낮긴 하지만, 은밀하다는 점에서 볼 때, 그리고 고양잇과에 속한 다른 동물들보다 감사함을 덜 느낀다는 점에서 볼 때, 고양이형 인물이다"라고 평했다.

램피어의 사진을 보고 인간과 살쾡이가 섞인 것만 같다는 첫인상을 받았다. 머리를 보면 전두엽 부분이 움푹 들어가 있는데, 특히 관자놀이 위쪽과 이마 사이가 많이 들어가 있다. 이 부위는 이상적인 마음과 향상심, 자비심, 동정심, 존경심, 준법정신, 신앙심 등이 깃드는 곳이며, 인과 관계와 논리, 행동에 대한 결과를 이해하게 하는 선천적인 능력을 관장한다. …
레이 램피어는 결단력과 실행력이 전혀 없는 유형으로, **벨 거너스**처럼 대량 살인을 저지른 만큼 대단한 결단력을 지닌 사람과는 전혀 다르다. 그러나 이런 유형에 속하는 사람은 누군가 불구가 되거나 장애를 입어 무기력한 상태가 될 경우, 그날 일을 마친 뒤에 그 사람을 해치우러 가자는 제안을 즉시 수락하는 사람이다.

램피어는 선천적으로 겁쟁이지만, 앙심을 품는 성격이다. 램피어는 누군가가 자신의 자유를 위협할 만큼 큰 영향력을 가지고 있거나, 누군가가 돈을 주지 않아 자신의 몸과 마음을 지배하는 짐승 같은 본성을 만족시키지 못하는 경우, 그런 사람들을 죽일 만큼 맹렬히 증오하는 사람이다. 머리와 얼굴 전체가 변태적인 욕구를 가진 방탕한 사람임을 나타낸다. 눈은 고양이 같아서 조심스럽고 교활하며 잔인하고 … 코는 고양이같이 흉포한 눈과 잘 어울리는데, 이는 은밀하고 이상이 낮은 사람이라는 인상을 더욱 강하게 한다.

피츠제럴드는 자신의 대단히 과학적이고, 편견이 들어가지 않은 연구를 요약하며, 이렇게 결론 내렸다. 램피어의 "골상과 관상은 램피어가 나약한 정신과 약한 도덕심을 가진, 하등 동물 같은 인간임을 나타낸다. 램피어가 지닌 동물적 성향은, 어린 시절에 램피어의 어머니가 바른 훈육과 훌륭한 본보기를 통해 심어주려고 했던 것들을 램피어의 머릿속에서 모조리 밀어내 버렸다. … 이 오랜 세월 동안, 램피어는 극도로 반사회적이었으며, 램피어의 뇌에 있는 인간적인 부분은 제구실을 하지 못해 위축되었다".[11]

* * *

지옥에서 온 여왕

같은 날, 11월 11일 수요일, 도리가 없을 만큼 뒤죽박죽인 "메이데이" 기사를 게재한 지 24시간이 지났을 무렵, 헤리 버 달링은 "뼈에서 드러난 충격적인 발견"이라는 제목의 눈길을 끄는 기사를 게재하면서 몇 달 전에 끝이 난 것처럼 보였던 논란에 다시금 불을 지폈다.

5월의 마지막 주, 스미스 주 지방 검사는 텍사스주 버넌시 교도소에 수감된 줄리어스 트루얼슨Julius Truelson에게서 편지를 한 통 받았다. 22세 남자 트루얼슨은 조너선 G. 소우Jonathan G. Thaw라는 가명을 쓰며, (유명 건축가 스탠퍼드 화이트Stanford White를 살해한 일로 악명을 떨친) 피츠버그의 백만장자 해리 K. 소우Harry K. Thaw의 사촌 행세를 하던 삼류 사기꾼이었는데, 편지에서 자신이 벨 거너스의 공범이며 몇 차례의 살인 사건을 함께했다고 주장했다.

트루얼슨이 보낸 편지는 문체가 세련되었을 뿐만 아니라 내용이 구체적이고 설득력이 있었다. 편지에 따르면, 트루얼슨과 벨은 1903년 1월에 아는 사이가 되었는데, 벨의 광고를 보고 편지를 보낸 트루얼슨이 "시카고에서 벨과 만나 고용 제의를 받으면서였다." 벨은 트루얼슨에게 "자신은 비합법적인 종류의 수술을 하는데—여기서는 낙태를 뜻한다—, 때때로 처리해야 할 시체가 생기니, 자신을 도와준다면 값을 넉넉히 치르겠다"고 말했다.

4년 반이 지난 1907년 6월, 당시 뉴욕시 로체스터에 사는 메이 프랜시스 오라일리라는 젊은 여성과 결혼한 상태였던 트루얼슨은 아내에 싫증이 나서 아내를 거너스 농장으로 보내 "치워버렸다". 그런 뒤 트루얼슨과 레이 램피어는 아내를 포함한 다른 희생자들의 시체를 "농장 옆에 있는 철도 근처에" 묻었다. 다음 몇 달간, 트루얼슨은 "**램피어**를 도와 거너스 농장에 시신 여섯 구를 유기했다".

1908년 3월의 어느 날 저녁, 자신의 형이 어디 있느냐고 묻는 애슬리 헬길리언에게 여태껏 저지른 범죄가 발각될까 봐 두려워한 벨 거너스는 트루얼슨에게 "농장을 불태우고 자신을 프리스코Frisco*로 피신시켜 달라"고 부탁했다. 트루얼슨은 "벨에게 주위의 의심을 살 수도 있으니 괜히 겁에 질려 허둥지둥하지 말라고 주의를 줬다". 그날 밤, 트루얼슨과 램피어는 시내에서 이 일을 의논한 뒤 어떻게 할지 "결정을 내렸다". "우리는 그 여자가 우리 두 사람을 제거하기 전에 먼저 그 여자를 제거하기로 결정했습니다. 그리고 동전을 던져 둘 중 누가 그 일을 할지 정하기로 했습니다. 램피어가 졌기 때문에 램피어가 밤에 농가에 들어가 벨과 세 자녀의 머리를 때려 죽이고, 농가에 불을 질러 그 여자와 우리가 저지른 범죄를 은폐하기로 결정되었습니다. 저는 그날 밤 떠나 시카고로 갔습니다." 트루얼슨은 최종적으로 텍사스로 돌아갔으며, 그곳에서 위조 수표를 유통한 죄로 체포당했다. 트루얼슨이 인제 와서 이 편지를 쓴 이유는 "거의 매일 밤 … 자신을 괴롭히는 양심의 가책 때문"이었다.[12]

거너스 사건이 터진 직후부터 라포르테 당국에 무수히 많이 도착한 앞뒤가 맞지 않는 편지들과는 대조적으로, 트루얼슨이 보낸 서신은 너무나도 설득력이 있었기에, 스머처 보안관은 즉시 텍사스로 파견되었다. 5월 21일에 베넌에 도착한 스머처 보안관은 죄수 트

---

* 샌프란시스코의 옛 이름.

루얼슨을 오랜 시간에 걸쳐 심문했으며, 트루얼슨은 결국 19쪽짜리 자백서에 서약하고 서명을 마쳤다.

그런데 감옥으로 돌아가자마자 트루얼슨은 자신의 말을 모조리 철회했다. 그러면서 이 모든 이야기는 "텍사스 당국의 손아귀에서 벗어나기 위해" 꾸며낸 이야기라고 설명했다. 후속 조사에서 벨이 범죄를 저지른 기간 내내 트루얼슨이 엘마이라 소년원에 수감되어 있었으며, 트루얼슨의 '전 아내' 메이 프랜시스 오라일리가 눈을 부릅뜨고 살아 있으며, 트루얼슨이 "때때로 상상력을 발휘하게 하는 약물에 중독됐다"는 전후 사정이 밝혀졌다. 트루얼슨의 가족이 사는 집인, 맨해튼 웨스트 47번가 34에 있는 3층짜리 사저에서 진행한 인터뷰에서 트루얼슨의 형제 해리는 자기 동생은 "미쳤다"고 딱 잘라 말했다. "제 동생은 5년 전에 브로드웨이 23번가에서 시내 전차에 치였습니다. 그때 이후로 제정신이 아니에요."[13]

트루얼슨이 자신의 말을 철회했으며, 그 밖에도 트루얼슨이 자백서를 날조했다는 명백한 증거들이 있음에도 불구하고, 일부 사람들은 계속해서 자백서 가운데 일부는 사실이라고 믿었다. 이들은 자백서가 "너무나 상세하며, 사정을 잘 아는 사람이 아니고서는 알 수 없는 일"로 가득 차 있으므로, 완전히 날조일 리가 없다고 주장했다.[14]

이런 주장을 하는 사람들 가운데는 벨의 이웃 대니얼 허트슨과 마르 보안관보가 있었다. 레이 램피어의 재판이 시작되기 며칠 전, 두 사람은 거너스 농장을 찾아갔는데, 해리 버 달링이 보도한 바에 따르면, 두 사람은 "트루얼슨이 자백서에서 자신이 희생자들의 시체를 묻었다고 설명한 장소를 파헤쳤다". 두 사람은 시체를 찾아내지는 못했지만, 뼈를 몇 개 발굴하는 데는 성공했는데, 마르 보안관보는 그것이 "사람 뼈라고 믿었다".

이 발견 덕분에 달링은 11월 11일에 세상을 놀라게 한 머리기사를 썼다. 그렇지만, 이 기사는 실로 용두사미였다. "이 발견은 재판 중인 사건과는 별 관계가 없을 가능성이 크다. 그저 트루얼슨의 자백에 신빙성을 약간 더할 뿐이다."[15]

* * *

11월 12일 목요일 오후, 100명 하고도 세 명의 후보자를 탈락시킨 끝에 선정된 배심원단이 마침내 자리에 착석했다. 배심원단은 총 열두 사람으로, 가장 젊은 사람은 34세였으며, 가장 늙은 사람은 65세였고, 아홉 명은 농부였고, 남은 세 명은 각각 목수, 직물 회사 점원, 외판원이었다. 배심원단은 재판이 진행되는 동안 격리되었는데, 여느 때처럼 인근 호텔에서 묵는 것이 아니라, 법정에서, 정확히는 간이침대 열두 개를 설치한 배심원실에서 묵게 되었다. 배심원단은 매일 짧은 시간 동안 야외에서 산책을 하며 신선한 공기를 쐬거나 운동을 해도 좋다는 허가를 받았지만, 배심원이 대중과 부적절한 교류를 하는 일은 절대 생겨서는 안 되었으므로, 배심원들은 "스머처 보안관과 보안관보들에게 … 밀착 감시를 받았다".[16]

지옥에서 온 여왕

29
스미스

오후 4시 30분, 그날 법정이 휴정하기 전까지 아직 시간이 남아 있던 가운데, 랠프 N. 스미스 주 지방 검사는 모두진술*을 시작하기 위해 일어섰다. 스미스 검사의 연설은 40분 동안 배심원단을 사로잡았다. 청중 가운데 한 명이었던 해리 버 달링은 스미스 검사의 솔직담백한 연설을 극찬했다. 달링은 감탄하며 말했다. "스미스 검사는 미사여구로 치장한 비유를 쓰려는 유혹에 빠져들지 않았다. 그는 가장 담백한 언어로, 아주 솔직하게 말했다. 연설 내내 좌중은 쥐 죽은 듯 조용히 연설을 경청했다. 만약 머리핀이 떨어지는 작은 소리라도 났더라면, 상당히 주목을 끌었을 것이다."

물론 달링 자신이 선호하는 스타일은 자신이 극찬한 스미스가 보여준 수수한 스타일과는 정반대였다. 검사 측의 진술에 반발하

---

* 공판이 시작될 때 배심원단이나 판사에게 공소를 제기한 요지를 설명하기 위해 하는 진술.

는 피고인 측의 반응을 묘사하면서, 달링은 화려하고 잔뜩 부풀린 언어를 좋아하는 본인의 취향을 또다시 드러냈다. "스미스가 연설을 하는 동안 피고인에게서는 눈에 띄는 변화가 나타났다. 램피어는 전과 같은 모습이 아니었다. 배심원 선정 당시의 무관심하고 태연한 모습은 온데간데없었다. 낯빛은 갓 세운 묘비 같았고, 움푹 팬 눈두덩이 사이에서 드러난 눈빛은 눈 덮인 평야에서 불타는 숯덩이 같았다."[1]

스미스 검사는 배심원들에게 "오랜 시간 이어진 지루한 선별 과정을 인내심 있게 기다려 준 것에" 대해 감사를 표하면서, 이 사건은 "전국적으로 악명을 떨친" 사건이므로, 배심원 역할을 수행할 확실한 자격을 갖춘 열두 사람을 엄선하는 "것이 … 매우 중요했다"고 설명했다. 스미스 검사는 자신과 동료 검사 마틴 서덜랜드Martin Sutherland가 피고인 측을 고발하는 과정에서 공격적인 모습을 보이더라도, 그것은 누군가의 피를 보기 위해서가 아니라고 강조했다. 두 사람은 복수자가 아니라 법의 종이라는 것이었다. "저희에게는 아무런 적의가 없습니다. 날을 갈아온 도끼도 없으며, 터뜨릴 울분도 없습니다. 누군가를 박해하려는 것이 아닙니다. 때때로 저희의 열의가 너무 과하다면, 그것은 의무를 다해야 한다는 열망 때문입니다. … 우리 카운티에 먹구름이 드리웠습니다. 악랄한 연쇄 범죄가 라포르테 카운티에서 일어났습니다. 그리고 우리는 지금 이곳에 의무를 다하기 위해 모였습니다."

스미스 검사는 이 사건에 "직접 증거"가 거의 없다는 사실을 인정했다. 피고인이 유죄냐 무죄냐는 거의 전적으로 정황증거에 의

지옥에서 온 여왕

해 결정될 것이었다. 이는 특이한 일이 아니었다. 사전에 계획한 방화 같은 악행은 대개 비밀리에 실행되기 때문이다. 스미스 검사는 이렇게 말했다. "여러분, 누군가 범죄를 저지를 때는, 가령 주거지에 불을 지를 때는, 요란한 관악대를 대동하지 않는 법입니다."

이렇듯 사전에 밑밥을 깔아둔 뒤, 스미스 검사는 곧장 문제의 핵심을 찔렀다. "저희는 레이 램피어를 4월 28일에 벨 거너스가 집 안에 있는 상태에서 벨 거너스의 집에 불을 지른 혐의로 기소합니다. 저희는 벨 거너스가 그곳에서 세 자녀 머틀 소렌슨, 루시 소렌슨, 필립 거너스와 함께 그곳에서 불타 죽었다는 사실을 증명할 것입니다. 저희는 잔해를 치우는 과정에서 잿더미 속에서 발견한 불탄 시신이 벨 거너스와 세 자녀임을 증명할 것입니다."

"저희의 입장은 레이 램피어가 벨 거너스 농장에 불을 질렀을 때 불을 지를 의도가 있었느냐 없었느냐는 중요하지 않다는 것입니다. 저희가 램피어가 불을 질렀다는 사실을 입증했을 때, 목숨을 앗아간 방화를 저질렀다면, 생명을 앗아갈 의도가 있었든 없었든, 살인죄에 해당한다는 법령을 떠올려주십시오. 주state 측은 램피어가 벨 거너스를 죽일 의도로 그곳에 갔다는 사실을 입증할 필요가 없습니다."

램피어를 상대로 한 소송을 계속 진행하기 전에 스미스 검사는 잠시 말을 멈춘 뒤, 라포르트에 원치 않는 엄청난 악명을 불러온 여자에 대해서 한마디 했다. 스미스는 자신의 목적이 "벨 거너스라는 인물을 옹호하거나, 끌어내리는 것이 아니라"고 밝혔다. 그렇지만 스미스 검사는 "거너스 농장 안에서 찾아낸 토막 난 시신 아홉 구"

에서 미루어 봤을 때 벨 거너스가 "대규모 인간 도살 사업에 종사했음"이 분명해 보인다고 밝혔다.

원안으로 돌아온 스미스 검사는 동기에 관한 문제를 다뤘다. "본인이 직접 자백했다시피, 피고인은 앤드루 K. 헬길리언이 살해당하는 모습을 목격했으며, 헬길리언의 피 묻은 돈에서 자기 몫을 챙겼습니다. 피고인이 횃불로 거너스 농장에 불을 지른 이유는 자신이 받아야 할 정당한 몫을 받지 못했다고 여겼기 때문입니다."

이 극적인 고발 앞에, 레이는 "마치 그렇지 않다고 외치려는 듯, 의자에서 반쯤 일어났으나" 변호사의 제지하는 손에 의해 도로 주저앉았다.[2]

스미스 검사는 말을 이었다. "저희는 증거를 통해, 올해 1월에 헬길리언이라는 이름의 남자가 결혼 광고와 벨이 보낸 편지에 유인당해 사우스다코타로부터 거너스 농장으로 왔으며, 그때 자신의 세속적인 부를 함께 챙겨 왔음을 보여드릴 것입니다. 저희는 1월 14일 밤에 벨 거너스가 레이 램피어를 미시간시티로 보냈으며, 그 구실은 그곳에서 기다리는 사람에게 말을 몇 필 전해주기 위해서라는 사실을 입증할 것입니다. 램피어는 미시간시티에서 머물렀습니다. 그리고 바로 그날 헬길리언은 실종되었습니다."

스미스의 말은 계속되었다. "지시에 따라 미시간시티에 머무는 대신, 램피어는 시내 전차를 타고 돌아와 발전소 근처에서 내렸습니다. 저희에게는 램피어가 전차에 탄 사람에게 '그 늙은 여자가 무슨 짓을 하는지 보러 간다'고 언급했다는 증거가 있습니다. 저희는 램피어가 마치 기다렸다는 듯이 불쑥 나타나 거너스 부인을 도

지옥에서 온 여왕

와 헬길리언의 시신을 처리하는 악랄한 일을 했음을 입증할 것입니다."

"헬길리언은 수중에 3000달러를 가지고 있었는데, 램피어가 그 돈의 일부를 사용했다는 증거가 제시될 것입니다. 램피어와 거너스 부인 사이가 갈라진 이유는 금전 문제 때문이었습니다."

스미스 검사는 두 사람의 사이의 적대감이 커져가는 모습을 간략하게 묘사했다. "벨 거너스는 램피어가 무단 침입으로 체포당하게 했습니다. 총 세 번에 걸쳐 램피어가 체포되게 했지요. 벨 거너스는 램피어에게 자신의 집에 접근하지 말라고 통보했습니다." 스미스 검사는 램피어가 전 고용주를 협박할 수 있을 만한 이야기를 엿들었다고 설명했다. "저희는 램피어가 '나는 마음만 먹으면 그 늙은 여자를 내 앞에 무릎 꿇게 할 수 있어. 그 여자를 교도소로 보내버릴 만한 사실을 알고 있거든'이라고 말했다는 사실을 입증할 수 있습니다."

스미스 검사는 4월 27일에 일이 극단으로 치달았다며 설명을 이어갔다. 그날 오후, 당시 램피어의 고용주였던 존 위트브룩과 함께 시내에 들어온 뒤, 램피어는 리즈 스미스의 집에서 하룻밤을 보냈습니다(스미스 검사 역시 다른 마을 사람들과 마찬가지로 그녀를 "검둥이 리즈"라고 부르는 데 거리낌이 없었다). 램피어는 자명종을 아침 3시에 맞추었으며, 3시 20분경에 리즈 스미스의 집을 나섰습니다.

스미스는 말을 이었다. "아침 4시경 화재가 일어났습니다. 저희는 램피어가 큰도끼를 가지러 사촌의 농장에 가면서 직행로를 택하는 대신에 거너스 농가 주변의 길로 갔다는 사실을 보여드릴 것입니다. 램피어 자신이 한 증언에 따라, 저희는 램피어가 당시 화재 현장에 있었다는 사실을 보일 것입니다. 램피어는 거너스 농장에 불이 난 모습을 보고도 왜 사람들을 깨우지 않았느냐는 질문에 '제 알바가 아니라고 생각했습니다'라고 답했습니다."

"저희는 램피어가 언덕 기슭을 따라 도망쳤으며, 묘지를 지나쳐 다른 길로 들어선 뒤 다섯 시 반에 잔뜩 흥분한 채로 사촌의 농장에 나타났음을 증명할 것입니다."

그날 아침 램피어의 이동 경로는 그가 유죄임을 명확하게 보여줍니다. 체포당했을 당시 램피어가 보인 반응 역시 그가 유죄임을 명확하게 보여줍니다. "그날 저녁 7시경, 램피어를 체포하기 위해 위트브룩 농장을 찾아간 보안관보는 '레이, 코트를 입게. 나와 함께 시내로 가세'라고 말했습니다. 이때 레이가 한 대답은, 그가 화재를 마음에 두고 있었음을 드러냅니다. 레이가 '그 사람들이 화재로 다쳤습니까?'라고 묻자, 보안관보는 '무슨 화재?'라고 답했습니다. 그러자 레이는 '알잖아요. 그 집이요'라고 답했죠. 램피어의 마음속에서 가장 중요했던 것은 바로 그 집에서 난 화재였던 것입니다."

스미스 검사는 램피어가 살인 죄목으로 유죄를 선고받게 하려면, 마땅히 인디애나주 측이 "범죄의 '구성요건(코퍼스 딜릭타이corpus delicti)' 즉, 벨 거너스가 사망했다는 사실을 입증해야 한다"는 데 수긍했다. 정반대로, 변호인 측은 배심원단이 벨 거너스가 살아 있다고 믿게 할 방법을 모색할 것임이 틀림없었다. 실제로 워든 변호사는 이미 벨 거너스를 피고인 측 증인으로 세우기 위해 벨 거너스에게 소환장을 발부할 계획이라고 공표했다.[3]

지옥에서 온 여왕

스미스 검사는 "죽지 않은 사람을 죽였다는 죄로 누군가가 유죄를 선고받게 할 마음은 결코 없다"고 공언했으며, 증거를 제시하여 벨 거너스가 "그 화재로 인해 불에 타 죽었다"는 사실을 입증하겠다고 주장했다.

스미스 검사는 이렇게 이야기했다. "불이 나기 하루 전, 벨 거너스는 릴리터 변호사를 만나기 위해 라포르테에 갔습니다. 벨 거너스는 유언장을 작성한 뒤, 릴리터 씨의 제안에 따라 은행에서 안전 보관함을 대여하고 그 안에 유언장과 사문서와 현금 700달러를 넣었습니다. 그런 뒤 미니치 잡화점에 들려 1주일 치 식료품과 아이들을 위한 장난감과 보드게임을 사면서 8에서 10달러 정도를 썼습니다."

스미스 검사의 말은 계속되었다. "바로 그날 밤, 조 맥슨은 거너스 가족과 함께 저녁 식사를 했습니다. 9시 반쯤 맥슨은 잠자리에 들었습니다. 그때 벨과 자녀들은 집에서 식탁에 앉아 게임을 하고 있었고, 별다른 일은 일어나지 않았습니다. 아이들은 난롯가에서 게임을 하고 장난감을 가지고 놀았습니다."

"아침 4시경 맥슨은 잠에서 일어났습니다. 맥슨의 침실은 집의 2층 가장자리에 있었습니다. 거너스 부인은 어린 아들과 함께 남동쪽 구석에 있는 방을 썼고요. 다른 아이들은 대개 북서쪽 방에서 자곤 했습니다. 맥슨은 아이들이 잠자리에 드는 소리를 들었습니다. 맥슨은 방에 가득 찬 연기 때문에 잠에서 깼습니다. 그날 밤에는 북서쪽에서 강풍이 불었습니다. 창가로 달려간 맥슨은 벽돌집 내부가 온통 불길에 휩싸인 모습을 확인했습니다. 맥슨은 거너스 가족이 쓰는 방문에 발길질을 하여 문을 부수려 하였으나 성공하지 못했고 가까스로 집에서 탈출했습니다."

"화재는 지하실 입구에서 시작되었음이 분명합니다. 다른 사람들이 화재 현장에 도착했습니다. 이들은 사다리를 이용해 아이들의 방으로 기어 올라갔으나, 방에는 아무도 없었습니다. 저희의 주장은 거너스 부인이 질식한 뒤 사망했다는 것입니다. 그리고 벨의 자녀들은 연기 때문에 잠에서 깬 뒤 어머니의 방으로 달아났으나, 그곳은 불길이 가장 거셌던 곳이었으므로, 그곳에서 질식사했다는 것입니다."

"집은 완전히 불탔습니다. 나무로 된 부분은 모조리 탔습니다. 시신은 뜨거운 잔해에서 열두 시간이 넘도록 탔습니다. 시신을 수습하기 위해 뜨거운 벽돌 더미를 식히는 데 양동이 200통 분량의 물이 필요했습니다. 시신은 총 네 구 발견되었습니다. 거너스 부인의 시신은 왼팔에 어린 남자아이를 꼭 껴안은 채로 누워 있었습니다."

스미스 검사는 확실한 증거에 의해, 이 새카맣게 탄 여자 시체가 거너스 부인의 시체임이 증명될 예정이라고 밝혔다. "저희는 시신의 손에서 거너스 부인의 소유인 반지 혹은 반지들을 발견했다는, 검시관의 검사 결과를 이용해 이를 증명할 것입니다. 저희는 라포르테의 저명한 의사가 거너스 부인을 위해 제작한 치관과 가공의치를 이용해 이를 증명할 것입니다. 저희는 이 틀니와 함께 거너스 부인의 위쪽 치아도 제공할 것입니다. 이만하면 이 늙은 여자가 죽었다는 사실을 입증하기에 필요한 증거를 전부 모았다는 데 여러분께서 동의하시리라 믿습니다."

지옥에서 온 여왕

물론, 벨 거너스가 "자신에게 무슨 일이 닥칠지" 사전에 알았다고 보는 편이 자연스러웠다. 그렇지만 이런 생각이 배심원단의 결정에 영향을 미쳐서는 안 됐다. 스미스 검사는 이렇게 강조했다. "저는 여러분께 이 사건에서 가장 중요하고, 가장 핵심적인 쟁점을 놓치지 마시라는 당부의 말씀을 드리고 싶습니다. 그것은 바로, 레이 램피어가 집에 불을 질렀는가? 램피어가 악의적이고 의도적으로 불을 질렀는가? 벨 거너스와 세 자녀는 이 행위로 인해 죽음을 맞았는가? 입니다."

스미스 검사는 다음 말로 모두진술을 마쳤다. "만약 저희가 이러한 질문에 대해 그렇다는 답을 할 수 있으며, 그 사실을 합리적 의심을 넘어설 정도로 충분히 입증할 수 있다면, 저희는 그에 걸맞은 판결이 나오리라 기대합니다. 그리고 저는 저희가 그렇게 할 수 있다고 확신합니다."[4]

30

코퍼스 딜럭타이

〈라포르테 위클리 헤럴드〉가 "안락한 숙소"라고 묘사한, 간이 침대 열두 개를 욱여넣은 작은 심의실에서 첫날 밤을 보낸 뒤, 배심원들은 칼 매츠Carl Matz 집행관의 인도하에 산책을 나섰다. 산책이 끝난 다음에는 호위를 받으며 아침 식사를 하러 티가든 호텔로 갔는데, 호텔에서는 "재판과 관련된 부분을 잘라낸 아침 신문을 정독할 수 있었다." 그날 신문에는 아마추어 마술사 돈 V. 스마이스가 "노블레스빌에서 묘기를 부리다가 실수로 자기 손에 공포탄을 쏴서" 자해를 했다거나, 미스 코라 하네스Cora Harness가 쇼핑을 하러 외출을 했다가 잃어버린 "귀중한" 금시계를 되찾아준 매표원 헨리 벤포드Henry Benford에게 "배은망덕하게도" 아무런 보상을 하지 않은 개탄스러운 일이 있었다거나, '국제 계란용기 회사'에서 라포르테에 새 공장을 연다는 소식이 적혀 있었는데, 배심원들은 이런 소식을 읽은 뒤 1일 차 증언을 들으러 법원으로 돌아갔다.[1]

지옥에서 온 여왕

재판이 시작되기 전 몇 주 동안, 주 정부는 증인 40명에게 소환장을 발부했었다. 한 사람을 제외하고는 모든 증인의 소재가 파악되었는데, 이 한 사람은 벨 거너스의 것으로 공표된 틀니를 찾아낸 금 광부 루이스 슐츠였다. 이 늙은 광부는 광부 특유의 끝없는 낙천성을 가졌음이 분명했다. 여태까지 계속해서 그의 손을 교묘히 빠져나갔던 대박을 좇아 서부로 향했던 것이다.[2]

범죄의 구성요건을 성립시키기 위해 즉, 벨 거너스가 실제로 살해당했다고 입증하기 위해, 검사 측은 우선 닥터 찰스 S. 맥 검시관을 소환했다. 하버드 및 컬럼비아 의과대학을 졸업하고, 1882년에 의학 박사 학위를 받았던 맥은 미시간 의과대학에서 학생들을 가르쳤으며, 그 후에 처음에는 시카고에서, 다음에는 라포르테에서 개인 병원을 개업했다. 맥은 지난 2년 동안 검시관 직책을 맡아왔다.[3] 한 기록자는 "머리칼과 수염에 서리가 내린" 이 51세 의사가 구약 성서에 나오는 "예언자"를 닮았다고 묘사했다.[4] 이는 맥 검시관이 최근 스베덴보리교Swedenborgian 목사 안수를 받았으며, 의료행위를 그만두고 오하이오주 톨레도에서 목사로서 새 삶을 살겠다는 의사를 밝혔다는 점에서 볼 때 적절한 비유였다. 실제로, 겨우 며칠 전에 감리교 교회에서 맥 검시관의 송별회가 열렸다. 그 자리에서 라포르테 의사 클럽의 동료 의사들은 "맥에게 손잡이가 금으로 된 아름다운 지팡이를 선물했는데," 이 지팡이는 맥이 "의사로서, 시민으로서, 그리고 남자로서 … 걸어왔던" 꼿꼿한 길을 상징했다.[5]

재판에서 신나는 사건이 일어나길 기대했던 방청객들의 관점에서 볼 때, 맥의 증언은 실망스러운 시작이라 할 만했다. 스미스 검사의 동료, 마틴 서덜랜드에게 질문을 받은 맥 검시관은 화재가 났던 날 오후에 "한 여자와 세 아이의 시신을" 처음 봤다고 진술했다. 시신들은 "심한 화상을 입었습니다. 한 아이의 이마에는 구멍에 뚫려 있었습니다. 성인의 시체는 머리가 사라져 있었고, 오른쪽 다리는 무릎 아래가 불타 없어진 상태였습니다. 왼발이 사라져 있었고, 한쪽 팔이 떨어져 있었습니다. 팔에 손이 붙어 있었는지, 그렇지 않은지는 기억이 나지 않습니다".

이 시체들을 어떻게 "처분"했냐는 질문에 맥 검시관은 시체를 "커틀러 시체 안치소로 옮기고," 닥터 그레이, 윌콕스, 롱, 메이어 등 네 명의 "부검의"를 불러 부검을 했다고 답했다. 맥 검시관은 "시신들을 특별히 세밀히 검사하지 않았다. 그저 여느 때와 다름없이 시신에 주의를 기울였다".

맥이 범죄의 구성요건을 갖추는 데 도움이 되는 증인이 되려면, 화재 당일에 그가 직접 작성한 기록에 관한 증언을 해야 했다. 서덜랜드는 그 사실을 금세 눈치챘으나, 불행히도 맥은 기록을 가지고 오지 못했다. 해리 버 달링에 따르면, 얼마간 부아가 치민 서덜랜드는 "증인의 기억을 상기시켜 줄 **기록**이 없는 한, 시신에 대한 정확한 서술을 얻으려는 노력은 헛수고라는 사실을 깨닫고," 질문을 그만두었다.[6]

검사 측 탁자 위에는 밀봉한 항아리가 두 개 있었다. 서덜랜드는 둘 중 큰 항아리를 가져와 뚜껑을 열고 내용물을 꺼냈다. 그러자

지옥에서 온 여왕

지하실에서 시체들과 함께 수습한 그을린 뼈 몇 점이 나왔다. 서덜 랜드는 증인에게 뼈를 한 점 한 점 보여줬다. 증인은 발꿈치뼈, 왼 쪽 턱뼈를 식별해냈으며, 한 뼈는 자신이 판단하기에 "7번 척추뼈" 같다고 했다. 두 번째 항아리에는 맥 검시관이 "동물의 신체 조직" 이라고만 식별할 수 있었던 무언가가 들어 있었다. 검사 측이 이런 "으스스한 유물들"을 보여줌으로써 어떤 득을 볼 수 있을지 예상하 기는 어려웠으나, 방청객들 사이에서 퍼져나간 흥분을 보건대, 법정 에서 자극적인 일이 일어나기를 바랐던 사람들에게 높은 점수를 땄 음은 분명했다.

몇 분 뒤, 위든 변호사의 반대 심문이 시작되었다. 그리고 이 반 대 심문이 끝났을 때, 검사 측이 대패했음을 알리는 증거가 사람들 의 귓가에 울려 퍼졌다. 지역 사회에서 사랑받는 인물이었던 맥 검 시관이 마침내 증인석에서 일어나도 좋다는 허가를 받았을 때, "관 객들 사이에서 안도의 한숨이 터져 나왔던 것이다".[7] 피고인 측 변 호인의 집요한 질문 공세에 시달리던 맥 검시관은 다음 사실을 시 인하지 않을 수 없었다. 맥 검시관은 "시체가 발견될 당시에 그곳에 있지 않았으며 … 시체가 발견되었을 당시 어떤 상태였는지 모르며 … **성인의** 시체에서 팔이 뜯어져 있었는지 아닌지" 진술할 수 없으 며, "성인의 시체 무게가 얼마인지 모르며 … 그 시체의 신원에 대 한 의문이 있었다는 사실"을 몰랐으며, "척추뼈 가운데 사라진 것이 있는지 대답하지 못했으며 … 인체에 경추가 몇 개나 있는지" 알지 못하며, "척추 상부 말단the upper terminus of the spine"을 검사하면서 "아무 런 주의"를 기울이지 않았으며, "외견을 보고 다리가 절단되었는지,

아니면 불에 타 없어졌는지 구분하지" 못했으며, "시신의 머리가 불에 타서 떨어져 나갔는지, 아니면 머리가 먼저 잘린 뒤에 시신이 불에 타 새카맣게 그을렸는지" 말하지 못했으며, "아이의 시체 두개골에 난 구멍을 검사하지" 않았다고 시인했으며, 무엇이 "구멍을 냈는지 확실하게 말하지 못했으며 … 다른 아이들의 머리에도 구멍이 나 있는지" 확인하지 않았다.

워든 변호사가 이리저리 움직이며 맥 검시관에게 검게 그을린 뼈 세 점에 관해 심문했을 무렵, 맥 검시관은 완전히 무너진 상태여서, 앞뒤가 맞지 않는 자기 모순적인 증언을 할 정도였다.

뼛조각 가운데 하나를 손에 든 워든이 물었다. "확실합니까? 제가 보여드리는 이 뼈가 경추가 맞습니까?"

"확실치 않습니다."

"그러시군요. 선생님, 그러면 제가 지금 보여드리는 이 뼈는 턱뼈가 확실합니까?" "그렇습니다."

"이 뼈가 사람의 뼈입니까?" 워든 변호사가 대답을 강요했다.

맥 검시관의 입에서는 탄식이 터져 나왔다. "모르겠습니다."

"맥 선생님, 지금 이 뼈를 관찰하시고 위턱뼈 위쪽 부분인지 아래쪽 부분인지 말씀하실 수 있겠습니까?"

고작 몇 분 전에 맥 검시관은 그 뼈가 턱뼈가 "확실하다"고 단언했었다. 그리고 지금, "인내심의 한계에 달할 때까지 괴롭힘을 당한" 맥 검시관은 퉁명스럽게 "그게 뼈가 맞는지조차 분명히 말하지 못하겠습니다"라고 답했다.

그렇게 검시관의 시련은 끝이 났다. 한 역사학자가 기록으로

남겼다시피, "검사 측의 첫 번째 의학 증언은 피고인 측의 승리로 변질되었다".[8]

* * *

오후에는 주 측의 상황이 다소 나아졌다. 증인석에 처음으로 불려 나온 증인들은 닥터 해리 H. 롱, 프랭클린 T. 윌콕스, 루시안 그레이로, 맥 검시관이 소집했던 세 "부검의"들이었다. 거너스가의 두 여자아이를 부검했던 닥터 롱과 윌콕스에 대한 심문은 다소 형식적이었으나, 닥터 그레이의 증언은 한 기자가 기록했다시피 "주 측에 귀중한 가치를 지니고 있었다".[9] 라포르테 카운티의 전 검시관이자 한 때 쿡 카운티에서 검시 의사로 일했던 그레이는 서덜랜드의 질문을 받고, 성인 여성의 시체는 화재로 인해 수축되었는데, 본래는 키 "164센티미터"에 몸무게 "90킬로그램"으로 추정된다고 답했다. 또 "복부 조직은 약 2인치 두께로, 지방이 많았으며" 가슴은 "크고 비대했다"고 답했는데, 이는 벨 거너스의 몸매와 일치하는 특징이었다. 게다가, 사인을 단정할 수는 없다는 사실을 인정했으면서도, 그레이는 "사인은 질식"이라는 견해를 드러냈는데, 이는 벨이 피고인이 일으킨 화재로 사망했음을 입증하려 하는 주 측에서 볼 때 큰 의미를 지닌 의견이었다. 사인이 질식이라는 그레이의 의견은 시체의 오른손 손가락들이 "꽉 움켜쥔 상태"였다는 사실에 어느 정도 그 근거를 두고 있었다. 그레이는 "질식 사건에서는 항상 이런 식으로 근육 수축이 일어납니다"라고 설명했다.[10]

그러나, 워든 변호사가 공격적으로 반대 심문에 임하자, 그레이는 시체의 오른손이 꽉 쥔 것은 스트리크닌 중독으로 인해 생긴 "경련성 사후 수축" 때문일 수도 있음을 인정했다. 또 시체의 왼팔과 오른팔이 "절단되었는지, 불에 타 떨어졌는지" 확실히 답할 수 없다는 사실을 인정했다. 닥터 그레이가 죽은 여성의 몸무게를 계산한 방식 역시 청중의 눈살을 찌푸리게 했는데, 특히 주부들의 눈총을 샀다. 그레이는 팔과 불탄 유골을 합치자 무게가 33킬로그램 나갔다고 설명했다. 그러면서 "다른 고기를 조리하여 비교해본 결과, **무게가** 약 3분의 2가량 줄어들었다는 추정을 하게 되었습니다". 한 역사가가 지적했다시피, 이 논리대로라면 3킬로그램짜리 '뼈 있는 갈비'를 조리하면, "식탁 위에 1킬로그램짜리" 갈비가 나와야만 했다.[11]

심문이 끝날 무렵, 목격자들은 워든 변호사가 죽은 여자가 질식이 아니라 "스트리크닌 중독으로 사망했으며, 신체 일부가 절단되었으며, 73파운드 유골을 보고 벨 거너스로 식별한 닥터 그레이의 의견이 희망 사항에 가깝다"고 시사함으로써, "합리적인 의심이 적힌 인상적인 목록을 만드는 데 성공했다"는 데 동의했다.[12] 해리버 달링은 다른 증인들에 관해서 이렇게 적었다. "일반 여론에 따르면 **이들은** 벨 거너스가 화재로 사망했다는 주 측의 주장을 입증하는 데 완전히 실패했다. … 특히 맥 검시관의 증언은 성인의 신원을 밝히는 데 사실상 아무런 가치가 없다고 여겨졌다."

달링은 "오늘은 분명 램피어의 날이었다"라고 선언했다.[13]

지옥에서 온 여왕

31
치과의사

재판을 주재하는 주요 인사들은 이틀 내내 임시 숙소에 갇혀 지내야만 하는 배심원들을 위해서 재판을 "토요일에 여는 편이 바람직하다고 여겼다".[1] 그날 아침은 주 측은 예상치 못한 차질을 겪었다. 닥터 그레이에 대한 반대 심문이 끝난 뒤에는 맥 검시관이 다시 모습을 드러내어 화재 현장에서 수습한 시신 네 구 외에도 부패한 시신 열 구가 "그 장소에서 나왔다"고 간략히 증언했다. 그 후 검사 측은 다음 증인인 닥터 요한 H. 윌리엄 메이어를 불렀다.

메이어는 독일 뷔어 태생으로, 열일곱 살에 미국으로 이주했는데, 여전히 독특한 억양으로 말하는 사람이었다. 메이어는 시카고에 있는 러시 의과대학에 입학하기 전에는 월 앤드 폭스 직물점에서 판매원으로 일했다. 1876년에 러시 의과대학을 졸업한 뒤 쿡 카운티 병원에서 인턴으로 일했던 메이어는 인턴십을 마친 뒤 라포르테로 돌아왔다. 그리고 그 이후로, 하이델베르크와 빈에서 공부했던 1년을 제외하고는, 쭉 라포르테에서 눈과 귀 질환을 전문으로 의료

행위를 했다. 개인 의료 활동 외에도, 메이어는 라포르테에 있는 시계제조 실용학교에서 교수로 일하면서 야심 찬 안경사 지망생들에게 눈의 구조와 관련 질환에 관해 강의했으며, 레이크쇼어 앤드 미시간 남부 철도Lake Shore & Michigan Southern Railroad에서 내과의사직을 맡았다.[2]

라포르테 지역 사회에서 높은 지위를 누렸음에도 불구하고, 메이어는 램피어의 재판으로부터 고작 몇 년 뒤에 심각한 법적 분쟁에 휘말린다. 지역 농부의 아내인 플로렌스 그리닝에게 낙태 시술을 진행하는 과정에서 플로렌스를 죽음으로 몰고 가면서 살인죄로 기소되었던 것이다. 그리닝 부인의 남편, 윌리엄은 1913년 2월에 열린 열흘간의 재판에서 면책을 받는 대가로 검사 측의 주요 증인으로서 메이어에게 불리한 증언을 했다. 그러나 열다섯 시간의 숙고를 거친 끝에 배심원단은 메이어에게 무죄를 선고했다.[3]

메이어는 화재 현장에서 수습한 시신 네 구를 부검했는데, 그 가운데는 네 살배기 필립 거너스의 시신도 있었다. 그리고 지금, 메이어는 어린 소년의 시신이 어떤 상태였느냐는 질문을 받았다. 메이어는 건조하고 의학적으로 시신의 상태를 묘사했으나, 그 내용이 너무나도 섬뜩하여 청중들을 몸서리치게 했다.

메이어는 이렇게 말했다. "시신은 심한 화상을 입은 상태였습니다. 양쪽 다리는 무릎 아래쪽이 완전히 불타 사라진 상태였습니다. 이마가 불타 없어지면서 뇌가 드러나 있었습니다. 등은 심한 화상을 입어서 척수가 드러나 있었습니다."

서덜랜드는 "팔다리 가운데 얼마만큼이 불에 타 사라졌습니

지옥에서 온 여왕

까?"라고 물었다.

"거의 무릎까지요."

"팔도 불타 없어졌습니까?"

메이어가 답했다. "한쪽 팔이 사라진 상태였습니다. 폐는 불에 익으면서 일부만 남았습니다. 심장은 수축되어 속에 혈액 입자가 전혀 없었습니다. 모든 장기가 완전히 익은 상태였습니다."

서덜랜드는 잠시 기다리며 배심원들이 시신의 끔찍한 모습을 머릿속에 완전히 그리게끔 했다. 네 살배기 어린애에게 이토록 끔찍하고 무서운 일을 겪게 한 사람은 자비를 받을 자격이 없음이 분명했다. 그러나 검사 측에는 불운하게도, 자신들이 내세운 바로 그 증인이 그런 짓을 저지른 사람이 누구인지에 관한 심각한 의혹을 불러일으켰다. 서덜랜드는 "사인이 무엇인지 확실히 밝혀내실 수 있었습니까?"라고 물었다.

메이어는 그렇지 못했다고 답했다.

"전문가적인 소견은 무엇입니까, 선생님?" 서덜랜드가 물었다.

"심장 수축은 독살 사례에서 나타나는 양상과 유사합니다. 위를 검사한 결과, 심장 수축은 스트리크닌 중독으로 인해 일어난 것 같습니다."

말할 필요도 없이, 벨과 자녀들이 방화로 인해 살해당한 것이 아니라는 의견은 램피어가 죄인이라는 주 측의 의견을 약화시켰다. 한 목격자는 "검사 측 증인이 사실상 피고인 측을 위한 증언을 했다"고 적었다.[4] 메이어의 대답에 완전히 허를 찔린 서덜랜드는 재빨리 메이어가 부검에 관한 증언을 마치게 했다.

잠시 후 워든의 차례가 돌아왔을 때, 메이어는 또다시 피고인 측을 돕는 증언을 했다. 이 남자아이의 시신에 반상 출혈ecchymosis로 인한 반점이 있었느냐는 질문에 메이어는 "아닙니다. 반점은 없었습니다"라고 분명하게 답했다. 반상 출혈로 인한 반점은 혈관이 파열하면서 생기는 작은 피멍 자국으로, 흔히 질식을 나타내는 증거였다. 또 메이어는 "소년의 이마에 구멍이 나 있었다"는 사실을 확인해주었는데, 이는 화재가 일어나기 전에 소년이 벨의 손에 사망했다는 의견에 힘을 실어주었다.[5]

* * *

벨의 치과의사인 닥터 아이라 P. 노턴이 증인석에 섰을 때, 워든 변호사는 훨씬 더 힘든 도전에 직면했다. 닥터 메이어와 마찬가지로 당시 40세였던 노턴은 러시 의과대학에서 학위를 받았는데, 학비를 벌기 위해 시카고 고가철도에서 기술자로 일했었다.[6] 재판이 열리기 몇 년 전, 닥터 노턴은 탈착식 랜싯*이 달린 치과용 겸자를 발명하고 특허를 받았는데, 이는 치과 업계에서 폭넓은 인정을 받았다.[7]

이전까지의 직접 심문direct examination은 부검사 서덜랜드가 맡았으나, 이번에는 프랭크 N. 스미스 검사가 직접 나서 증언석으로 다가갔다. 이는 노턴이 주 측에 얼마나 중요한 증인인지를 나타내는

---

*   의료용 칼.

신호였다. 노턴은 자신이 벨에게 어떤 치료를 해주었는지 상세히 설명하기 시작했다.

"저는 아랫니 세 개를 적출했습니다. 송곳니 두 개에 금 치관을 씌운 뒤 가공 의치에 있는 인공 치아들 사이에 끼웠습니다. 흔히 하는 작업은 아니었죠. 또 18캐럿 금을 써서 가공 의치를 보강했습니다. 그런 뒤 저는 인공 치아 하나에 구멍을 뚫고 가장자리에 백금으로 만든 핀 두 개를 박았습니다. 저는 이 가공 의치를 거너스 부인의 턱에 남아 있는 자연치 두 개에 걸었습니다.

"자 그러면 선생님." 스미스 검사가 말했다. "보안관이 선생님 사무실에 치아를 가져왔습니까?"

"그렇습니다."

"그건 언제였습니까?"

"1908년 5월 19일입니다."

"지금 치아를 몇 개 건네드리겠습니다. 이것들이 보안관이 선생님께 드린 치아가 맞습니까?"

"그렇습니다."

"이 치아들을 예전에 보신 적이 있습니까?"

"네."

"어디서 보셨죠?"

"제가 제작한 치아입니다."

"누구를 위해서요?"

"벨 거너스 부인을 위해섭니다."

이 순간은 잔해에서 발견된 가공 의치의 정체가 확실하게 밝혀진 극적인 순간이었으며, 스미스 검사는 의미심장한 태도로 잠시 심문을 멈춤으로써, 그 사실을 강조했다. 스미스는 이 치아를 주 측의 16번 증거물로서 제출한 뒤, 벨이 자신의 죽음을 위장하기 위해 틀니를 화재 현장에 의도적으로 남겨두었다는 이론을 무너뜨리는 작업을 시작했다.

스미스 검사는 닥터 노턴의 증언에서 이를 위한 중요한 열쇠를 찾아냈다. 그것은 벨의 "자연 치아"의 "치근 일부"가 여전히 "인공 치아에 붙어 있다"는 사실이었다.

"그러면, 선생님." 스미스 검사가 물었다. "이 자연 치아를 뽑아내려면 어떻게 해야 할까요?"

"그러려면 금 치관을 쪼개는 수밖에 없습니다."

"그냥 뽑을 수는 없나요?"

"없습니다." 노턴은 단언했다. "치과 의사라고 해도 지금처럼 치관이 붙어 있는 상태에서 거너스 부인의 자연 치아를 뽑아낼 수는 없습니다." 노턴은 자연 치아들이 "화재로 인해 거너스 부인의 입에서 떨어져 나왔다"고 믿어 의심치 않았다.[8]

몇 분 뒤에는 워든 변호사가 심문할 차례가 돌아왔는데, 워든 변호사는 업화業火 속에서 금 치관이나 치근이 온전히 남았을 리가 없다고 암시함으로써, 배심원들의 마음속에 가공 치아가 위조품이라는 의혹을 심어 넣으려 시도했다.

워든은 "두개골을 태워서 없애버릴 정도로 강한" 화재라면 "치아 또한 없애버리지 않았겠느냐"고 물었다.

"그렇지 않습니다." 노턴이 대답했다.

지옥에서 온 여왕

"어째서죠?"

"왜냐하면 금 치관이 치아를 보호해주었으니까요."

"두개골이 불타 없어지기 전에 치과 치료용 금이 먼저 녹지 않았겠습니까?" 워든이 압박했다.

"그렇지 않았을 겁니다." 노턴이 대답했다.

해리 버 달링이 알아차렸다시피, 워든이 보기에 노턴의 증언은 자신에게 아무런 도움이 되지 않으며, 이대로 "반대 심문을 해 봤자 직접 심문에서 한 증언에 신빙성을 더해줄 뿐"이라는 사실이 명백했다.[9] 워든은 황급히 질문을 마무리했다.

그날의 마지막 증인은 벨의 이웃인 플로렌스 플린Florence Flynn 부인이었는데, 특히 음울한 증언을 했다. 플린 부인이 시신 네 구가 발견되었을 당시에 자신이 거너스 농장에 있었다는 사실을 인정하자, 희생자를 본 적이 있느냐는 질문이 이어졌다.

"네." 플린 부인은 대답했다. "시신이 발굴되었을 때 누구인지 알아볼 수 있었습니다. 시신 아래에는 침대와 매트 같은 것들이 있었습니다. 남자 꼬마가 여자의 몸 위에 누워 있었는데, 마치 여자가 팔로 감싼 듯이 보였습니다."

"그렇군요. 남자애 주변에 팔이 있었나 보죠?" 스미스 검사가 물었다.

"그렇지는 않았어요. 남은 팔이 없었거든요." 플린 부인이 대답했다.

이 암울한 증언을 마지막으로 레이 램피어의 재판 첫 주차는 끝을 맺었다.

32
애슬리

〈위클리 헤럴드〉에 실린 기사가 사실이라면, 처음에 사태를 낙관적으로 바라보던 레이 램피어의 전망은 노턴 박사의 증언으로 완전히 박살 났다. 〈헤럴드〉지에 따르면, 램피어는 일요일 내내 "몹시 우울하고 풀이 죽은" 상태였는데, 일요일 대부분을 "지난봄 이후로 조금도 더 읽지 않았던" 성경을 탐독하면서 보냈다. 램피어가 어찌나 심란해 보였는지, 간수들이 "램피어가" 금방 "완전히 무너져 자백할지도 모른다고 믿을 정도였다".[1]

신문에 보도되었다시피, 레이가 실제로 실의에 빠졌는지 알아내기란 불가능하다. 만약 레이가 실제로 실의에 빠졌더라도 금세 회복했음이 틀림없다. 다음 날 아침, 레이 램피어는 "원기 왕성해 보였으며, 미소를 띤 채 재판정에 입장했고, 방청객 사이에서 몇몇 친지들을 알아보고 고개를 끄덕였다".[2]

그날 아침 방청객 가운데는 유명 인사인 토머스 제퍼슨Thomas Jefferson이 있었다. 너무나 당연하게도, 이 토머스 제퍼슨은 오래전에

지옥에서 온 여왕

사망한 미국 대통령이 아니라, 유명 공연 〈립 밴 윙클Rip Van Winkle〉에 40년 넘게 출연한, 19세기 미국에서 가장 사랑받는 배우였던 조 제퍼슨Joe Jefferson의 아들이었다. 조 제퍼슨이 죽은 뒤, 아들 토머스 제퍼슨은 아버지의 배역을 물려받았는데, 그날 밤 홀 극장에서 공연할 예정이었다. 홀 극장의 지배인 W. J. 홀은 배심원들과 릭터 판사를 이 공연에 초대했는데, 배심원들은 기꺼이 초대를 받아들였다.[3]

그날 아침 최초로 증언대에 선 사람은 플로렌스 플린 부인이었다. 토요일 오후에 법원이 휴정하면서 증언을 마치지 못했기 때문이다. 워든이 반대 심문을 하던 도중, 재러드 드롤링거 배심원은 심문을 멈추게 한 뒤 플린 부인에게 벨 거너스가 몸무게가 얼마나 나가는지 아느냐고 물었다. 플린 부인은, 2년 전에 의사를 찾아갔던 벨이 돌아온 뒤에 체중계의 눈금이 127킬로그램을 가리켰다고 밝힌 적이 있다고 답했는데, 이는 닥터 그레이가 예상한 몸무게보다 27킬로그램이나 더 나가는 무게였다. 플린 부인의 대답은 벨이 불길 속에서 죽지 않았다고 믿는 사람들의 의혹을 더 증폭시켰다. 소고기를 한 번이라도 구워본 적이 있는 사람들은 그만한 크기의 몸이 73파운드까지 줄어들었다는 이야기를 황당하게 여겼기 때문이었다.[4]

그날 아침에는 대체로 흥미를 끌 만한 일이 일어나지 않았다. 스미스 주 검사가 앤드루 헬길리언에게 쓴 벨 거너스의 편지들을 번역하기 위해 불러온 레이 터너 부인은 이렇게 설명했다. "편지의 문법 구조가 완전히 엉망이며, 무식한 사람이 편지를 쓴 것임이 틀림없습니다. 이 편지들은 전부 하나의 긴 문장으로, 대문자가 들어가지 않았습니다." 한편 "거너스 부인과 램피어 사이에 임금 문제로 불화가 있었다"고 증언했던 벨의 변호사 멜빈 릴리터는 반대 심문을 받는 동안 자신이 "양측의 불화를 소문으로만 접했다"는 사실을 시인했다. 보험설계사 D. H. 맥길은 벨 거너스 농장의 가치를 3000~4000달러로 책정했으며, 측량사 클라이드 마틴은 거너스 농장에서 존 위트브룩 농장 사이의 최단 경로를 지도 위에 표시했다.[5]

그 시점까지 대체로 형식적으로 진행되던 소송은 다음 증인의 이름이 불린 순간 극적으로 변모했다. 애슬리 헬길리언.

이 "너저분하고 추레한" 행색을 한 노르웨이인은 증언을 시작하면서 형 앤드루 헬길리언이 미국에서 어떤 삶을 살았는지(물론 10년간 스틸워터 교도소에서 복역한 사실을 생략하고) 간략하게 설명했다.[6] 애슬리 헬길리언의 증언은 오랫동안 이어졌다. 증언은 도중에 정오 휴정 시간이 되면서 잠시 중단되었다가, 점심 식사를 마친 다음에 재개되었고, 그날 남은 시간 내내 계속되었다. 애슬리의 증언은 주로 자신이 행방불명된 형을 찾기 위해서 어떤 노력을 했는지에 관한 것이었다. 애슬리는 자신이 찾아낸, 벨이 앤드루에게 보낸 서신에 관해 이야기했다. 두 사람이 1906년에 처음으로 서신을 교환했으며, 앤드루가 "'죽음의 집'으로 가기 위해 고향을 떠났을 때"까지 계속해서 서신을 교환했다는 내용이었다. 그런 뒤 애슬리는 자신이 벨에게 보낸, 형제의 행방을 묻는 편지에 관해 설명했다.

벨이 답장으로 보낸 세 통의 편지가 배심원들을 위해 큰 목소리로 낭송되었다. 3월 27일과 4월 24일에 보낸 편지에서 벨은 앤드루가 도박사 동생을 찾으러 "시카고와 뉴욕으로 갔으며, 어쩌면 …

지옥에서 온 여왕

노르웨이에 갔을 수도 있다"고 주장했다. 세 번째 편지는 4월 11일에 보낸 편지였는데, 벨은 이 편지에서 자신이 "한동안 고용했던" 레이 램피어라는 정신적으로 불안정한 주정뱅이가 "앤드루를 질투했다"며, 교묘하게 램피어에 대한 의혹을 불러일으켰다.[7]

이 편지들을 증거물로 제출한 뒤, 애슬리는 (프랭크 피트너 은행원이 보낸 화재 사건에 관한 신문 스크랩을 받고) 라포르테에 온 뒤에 무슨 일이 있었느냐는 질문을 받았다. 애슬리는 자신이 농장을 찾아가면서 있었던 일을 이야기했는데, 이 이야기는 그 당시에 이미 라포르테 고장의 전설에 가까운 이야기가 되어 있었다. 이야기는 "3피트 무덤"에서 형제의 시신을 발견한 끔찍한 사건에서 절정을 맞았으며, 온 세상의 말문이 막히게 한 거너스의 공포로 끝을 맺었다.[8]

* * *

그날 저녁에 있었던 해리 버 달링과의 인터뷰에서 애슬리는 이 두려운 사건의 전모가 아직 완전히 드러나지 않았다고 주장했다. 애슬리는 "저는 그곳에 시체가 더 있다는 사실을 알고 있습니다"라고 선언했다. "저는 그곳에 여태까지 조사하지 않은 무른 땅이 또 있다는 사실을 알아냈습니다. 이곳 사람들이 허락만 해준다면, 저는 이 여자가 저지른 범죄의 흔적을 더 찾아낼 수 있으리라 믿습니다."[9]

애슬리의 이야기 속에서, 한때 마을 우체국을 털고 그곳에 불을 질렀으며, 말 도둑질에도 연루되었다고 알려진 전과자였던[10], 형제 헬길리언은 머나먼 조국 노르웨이의 아름다움을 그리워하던, 시인의 영혼을 지닌 섬세한 사람이었다.

애슬리는 "저희 형에게는 신비한 구석이 있었어요"라고 말했다. "앤드루는 다코타주에서 농부로 살기에는 상상력이 너무 풍부했습니다. 고국의 피오르드와 산맥들을 잊지 못했죠. 고향을 떠올리게 하는 것은 무엇이든 앤드루를 울적하게 만들었어요."

앤드루가 벨 거너스의 술책에 걸려든 것은 바로 이 향수병 때문이었다. 애슬리는 이렇게 말했다. "영악한 여자였습니다. 그 여자는 편지에 앤드루가 사랑하는 것들에 관해 적었어요. 노르웨이의 장소와 노르웨이인다운 삶에 관해 이야기했죠. 그 여자가 앤드루에게 사랑한다고 말했을 때, 앤드루는 그 말을 믿었습니다. 불쌍한 우리 형은 고향의 빵부스러기라도 얻을 수 있다면, 온 아메리카의 부를 포기할 만큼 고향을 그리워했으니까요. 저는 오래도록 이런 일이 있는 줄 몰랐습니다. 그 여자가 앤드루에게 보낸 편지를 수중에 넣은 다음에야, 그리고 이 여자 오거가 제게 편지를 쓰기 시작한 다음에야, 알게 되었죠."

"그 여자가 앤드루에게 마술을 걸었어요." 한참 동안 말을 이어나가던 애슬리는 거친 숨을 내쉬었다. "그래서 앤드루는 죽으러 간 겁니다."[11]

* * *

애슬리는 재판이 끝날 때까지 라포르테에 머물지 않았다. 사우

지옥에서 온 여왕

스다코타주에 있는 집으로 돌아가기 전, 애슬리는 패튼 공동묘지에 있는 형제의 묘에 세울 묘비를 주문했다. 비문에는 이렇게 새겨져 있다.

"앤드루 헬길리언, 1859~1908, 거너스 사건의 마지막 희생자, 형제 애슬리 K. 헬길리언이 1908년 5월 5일에 유해를 발견함. 편히 잠드소서."[12]

33
검사의 스트라이크

워싱턴 어빙Washington Irving의 고전 소설 《립 밴 윙클》에 등장하는 게으른 주인공, 립 밴 윙클은 우연히 헨리 허드슨의 유령 부하들을 만나게 된다. 이들은 20년마다 카츠킬 산맥의 계곡에 모여 맥주를 마시고 볼링을 치는데, 이들이 볼링을 칠 때면 "볼링공이 굴러가는 소리"가 "마치 먼 곳에서 들리는 천둥소리"처럼 울려 퍼진다.[1] 헤리 버 달링은 월요일 저녁에 이 소설을 기반으로 한 연극 〈립 밴 윙클〉 공연을 보러 갔다. 달링은 화요일 자 〈아르거스 불레틴〉에 여느 때 처럼 뒤죽박죽인 비유를 쓴 기사를 실었는데, 아마도 이 공연을 보 며 영감을 얻었을 것이다.

램피어의 재판이 진행되는 모습은 폭풍을 떠올리게 한다. 일주일 전, 비바람이 불기 시작했다. 그때부터 폭우가 계속 내렸다. 또 천둥 소리가 때로는 아주 크게, 때로는 들리지 않을 만큼 작게 몇 차례 울 려 퍼졌으며, 이에 맞춰 번갯불도 수시로 번쩍거렸다.

　　　　　　　　　　　　　　지옥에서 온 여왕

스미스 검사는 이제 위대한 번개의 신 제우스의 역할을 맡아 천상의 볼링장에서 볼링공을 굴리고 있다. 목요일 오후부터 기민하게 움직이기 시작한 스미스 검사는 모두진술에서 깔끔한 "스트라이크"를 기록했다. 그 이후로, 스미스 검사의 점수판에 "스페어"가 몇 번 기록되기는 했지만, 300점에 가까운 점수를 내려면 몇 번 더 "스트라이크"를 칠 필요가 있다. 이제 곧 날카로운 천둥소리가 다시금 울려 퍼질 것이다.[2]

한 가지 만큼은 달링이 옳았다. 화요일 재판에서는 분명 큰 소리가 울려 퍼졌다. 천둥소리가 아니라 웃음소리긴 했지만 말이다. 그날 재판은 개정이 지연되었다. 아침에 문이 열리자마자, 밀치락달치락하는 군중들이 법정 안으로 몰려들어 좌석을 채우고, 복도를 가득 메우고, 벽을 따라 쭉 늘어섰다. 그렇지만 이날은 아주 쌀쌀했다. 사람들로 만원을 이루고 있었음에도, 법정 안은 이를 딱딱거릴 정도로 추웠다. 그래서 릭터 판사는 관리인이 삽으로 난방로에 석탄을 충분히 퍼 넣어 "적정 온도"가 될 때까지 재판 시작을 연기하는 명령을 내렸다.

재판은 오전 10시가 되어서야 시작되었는데, 이때부터 스미스 검사는 피고인 레이 램피어에게 불리한 증언을 끌어내기 위해 레이의 지인들을 줄줄이 소환하기 시작했다. 앤드루 헬길리언이 사라진 날 밤에 레이와 함께 미시간시티로 갔던 존 라이는 "램피어가 때때로 '이 늙은 여자에게 복수하겠다'고 말했었다"고 증언했다. 다음으로 증언대에 선 사람은 베시 월리스였는데, 이 여자는 "램피어의

연인"이나 "암흑가의 여인" "창녀" 등으로 다양하게 묘사되었다.[3]
존 라이와 마찬가지로, 베시는 대화 도중에 레이가 "거너스 부인이
자신에게 갚아야 할 돈이 있다거나, 자신이 어떤 식으로 돈을 받아
내겠다거나, 거너스 부인을 괴롭히겠다거나, 심지어 복수하겠다"는
이야기를 했다고 증언했다.[4]

　법정을 웃음으로 떠들썩하게 만든 사람은 레이의 또 다른 친
구, 윌리엄 슬레이터였다. 스미스 검사에게 심문을 받던 도중, 슬레
이터는 앤드루 헬길리언이 등장한 이후로 불화가 깊어진 벨과 레이
사이에서 어떤 일이 일어났는지 자세히 묘사했다. 슬레이터에 따르
면, 해고된 직후 레이는 "거너스 부인과 앤드루 헬길리언이 자신을
독살하려고 모의"하는 것과 "헬길리언이 벨에게 자신이 기르는 개
에게 독약을 시험해보자고 제안하는 것"을 우연히 들었는데, 그 사
실을 슬레이터에게 털어놓았다. 레이가 이 배신행위에 분통을 터뜨
렸던 것은 "거너스 부인이 레이와 결혼하기로 약속했었기 때문"이
었다.

　"램피어와 거너스 부인이 어떤 관계였는지 아시는 바가 있습
니까?" 스미스 검사가 물었다.

　슬레이터는 불편하다는 듯이 의자에서 몸을 뒤척였다. "램피어
말로는 거너스 부인이 밤에 침실에 찾아왔다더군요."

　"램피어가 자신이 거너스 부인과 잤다고 이야기했습니까?" 스
미스 검사가 물었다.

　"아뇨." 슬레이터가 답했다. "레이 말로는 그 여자가 레이랑 잤
다던데요."

이 발언에 법정은 웃음바다가 되었다. 릭터 판사는 판사봉을 반복해서 휘두른 뒤, 이런 소동이 또다시 일어난다면 방청객들을 퇴정시키겠다고 말했다.[5] 검사 측 증인인 피터 콜슨의 입에서도 방청객들의 흥을 돋우는, 벨의 성생활에 관한 증언이 이어졌다. 피터 콜슨은 레이 이전에 벨의 잡부 겸 애인 역을 맡았던 사람이었다. 워트 워든 변호사가 진행한 반대 심문에서 콜슨은 "자신이 어떻게 거너스 부인의 매력에 빠져들었는지, 그리고 거너스 부인이 달콤한 말과 애무로 어떻게 자신과 사랑을 나누었는지" 묘사했다. 그러나 "이 여인과 열렬한 사랑에 빠진" 동안에도 콜슨은 "여인에 대한 두려움을 품고 있었다".

콜슨은 이렇게 말했다. "거너스 부인은 제가 그녀를 사랑하게끔 만드는 동시에 두려워하게 만들었습니다. 그녀는 남편 피터 거너스가 사망한 경위를 제게 설명해주었는데, 저는 그 말이 미심쩍다고 여겼습니다." 방청객들은 숨죽이며 콜슨의 증언에 귀를 기울이는 와중에 콜슨은 결국 벨 거너스의 성적 요구가 너무나도 집요해져서 도망칠 수 밖에 없었다고 설명했다. "거너스 부인이 시도 때도 없이 관계를 맺으려 들어서 저는 결국 그곳에서 도망칠 수밖에 없었습니다. 저는 여섯 달 동안 800미터쯤 떨어진 농장의 건초 더미에서 잠을 잤습니다."

콜슨은 이렇게 증언을 마무리했다. "저는 거너스 부인을 사랑했습니다. 결코 그녀를 사랑하고 싶지 않았지만요. 저도 제 마음을 어찌할 수가 없었습니다. 거너스 부인은 저를 유혹하는 동시에 거부했습니다."[6]

***

벨이 마지막으로 고용한 잡역부였던 조 맥슨은 화요일에 마지막 차례로 증언을 시작했으며, 수요일 아침에 증언을 재개했다. 비록 이야기할 만한 스캔들이 없었지만, 맥슨은 화재가 일어났던 날 밤에 자신이 취한 행동을 극적으로 설명했다. 직접 심문을 받으면서, 맥슨은 자신이 벨과 세 자녀와 함께 마지막 식사를 했던 일과, 벨 가족이 식사 후에 빨간 모자와 늑대' 게임을 즐겼던 일, 자신이 침실로 올라간 뒤 "4시쯤 연기로 가득 찬 방에서 깨어난 일"을 묘사했다. 맥슨은 "자욱한 연기에 질식하기 직전까지" 자신의 방에서 집 중심부로 이어지는 "문을 걷어차고 두들기며" 어떻게든 열어보려고 노력하다가 결국 소지품을 약간 챙겨 "미친 듯이 계단을 뛰어 내려갔다"고 이야기했다.

마차 차고에 소지품을 놓은 뒤에 맥슨은 도끼를 집어 들고 농가 정문을 부수려 시도했으나 실패했다. 맥슨이 이 이야기를 하는 순간에 스미스 주 지방 검사는 그 도끼를 증거물로 제출했다. 한 기자가 논평했다시피, 이 도끼는 "오리건주의 벌목꾼이 써도 좋을 만큼 크고 튼튼했는데," 이 도끼가 여자 오거가 희생자들을 토막 내는 데 쓴 흉기일 가능성이 있었으므로, 법정에는 흥분이 퍼져나갔다.[7]

맥슨은 대부분의 시간 동안 참을 수 없을 만큼 암울한 증언을 했지만, 딱 한 번 의도치 않게 익살스러운 순간을 연출했다. 이 일은 교차 심문 도중에 일어났다. 워트 워든의 동료 엘스워스 위어Ellsworth Weir 변호사가 방에서 챙겨간 뒤 마차 차고에 보관한 물품이 뭐였느

지옥에서 온 여왕

냐고 물었을 때였다.

"소설을 몇 권 챙긴 뒤 주머니에 넣지 않으셨습니까?" 위어가
물었다.

"아닙니다!" 맥슨이 소리쳤다. 소설을 읽는 것처럼 약해빠진
행동을 하는 것이 아니냐는 의혹에 분개했음이 틀림없었다. "저는
바로 지금 이곳에서 제가 소설 따위는 읽지 않는다는 것을 분명히
하고 싶습니다! 저는 소설 비슷한 것조차도 읽지 않습니다!" 맥슨
이 어찌나 씩씩댔던지 몇몇 구경꾼들 사이에서 웃음이 번져나갔다.

이미 언론사들이 화재에 관한 맥슨의 목격자 진술을 철두철미
하게 보도했으므로, 맥슨의 목격자 진술은 신문을 읽는 사람이라면
누구나 이미 알고 있는 내용이었으나, 딱 하나 전에 밝혀지지 않았
던 새로운 사실을 담고 있었다. 그 운명적인 날 밤에 거너스 가족과
저녁 식사를 마친 뒤, 조 맥슨은 벨 거너스에게서 오렌지를 하나 건
네받았으며, 맥슨은 그 즉시 오렌지를 "먹어 치웠다". 비록 "맛이 영
이상하기는 했지만," 맥슨은 오렌지를 끝까지 먹었다.

맥슨은 이야기를 이어갔다. "화재가 난 다음에야 오만 가지 생
각이 들었습니다. 제 누이에게 오렌지에 뭐가 들어 있었을지도 모
르겠다고 말했죠. 그날 밤에 침실에 들어가 베개에 머리를 뉘자마
자 곯아떨어졌던 기억이 납니다. 다음 날 아침에 불이 나면서 어떤
소음이 났다고 하더라도, 저는 듣지 못했을 겁니다. 너무 깊이 잠들
었거든요. 저는 보통 깊이 잠들지 못합니다. 아까 말씀드렸다시피,
저는 방이 연기로 가득 찰 때까지 깨어나지 못했습니다. 깨어나서
도 머리가 너무 멍해서 한동안 불이 났다는 사실을 깨닫지 못했습

니다."⁸

해리 버 달링은 오렌지에 약물이 들어 있었던 것 같다는 조 맥슨의 폭로를 듣고 또다시 영감을 얻었다. 그날 저녁, "거너스의 레몬"이라는 제목으로 기사를 내면서 또다시 미사여구 잔치를 벌였던 것이다.

이 위험한 과일을 조심해야만 한다. 여러분에게 이 과일을 건네는 남자나 여자는 악의를 품고 있음이 분명하다. 레몬이 겉보기에 오렌지처럼 생겼다고 해서 속지 말지어다. 여러분은 이것이 즙이 많고 달콤한, 멋진 플로리다 오렌지라고 생각할지도 모른다. 한때는 그랬을지도 모른다. 그러나 "거너스의 장치"는 오렌지를 최악의 "레몬"으로 개조했다. 이 레몬에는 일종의 약물이 들어 있어서 먹는 순간 잠에 빠져들게 한다.

이것이 바로 오늘 있었던 조 맥슨의 증언에서 울려 퍼진 경고이다. 이 증인은 벨 거너스가 가장 좋아하는 살인 수법을 밝혀낸 것으로 보인다. 거너스는 약이 든 오렌지를 먹이는 방식으로 피해자들이 잠들게 함으로써, 우선 통제권을 확보했다. 그런 다음에는 내키는 대로 더러운 짓거리를 하면 되었다. 소시지 분쇄기를 쓰든, 날카로운 칼을 쓰든, 가장 편한 방식을 택하면 됐던 것이다. 만약 "그녀"가 "그"였다면, 약이 든 오렌지 대신 독이 든 담배를 썼을 가능성도 있다.⁹

* * *

　　　　　　　　　　　　　　　　지옥에서 온 여왕

수요일 오후, 주 측은 가장 중요한 증인 가운데 한 명을 소환했다. 이 증인은 벨 거너스가 죽었으며, 레이 램피어가 불을 질러 벨을 살해했다고 처음부터 끝까지 믿은 사람이었다. 이 증인은 바로 앨버트 스머처 보안관이었다. 증언대에 선 스머처 보안관은 "풍성한 갈색 곱슬머리에 가르마를 타고, 물방울무늬 나비넥타이를 맨 말끔한 모습이었으며, 서글서글하고 자신감 넘치는 태도로, 혈색 좋은 잘생긴 얼굴에 미소를 띠고 있었다".[10] 스머처 보안관의 증언은 그날 재판이 끝날 때까지 이어졌으며, 다음 날 아침에 재개되었는데, 검사 측이 바랐던 대로, 피고인이 유죄임을 강력하게 시사하는 증거를 담고 있었다.

스미스 검사는 우선 스머처 보안관에게 레이와 벨이 서로 악감정을 품고 있었다는 사실을 알고 있었느냐는 질문을 던졌다.

스머처 보안관은 이렇게 대답했다. "2월 중순 즈음이었을 겁니다. 거너스 부인이 제게 램피어를 고발하는 편지를 보냈습니다. 램피어가 자신을 온갖 방법으로 괴롭힌다거나, 밤마다 창가에 얼굴을 들이민다거나, 집 주위를 배회한다는 내용이었습니다."

"거너스 부인에게 뭐라고 답장을 보내셨습니까?" 스미스가 물었다.

"램피어가 계속해서 그런 짓을 한다면 체포하겠다고 편지를 보냈습니다."

"거너스 부인은 뭐라고 답장을 보냈습니까?"

"거너스 부인은 램피어가 여전히 자신을 괴롭히고 있으며, 램피어에게 해코지를 당할까 봐 두렵다는 편지를 보냈습니다."

"스머처 씨, 이 두 번째 편지를 받으신 뒤에 어떻게 조처하셨습니까?"

스머처 보안관은 즉시 레이 램피어가 가장 좋아하는 술집인 스미스 살롱에 전화를 걸어 지배인에게 "램피어가 오면 자신에게 보내라고 했다"고 당시 상황을 설명했다. 한 시간쯤 뒤에 램피어가 구치소에 모습을 드러내자 스머처 보안관은 "램피어에게 체포당하고 싶지 않다면 거너스 부인 집에 가까이 가지 말라고 이야기했다". 레이가 해고당한 뒤에 그곳에 남겨둔 자신의 연장을 챙기러 갔을 뿐이라고 항변하자, 스머처는 "경관을 대신 보내 연장을 찾아오게 하라"고 충고했다.

스미스 검사는 레이가 이 충고를 듣고 나서 어떻게 반응했는지 물었다.

스머처는 당시를 회상하며 말했다. "레이가 발을 질질 끌며 몇 걸음 걸어가다가 뒤를 돌아보더니만, 기묘한 눈빛으로 '만약 제가 그 여자에 관해 알고 있는 사실을 말한다면, 그 여자는 아주 곤란한 지경에 처할 겁니다'라고 말했습니다."

스머처 보안관에 따르면, 레이는 스머처 보안관에게 벨이 현재 "앤드루 헬길리언이라는 남자"와 사귀고 있다고 알리면서 이렇게 말했다. "그자는 사우스다코타주 애버딘에 도박장을 소유하고 있는데, 그곳에서 한 사람이 죽고, 1만 달러가 도난당하는 사건이 있었습니다. 이 헬길리언이라는 작자가 돈을 들고 튄 거죠. 그리고 벨 거너스는 이 작자를 자기 집에 머물게 했습니다." 스머처 보안관은 애버딘에 편지를 보내 이 혐의에 관해 조사했으나, "헬길리언은 맨스

지옥에서 온 여왕

필드에 근처에 사는 부유한 농부로, 평판이 좋은 사람이며, 어떤 죄목으로도 지명수배된 상태가 아니라고" 보장하는 답장을 받고, 이 사안에서 손을 뗐다.

레이와 벨의 갈등이라는 본제로 돌아와, 스미스는 스머처 보안관에게 "램피어가 거너스 부인에 의해 계속해서 체포당한 일"에 관해 무엇을 알고 있는지 물었다. 스머처 보안관의 답변은 위트 워든 변호사를 분개하게 했다.

스머처 보안관은 이렇게 말했다. "거너스 부인과 부인의 피고용인 조지프 맥슨이 레이 램피어를 체포해달라고 저를 찾아왔을 때, 맥슨은 50센티미터짜리 철괴를 들고 왔습니다. 전날 밤 농장 주변을 배회하던 램피어가 두고 간 물건이라더군요. 당시 저는 이렇게 생각했습니다. 그리고 지금도 그 생각은 변함이 없습니다. 저는 램피어가 그 철괴로 거너스 부인을 살해하려…"

얼굴이 상기된 워든 변호사는 그 즉시 자리에서 일어났다. "이의 있습니다!" 워든 변호사가 외쳤다. "이 증인은 경고를 받아야 합니다. 스머처 보안관은 증인이 해서는 안 되는 일을 하고 있습니다. 그런 일을 해서는 안 된다는 사실을 잘 알면서도 말입니다. 증인은 자신이 직접 내린 결론이 아니라 사실만을 말해야 한다는 것을 알고 있습니다! 증인은 결론을 내리는 사람은 배심원들이라는 사실을 알고 있습니다!"

이의는 받아들여졌지만, 증인이 한 말을 주워 담을 수는 없는 노릇이었다. 워든 변호사는 스머처 보안관을 반대심문했으나 큰 소득은 없었다. 스머처 보안관은 미소를 띤 채 증언대를 내려왔다. 방청객들은 스머처 보안관의 증언이 검사 측이 목표한 바를 정확하게 전달했다는 데 입을 모았다. 해리 버 달링이 말했다시피, 인디애나 주 측은 "깔끔한 스트라이크"를 기록했다.

* * *

다음으로 증언대에 선 사람은 존 위트브룩 농장에서 레이 램피어의 신병을 구속했던 리로이 마르 보안관보였다. 마르 보안관보는 자신이 왜 그곳에 왔는지 고지하기도 전에, 램피어가 벨과 자녀들이 불타는 집에서 무사히 탈출했느냐고 물었다고 증언했다. 마르 보안관보가 불이 난 사실을 어떻게 아느냐고 물었을 때, 레이는 "거너스 농장 옆"을 지나가다가 "농가 창문과 지붕에서 연기가 뿜어져 나오는 모습"을 봤다고 대답했다. 마르 보안관보가 왜 "불이 났다고 소리치지 않았는지" 묻자, 램피어는 "자기 알 바 아니라고 생각했다"는 궁색한 변명을 했다. 새하얀 얼굴들로 가득 찬 법정에서, 마르 보안관보는 사건의 세부사항을 밝힘으로써, 그렇지 않아도 미심쩍은 사람이었던 레이를 더더욱 상종 못 할 인간으로 만들었다. 마르에 따르면, 감옥에 수감된 이래로 레이는 스미스 주 지방 검사에게 취조를 받아 왔다. 그런데 두 사람이 대화하던 도중 레이 램피어가 "검둥이 리즈와 잤다"는 사실을 인정했으며, 스미스 검사에게 "이 사실을 어떤 진술서에도 넣지 말아달라"고 간청했다는 것이었다.[11]

다음으로 증언대에 선 사람은 마르의 동료 윌리엄 앤티스 보안관보였다. 앤티스 보안관보의 증언은 피고인 측에 막심한 피해를 입혔다. 앤티스 보안관보에 따르면, 레이는 "**거너스 부인이** 앤드루 헬길리언을 죽이는 장면을 목격했다"고 인정했을 뿐만 아니라, 마음 앓이를 하실 자기 어머니만 아니었더라면 "방화 혐의를 인정했을 것"이라고 진술했다. 〈시카고 이그재미너〉의 특파원이 적었다시피, 앤티스 보안관보가 "진술한 바에 따르면, 램피어가 한 말은 사실상 죄를 저질렀다는 자백이었다."

워트 워든 변호사는 짧은 반대심문을 마친 뒤, 증인을 물러가게 했다. 앤티스 보안관보가 증언대에서 내려왔을 때, 마을 시계는 막 오전 10시를 가리키고 있었다. 보안관들의 증언이라는 "가장 커다란 총을 발포한" 주 측은 이 시점에서 돌연히 진술을 마쳤다.[12]

34
무차별 난사

검사 측의 진술이 그날이 끝날 때까지 이어질 것이라고 믿었던 위트 워든 변호사는 진술을 마친다는 스미스 검사의 선언에 완전히 허를 찔렸다. 워든 변호사는 월요일 아침까지 휴회를 요청했다. 릭터 판사가 이 요청을 거부하자, 워든 변호사는 어쩔 수 없이 모두진술을 개시할 수밖에 없었다.

워든 변호사의 연설은 비록 즉흥적이기는 했지만, 해리 버 달링의 열정적인 설명에 따르면, 변호사의 웅변이 무엇인지 보여주는 본보기였다. 달링은 이렇게 보도했다. "워든 변호사는 심사숙고하며 천천히 말했다. 법정에 있는 모든 사람이 그가 한 모든 말을 똑똑히 들을 수 있었다. 몇몇 배심원은 마치 자석에 끌리는 바늘처럼, 좌석에서 일어나 연사를 향해 다가갔다. 워든 변호사가 연설을 마치자, 온 재판정이 깊은 침묵에 휩싸였다. 여자들은 다시 의자에 주저앉았고, 여자들의 얼굴 위로 기이한 빛이 비쳤다. 워든 변호사의 진술은 너무나도 훌륭해서, 방청객들은 만약 워든 변호사가 자신의

지옥에서 온 여왕

주장을 뒷받침할 목격자들을 모으는 데까지 성공했다면, 레이 램피어의 목이 보전될 것임을 깨달았다."[1]

쩌렁쩌렁 울리는 강한 목소리로, 워든 변호사는 주장의 요지를 단계별로 설명하기 시작했다. 각 단계의 요지는 모두 자신의 고객이 결백하다는 결론으로 이어졌다. 그 결론은, 벨 거너스가 화재를 일으킬 계획을 세웠으며, 자신을 대신할 여자의 시신을 준비했으며, 여전히 살아 있다는 것이었다.

"거너스 부인은 4월 28일에 일어난 화재에서 불타 죽지 않았습니다." 워든은 진술을 시작했다. "저희는 증거를 통해 잔해에서 발견된 성인 여성의 시신이 벨 거너스일 수 없다는 사실을 보여드릴 것입니다. 저희는 거너스 부인과 잘 알고 지내는 사이였던, 그 지역의 장의사 존 볼John Ball을 증인으로 준비했습니다. 존 볼은 이 성인 여성의 시신이 벨 거너스일 수 없다는 증언을 할 것입니다."

워든은 말을 이어갔다. "저희는 7월 9일 오후에 중년 남자와 함께 마차에 타고 옛집을 지나쳐 가는 벨 거너스를 본 목격자를 제시할 것입니다. 증인의 두 딸 역시 그날 벨 거너스를 목격했습니다."

"저희는 벨 거너스에게 자신의 집에 불을 지를 동기가 있었음을 보여드릴 것입니다. 저희는 4월 27일에 벨 거너스에게 일생일대의 위기가 찾아왔음을 보여드릴 것입니다. 벨 거너스는 피해자 앤드루 헬길리언의 동생 애슬리 헬길리언이 언제고 라포르테에 도착하여 조사를 시작할까 봐 끊임없이 두려워했습니다. 벨 거너스는 애슬리가 자신의 형제가 어떤 운명을 맞이했는지 알아내고, 거너스 농장에 있는 무덤에 묻혀 있다는 사실을 알아낼까 봐 두려워했습니다."

"저희는 증거를 통해 화재가 나기 전날 오후에 벨 거너스가 미니치 잡화점에 들렀으며, 그곳에서 평소보다 많은, 심상치 않은 양의 등유를 샀다는 사실을 보여드릴 것입니다."

"저희는 증언을 통해 4월 27일 오후에 벨 거너스가 라포르테 제일은행 건물 앞에서 어떤 남자와 대화를 나누었으며, 그때 '꼭 오늘 밤에 일을 처리해야 해. 그리고 당신이 그 일을 해야만 해'라고 말했음을 보여드릴 것입니다. 그날 밤, 거너스 농가는 완전히 잿더미가 되었으며, 벨 거너스의 세 자녀의 시신이 잔해에서 발견되었습니다."

"저희는 증거를 통해 화재가 나기 전 토요일에 벨 거너스가 다른 여성과 함께 마차를 타고 집에서 나갔다는 사실을 보여드릴 것입니다. 이 여성은 벨 거너스보다 몸집이 약간 작았는데, 그때 이후로 어디에서도 모습을 보인 적이 없습니다. 화재 현장에서 찾아낸 성인 여성의 시신이 이 여자가 아니라면요."

"저희는 잔해에서 찾아낸 틀니가 산산이 조각나지 않고서는 이 끔찍한 화재의 열기를 견뎌낼 수 없었음을 보여드릴 것입니다. 그러므로 잔해에서 틀니가 발견되었다는 사실은, 누군가 그곳에 틀니를 버렸거나, 화재 온도가 일반적인 견해보다 낮았음을 의미합니다. 만약 화재 온도가 생각보다 낮았다면, 여자 시체의 두개골이 불에 타 없어졌을 수가 없습니다. 저희는 닥터 노턴이 벨 거너스를 위해 만든 가공 의치를 입에서 떼어낼 수 있는 다양한 방법을 보여드릴 것입니다."

　　　　　　　　　　　　　지옥에서 온 여왕

"저희는 현지 의사들의 증언을 통해 벨의 세 자녀가 화재 때문이 아니라 스트리크닌 중독으로 사망했음을 보여드릴 것입니다. 저희는 세 자녀의 시신에서 전부 질식보다는 스트리크닌 중독에 가까운 증상이 나타났음을 보여드릴 것입니다. 저희는 이미 소개된 증언을 통해 레이 램피어가 그곳에 가서 독극물을 투여했을 수가 없다는 사실을 보여드릴 것입니다."

"거너스 부인은 세 자녀를 중독시킨 뒤, 자녀들 옆에 성인 여성의 시체를 갖다 두고, 가공 의치를 떼어낸 뒤 현장에 담겨둔 채, 그곳에서 탈출했을까요? 만약 이것이 사실이라면, 램피어는 유죄일 수 없습니다."

워든은 이렇게 진술을 마쳤다." 이 모든 증거에 힘입어, 저희는 레이 램피어가 결백하며 허위로 고소당한 피해자라는 사실을 보여드릴 것입니다."[2]

* * *

달링은 "피고인 측은 이날 아침 리볼버의 방아쇠를 당겼다"며 열변을 토했다. "이 총성은 레이 램피어의 재판이 역사 속으로 사라진 뒤에도 오래도록 릭터 판사의 법정에 메아리칠 것이다." 워든은 분명 멋지게 리볼버를 뽑아 방아쇠를 당기면서 변호를 시작했지만, 결국 목표물을 맞히지는 못했다. 워든 변호사의 첫 번째 증인은 존 H. 볼 이었는데, 볼은 라포르테의 초창기 역사를 대변하는 인물로, "라포르테 카운티에서 태어난 최초의 백인 남자"라고 불리는 유명

한 사람이었다.[3] 오랜 세월 동안 벽돌공, 목동, 광부, 미국 기병대원
으로 일했던 볼은 라포르테 최초로 장례식장을 열었으며, 훗날 은
퇴하면서 이 장례식장을 오스틴 커틀러에게 매각했다. 거너스 농장
에서 화재가 난 뒤, 74세의 볼은 커틀러에게 도와달라는 요청을 받
고, 폐허에서 시신 네 구를 수습하는 일을 도왔다.

워든 변호사는 모두진술에서 배심원들에게 볼을 주요 증인으
로 내세워 "성인 여성의 시체가 벨 거너스일 수 없음"을 보여주겠
다고 약속했었다. 그렇지만, 워든 변호사가 볼에게 "시신에 관해 아
시는 바와 벨 거너스와 평소 알고 지내셨던 점에서 미루어 볼 때, 이
시신이 벨 거너스의 시신이 맞습니까?"라는 핵심 질문을 던졌을 때,
스미스 검사는 즉시 이의를 제기했다. 그 질문은 "결론을 요구하는"
질문인데, 일반 증인인 볼에게 법률적 의견을 제시하라고 요청하는
것은 부적절하다는 이유에서였다. 이의가 받아들여지면서 볼은 퇴
장했다.[4]

점심 휴식 뒤에는 워든 변호사의 상황이 다소 나아졌다. 워든
변호사가 증인으로 준비한 여러 치과 전문의 가운데 처음으로 소환
한 닥터 조지 와서George Wasser는 웨스턴 리저브 대학교를 졸업한, 클
리블랜드의 저명한 치과의였다. 워든 변호사는 와서에게 전문가적
인 관점에서 볼 때 "잔해에서 발견된 가공 의치가 두개골을 재로 만
들 정도로 강력한 열기를 버텨낼 수 있는지" 물었다.

와서는 "그럴 것 같지 않습니다"라고 답했다.

워든은 치아 조각을 보여주며 질문을 이어나갔다. "선생님께서
보실 때, 이 치아에 틀니에 부착된 치관(크라운)을 씌웠던 적이 있습

니까?"

와서는 대답했다. "만약 이 치아에 치관이 씌어 있었다면, 크기가 전혀 맞지 않는 치관이었을 겁니다."[5]

역시나 치과 전문의였던 W. S. 피셔는 증언대에 서서 "두개골을 파괴할 정도로 강한 불길 속에서 치아가 온전히 남았을 가능성은 없다"는 데 동의했으며, "그토록 강력한 열기에 노출되었다면, 도자기로 된 부분에 균열이 생겼어야 했는데, 그런 균열이 없다"고 말했다. 또 피셔는 절제용 겸자를 보여주며, "절제용 겸자를 이용해 사람의 머리에서 생니를 잘라내는 방법"을 설명했다.[6]

워든은 온갖 증인을 뒤죽박죽 소환하면서 그날을 마무리했다. 벨의 이웃이었던 조지 라이트 부인은 자신이 욕실 창문을 통해 불길이 치솟은 모습을 봤는데, 그때 탁상시계가 "3시를 가리켰다"고 증언했는데, 이는 레이 본인의 주장에 따르면 레이 램피어가 리즈 스미스의 집을 떠나기 25분 전이었다.[7] 화재 당일에 거너스 농장을 방문했던 윌리엄 C. 위어 장의사는 목격담을 증언했다. "지하실에 있는 5갤런짜리 기름통을 봤습니다. 통은 텅 비어 있었는데, 납땜한 부분이 녹은 상태였습니다." 다시금 증언대로 불려 나온 조 맥슨이 위어의 증언이 사실임을 확인해주었다. "화재 전날 저녁에 제가 그 기름통을 집 중심부의 계단 끝에 있는 복도에 가져다 놓았습니다. 그 기름통은 불이 난 뒤에 지하실에 있었습니다."[8]

워든 변호사의 다음 수는 마치 극적인 사실을 폭로할 것처럼 보였으나, 실제로는 아무 의미도 없는 행동이었다. 워든 변호사는 자신의 상대 스미스 주 지방 검사를 증언대에 세웠다. 그러면서 지난봄에 거너스 농장의 마차 차고에서 몰래 가져간 수수께끼의 트렁크 가방에 무엇이 들었느냐고 물었다. 그렇지만 그 트렁크 가방을 법정으로 들여온 뒤 열었을 때, "드러난 것은 넥타이 몇 개와 책 몇 권, 편지 몇 통이었는데, 이 가운데 사건과 관련이 있는 것은 하나도 없었다".[9]

* * *

금요일의 상황을 보도하면서, 대다수의 신문사들은 입을 모아 워든이 훌륭한 모두진술을 하긴 했으나, 피고인 측이 그 뒤로 총기를 난사하듯 마구잡이로 일을 벌였다고 보도했다. 신문사들에 다르면, 피고인 측은 "벨 거너스가 살아 있다거나, 벨 거너스가 죽긴 했지만 화재가 일어나기 전에 독살당했다는 이론의 근거를 전혀 제시하지 못했다".[10] 그렇지만 현지에서 그날 가장 화제가 되었던 것은 변호사나 증인, 혹은 피고인과는 아무런 관계가 없는 일이었다.

화제가 된 일은 관객에 관한 것이었다.

지옥에서 온 여왕

35

악의 구렁텅이

19세기부터 20세기 초 내내, 유명한 살인 재판을 취재하는 신문 기자들은, 수많은 여성들이 살인 재판을 보러 몰려오며, 방청객 가운데 대다수가 여성인 경우가 많다는 사실에 관해 (대개 혀를 끌끌 차는 어조로) 한마디씩 하지 않는 법이 없었다. 평범한 주부나 엄마들이 이토록 소름 끼치고 추잡한 범죄에 분명한 관심을 드러냈다는 사실은, 소위 더 온화한 성이라는 여성에 관한 주류 견해를 완전히 깨뜨리는 것처럼 보였다.

램피어의 재판에서도 사정은 다르지 않았다. 외설적인 증언이 나올 것으로 예상되었기 때문에, 남자 방청객들에게만 법정 출입을 허가하려는 시도가 있었다. 그렇지만, 여성의 입장이 금지되었던 재판 첫날을 제외하면, 라포르테의 여자들은 우르르 몰려다니며 법정에 모습을 드러냈다. 시카고의 한 신문기자는 재판 셋째 날에 "수백 명의 여자가 법정으로 몰려들어 난간 안쪽에 있는, 피고인 측 사람들이 앉지 않은 좌석을 모조리 점거했다"고 보도했으며, 〈인디애나폴리스 뉴스Indianapolis News)의 기자는 며칠 뒤에 "참석한 여성의 수는 최대 400명에 이르며, 이들 가운데 다수는 멋지게 차려입고 앞 좌석을 차지하고 있었다"고 보도했다.[1]

라포르테 지역 사회의 여성 가운데 상당수가 이렇게 외설적인 사건에 빠져서 노골적으로 관심을 드러냈다는 사실이 격렬한 항의를 불러일으킨 것은 불 보듯 뻔한 일이었다. 항의를 주도한 사람은 최근 제일제자교회First Christian Church의 목사로 취임한 M. H. 개러드M. H. Garrard 목사였다. 11월 19일 목요일 아침, 개러드 목사는 "가족으로서, 그리고 직장인으로서 삶을 시작하는 법"이라는 주중 설교의 주제를 벗어나, 불같은 어조로, 우르르 몰려다니는 열광적인 여성 재판 참가자들을 비난하는 장광설을 늘어놓았다.

"수많은 여자들이 아침과 오후에 떼 지어 법정으로 몰려들었습니다. 현재 우리 도시에서 진행 중인 재판과 관련된 추잡한 이야기들을 모조리 귀에 쏟아붓기 위해서입니다. 저는 이 사실에 넌더리가 납니다." 개러드 목사는 설교를 시작하면서 라포르테에 끔찍한 악명을 불러온 사악한 이름을 언급하는 것을 의도적으로 피했다. "이 여자들은 죄악의 구렁텅이 주변에 진을 치고, 구렁텅이가 끝을 드러낼 때까지 주변에 머무르려는 듯 보입니다. 여러 남자들이 그곳에 있다는 사실 만으로도 이미 충분히 좋지 않은 일인데, 여자들이 법정 맨 앞줄에 앉아 이 추잡한 사건에 최대한 가까이 다가가려는 모습마저 보게 되다니 개탄스럽습니다. 아마 이 여자들은 법정 뒤편에 있으면, 썩어 문드러진 말이나 장면 가운데 하나라도 놓칠지도 모른다는 우려 때문에 맨 앞줄에 앉은 것 같습니다."

지옥에서 온 여왕

"이 일을 봤을 때, 저는 이런 일을 적절히 묘사하려면 어떻게 해야 할지 감이 오지 않았습니다." 개러드 목사는 쩌렁쩌렁 울리는 노성으로 말을 이어나갔다. "여자들이, 어떤 강요도 받지 않은 상태에서, 온갖 악명 높은 재판정에서 대거 모습을 드러내는 것은 이상한 일입니다. 게다가 지저분한 재판일수록 보통 참석하는 여자들이 더 늘어난다는 점 역시 이상한 일입니다. 이런 여자들에 관해 뭐라고 말해야 할까요? 이런 여자들의 정숙에 대해서는요? 또 품위에 대해서는요? 점잖게 표현하면, 이런 여자들은 고상한 부류가 아니라고 평할 수 있겠습니다."

개러드 목사는 어떤 부류의 사람들이 그토록 "지저분하고, 썩어 문드러진 사건"에 끌리는지 궁금해서, "오후에 한 번, 아침에 한 번" 법정에 방문했는데, 그곳에서 무슨 일이 일어나는지 목격하고 진저리가 났다고 했다. "한 젊은 여성은 이야기를 속속들이 들을 수 있는 곳에 편히 앉아 있었는데, 운 좋게 그런 자리를 구했다는 사실에 매우 즐거워하는 듯한 인상을 주었습니다. 대단히 즐겁다는 듯이 쩝쩝거리면서 커다란 껌을 씹고 있었거든요." 개러드 목사가 경멸로 가득 찬 목소리로 말했다. "이 여자는 마치 젖소처럼 양쪽 볼을 빵빵하게 부풀린 채 되새김질을 하고 있었고, 머리를 위아래로 까닥거리고 있었습니다."

개러드 목사는 이렇게 결론 내렸다. "저는 점잖은 여자분들이 재판정에서 거리를 두고, 재판에 참석하는 사람들에게 눈살을 찌푸려주길 바랍니다. 정숙하고, 점잖고, 교육을 잘 받은 숙녀분들은 이 악의 구렁텅이와 거리를 두시길 바랍니다."[2]

금요일 자 라포르테 지역 신문에 전부 게재된, 개러드 목사의 비판은 한바탕 소란을 일으켰다. 〈라포르테 위클리 헤럴드〉의 해리버 달링과 에드워드 몰로이 편집자에게, 개러드 목사에게 공격당한 사람들을 옹호하는 편지가 물밀듯이 몰려들었던 것이다. 기사에 따르면, 이 가운데 대표적인 편지는 "라포르테의 유명한 숙녀분"으로 알려진 저자가 보낸 것으로, 개러드 목사가 라포르테 여자들을 "비방함으로써, 자기 자신의 직업과 설교의 신성함을 더럽혔다"고 비난하는 내용이었다.

"램피어의 재판에 몇 차례 참석했던" 이 저자는 자신이 "라포르테에서 가장 점잖고 사람이 좋은 여자들을 그곳에서 봤다"고 단언했다. 게다가, "실제 재판 과정에서 누구도" 개러드 목사가 들었다고 주장한 것과 같은 "외설적이고 저질스러운 말을 심하게 하지 않았다"고 주장했다.

이 작가는 여성에게 법률 제도에 관한 교육을 받을 권리가 있다는, 당시의 페미니즘 정서와 아주 잘 맞는 자기주장을 했다. "지금은 여성이 남자들의 발밑에서 무식하게 지내는 시대가 아니다. 정의가 구현되는 모습을 보고, 재판이 진행되는 방식을 배우고 싶다는 순수한 열망을 사악한 취향을 만족시키려는 것으로 해석해서는 안 된다." 저자는 개러드 목사가 도를 넘는 발언을 함으로써, 그저 "자기 꼴을 우습게 만들었을 뿐"이라고 말했으며, 개러드 목사에게 "우리는 복음의 전도자가 마땅히 '누구에게나 자비로우며, 누구에게도 악의를 품지 않기를 바란다'"는 사실을 상기시켰다. 저자는 개러드 목사가 라포르테에 온 지 얼마 되지 않는 신참자로서 "완전한 이방인"이며, 재판에 참석한 "나무랄 데 없는 성품을 지닌, 고상한" 여성들을 헐뜯는 것은 개러드 목사의 분수에 맞지 않는 짓이라는 통렬한 말로 편지를 마무리했다.[3]

* * *

개러드 목사의 설교에 열받은 사람은 여자들만이 아니었다. 〈라포르테 위클리 헤럴드〉지는 "남편들도 이의를 제기하다"라는 제목의 기사를 냈다. 다음은 라포르테에 사는 익명의 신사가 보낸 분개한 편지이다. 저자는 앞서 편지를 보낸 사람들에게 동조하여, 최근에 라포르테에 온 개러드 목사에게 그토록 광범위한 비난을 가할 자격이 없다고 주장했다. "그 목사 양반은 이 아름다운 도시에 오랫동안 거주하지 않았습니다. … 라포르테 숙녀들의 취향이나 욕망에 관해 이래라저래라할 만한 자격이 없단 말입니다." 그러고 나서는 자신이 배운 교훈에 관한 장황한 강의를 늘어놓았다. 일부는 복음의 전도자를 맹렬히 비판하는 내용이었고, 일부는 아내를 정중히 변호하는 내용이었으며, 일부는 미국의 여성들을 찬미하는 내용이었다.

다른 많은 여자들이 그러했듯이, 내 아내는 거너스 재판에 참석했습니다. 그런데 지금, 난데없이 나타난 M. H. 개러드 목사와 다른 사람들이 내 아내와 재판에 참석한 다른 여자들이 정숙하지도, 점잖지도, 고상하지도 않다고 말하고 있습니다. 한마디로 존경할 만한 숙녀가 아니라는 거지요. 개러드 목사는 앞장서서 사람들이 라포르테의 '더 온화한 성gentler sex'이 실은 지저분하고 썩어 문드러진 것들에 열중하는 음탕한 사람들이라고 믿게 하고 있습니다. ⋯ 개러드 목사가 한 짓에 비한다면, 오만이나 뻔뻔함, 비평가들의 "불손한 비평" 따위는 그저 멍청한 짓거리에 불과할 뿐입니다. 대체 언제부터 이 작가가 우리 여자들의 정숙함과 점잖음, 고상함을 심판하는 법관이 된 것입니까? ⋯

　나는 우리 미국 여자들의 용기와 착실성에 찬사를 보냅니다. 우리는 모두 미국 여자들의 숭고한 정신과 강인한 영혼을 자랑스러워해야 합니다. 미국 여자들은 일상의 온갖 어려움에 쉽게 굴하지 않습니다. 만약 우리 여자들이 예민하고 나약했다면, 오래전에 진작 무너졌을 겁니다. 그리고 나는 거너스 재판에서 증언한 남녀들이 어쩔 수 없이 한 "야하거나" 부적절한 말 가운데, 목회자들이 춤이나 매춘 등 민감한 주제에 관해 이야기하면서 한 말보다 정말로 더 저속하고, 부패하고, 외설적인 말이 있었는지 모르겠습니다. ⋯

　나는 여성의 호기심이, 듣고 배우려는 열망이, 남성의 삶에서와 마찬가지로, 삶을 이루는 정당한 요소라고 생각합니다. 그리고 진정으로 점잖고 정숙하며, 분별을 갖춘 여자라면, 거친 세상의 온갖 점잖지 못한 일들을 견뎌낼 것이라 믿습니다. ⋯ 개러드 씨는 재판정에서 교화를 포함해, 다른 곳에서 볼 수 있는 사람들과 똑같이 도덕적인 사람들을 만날 수 있을 겁니다. 내 아내는 훌륭한 여성으로서 재판에 참석했으며, 여전히 훌륭한 여성으로서 재판정에서 나왔습니다. 진정한 미덕을 갖춘 사람은 어디에서나 믿을 수 있는 법

입니다. 나는 아무런 걱정 없이 내 아내를 믿을 수 있습니다. … 개
러드 씨에게는 내 아내를 심판할 자격도, 권한도 없습니다.

저자는 개러드 목사가 설교 중에 재판정 앞줄에 앉은 젊은 여
성을 비꼬면서 "악의적"이고, "신사답지 않으며," 이루 말할 수 없
을 만큼 "모욕적"인 방식으로 묘사했다고 결론 내렸다. 저자는 최대
한의 분노를 담아 이렇게 적었다. "내 생각에 그 젊은 숙녀는 … 개
러드 씨가 묘사한 것보다 훨씬 나은 일에 종사하는 사람일 겁니다.
개러드 씨는 우리 여성들의 품성에 관해 터무니없고, 불경하며, 이
유 없는 모욕을 내뱉었습니다. 그리하여 설교 시간을 남의 험담을
일삼는 길거리 수준으로 끌어내려 버렸습니다."[4]

* * *

손가락을 가로젓게 만드는 개러드 목사의 설교에, 모든 사람들
이 분노로서 응답한 것은 아니었다. 라포르테에 사는 작가 몰리 롱
Mollie Long은 대신 우스꽝스러운 시를 지었다. 〈라포르테 위클리 헤럴
드〉에 실린 이 가벼운 시는, 한 여성 저자가 시카고에 사는 친구 베
시 쇼트에게 보내는 편지 형식으로 쓰였다.

친애하는 베스에게, 라포르테에서,
바로 지금, 우리는 생동감 넘치는 시기를 보내고 있어.
미스터리한 "거너스 사건"의 재판이

법정에서 진행 중이거든.

이 사건을 담당할 배심원들을 찾아냈대.

모든 면에서 적합한 사람들이라네.

이 사건에 관해 어떤 생각을 했던지,

이 사람들은 입도 뻥끗해선 안 된대.

우리는 그 여자가 살아 있는지 아닌지 몰라.

죽었는지 아닌지도 모르고.

달아나긴 했는지, 언제 달아났는지도 몰라.

자기 머리를 들고 갔는지 아닌지도 모르고.

그렇지만 이것만큼은 알아. 그 여자는 자기 틀니를 두고 갔어.

대부분 금으로 만든 틀니인데,

우리가 재판정에 갈 때마다

이야기가 들려오더라고.

어떤 목사가 우릴 심하게 꾸짖었어.

그런 데 누가 가느냐고. 뭐, 맞는 말일지도 몰라.

그런데 이 목사가 다니는 곳은 어째

꼭 그 여자가 다닐 법한 곳이야.

그래서 법정에 또 구경하러 갔어.

지옥에서 온 여왕

무슨 신기한 일이 벌어지나 지켜보려고.

틀니가 불 속에서 타버리는지,

아니면 새것처럼 멀쩡히 나오는지 궁금했거든.

친애하는 베스야, 그런 다음에 나는 집에 돌아왔어.

무슨 일이 있었는지 편지로 다 알려줄게.[5]

* * *

조롱을 받고 무시를 당했음에도, 개러드 목사는 물러서지 않았다. 다음번 설교에서 개러드 목사는 "라포르테시에서 가장 뛰어난, 진짜배기 여성들"에게 "최대한의 존중"을 표했다. 개러드 목사는 자신이 전에 한 말은 "병적인 호기심 때문에" 재판에 빠져든, "특정한 부류의 여성들"에게만 해당한다고 못 박았으며, 이런 여성들은 "기괴하고 선정적인 것에서 즐거움을 느끼기에," 순전히 "흥밋거리를 갈망하여" 법정에 "양 떼처럼 몰려들었다"고 주장했다.

여성에게 재판에 참여함으로써, "법이 집행되는 방식을 배울" 특권이 있다고 주장한 저자를 지칭하면서, 개러드 목사는 자신이 여성 인권의 수호자라고 자칭했다. 그러면서도 여성의 적절한 역할에 관한 완고하기 이를 데 없는 주장을 계속해서 펼쳤다. "저는 절대 여성의 자유를 억압하고 싶지 않습니다. 그렇지만 자유가 방종을 뜻하지는 않습니다. 주께서 남자와 여자를 창조하셨다는 제 믿음을 다시금 말씀드리겠습니다. 주께서는 남자를 더 강하게 만드셨으며, 남자가 특정 분야를 지배하게끔 하셨습니다. 주께서는 여자에게 특유한 본성을 주셨고, 여자를 가정에 머무르게 하셨으며, 가정을 주재하는 영혼이 되도록 하셨습니다. 여성의 힘은 온화함과 동정심, 순결함, 원칙에 대한 헌신, 사랑으로 발현됩니다." 개러드 목사는 거너스 부인의 재판이나 (유명한 건축가 스탠퍼드 화이트를 살해한) 해리 소우의 재판 같은 선정적인 재판에 이끌리는 특정한 여성들이 느끼는 비정상적인 충동은, "수많은 이혼 재판"이 일어나는 원인이며, 국가의 도덕성을 파괴한다고 주장했다.[6]

* * *

개러드 목사의 위협에는 눈에 띄는 효과가 있었던 듯하다. 개러드 목사가 처음으로 신문에서 장광설을 늘어놓은 지 하루 뒤였던, 11월 22일 토요일 오후, 그 어느 때보다도 많은 여성들이 재판정에 모습을 드러냈다. 〈시카고 데일리 저널〉의 특파원에 따르면, "이는 상당 부분 M. H. 개러드 목사가 전에 재판에 참석했었던 방청객들을 공격한 데 기인했다".[7]

지옥에서 온 여왕

36

퍼레이드

다음 이틀 동안, 법정에서는 증인 퍼레이드가 이어졌다. 벨 거너스가 여전히 살아 있으며, 벨 거너스가 자신의 죽음을 위장했고, 레이 램피어는 벨 거너스의 공범이 아니라는 주요 주장을 지지하기 위해서, 피고인 측이 수많은 증인들을 불러왔기 때문이다.

벨의 이웃, 대니얼 허트슨은 자신이 두 어린 딸 에벌리나와 엘도라와 함께, 7월 9일에 벨 거너스가 "낯선 남자"와 함께 거너스 농장의 과수원을 거니는 모습을 봤다는, 대중에 널리 알려진 이야기를 반복했다.

허트슨은 이렇게 말했다. "저는 길가에 있었습니다. 건초 더미를 갖고 마을에서 돌아오는 길이었죠. 그러다가 거너스 농장에서 두 사람을 봤습니다. 먼 거리였지만 한눈에 그 여자임을 알아볼 수 있었습니다. 그 여자의 체형과 느릿느릿 움직이는 특유의 발걸음을 알아봤거든요. 저는 다른 여자가 그런 식으로 걷는 모습을 단 한 번도 본 적이 없습니다. 저는 말을 재촉하여 그 여자가 달아나기 전에 언덕에 있는 과수원으로 올라가려고 했습니다. 그런데 그 여자가 저를 먼저 봤습니다. 그러고는 그 남자와 함께 마차로 달려가 마차에 올라타더니만, 큰길을 향해 쏜살같이 질주하더군요. 저는 6미터 거리에 있었습니다만, 그 여자의 얼굴을 쉽게 알아볼 수 있었습니다."

반대 심문을 하는 동안 허트슨은 그 여자가 "챙이 넓은 모자"를 쓰고 있었으며, 하나는 검고 하나는 흰 "뺨까지 드리우는" 두 겹의 베일을 쓰고 있었다는 사실을 인정할 수밖에 없었다. 그런 상황에서 어떻게 "그 여자의 얼굴을 쉽게 알아볼 수 있었느냐"는 질문은 아주 흥미로운 질문이었다. 허트슨은 자신이 "거너스 부인을 아주 잘 알기 때문에 착각했을 리 없다"는 주장을 고집스럽게 반복했다.[1]

* * *

벨의 다른 이웃인 존 앤더슨은 증언대에서 잔해에서 발견된 목 없는 시체가 벨 거너스가 아닌 다른 뚱뚱한 여자의 시신이며, 벨이 이 여자를 농장으로 꾀어내 살해한 뒤 자신을 대신하게 했다는 이론을 제시했다.

앤더슨은 불이 나기 전 토요일 아침에 자신이 정원에서 꽃에 물을 주고 있었는데, 거너스 부인이 마차를 타고 지나가다가 잠시 멈춰 자신과 이야기를 나누었다며 당시를 떠올렸다. 그에 따르면 거너스 부인 옆에는 "낯선 여자"가 앉아 있었다. 앤더슨은 "몸집이 큰 여자였습니다. 그렇지만 거너스 부인만큼 크진 않았죠"라고 말

지옥에서 온 여왕

했다.

워든 변호사는 앤더슨에게 "그 여자를 다시 본 적이 있습니까?"라고 물었다.

앤더슨은 고개를 홰홰 가로저으며 말했다. "다시는 보지 못했습니다."

* * *

워든 변호사는 레이 램피어가 아닌 다른 누군가가 벨의 살인 사업 파트너라는 자신의 주장을 뒷받침하기 위해서 프레드 리트먼을 소환했다. 신문사들은 리트먼을 "뜻밖의 증인"이라고 묘사했다. 리트먼은 벨이 예전에 고용했던 농장 일꾼으로, 화재가 난 뒤로 여태까지 수개월 동안 근황을 알 수 없는 사람이었기 때문이다. 리트먼은 어느 날 오후에 있었던 기묘한 일을 이야기했다. 그날은 벨의 공모자가 희생자를 마차에 태워, 희생자를 중독시키고, 죽이고, 새로 판 구덩이에 묻어버릴 수 있는 "죽음의 농장"으로 데리고 온 날이었다(최소한 워든 변호사는 배심원들이 그렇게 믿기를 바랐다).

리트먼은 2년 전 당시에 옥수수밭을 경작하던 도중에 일어난 일을 설명했다. "거너스 부인께서 제일 아끼는 말에 올라탄 뒤 시내로 간다고 하시더군요. 출발하기 전에 부인은 제게 누군가 찾아오거든 즉시 자신에게 알리고, 잘 대접하라고 하셨습니다. 연락이 오면 바로 돌아오겠다고 하셨죠."

리트먼은 말을 이었다. "잠시 뒤, 쏜살같이 달리는 커다란 초록

색 자동차가 차도에 나타났는데, 차에서 두 사람이 내렸습니다. 한 명은 노인이고 한 명은 중년 남자였는데, 체격이 썩 좋지는 못했습니다. 두 사람에게 인사말을 건넨 뒤 무슨 일로 오셨냐고 물었습니다. 그러자 즉시 벨 거너스 부인을 만나야겠다고 답하더군요. 저는 두 사람에게 부인께서 집에 안 계신다고 설명한 뒤, 안으로 들어와 쉬고 계시라고 말씀드렸습니다."

"저는 다시 옥수수밭을 경작했는데, 한 시간쯤 지나자 거너스 부인께서 돌아오셨습니다. 집에 오자마자 부인은 굴착기를 가지고 제게 와 말씀하셨습니다. '구멍을 하나 파주세요.'"

"저는 '어떤 구멍 말씀입니까?'라고 물었죠."

"부인께서는 '벽돌 건물의 토대를 세울 구멍이면 됩니다. 내일 석공이 올 거예요.'라고 말씀하셨습니다. 부인은 제게 구덩이를 팔 위치를 보여주신 뒤 구덩이 귀퉁이에 말뚝을 박아 표시를 남기셨습니다. 그런 뒤 '1.7미터 깊이로 파세요'라고 하셨죠."

"당시에는 미처 생각지 못했는데, 딱 무덤 크기더군요."

리트먼은 그날 퇴근하기 전에 돈을 받기 위해 집으로 들어갔더니 벨과 두 남자가 테이블에 와인 몇 병을 놓고 부엌에 앉아 있는 모습을 발견했다며 이야기를 계속해나갔다. 리트먼 자신도 와인 반 잔을 받았는데, 리트먼은 와인에 "약을 탄 것 같다"는 너무도 "수상한" 느낌을 받았다.[2]

* * *

지옥에서 온 여왕

다음 증인은 치마 공장에서 일하는 젊은 여공 루이스 개클Louise Gackle 부인이었다. 개클 부인은 라포르테에서 거너스 농장으로 이어지는 직행로인 파크애비뉴에 살았는데, 배심원들이 벨 거너스가 공범과 함께 농가에 불을 지른 뒤 농가에서 탈출했다고 믿게 하고자 증인석에 불려 나왔다.

개클 부인은 4월 28일 이른 아침에 약을 먹으려고 일어났다고 했다. 지난 며칠간 몸이 좋지 않았기 때문이었다. 침대 옆에 있는 시계를 보니 새벽 3시를 가리키고 있었다. 바로 그때, 개클 부인은 "창문에서 불이라도 난 듯 붉은빛이 새어 나오는 것"을 알아차렸다. "저는 창가로 다가갔습니다. 거너스 농장에서 불이 났더군요." 개클 부인이 창밖을 봤을 때, 캔버스 톱이 달린 빨간 자동차가 거너스 농장이 있는 방향으로부터 쏜살같이 달려오고 있었다. 다른 증인이 주장했다시피, 그날 아침 늦게 "동일한 차량이, 혹은 이와 외견이 일치하는 차량이 호바트 타운과 벨퍼레이조 타운을 지나가는 모습이 발견되었다".[3]

＊ ＊ ＊

조 맥슨은 증언대에 다시 불려 나와, 만약 배심원들이 믿는다면 검찰 측에 심각한 타격을 입힐 만한 증언을 했다. 조 맥슨은 자신이 5월 19일 아침에 루이스 슐츠 광부가 "이를 찾았소!"라고 외쳤을 때 바로 옆에 있었다고 진술했다. 그런데 맥슨에 따르면 (그리고 똑같은 증언을 한 맥슨의 처남 아이자이어 알더퍼에 따르면), 슐츠는 잿더미에서 틀니를 찾아낸 것이 아니라, 자기 조끼 주머니에서 틀니를 꺼냈다. 그러고 나서 슐츠는 "틀니를 다시 주머니에 집어넣었다. 스머처 보안관은 점심 무렵에 모습을 드러냈다. 그러자 슐츠가 틀니를 꺼내 보안관에게 건넸다".

이 증언에 반박할 수 있는 최적의 인물은 당연히 슐츠 본인이었으나, "클론다이크 영감"은 여전히 행방이 묘연했다.[4]

* * *

월요일에 소환된 증인들은 이 밖에도 몇 명이 더 있었다. 닥터 보 보웰은 "증거물로 제시된 치관이 4월 28일에 일어난 화재에서 무사했을 리가 없다"는 전문가적 견해를 내놓았다. 예전에 화장터에서 일했던 W. H. 루드위그는 "화씨 3000도(약 1600도)에서 사람의 시신을 완전히 화장하려면 두세 시간이 필요하며, 두개골의 경우에는 맨 마지막에 탄다"고 증언했다. 윌리엄 P. 밀러 카운티 위원은 "거너스 농가 지하실에서 널찍한 돌을 찾았다"고 증언했다. 밀러 위원은 "돌을 들어 올리자 구멍이 있었는데, 사람의 두개골이 그 안에 숨겨져 있는 것처럼 보였다. 그런데 그 두개골이 사라졌다"라고 증언했다.[5]

피고인 측에는 마지막으로 소환할 대단히 중요한 증인이 있었다. 이 증인은 러시 의과대학에서 일하는 닥터 월터 S. 헤인스Walter S. Haines였다. 월요일 재판의 정오 휴정 직전, 워든 변호사는 닥터 헤인스가 내일까지 라포르테에 도착하지 못한다는 소식을 전했고, 릭터

지옥에서 온 여왕

판사는 화요일 오후까지 휴정하겠다고 선언했다. 화요일은 배심원들이 재판의 최후 진술을 들을 날이었다.

37

화학자

　닥터 월터 스탠리 헤인스는 미국 남성의 기대 수명이 49세였던 시절에 72세까지 장수하기는 했지만, 성인 시절의 상당 부분을 환자로 지냈으며, 심신을 쇠약하게 하는 호흡기 질환을 앓았다. 이런 어려움에도 불구하고, 닥터 헤인스는 놀랍도록 활동적인 삶을 살았다. 월터는 1850년에 존 C. 헤인스의 아들로 태어났다. 아버지 존 헤인스는 월터가 어린 시절에 두 차례 시카고시의 시장으로 당선되었다. 월터 헤인스는 시카고 의과대학에서 의사 수련을 받기 전에 매사추세츠 공과대학교에 다녔다. 1874년, 월터 헤인스는 러시 의과대학교에 화학 교수로 취임했으며, 그곳에서 50년 동안 교수 생활을 하면서 온갖 세대의 졸업생들 사이에서 존경받는 인물이 되었다.[1]

　1884년 무렵, 닥터 헤인스는 대단한 명망을 누리는 인물이 되었는데, 유명 인사로서 신문 광고에서 유명 브랜드의 베이킹파우더를 선전하는 일을 맡을 정도였다. "저는 최근에 로열 베이킹파우더를 검사해보았습니다. 불순물이나 유해한 성분이 전혀 없더군요."[2] 닥터 헤인스의 추천사는 미국 식품의약국FDA이 창설되기 전까지 소비자들이 제품의 품질에 관해 심각하게 걱정했었다는 사실을 잘 보여준다. 10년 뒤에도 닥터 헤인스는 여전히 신문 광고에서 베이킹파우더를 홍보했다. "'저는 로열 베이킹파우더가 모든 면에서 우수하다는 사실을 알아냈습니다. 로열 베이킹파우더는 가장 순수하고 가장 강력한 베이킹파우더입니다.' 월터 S. 헤인스, 의학 박사, 시카고 보건국 화학 고문."[3]

독극물에 관한 권위자였던 덕분에, 닥터 헤인스는 당시 초창기였던 과학수사 분야를 선도하는 인물이 되었다. 마찬가지로 저명한 인사였던 두 공동 저자와 함께, 닥터 헤인스는 두 권짜리 《법의학 및 독물학 교본Text-Book of Legal Medicine and Toxicology》을 편찬했다. 이 교과서는 "총상"이나 "성 본능에 따른 정신 도착증," 그리고 전문 학술지의 평론가에게 극찬을 받았던 "화학 물질과 불을 이용해 인체를 파괴하거나 파괴하려는 시도" 등의 주제를 챕터별로 다룬 선구적인 작품이었다.[4]

길고 뛰어난 경력을 쌓아가는 동안, 닥터 헤인스는 선정적인 살인 사건에 끈임없이 관여했다. 닥터 헤인스는, 아내를 살해한 뒤 시신을 소시지를 만드는 데 쓰는 통에 넣어 용해했다는 혐의로 기소된 시카고의 소시지 제조업자 아돌프 뤼트게르트Adolph Luetgert의 재판에서 증언했고, 여러 차례 감옥에 수감되었으며 교수대에서 "내가 바로 잭 더…!I am Jack the...!"라는 마지막 말을 남긴 토머스 닐 크림 Thomas Neill Cream의 재판에서도 증언했고, 백만장자 토머스 H. 스위프

Thomas H. Swope에게 우편으로 스트리크린 독극물을 배송했다는 혐의로 기소된 닥터 베넷 파크 하이드의 새판에서도 증언했다.[5]

* * *

화요일에 열리는 레이 램피어의 재판에서 닥터 헤인스가 할 것으로 예상되는 증언은 공공연한 비밀이었다. 미국 약전United States Pharmacopeia 개정 위원회에 속했던 닥터 헤인스는 업무차 워싱턴 D.C.에 들렀다가 며칠 전에 라포르테에 도착했는데, 신문사들은 닥터 헤인스가 "잔해에서 발굴한 시신에서 독극물을 발견했다"는 증언을 할 거라고 보도했다.[6]

이 저명한 독극물 학자의 증언을 듣고 나면, 배심원들은 벨이 자신이 저지른 범죄가 발각될까 두려워 자식들을 죽인 뒤 자살했다는 자연스러운 결론에 도달하리라. 적어도 워든과 동료 변호사는 그렇게 되길 바랐다.

닥터 헤인스는 겨우 30분 남짓 증언대에 서서 이렇게 설명했다. 닥터 헤인스는 5월 27일에 맥 검시관이 보낸 밀봉된 항아리 몇 개를 받았는데, 항아리 하나에는 벨과 두 자녀의 위가 들어 있었다. 항아리를 열자, 세 사람의 위가 너무나도 심하게 부패하여 "뒤죽박죽 뒤섞여 있었는데, 꼭 걸쭉한 진흙처럼 보였다. 본래 위벽에 속했던 섬유 몇 가닥을 관찰할 수 있었다. 할 수 있는 유일한 분석은 곤죽이 된 내용물을 한꺼번에 분석하는 것이었다. 닥터 헤인스는 이 악취가 진동하는 곤죽을 섞어 "균일한 상태로 만든 뒤 3분의 1을 덜

어내어 검사했다".[7]

닥터 헤인스는 이렇게 증언했다. "대량의 비소와 스트리크닌이 검출되었습니다. 검출된 스트리크닌은 세 사람을 죽음으로 몰고 가기에 충분한 양이었습니다."

"독극물이 한 사람의 위에 들어 있었는지, 혹은 둘이나 세 사람 전부의 위에 들어 있었는지는 알아낼 방법이 없다"는 타당한 의견 하나를 제외하고는, 닥터 헤인스의 증언은 워든 변호사가 바랐던 바를 모두 이루어주었다.

그리고 반대 심문 시간이 돌아왔다.

"위를 검사한 세 사람이 스트리크닌 중독으로 사망했다"고 자신 있게 답할 수 있느냐는 질문에 닥터 헤인스는 그렇지 않다고 답하며 이렇게 설명했다. "사후에 위에서 발견된 독극물은 대체로 죽음의 원인이 된 독극물이 아닙니다. 죽음을 부른 독극물은 이미 흡수되어 멀리 떨어진 혈관으로 이동했을 터이기 때문입니다." 그러면서 닥터 헤인스는 "자신이 받은 장기들의 상태를 고려했을 때, 사인을 확정할 방법이 없다"는 말을 덧붙였다.[8]

스미스 검사는 열흘 동안 "시신들이 시체 공시소에 있었으며, 수백 명의 사람들이 시체를 봤다"고 언급하면서, 이 기간 동안 "시신의 위에 스트리크닌 독극물이 주사되었을 가능성이 있는지" 물었다.

닥터 헤인스는 그럴 가능성이 있다고 인정했다. "살아 있을 때와 마찬가지로, 사후에 독극물을 투입하는 것은 손쉬운 일입니다."[9]

그다음으로 증언대에 오른 사람은 검사 측이 닥터 헤인스의 증언을 반박하기 위해 소환한 라포르테의 장의사 오스틴 커틀러였다. 〈시카고 이그재미너〉의 특파원이 보기에 커틀러의 증언은 "재판을 우스꽝스러운 익살극"으로 만들었다. 그렇지만, 피고인 측 입장에서 보기에 커틀러의 증언은 희극과는 거리가 멀었다.

커틀러 장의사가 증인 선서를 마치자마자, 스미스 검사는 시신을 독성 물질로 처리한 적이 있는지 물었다.

커틀러는 이렇게 답했다. "왜 아니겠습니까. 예, 제가 시체들에 독을 발랐습니다. 진작에 그 질문을 하실 줄 알았는데, 이상하게도 묻질 않으시더군요. 시체가 제 공시소에 머무르는 동안, 방부처리용 포르말린 용액을 2갤런 정도 뿌렸고, 시신 보존용 비소를 15파운드 정도 발랐습니다."

스미스 검사는 슬며시 미소 지었다. "그 일을 하신 게 부검 전이었습니까? 그러니까, 세 사람의 위가 항아리에 담겼을 때 이미 화학 처리를 마치신 상태였습니까?"

"왜 아니겠습니까. 당연히 그랬죠." 커틀러 장의사는 그토록 당연한 질문을 받아 놀랐다는 투로 답했다.

스미스 검사는 "커틀러 씨, 어째서 여태껏 이 사실을 알려주지 않으셨습니까?"라고 물었다.

커틀러가 외쳤다. "아무도 안 묻길래요. 그래서 비소에 관해 말하지 않았죠. 화재 다음 날 아침에 그 여자와 세 자녀의 시체가 실려 왔을 때, 누구도 제게 별말을 하지 않았어요. 그 사람들이 한 말이라고는 시체를 시카고로 보낼 준비를 하란 것뿐이었죠. 거기서 화장을 할 거라면서요. 저희 업계에서는 시체를 배송하려면 방부처리를

지옥에서 온 여왕

해야 한다는 것은 상식입니다. 방부처리를 안 하면 기차에 실어주
질 않아요. 그 시체들은 너무 심하게 불타서 여느 때 쓰는 방법으로
는 방부처리를 할 수가 없었습니다. 그래서 비소를 왕창 뿌렸죠."

커틀러 장의사의 증언은 한편으로는 검사 측이 바랐던 대로 시
체에서 왜 비소가 검출되었는지에 관한 다른 설명을 제공했지만,
다른 한편으로는 시체에서 왜 치사량의 스트리크닌이 검출되었는
지에 관해서 아무런 설명을 제공하지 못했다. 위든 변호사는 즉시
닥터 헤인스를 다시 증언대에 세운 뒤 "스트리크닌이 시체 보존제
나 방부액으로 쓰였는지" 물었다.

이 저명한 화학자는 "스트리크닌에는 살균 효과나 보존 효과
가 없습니다"라고 답했다.

닥터 헤인스의 답변은 커틀러가 입힌 피해의 일부를 무효로 만
들었다. 그렇지만, 전체적으로 봤을 때, 닥터 헤인스는 피고인 측 입
장에서 실망스러운 증인이었다. 〈디트로이트 프리 프레스Detroit Free
Press〉는 "피고인 측 전문가, 검사 측을 돕다"라는 제목으로 그날 열
린 재판을 보도했다. 닥터 헤인스는 "잔해에서 발견된 시신 네 구의
사인이 질식이나 화상이 아닌 중독"이라고 분명하게 증언하지 못했
다. 이는 피고인 측 입장에서 볼 때 작은 문제가 아니라, 한 신문사
가 보도했다시피 "치명타"였다.[10]

38
최종 변론

11월 25일 수요일, 곧 다가올 휴일을 기념하여, 〈아르거스 불레틴〉은 1면 한가운데에 제일장로교회의 존 B. 도널드슨 목사가 쓴 "우리가 감사해야 하는 이유"라는 제목의 수필을 실었다. 도널드슨 목사는 우선 "추수감사절을 만든, 근엄하고 충직한 영혼인" 뉴잉글랜드의 청교도들과 추수감사절을 국경일로 선포한 에이브러햄 링컨 대통령을 기린 뒤, 미국의 "시민 단체와 상업 기관, 정치 기구"와 미국의 강직한 공직자들, 그리고 미국인의 "정의롭고, 양식 있는" 국민들에게 감사를 표했다. 감사의 범위를 점차 고향 주변으로 좁히면서, 도널드슨 목사는 "라포르테의 발전에 대해, 뛰어난 학교와 올곧은 애국심에 대해, 늘어나는 공장과 넓어지는 시장에 대해, 좁은 길이 대로가 되고 고속도로가 카운티 전체에 깔리는 것에 대해, 쓰레기장을 아름답게 꾸며주는 관목들과 우물에서 병충해가 일어나지 않게 하여 신선한 식수를 공급해주는 물풀에" 연이어 감사를 표했다.

지옥에서 온 여왕

도널드슨 목사는 그 무엇보다도, 사랑하는 공동체에서 끔찍한 저주를 풀어준 주님께 감사했다. "우리는 방문자들에게 생지옥을 선사했던 그 주홍색 집을 불태워주신 주님을 찬양합니다." 도널드슨 목사는 진심으로 감사하는 마음으로, "두 대륙을 달궈놓은 우리 고장의 스캔들이 잠잠해지는 날이 다가올 것"이라고 예견했으며, 거너스 사건이 지나간 일이 되면, 라포르테는 예전처럼 세간에서 잊히는 축복을 받을 것이라고 주장했다.[1]

* * *

신문 전면에는 도널드슨 목사가 쓴 수필과 함께, 해리 버 달링이 그날 열린 재판에 관해 쓴 기사가 실려 있었다. 모든 증언이 끝나고, 최종 변론을 할 시간이 다가옴에 따라, 달링은 여느 때처럼 과하게 공들인 비유를 써가며 상황을 요약하고 정리했다.

11월 25일 이날, 레이 램피어의 목숨을 건 진짜 전투가 벌어졌다. 사건을 평가할 배심원단을 선정하는 데는 나흘이 걸렸다. 증거물을 살펴보는 데는 열흘이 걸렸다. 이 열흘 동안 양측은 각각 함대를 준비했다. 검사 측은 막강한, 1등급 전함을 건조했다. 반면 변호 측은 어뢰정이나 잠수함 같은, 다수의 작은 군함을 이용하여 적에게 피해를 입히고, 적의 기동을 방해하여 적이 아군에게 심각한 피해를 입히지 못하게 하는 전술을 택했다.

달링은 이렇게 결론 내렸다. "그렇지만, 전함의 장갑은 적 함대가 발포한 수 없이 많은 이론들을 튕겨낼 만큼 두꺼운 것으로 판명되었다."[2]

* * *

그날 배심원들에게 연설을 한 사람은 스미스 검사의 동료 마틴 서덜랜드였다. 배심원들의 "건전한 상식"에 호소하면서, 서덜랜드 검사는 재 속에서 발견된 여자 시체가 벨 거너스가 아니라는 피고인 측의 주장을 조롱하며 연설을 시작했다. 조 맥슨의 증언을 통해, 불이 났던 날 밤에 거너스 농가에 있었던 사람은 벨이 고용한 일꾼 조 맥슨을 제외하고는 벨 거너스와 세 자녀뿐이었다는 사실이 입증되었다는 것이었다. 다음 날 아침, "잔해에서 시신 네 구가 발견되었습니다. 정상적인 상식을 지닌 사람이라면, 누구나 발견된 시체들이 그곳에 살던 사람이라고 생각할 겁니다".

서덜랜드 검사는 눈에 띄게 빈정대는 태도로, 발견된 틀니에 관해 말했다. "쉽게 빼낼 수 있는 틀니가 아닙니다. 이 부분 의치는 벨 거너스의 자연 치아에 부착되어 있었습니다. 그런데도 변호 측은 여러분에게 허트슨 씨의 상상력을 받아들이라고 요구합니다. 이 사람은 베일 두 겹 너머로 벨 거너스의 얼굴을 알아봤다고 증언한 사람입니다. 벨 거너스가 라포르테로 와서 마차를 빌린 다음에 살인 현장에 나타났다니, 그것참 그럴듯한 이야기네요. 안 그렇습니까? 배심원석에 계신 신사 여러분, 여러분의 상식을 믿으시길 바랍

지옥에서 온 여왕

니다. 그 상식을 이용하신다면, 합리적인 의심을 넘어 코퍼스 딜릭타이(범죄의 구성요건)가 성립한다는 사실을 알게 되실 겁니다.”

동기가 무엇이냐는 다음 주제로 넘어가서도, 서덜랜드 검사의 목소리에서는 여전히 빈정거림이 넘쳐흘렀다. 서덜랜드 검사는 피고인 레이 램피어가 겉으로 보기에는 상냥하지만, 사람을 죽일 만큼이나 깊은 앙심을 품는 사람이라고 묘사했다. 그러면서 벨 거너스는 앤드루 헬길리언과 함께 램피어를 배신했으며, 앤드루를 살해하는 현장을 램피어에게 발각당했을 때 입을 다무는 대가로 돈을 주기로 하였으나 그 약속을 지키지 않았으므로, 레이 램피어가 벨 거너스에게 복수했다고 주장했다.

“우리는 램피어가, 게으름뱅이 램피어가, 술주정뱅이 램피어가, 놈팡이 램피어가 벨 거너스의 침실에 드나들었다는 증언을 들었습니다. 우리는 앤드루 헬길리언이 램피어를 대신하여 벨 거너스의 애정을 독차지했다는 증언을 들었습니다. 용의자 램피어는 이 사실에 질투심을 느꼈습니다. 램피어는 벨 거너스의 안락한 침대 대신 리즈 스미스의 딱딱한 침대를 쓰고 싶지 않았습니다.”

서덜랜드 검사는 말을 이어갔다. “앤드루 헬길리언은 1월 14일에 실종되었고, 그 뒤로 다시는 모습을 드러내지 않았습니다. 램피어는 벨 거너스가 지시했음에도, 미시간시티에 머무르지 않았습니다. 그날 밤 램피어가 본 장면은 헬길리언을 자기 앞에서 치워버리고 싶다는 자신의 욕망을 충족시켜주는 장면이었습니다. 헬길리언의 시체를 앞에 두고 협약이 맺어졌을 겁니다. 두 사람 사이에서 어떤 협약이 맺어졌는지에 관한 명확한 증거는 없습니다만, 우리는 벨 거너스가 램피어에게 돈을 건네주는 데 동의했을 거라고 추측할 수 있습니다. 여러 영수증을 살펴보면, 램피어는 벨 거너스에게 노동의 대가를 전부 받았습니다. 그런데도 램피어는 벨 거너스가 자신에게 갚아야 할 돈이 있다고, 벨 거너스에게 복수할 거라고 소리 높여 외치고 다녔습니다. 벨 거너스는 이 협약을 지키지 않았고, 램피어에게 핏값을 충분히 내놓지 않았습니다. 그리고 4월 28일 아침, 램피어는 횃불로 거너스 농가에 불을 질러, 벨 거너스와 세 자녀가 불타는 용광로에서 끔찍한 죽음을 맞이하게 했습니다."

서덜랜드 검사는 램피어가 화재가 일어나기 직전에 보인 행동으로 미루어 볼 때, 레이 램피어는 틀림없이 유죄라고 주장했다. "저희는 불이 나기 하루 전에 램피어가 벨 거너스를 쫓아다녔다는 사실을 알아냈습니다. 벨 거너스는 눈물을 흘리며 미니치 잡화점에 들어가 식료품을 샀습니다. 램피어는 5센트짜리 씹는 담배를 산다는 구실로 잡화점에 들어갔습니다. 램피어는 벨 거너스가 잡화점을 나서자, 벨 거너스를 노려보며 쫓아갔습니다."

"4월 28일 아침에 레이 램피어가 범죄를 저질렀음을 보여주는 증거가 뭐냐고요? 우리는 램피어가 불이 나기 전에 거너스 농장 주변에 숨어 살금살금 돌아다녔으며, 불이 난 직후에도 똑같은 행동을 했다는 사실을 확인했습니다. 우리는 램피어가 마르 보안관보와 앤티스 보안관보에게 각각 한 이야기가 서로 모순된다는 사실을 알고 있습니다. 램피어는 여러 보안관에게 처음에는 이렇게 말하고, 다음에는 저렇게 말했습니다. 그리고 최종적으로는 앤티스 보안관보에게 방화를 저질렀다고 사실상 자백했고요."

지옥에서 온 여왕

"이만하면 충분합니다!" 서덜랜드 검사는 처음으로 목소리를 높였다.

서덜랜드 검사는 변호 측을 빈정대며 변론을 마쳤다. "이제 변호 측에 관해 말해보죠." 서덜랜드 검사는 어처구니없다는 태도로 어깨를 으쓱했다. "혹시 변호 측이 대체 무슨 말을 하는지 이해하시는 분이 계신다면, 저희 검사들보다도 머리가 좋은 분이실 겁니다. 변호 측은 어떤 증인을 내세워서 벨 거너스가 살아 있음을 입증하려고 한 다음에 곧바로 다른 증인을 내세워 벨 거너스가 죽었음을 입증하려고 합니다. 한 증인을 통해 틀니를 뽑아 화재 현장에 두고 갔다고 입증하려는 동시에 다른 증인을 통해 이 틀니가 벨 거너스의 틀니가 아니라고 입증하려 듭니다. 피고인 측 전문가는 세 사람의 위에서 독극물이 대량으로 발견되었다고 증언했습니다만, 커틀러 씨는 자신이 유독성 액체를 시체에 뿌렸다고 증언했습니다."

"저희는 여러분께." 서덜랜드 검사는 시작점으로 돌아와 변론을 마쳤다. "이 모든 사실을 종합하여 큰 그림을 살펴보시고, 건전한 상식을 활용하시라는 당부를 드립니다."[3]

* * *

이다음에는 워트 워든 변호사의 동료 엘리스워스 위어가 변론을 시작했다. 라포르테의 2선 상원의원이자 시장으로 선출된 저명한 정치가의 아들인 위어 변호사는, 그 자리에 있는 것 자체가 행운인 사람이었다. 위어 변호사는 몇 년 전에 있었던 이혼 소송에서 젊은 클리블랜드 여자, 루이즈 브릴 부인을 변호했는데, 분노한 남편 조지프는 아내와 "지나치게 친밀하게 굴면서, 아내를 내게서 뺏어 가려 한다"는 이유로 위어 변호사를 고소했으며, 결국 위어 변호사를 아주 가까운 거리에서 총으로 쏴버렸다. 미국 중서부 전역의 신문사들은 위어 변호사가 "치명상일 가능성이 있는" 상처를 입었다고 보도했다. 그러나 라포르테 의사들의 극진한 보살핌을 받고, 위어 변호사는 결국 완전히 회복했다.[4]

이제, 위어 변호사는 서덜랜드 검사가 이토록 중요한 사건을 "풍자극으로 전락시켰다"고 공격하며, 검사 측이 "현세기 최대의 법적 곡예비행을 하고 있다"고 분노한 목소리로 비난했다. 서덜랜드 검사는 상식을 운운한 주제에 자기 자신부터 "공상의 세계로 날아가 버렸으며," 레이 램피어가 앤드루 헬길리언 살인 사건과 관계가 있다는 순전히 허구인 이야기를 늘어놓았다는 것이었다. 위어 변호사는 조롱을 시작했다. "서덜랜드 검사는 벨 거너스가 앤드루 헬길리언을 살해하는 모습을 목격하는 장면을 상상 속에서 그렸습니다. 그러더니만 두 사람이 공범이었기 때문에 서로 죽이고 싶어 했다네요!"

위어 변호사는 벨 거너스에게 범죄 행위를 도운 공모자가 있었으며, 이 공모자가 결국 벨 거너스를 "제거하려는 의도"를 품었을 가능성이 있다는 데 수긍했다. 그렇지만 램피어가 벨 거너스의 공범이라는 가설에는 동의하지 않았다. "이 가설은 순전히 추측에 불과합니다. 단순한 추측만으로 피고인을 교도소나 교수대로 보내서는 안 됩니다!"

지옥에서 온 여왕

위어 변호사는 틀니 문제로 주제를 옮기면서 검사 측이 왜 루이스 슐츠 광부를 증언대에 세우지 않았는지 궁금해했다. "슐츠 씨는 지금 어디에 있습니까? 검사 측은 왜 슐츠 씨를 이곳에 데려오지 못했습니까? 슐츠 씨는 가장 중요한 증인인데요!" 또 어째서 닥터 노턴이 "틀니의 설계도를 만들었으며," 스머처 보안관에게 "틀니가 발견되기 2주 전"에 설계도를 주었는지 물었다. 위어 변호사는 시간을 충분히 들여가며, 틀니가 "위조되었으며, 진품을 대체했을지도 모른다"고 은근히 암시했다.

그런 다음에는 독약 문제에 관해 말했다. "서덜랜드 검사가 일축한 독약 문제는 어떻습니까? 장의사가 순수한 비소 가루를 썼다는 점은 인정합니다. 그렇지만, 저명한 의사 헤인스는 세 사람을 죽이기에 충분한 양의 스트리크닌이 발견되었다는 증언을 했습니다. 램피어가 살인죄를 저질렀다면, 램피어는 집 안에 침입한 뒤, 독약을 주입하고, 벨 거너스와 세 자녀를 지하실로 옮긴 다음, 건물에 불을 질렀어야 했을 겁니다. 그러나 램피어에게는 집에 들어갈 방법이 없었습니다. 문이 단단히 잠겨 있었거든요!"

진술이 끝나갈 무렵, 감정이 복받친 위어 변호사의 목소리가 점차 쉬어갔다. "우리 모두 범죄가 일어났다는 데 동의합니다. 그리고 만약 범인을 체포한다면, 우리가 훌륭한 시민으로서 유죄를 선고해야 마땅하다고 생각합니다." 그러나 저는 레이 램피어가 실제로 저지른 죄로 고소되었다고 생각하지 않습니다. 여태까지 알아낸 바에 따르면, 레이 램피어가 범한 잘못은 수많은 남자들이 그러하듯이, 때때로 술을 마셨다는 것뿐입니다. 레이 램피어가 그 밖의 잘

못을 저질렀다는 증거가 없습니다. 레이 램피어는 나쁜 사람일지도 모릅니다. 그러나 이 범죄를 저지르지는 않았습니다. 그리고 레이 램피어가 이 범죄를 저지르지 않았다면, 신사 여러분들께서는 마땅히 이 자를 무죄 방면해줘야 합니다."

변론의 마지막 부분을 할 때쯤 위어 변호사의 뺨을 타고 눈물이 흘러내렸다. "내일은 추수감사절입니다. 배심원 여러분들은 내일이면 역할을 마치고 집으로, 가족의 품으로 돌아가시겠지요. 만약 여러분들이 유죄를 선고하신다면, 이 남자에게는 아무것도 남지 않을 겁니다! 깊이 생각해주십시오! 한 사람의 생명을 앗아가고, 파멸시키기 전에 심사숙고해주십시오!"[5]

* * *

다음은 워든 변호사의 차례였다. 워든 변호사는 자신의 의뢰인 레이 램피어에 관해 다른 사람들이 말해준 감동적인 이야기를 전했다. "램피어는 마치 형제를 위해 싸우듯이, 죄수를 위해 싸웠습니다. 저는 레이 램피어의 구명을 청원합니다. 저는 제 아무리 높은 분을 위해서라도 목숨을 내놓지 않을 것입니다만, 레이 램피어를 위해서라면 목숨을 바칠 수 있습니다." 워든 변호사의 웅변은 해리 버 달링에게서 유난히 머리를 긁적이게 만드는 찬사를 끌어냈다. 달링은 "스미스 검사가 지핀 활활 불타는 화톳불에 맞서고자, 워든 변호사는 배심원들을 '내화fireproof 상태'로 만들기 위해 할 수 있는 모든 것을 했다"고 칭찬했다.[6]

　　　　　　　　　　　　지옥에서 온 여왕

워든 변호사는 배심원단에게 합리적 의심이란 개념을 설명하며 변론을 시작했다. 워든 변호사는 "레이 램피어에 대한 소송이 전적으로 정황증거에 따라 이루어졌다"고 강조했다. "그러므로 여러분은 레이 램피어가 유죄라는 기소장에 적힌 설명이 아니라, 두 눈으로 증거를 보고 레이 램피어가 유죄라는 것 이외에는 증거를 설명할 합리적인 방법이 없다고 납득하셔야만 합니다. 만약 그렇지 않다면, 레이 램피어에게는 무죄로 방면될 자격이 있습니다."

워든 변호사는 검사 측의 요지가 처음부터, 그러니까 벨 거너스가 화재 속에서 사망했다는 주장부터 의문에 여지가 있다고 주장했다. 워든 변호사는 "저는 벨 거너스가 살아 있다고 굳게 믿습니다"라고 단언했다. "벨 거너스는 화재를 저지를 만한 충분한 동기를 갖고 있었습니다. 애슬리 헬길리언이 형제를 찾으러 오고 있었기 때문이죠. 벨 거너스는 불을 낼 준비를 했습니다. 유언장을 작성할 때도, 자기 자식들이 모두 죽은 경우, 자신의 재산을 어떻게 처분할지에 관한 조항을 집어넣었습니다. 솔직하게 말씀드리면, 저는 D. M. 허트슨 씨와 허트슨 씨의 두 딸이 한 증언을 믿습니다."

워든 변호사는 말을 이었다. "시신 네 구는 어떻게 된 거냐고요? 저는 시신 네 구가 2층에서 떨어졌는데도, 여전히 나란히 모여 일렬로 선 상태로 발견되었다는 사실을 믿을 수 없습니다. 시체들 위에서 피아노 잔해가 발견되었습니다. 만약 우리가 주 측의 주장을 믿는다면, 시체들이 2층에서 떨어질 때 피아노를 앞지르고 지하실에 먼저 떨어졌다고 믿는다는 소리입니다!"

배심원들의 마음속에 의혹을 더 불어넣기 위해서, 워든 변호사는 새로운 이야기를 넌지시 들이밀었다. 그것은 조 맥슨이 어떤 식으로든 벨 거너스의 사악한 계획에 연루되었다는 이야기였다. "저는 조 맥슨이 그가 말하기로 마음먹었던 것보다 더 많은 사실을 알고 있다고 봅니다. 저는 조 맥슨이 밤새도록 옷을 입고 있었다고 믿습니다. 저는 조 맥슨이 소리치지도 않았으며, 불이 났다고 외치지도 않았으며, 이웃들을 부르지도 않았다고 믿습니다."

틀니에 관해 말하면서, 워든 변호사는 닥터 노튼이 "편파적인" 증언을 했다고 일축했다. "저는 이 틀니가 단 한 번도 불길 속에 있었던 적이 없다고 말씀드리겠습니다!" 워든 변호사는 "틀니가 발견된 정황부터, 현재 상태까지," 틀니와 관련된 것들은 모조리, 배심원단이 벨 거너스가 불길 속에서 죽었다고 확신하게 만들려는 악마적 계획의 일부라고 암시했다.

워든 변호사는 이어서 "레이 램피어가 1월 14일에 거너스 농장으로 돌아갔다는 존 라이의 증언"을 반박하면서 "이 증언을 반박하는 램피어의 진술서를 크게 읽었다".

워든 변호사는 "감정이 고조된 상태로" 마지막 말을 전했다. "저들은 램피어가 범행을 자백했다고 말합니다. 여러분, 램피어가 실제로 앤티스 보안관보에게 허위 자백을 했다고 가정해보십시오. 그렇다면 거짓말을 했다는 죄로 램피어를 목매다실 겁니까? 만약 그렇다면, 우리는 모두 사형을 집행할 준비를 해야 합니다! 그렇지만, 만약 여러분께서 양심이 시키는 바에 따른다면, 그리고 법과 증거에 따른다면, 어떤 평결을 내리실지 추호도 의심하지 않습니다!"[7]

　　　　　　　　　　　　　지옥에서 온 여왕

* * *

　마지막 변론은 스미스 주 지방 검사의 몫이었다. 피고인 측 변호인의 열정적인 목소리와는 대조적으로, 스미스 검사는 편안한 대화체로 변론을 시작했다. 스미스 검사는 신파극을 연출하려 들지 않았다. 적어도 처음에는.

　"저는 정치 연설을 하려고 이곳에 온 것이 아닙니다. 저는 이 사건에 관해 여러분께 몇 마디 말씀드리고 싶을 뿐입니다. 저는 레이 램피어가 농가에 불을 질렀으며, 사람들이 불타 죽게 했다는 사실을 합리적 의심의 여지가 없을 때까지 보여드릴 것입니다."

　동료 검사 서덜랜드와 마찬가지로, 스미스 검사는 피고인 측의 주장이 도리가 없을 만큼 뒤죽박죽이라고 일축했다. "저는 피고인 측이 대체 이 사건에 관해서 어떤 이론을 갖고 있는지 상상조차 못하겠습니다. 피고인 측은 벨 거너스가 살았다고 하다가도, 곧바로 죽었다고 하니까요." 검사 측이 전적으로 "정황증거"에 의존하여 레이 램피어를 고소했다는 워든 변호사의 비난을 언급하면서, 스미스 검사는 자신이 모두진술에서 했던 발언을 반복했다. 스미스 검사는 "당연히 정황증거만 있을 수밖에요!"라고 외쳤다. "어떤 사람이 집에 불을 지르거나, 범죄를 저지르면서, 사전에 통보하거나, 관악대를 불러 요란하게 홍보하겠습니까?"

　스미스 검사는 워든 변호사의 다른 비난에도 대응했다. 워든 변호사가 취한 공격 방식을 그대로 돌려주는 식이었다. "피고인 측은 루이스 슐츠는 어딨느냐고 물었습니다. 그러니, 저희도 물어야겠습니다. 검둥이 리즈는 어디 있습니까? 피고인 측은 왜 검둥이 리즈를 통해 알리바이를 입증하지 않았습니까? 피고인 자신의 진술에 따르면, 피고인은 2킬로미터를 가는 데 1시간 45분이 걸렸는데, 대체 그동안 무얼 하고 있었습니까? 만약 진술한 시간이 정확하지 않다면, 왜 검둥이 리즈를 데려오지 않았습니까? 리즈는 사실을 알고 있을 텐데요. 대체 왜 피고인 측은 그 여자를 데려오지 않았단 말입니까?"

"닥터 노턴이 틀니에 관해 진실만을 말했다는 것을 부정하는 증거는 어디에 있습니까?" 스미스 검사는 말을 이어나갔다. "이 틀니가 벨 거너스를 위해 제작되었으며, 벨 거너스가 틀니를 차고 있었으며, 틀니가 불길 속에 있었다고 증언한 사람은 바로 피고인 측이 증인으로 내세운 전문가들입니다."

서덜랜드 검사와 마찬가지로, 스미스 검사는 뺨까지 드리우는 베일을 두 겹이나 하고 있었는데도, 벨의 얼굴을 쉽게 알아볼 수 있었다는 대니얼 허트슨의 주장에 콧방귀를 뀌었다. 다음으로는 자신이 어째서 레이 램피어가 앤드루 헬길리언을 살해하는 데 연루되었다고 믿는지 간략하게 설명했다.

그러던 도중, 갑자기 극적인 장면이 연출되었다. 스미스 검사가 돌연히 배심원석에서 몸을 돌리더니만, 레이 램피어를 손가락으로 가리키며 소리 높여 고함쳤던 것이다. "당신은 대체 왜 존 라이에게 그 늙은 여자에게 복수하겠다고 했소? 당신은 대체 왜 앤티스 보안관보에게 당신을 걱정하는 노모만 아니라면 방화를 저질렀다고 인정했을 거라고 했소? 당신은 대체 왜 한밤중에 거너스 농장 주

지옥에서 온 여왕

변을 돌아다녔소? 그리고 어째서 그곳에 있었다고 시인하고, 무단 침입에 대한 벌금을 지불했소?"

맹렬할 공격을 받은 레이가 어떻게든 흔들리지 않은 척을 하려고 애쓰는 모습을 보며, 스미스 검사는 다시금 배심원들을 향해 돌아섰다. 스미스 검사는 비록 주 측이 벨 거너스가 살해되었음을 입증하는 데 시간과 공을 잔뜩 들이긴 했지만, 자신이 벨 거너스에 관해 그다지 신경 쓰지 않는다는 사실을 분명히 했다. 스미스 검사가 신경 쓴 사람은 "지옥 그 자체보다도 타락한 여자"가 아니었다. "제 마음을 움직인 것은, 벽 뒤에 숨어 있다가 슬며시 기어 나와 집에 불을 지른 남자 때문에 죽은 무고한 세 자녀입니다!"

스미스 검사의 마지막 말에는 정당한 분노가 담겨 있었다. 청중은 대부분 부모였기에, 스미스 검사의 말이 울려 퍼졌을 때, 피 끓는 분노를 느끼지 않은 사람이 드물었다. "여러분께 말씀드리겠습니다. 레이 램피어가 합리적 의심의 여지 없이 유죄라고 믿지 않으시는 분은 유죄 선고를 내리지 마십시오. 저는 여러분께 이 사악한 여자를 지지하라고 말씀드리려는 것이 아닙니다. 그저 제게는 신의 이름으로, 세 명의 무고한 아이를 대변하여, 탄원할 권리가 있다는 말씀을 드리려는 것입니다!"[8]

* * *

배심원단에게 지침서를 읽어주면서, 릭터 판사는 "합리적인 의심"이 무엇인지 정의했으며, 피고인이 직접 증언을 하지 않았다고

해서 "어떤 형태로든 피고인에게 불리한 추정을 해서는 안 된다"고 강조했다. 그리고 정황증거는 "직접 증거나 적극적 증거와 마찬가지로 확실한 입증력을 가지고 있다고 간주해야 한다"고 설명했다. 릭터 판사는 배심원단에게 법에 따라 여러분은 다음 평결 가운데 하나를 내놓아야 한다고 말했다.

1급 살인죄 유죄 - 사형
1급 살인죄 유죄 - 무기징역
2급 살인죄 유죄 - 무기징역
고살죄 유죄 - 최소 2년에서 최대 21년 형
방화죄 유죄 - 최소 2년에서 최대 21년 형
무죄

릭터 판사가 지침서를 읽는 데 15분이 걸렸다. 추수감사절 전날 오후 5시 30분, 배심원들은 심의를 시작하기 위해 법정을 떠났다.[9]

지옥에서 온 여왕

39
평결

다섯 시간 동안 열띤 토론과 만장일치에 이르지 못한 다섯 차례의 투표가 이어지면서, 배심원단이 쉽사리 결정을 내릴 수 없다는 사실이 명백해졌다. 배심원단은 결국 밤 10시 45분에 곯아떨어졌으며, 추수감사절이었던 다음 날 아침 숙의를 재개했다.

그날 배심원단은 릭터 판사에게 두 차례에 걸쳐 추가 정보를 요청했다. 그리고 본 법정은 지침서를 다시 읽어주는 것 외에는 더는 해줄 수 있는 것이 없다는 답변을 받았다. 두 차례 모두 배심원 열두 사람은 줄지어 법정으로 돌아가, 배심원석에 앉은 뒤, 릭터 판사가 읽어주는 지침서를 처음부터 끝까지 골똘히 들었다.

그 무렵, 배심원단이 평결을 내리지 못하고 교착 상태에 빠졌다는 소문이 퍼져나갔다. 열두 배심원은 오후까지 숙의를 계속했고, 다른 참가자들은 추수감사절 만찬을 갖기 위해 해산했으며, 아무도 없는 법정은 불이 꺼졌다.

땅거미가 지기 시작할 무렵, 평결을 기다리며 길가를 서성이던

한 무리의 신문 기자들이 법정 창문에서 갑자기 쏟아져나오는 불빛을 보았다. 배심원단이 평결을 내려 답신하려 한다는 소문이 순식간에 퍼져나가면서, 사람들이 구름처럼 몰려들었다. 이 소문이 헛소문이라는 사실이 명백해졌을 때, 법정은 이미 몰려든 군중으로 가득 찬 상태였다. 실상은, 앤티스 보안관보가, 호기심에 악명 높은 재판 현장을 보려고 다른 도시에서 찾아온 친구들을 법정에 데리고 간 뒤 전등을 켠 것이었다.

마침내 저녁 7시가 다 되어서, 배심원단은 매츠 집행관에게 자신들이 열아홉 번째 투표에서 드디어 합의에 도달했다고 알렸다. 저녁 식사 후 15분이 지났을 때이자, 숙의 시작 후 26시간이 지났을 때였다.

릭터 판사와 검사와 변호사들에게 이 소식을 알린 뒤, 매츠 집행관은 법정의 전등을 켰다. 이들이 법정에 도착했을 무렵, 법정은 사람들로 가득했다. 좌석은 만원이었으며, 수많은 사람들이 복도를 가득 메우고, 벽에 등을 기대고 서 있었다. 몇 분 뒤, 앤티스 보안관보는 레이 램피어를 감옥에서 데려온 뒤, 레이 램피어가 평결을 듣고 "허튼짓"을 하지 못하게끔 바로 뒷좌석에 앉았다.[1]

저녁 7시 20분, 배심원들이 법정으로 몰려와 배심원석에 앉자, 법정에 정숙 명령이 울려 퍼졌다.

"배심원 여러분, 합의에 도달하셨습니까?" 릭터 판사가 물었다. 그러자 배심원장 헨리 밀스가 자리에서 일어나 자신들이 합의에 도달했지만, "평결문 낭독 전에 성명을 발표하고 싶다"고 말했다. 릭터 판사는 자신에게는 "배심원에게 평결문을 받고, 낭독하기 전까지는 어떤 진술이든, 진술을 들을 권한이 없다"고 답했다.

밀스 배심원장이 새하얀 종잇조각을 매츠 집행관에게 건네고, 매츠 집행관이 이를 릭터 판사에게 전하는 몇 분간 팽팽한 긴장감이 감도는 침묵이 이어졌다. 소송 사건 일람표docket에 평결을 기록한 뒤, 릭터 판사는 목소리를 가다듬고 평결을 낭독했다.

"우리는 피고인에게 방화죄로 유죄를 선고합니다."

어떤 소요도 용납하지 않겠다는 경고를 들었던 관중들은 침묵한 채 평결을 들었다. 레이 램피어의 얼굴은 처음에 붉게 물들었으나, 이윽고 하얗게 질렸다. 레이를 가까이에서 살펴본 이들은 "레이의 손이 약간 떨리고 있음"을 눈치챘다. 레이 램피어는 이 밖에 어떤 반응도 내보이지 않았다. 반면, "마치 죄수 본인보다도 더 큰 충격을 받은 것처럼 보였던" 램피어의 두 변호사는 "도저히 참지 못하겠다는 듯이" 거센 항의를 하러 앞으로 나아갔다.[2]

평결을 낭독한 뒤, 릭터 판사는 밀스 배심원장에게 여전히 성명을 발표하고 싶은지 물었으나, 밀스 배심원장은 "이제는 아무 소용이 없습니다"라며 거절했다. 열두 배심원은 릭터 판사와 스미스 검사에게 "사건을 사려 깊고 양심적으로 숙고해주서서 감사하다"는 말을 들은 뒤 해산했다. 그리고 릭터 판사는 마침내 레이 램피어에게 자리에서 일어서라고 명령했다.

릭터 판사는 "당신이 이 형을 선고받으면 안 되는 이유를 설명하고 싶습니까?" 라고 물었다.

"인제 와서 할 말은 없습니다." 레이의 얼굴은 초췌했고, 눈은 풀이 죽어 있었으며, 몸 앞쪽으로 가지런히 모은 양손은 "마치 족쇄를 채운 듯했다".

그 말을 듣고, 릭터 판사는 레이에게 미시간시티에 있는 주 교
도소에서 2년에서 21년간의 부정기형(不定期刑, indeterminate term)*
을 선고했으며, 벌금 5000달러를 부과했고, 선거권을 5년 동안 박탈
했다. 그런 뒤 법정은 보안관보에게 레이 램피어를 카운티 교도소
로 호송하라고 명령했다.[3]

* * *

〈라포르테 위클리 헤럴드〉의 에드워드 몰로이는 레이가 유죄
선고를 받으면서, 이 사건이 "세계에서 가장 유명한 살인 재판 가운
데 하나가 되었다"고 선언했다. 몰로이의 기사에는 상당한 과장과
자신의 고향 라포르테가 얻은 새로운 악명에 대한 자부심이 뒤섞여
있었다.

온 도시와 마을의 사람들이 재판을 지켜보고 있었다. 제아무리 먼
곳에 사는 사람들이라도, 전보와 우편, 편지를 이용할 수 있는 사람
들이라면, 심지어 길 위에서조차 재판에 이목을 집중하고 있었다.
재판이 시작된 바로 그 순간부터 그랬다. 사람들은 신문 기사를 한
줄도 빼먹지 않고 집어삼키듯 읽으면서, 사건에 관한 온갖 이론을
만들어냈다. 신문사와 신문 협회는 독자들에게 전할 소식을 얻기

---

*   형기를 정확히 정하지 않고, 상한선과 하한선을 정하여 선고하는 방식.

지옥에서 온 여왕

위해 미친 듯이 노력했다. 릭터 판사가 평결을 낭독한 지 2분도 채 지나지 않아, 이 소식을 전하는 전보가 전신을 타고 동서남북 모든 방향으로 날아갔다. 그리고 이 소식은 유럽과 다른 대륙까지 전해 졌다.[4]

그날 밤 감옥에서 몰로이가 진행한 인터뷰에서 레이는 자신의 운명을 받아들인 듯이 보였다.

"일이 더 꼬였을 수도 있습니다. 딱히 불만은 없습니다. 증거가 제게 상당히 불리했으니까요. 군말 없이 평결을 받아들일 생각입니 다. 물론, 저는 무죄 방면을 바라긴 했지만요. 그래도 제 양심은 깨 끗하니, 그것을 위안으로 삼을 생각입니다."

재판이 열리는 동안 제기되었던 논란의 여지가 있는 질문들 가 운데 일부를 해결하기를 바라면서, 몰로이는 레이에게 "당신이 그 날 아침에 불을 지르지 않았다면, 대체 왜 불이 난 것을 보고 사람들 을 깨우지 않았습니까?"라고 물었다.

"글쎄요. 당시에 앞으로 무슨 일이 일어날지, 제가 어떤 처지에 놓일지 알았더라면, 사람들에게 알렸을 것 같습니다. 저는 겁에 질 려서 해서는 안 되는 일을 했습니다. 그래서 의심을 샀고요."

"벨 거너스가 죽었다고 생각하십니까, 살았다고 생각하십니 까?" 몰로이가 물었다.

"오, 그 여자는 죽었어요. 이제 만족하십니까? 화재 현장에서 찾은 시신은 그 여자와 자녀들의 시신입니다." 레이가 답했다.

"레이, 궁금한 게 있습니다." 몰로이가 말했다. "미시간시티에서 돌아온 날 밤에 그러니까, 앤드루 헬길리언이 실종된 밤에 대체 무엇을 보셨습니까?"

레이는 강한 어조로 말했다. "저는 아무것도 보지 못했습니다."

몰로이는 그 이야기를 더 듣고 싶어서 레이를 재촉했으나, 레이는 입을 꾹 다물더니만 자신의 변호사 워트 워든이 "아무 자백도 하지 말라"고 했다고 설명했다.

"그게 무슨 상관입니까? 당신은 이미 유죄 선고를 받았는걸요. 당신을 다시 재판대에 세울 방법은 없습니다." 몰로이가 말했다.

레이는 그저 고개를 가로저으면서, 변호사가 자신에게 지시한 바에 따랐다.

＊ ＊ ＊

몰로이가 떠나자, 레이는 스머처 보안관에게 어머니에게 보낼 편지를 쓰고 싶으니 종이와 펜, 잉크를 달라고 청했다.

레이의 편지는 이렇게 시작한다. "사랑하는 어머니께. 제가 어떻게 지내는지 알려드리려고 몇 줄 적습니다."

법정에서 형을 선고받고, 이제 막 돌아왔습니다. 상황이 불리하기는 했지만, 실망스러운 마음을 금할 수 없네요. 그렇지만 엄마, 사람들이 어떻게 생각하든, 저는 무죄입니다. 신께 맹세코 저는 결백합니다. 엄마, 제 걱정은 하지 마세요. 상황이 더 안 좋을 수도 있었어요. 수감된 뒤로 제가 그 여자가 만든 묘지에서 발견되지 않은 게 기적이라고 여러 차례 생각했어요. 그러니 엄마, 제 걱정은 마세요. 저는 살아남았고, 양심에 거리낌도 없으니까요. 그저 제가 누구에게도 심하게 나쁜 짓을 하지는 않았다는 사실만 알아주세요. 엄마, 분명 마음이 매우 아프실 거예요. 그렇지만 제가 결백하다는 사실에서 위안을 얻으시길 바라요. 물론 저는 고난을 겪겠지만, 만약 제가 실제로 죄를 지었더라면, 이보다 배는 힘들었을 거예요.

"엄마, 기운 내세요. 제 걱정은 마시고, 종종 뵈어요. 잘 지내세요. 아들, 레이."[5] 그렇게 편지는 끝이 났다.

목요일 밤, 재판이 끝나면서 무슨 일이 일어날지 모른다는 긴장감에서 해방된 레이는 달게 잤다. 레이가 쓴 편지는 다음 날 아침, 레이가 스머처 보안관의 사무실로 불려갈 때까지 발송되지 않은 채였다. 잠시 뒤, 레이의 누이인 펄 스틸 부인과 어머니가 사무실에 들어왔다. 두 사람이 레이에게 인사를 건네기 위해 사우스벤드에서 기차를 타고 온 것이었다.

스머처 보안관은 이 슬픈 자리를 위해 사무실을 내어주었다. 딸에게 부축을 받은 채, 70세 노모는 아들을 꼭 껴안으며 펑펑 눈물을 흘렸다.

"레이야, 나는 네가 무죄인 걸 안단다." 레이의 노모가 흐느끼며 말했다. "어미는 여전히 너를 믿는단다."

레이의 눈에 눈물이 어렸지만, 레이는 자기 감정을 억눌렀다.

잠시 뒤, "살아생전에 다시는 자기 아들을 보지 못할지도 모른다"는 사실을 깨달은 70세 노모는 쓰러지다시피 하며 사무실 밖으

로 끌려나갔다.[6]

* * *

램피어는 태연하게 운명을 받아들였을지도 모르지만, 워트 워든 변호사는 그렇지 않았다. 워든 변호사는 분노를 마구 발산했다. 감옥 앞에서 기자들과 한 아침 회견에서 워든 변호사는 "우스꽝스러운" 평결이라며 맹렬한 비난을 퍼부었다.

워든 변호사는 씁쓸하게 말했다. "그런 평결이 나올 이유나 증거가 전혀 없었습니다. 저희는 월요일에 재심을 요청할 겁니다. 만약 재심 신청이 기각된다면, 대법원에 상고할 겁니다."

워든의 진정성을 의심하는 사람은 아무도 없었으나, 항소가 실제로 있을 것 같지는 않았다. 우선, 항소장을 제출하는 데만 500달러라는 거금이 들기 때문이었다. 게다가, 이 사건이 대법원에 전해지려면 최소 2년이 걸리는데, 〈라포르테 위클리 헤럴드〉가 적었다시피, 그 무렵에는 "레이 램피어의 최소 형량이 채워지므로, 차라리 가석방을 노리는 편이 낫기 때문"이었다. 게다가 혹여 항소appeal에서 평결이 번복된다고 하더라도, 나아가 주 정부 측이 그 결정에 승복하여 재심(new trial 혹은 retrial)을 신청하지 않겠다고 결정하더라도, 레이 램피어가 자유인으로서 풀려날 가망은 거의 없었는데, 이미 스미스 검사가 레이 램피어를 앤드루 헬길리언 살해 혐의로 기소할 준비를 하고 있다고 공언한 상태였기 때문이었다. 레이 램피어의 변호사들이 냉정함을 되찾으면, "자신들의 의뢰인이 더 심한

지옥에서 온 여왕

형벌을 받지 않은 것은 순전히 운이며, 그러므로 … 램피어를 위한
다면, 그들이 할 수 있는 최선의 일은 가능한 우아하게 평결을 받아
들이는 것"이라는 사실을 깨달을 거라고 논평가들은 입을 모았다.[7]

* * *

배심원단의 평결은 타협의 결과였다. 배심원 열 명은 레이에게
2급 살인죄로 무기징역 형을 선고하려 했으나, 배심원 두 명이 이에
따르지 않고 완강히 버텼다. 배심원 한 명은 방화죄로 유죄를 선고
하려 했으며, 한 명은 무죄 방면하려고 했다.[8] 미국 중서부 신문사들
의 논설위원들은 평결이 법적으로 보나 논리적으로 보나 그다지 타
당하지 않다는 데 의견을 모았다. 대표적인 논평가 한 사람의 말을
빌리자면, "재판에서 이상한 평결이 나왔다"는 것이었다.

배심원단의 평결에 따라, 레이 램피어는 방화죄로 유죄를 선고받았
으나, 대화재 속에서 불타 죽은 벨 거너스와 세 자녀를 살해한 죄에
대해서는 무죄를 선고받았다. 피고인 레이 램피어는 어떻게 방화죄
로 유죄를 선고받으면서도 살인죄에는 무죄 판결을 받았을까? 램피
어가 일으킨 화재의 결과로 사람이 죽었는데 말이다. 이를 상상하
려니 머리에 쥐가 나는 기분이다. … 상황이 이러니 레이 램피어가
방화죄에 유죄라는 평결은 정의에 대한 조롱이며, 일관성이 전혀
없는 엉터리 평결로 볼 수밖에 없다.[9]

끝까지 버티는 레이의 변호인들을 제외하면, 사실상 모든 사람이 배심원단이 램피어에게 너무 가벼운 형을 내렸다고 느낀 듯했다. 어떤 저자는 〈시카고 데일리 뉴스Chicago Daily News〉에서 만약 벨 거너스가 램피어 대신 재판을 받았더라면, 아마 이 배심원들은 벨 거너스가 무허가 묘지를 운영했다는 점을 제외하면 무죄라고 판결했을 것이라고 재치 있게 말했다.[10]

한 논설위원은 이와는 의견이 달랐다. 그는 램피어가 살인죄로 유죄를 선고받아야 한다는 데 동의했으나, 피해자가 "여자 오거"인 한, 배심원들이 가혹한 평결을 내릴 이유가 없다고 주장했다. 이 저자는 "만약 램피어가 벨 거너스의 목숨을 빼앗았다면, 램피어는 금메달을 받아야 마땅하다"는 의견을 밝혔다.[11]

* * *

금요일 이른 오후, 레이는 시내 전차를 타고 미시간시티로 이송되었다. 스머처 보안관과 함께, 몇몇 신문기자들이 레이와 동행했다. 레이는 기자들과 가벼운 담소를 나누면서, 자신이 "양심에 거리낌 없는 채로 교도소에 간다"는 말을 되풀이했다. 한 기자가 그게 무슨 말이냐고 묻자, 레이는 "자신은 그저 수백 명의 다른 사람들이 해야 할 일을 대신 했을 뿐"이라고 답했는데, 듣는 이들에게는 "자백에 가까운 말처럼 들렸다".

여행길 내내 레이 램피어는 느긋해 보였으며, 심지어 쾌활해 보이기까지 했다. 한 번은 창밖을 내다보며 "웨이트 틸 더 선 샤인

지옥에서 온 여왕

스, 넬리Wait 'Til the Sun Shines, Nellie"라는 노래에 맞춰 휘파람을 불기도 했다. 미시간시티 시내 전차 역에는 램피어를 교도소까지 호송하기 위한 차량이 대기 중이었다. 교도소가 보이기 시작하자 레이는 "여기 오다니 행운이군"이라고 큰 소리로 혼잣말했다. "정말 운이 좋아. 그 늙은 여자한테 토막 나서 닭장에 판 구덩이에 묻혔을 수도 있는데 말이지."[12]

스머처 보안관은 램피어를 교도소 서기관에게 인도할 때까지 램피어와 동행했다. 서기관은 창구에서 램피어의 이름을 등록한 뒤 수감번호 4140번을 발급했다. 그런 뒤 램피어는 세면실에서 몸을 씻고, 베르티옹식 검사실에서 사진을 찍고, 신체검사를 받고, 회색 죄수복을 받았다.

감방으로 가기 전, 램피어는 스머처 보안관과 악수를 하면서 감사의 말을 전했다. "제가 카운티 교도소에 구금되었던 6개월 동안 잘 대해주셔서 감사합니다. 2년 뒤 제 가석방 위원회에 참석하시거든 절 위해 좋은 말씀을 해주시길 부탁드립니다."

신문사들이 보도했다시피, 레이 램피어는 음침한 감옥의 벽 안에서 채 하룻밤을 지내기도 전에 "최소 형기를 다 채워, 가석방을 받을 자격이 생기는 날이 오기를 고대하고 있었다".[13]

IV
결말: 결코 완전히 풀리지 않을 미스터리

40

자백

황색 언론사를 운영하던 윌리엄 랜돌프 허스트와 그의 경쟁자 조지프 풀리처는 신문 판매량에서 우위를 점하기 위해, 일요일 부록sunday magazine에 사람들의 관심을 끌 만한 가장 자극적이고, 선정적이며, 대개 완전히 꾸며낸 이야기들을 실었다. 부록에 실리는 단골 소재는 악명 높은 살인마의 '자백'이었는데, 주요 신문사에 실리는 평론을 제외하면, 이런 자백 이야기는 대개 익명의 작가가 날조한 뻔뻔한 거짓말이었다. 문제의 범죄자가 돈을 받고 기사의 진위를 보장하는 경우도 있었지만, 이런 기사는 대개 이야기를 제공한 범죄자들의 동의를 받지 않은 채로, 심지어 그들에게 알리지도 않은 채로 제작 및 유포되었다.

1909년 5월 9일, 풀리처의 〈세인트루이스 포스트 디스패치St. Louis Post-Dispatch〉는 "레이 램피어의 자백"이라는 제목의 2쪽짜리 기사를 대대적으로 홍보하며 일요일 부록에 실었는데, 이 기사는 황색 언론사의 날조극을 보여주는 전형적인 기사였다. 기사에 실린 이야기에 따르면, "거너스 사건의 스핑크스" 레이 램피어는 체포당한 순간부터 꿋꿋이 침묵을 지켜왔다. "거너스 농장에서 시체가 발견된 이후로 긴장감 넘치는 시간이 이어졌음에도 램피어는 한사코 증언을 거부했다. 램피어는 한밤중에 몇 시간 동안이나 고문에 가까운 심문을 견뎌내었다." 그렇지만, 최근에 "부록 〈선데이 포스트 디스패치〉의 특파원과 만난 뒤(기사에는 특파원을 왜 파견했는지에 관해서는 아무 말도 실려 있지 않았다)" 램피어는 무슨 일이 있었는지 "자백"하기로 결심했다.

비록 이 기사에 햄처럼 보이기도 하고, 사람 고기처럼 보이기도 하는 말린 고기들로 장식된 소름 끼치는 지하실에 레이가 숨어들어가는 으스스한 흑백 삽화가 딸려 있긴 했지만, 기사에 실린 "자백"은 소위 새로이 드러났다는 "날조한 진실" 몇 가지를 양념으로 쓴, 누구나 다 아는 진부한 내용을 재탕한 이야기일 뿐이었다. 내레이터는 벨이 "생명보험에 가입한다면 결혼하겠다"고 레이에게 말했다고 주장하면서, 예정과 달리 존 라이와 함께 미시간시티에서 돌아온 레이가 그날 밤 거너스 농장에 가서 겪은 일을 묘사했다.

나는 집 옆에 있는 지하실 계단으로 간 뒤 지하실에 들어갔다. 거너스 부인과 앤드루 헬길리언은 위층에 있는 거실에 있었다. 나는 두 사람의 목소리를 들을 수 있었는데, 이따금 단어를 몇 마디 알아들을 수는 있었지만, 두 사람이 무슨 얘기를 하는지 이해할 수는 없었다. 위에서 나는 소리를 듣고, 나는 헬길리언이 술에 취했거나 아픈 것 같다고 생각했다.

지옥에서 온 여왕

당시에는 알아차리지 못했지만, 지금은 그때 그 여자가 헬길리언에게 독이 든 맥주를 주었으며, 헬길리언의 몸속에서 독이 돌기 시작했다고 확신한다. 그 여자는 항상 병에 든 맥주를 집에 준비해 두었는데, 맥주잔에 독을 넣는 일은 아주 손쉬운 일이었을 것이다. 나는 지하실에 한 시간에서 한 시간 반가량 머물렀다. 그 시간 내내 나는 헬길리언이 고통스러워하는 소리를 들을 수 있었으나 … **다음 날 아침** 헬길리언은 그곳에 없었다. 거너스 부인은 헬길리언이 고향으로 돌아갔다고 했다. 당시 나는 그 여자가 헬길리언을 죽였을 거라고는 의심하지 못했다.

〈세인트루이스 포스트 디스패치〉는 자신들이 "사상 최초로 레이 램피어에게서 직접 증언을 받아냈으며," 벨 거너스가 "희생자들을 독살했다"는 사실을 밝혀냈다며 축포를 터뜨렸다. 자신들이 레이의 진짜 자백을 최초로 공표함으로써 언론의 승리를 일구어냈다는 것이었다.[1]

* * *

레이는 결국 최소 형기인 2년을 채우지 못했다. 레이가 재판 이틀째에 겪었던 출혈은, 주치의가 파악했던 대로, 초기 결핵임을 나타내는 신호였다. 1909년 10월, 재판에서 유죄를 선고받은 지 1년도 채 지나지 않았을 무렵, 레이는 명백히 죽어가고 있었다.

라포르테에 사는 레이의 매부 H. L. 핀리는 레이를 풀어주기를 바라는 마음으로, 인디애나폴리스에 가서 토머스 R. 마셜 주지사와 만나려 했으나, 마셜 주지사의 비서 마크 티슬웨이트는 주州 가석방 심의 위원회는 아무리 빨라도 12월 초에 열릴 예정이라고 답할 뿐이었다.

그 말을 들은 핀리는 "12월이면 레이는 관에 담겨 고향으로 돌아올 겁니다"라는 암담한 답을 했다.

그런 뒤 핀리는 주지사에게 레이를 즉시 사면해달라고 청원했다. 사안을 심사숙고한 끝에, 마셜 주지사는 인디애나주 교도소의 제임스 D. 리드 교도소장과 이제는 정식으로 라포르테의 보안관이 된 윌리엄 앤티스 보안관에게 연락했다. 리드 소장은 "램피어는 교도소에서 이미 최고의 치료를 받고 있으며, 집보다 더 편안하게 지내고 있으므로" 램피어를 석방할 만한 타당한 이유가 없다고 보았다. 앤티스 보안관은 "램피어는 거너스 사건에 관해 자신이 아는 바를 전부 말하지 않았으므로," 가석방을 받을 자격이 없다고 보았다.[2] 앤티스 보안관은 램피어가 "입을 열 때까지" 수감 상태를 유지하라고 조언했다.

신문사들의 보도에 따르면, 랠프 스미스 주 지방 검사를 포함한 사법 당국은 "**램피어가** 최후가 머지않았다는 사실을 깨닫고, 벨 거너스의 살인 농장에 관한 사실을 모조리 자백할 거라고 확신했다."[3]

사법 당국은 확신에 찬 예상은 그저 희망 사항에 불과했던 것으로 드러났다. 12월 30일 목요일 오후, 레이가 숨을 가쁘게 몰아쉬기 시작했다. 레이의 누이 핀리 부인은 이 소식을 즉시 전화로 통지

지옥에서 온 여왕

받았으나, 레이는 그녀가 도착하기 몇 시간 전에 사망했다. 당시 레이는 38세였다.

〈인디애나폴리스 뉴스〉는 금요일에 "풀리지 않은 거너스 미스터리와 함께 죽다"라고 보도했다.

레이 램피어가 거너스 농장이 잿더미가 된 날 밤에 관해 아는 사실이 무엇이었든 간에, 그 사실은 램피어와 함께 지하에 묻혔다. 램피어는 죽으면서 거너스 사건의 미스터리를 풀어줄 진술을 전혀 남기지 않았다. 램피어가 죽기 전에 죄를 자백할 거라고 예측했던 사람들은 낙심했으나, 그것은 램피어가 죽기 전에 자신이 결백함을 증명하리라 기대했던 사람들도 마찬가지였다.[4]

레이 램피어는 살인죄에 대해 무죄 선고를 받았으며, 죽기 전까지 살인을 저질렀다고 인정하지도 않으나, 많은 신문사는 레이 램피어의 사망 기사를 내면서 "레이 램피어, 벨 거너스와 세 자녀의 살해자"라고 지칭했다.[5]

1910년 1월 2일 일요일, 사람들은 레이의 누이 핀리 부인의 집에 모여 밤새 레이를 추모했다. 경야經夜에 참석한 참가자 가운데는 핀리 부부는 물론 레이의 형제와 노모도 있었다. 그 후, 레이의 시신은 로스빌 공동묘지에 운구된 뒤 매장되었다. 장례식을 진행한 사람은 제일침례교회의 C. R. 파커 목사였는데, 파커 목사는 창세기 18장의 한 절을 인용하며, 신이 소돔과 고모라를 파괴한 일의 정당성에 관해 설교했다.[6]

***

레이 램피어가 라포르테 카운티 교도소에 수감된 채로, 재판이 시작되기를 기다리던 오랜 기간 동안, 램피어를 방문한 다른 성직자가 있었다. 그는 바로 최근까지 라포르테 제일감리교회의 목사였던 애드윈 A. 셸 목사였다. 당시 45세였던 셸 목사는 인디애나주 디어크리크 태생으로, 노스웨스턴 대학을 나왔으며, 성직자이며 교회 관리자이자 유명 잡지의 작가로서 뚜렷한 족적을 남긴 인물이었고, 거너스 농장에 불이 나기 겨우 몇 주 전에 아이오와주에 있는 웨슬리언 대학교의 학장으로 임명된 사람이었다.[7] 셸 목사는 레이가 체포된 날, 그와 이야기를 나누러 가장 먼저 찾아왔던 사람들 가운데 한 명이었다. 레이와 이야기를 나눈 뒤, 기자와 인터뷰를 나누면서, 셸 목사는 레이가 무해한 인물이라고 보장했다.

"레이는 사악한 사람이 아닙니다. 평범한 농부의 아들로, 목수 일을 조금 배운 사람일 뿐입니다. 물론 지적으로 훌륭한 사람은 아닙니다. 그렇지만 레이가 살아온 모습을 돌이켜 보건대, 레이가 네 사람이 사는 집에 불을 질렀다고는 도저히 믿을 수 없습니다. 레이는 술고래고, 레이가 여성을 대하는 방식에는 비판의 여지가 있었습니다. 그렇지만 레이는 나쁜 사람이 아닙니다."[8]

그 후 몇 주에 걸쳐, 셸 목사는 레이와 아주 가까운 사이가 되었다. 두 사람은 정서적인 대화를 나누었는데, 때로는 몇 시간에 걸쳐 이야기를 나누기도 했다. 한번은 셸 목사의 앞에 기자들이 우르르 몰려들어 두 사람이 무슨 이야기를 나누었는지 알려달라고 졸랐

지옥에서 온 여왕

으나, 셸 목사는 이를 거부하면서 "레이가 자신에게 한 고백은 신의 이름으로 비밀이 보장되어 있다"고 완강히 주장했다.[9]

그렇지만, 이후에도 이런 일이 몇 차례 반복되자, 셸 목사는 결국 유혹에 굴복했다. 본래라면 누구에게도 알려서는 안 되지만, 이 안달복달하는 사람들에게 무슨 이야기가 오갔는지 '아주 약간만' 알려주기로 마음먹었던 것이다. 셸 목사는 벨 거너스의 자녀들이 불이 나기 전에 "클로로포름으로 마취당했으며, 잔해에서 발견된 시신은 벨 거너스의 시신이 아니며, 벨 거너스는 여전히 살아 있다"고 분명하게 말했다. 기자들이 레이가 벨 거너스가 저지른 추악 잔학한 범죄에 연루되었느냐고 묻자, 셸 목사는 사람들을 깜짝 놀라게 한 답변을 했다. "**램피어는** 결백합니다. 앤드루 헬길리언 살인 사건만 제외하고요. 그때는 질투심에 빠졌었거든요." 한 기자가 램피어가 자신이 앤드루 헬길리언을 죽였다고 자백했느냐고 묻자, 셸 목사는 입을 꽉 다물더니만, 그 질문에 대답하는 것은 "옳지 않으며", 레이가 고백한 이야기는 "고해성사에서 털어놓은 비밀과 마찬가지로 신성불가침한 것"이라고 준엄하게 말했다.[10]

셸 목사는 너무 오랫동안, 그리고 너무 대놓고, 자신이 램피어의 가장 어두운 비밀을 알고 있다는 티를 냈다. 그래서 램피어가 땅에 묻히자, 사람들은 그 비밀을 밝히라고 다시금 셸 목사를 압박하기 시작했다. 전과 마찬가지로 셸 목사는 비밀을 밝히기를 거부했다. 1월 10일, 셸 목사는 기자들에게 이렇게 말했다. "죄수의 고백을 들어주는 일은, 그리고 죄수에게 죗값을 치르라고 설득하거나 법정에서 증언하라고 설득하는 일은 성직자의 의무입니다. 제가 이 비밀을 털어놓는다면, 성직자의 신뢰성은 훼손될 것이며, 사람들은 전처럼 성직자에게 죄를 털어놓지 않을 것입니다. 저는 이 비밀을 털어놓든, 그렇지 않든 비난받을 겁니다. 제가 비밀을 털어놓는다면, 종교계와 성직자들이 저를 비난할 겁니다. 비밀을 털어놓지 않는다면, 대중이 저를 비난할 거고요."

셀 목사는 한숨을 내쉬며, 레이가 자신에게 비밀을 털어놓지 않았더라면 좋았을 거라고 말했다. "램피어에게 500달러를 줄 테니 제게 아무 말도 하지 말라고 할 걸 그랬습니다."[11]

셀 목사가 이 말을 한 뒤 3일 뒤인 1910년 1월 13일 목요일, 〈세인트루이스 포스트 디스패치〉 1면에는 사람들을 깜짝 놀라게 한 기사가 대문짝만하게 실려 있었다. 기사의 제목은 "거너스 미스터리, 자백에 의해 풀리다. 레이 램피어가 죽어가면서 〈포스트 디스패치〉 기자에게 알려준 사건의 자세한 내막"이었다.

이 저작권의 보호를 받는 이야기에 따르면, 레이 램피어는 죽기 며칠 전에 "영원한 안식이 머지않았음을 깨닫고, 자백을 해서 자신의 영혼이 짊어진 무거운 짐을 내려놓아야겠다고 생각했다. 이 세대 최고의 범죄 미스터리인 거너스 미스터리를 풀어줄 자백을 말이다 … 여태껏 레이 램피어가 자백을 남긴 사람은 오직 E. A. 셀 목사뿐이라고 알려져 있었으나," 레이가 자백을 남긴 사람은 실은 한 사람이 아니었다. "이 사람은 진실되기 이를 데 없는 성품을 지니고 있다. 지역 사회에서 평판이 어찌나 좋은지, 사람들이 그가 한 말을 곧 보증수표로 받아들일 정도이다." 이 의심할 여지가 없는 제보자를 찾아내기 위해 "〈포스트 디스패치〉의 특파원은 무려 여섯 주를

지옥에서 온 여왕

오갔다". 이 제보자는 익명으로 남기를 고집했는데, 그럴 만한 "타당한 이유"가 있었다.

기사는 계속 이어졌다. "〈포스트 디스패치〉의 특파원은, 자신이 레이 램피어를 인터뷰했다는 제보자의 주장이 사실임을 확인했으며, 그가 설명한 정황 역시 사실 그대로임을 확인했다 … 레이는 구술로 자백을 했고," 제보자는 그 말을 그 자리에서 받아 적었다. 그렇지만, 불행히도 자백서는 "딱 한 부"만 작성되었다. 그리고 이 자백서는 "본래 램피어가 가지고 있었는데," 어디론가 사라져버렸다. "〈포스트 디스패치〉는 비록 이 자백서를 찾아내지는 못했지만, 의심할 여지가 없는 제보자에서 자백서의 핵심 내용을 입수했다. … 지금 이 자리에서 대중에 처음으로 공개되는 이야기는 레이 램피어 본인의 입에서 나온 이야기와 사실상 동일한 이야기다."[12]

앞서 언급했다시피, 〈포스트 디스패치〉는 지난 5월에 소위 레이 램피어가 했다는 자백을 독점 취재했다며 기사로 낸 적이 있었다. 그 기사에는 사실상 새로운 내용이 전혀 담겨 있지 않았으나, 이번 기사는 달랐다. 극적인 폭로가 연이어 이어졌다. 물론 앞서 낸 기사와는 완전히 상반된 이야기가 실려 있었지만, 기사는 너무나 당연하게도 그 점을 전혀 언급하지 않았다. 기사는 레이가 벨에게 고용된 지 얼마 지나지 않았을 무렵으로 거슬러 올라가며 시작한다. 한 노르웨이인 남자가 벨의 결혼 광고를 보고 농장에 찾아왔다. "어느 날, 이 남자는 잠이 든 뒤 다시는 깨어나지 못했다. 해가 뜨기 전 어스름할 무렵, 벨 거너스는 램피어를 깨워 마대 자루에 든 무언가를 농장 안마당으로 옮기라고 지시했다. 그곳에는 구덩이가 하나

파여 있있는데, 표면적으로는 쓰레기를 묻는 구덩이였다. 마대 자루와 그 안에 든 무언가가 구덩이 안으로 굴러떨어지자, 레이는 삽을 들고 그 위를 흙으로 덮었다."

한 달 안에 "다른 남자가 농장에 찾아왔다". 이 남자는 "미네소타주나 위스콘신주에서 왔는데, 가진 돈을 전부 들고 왔다. 그렇게 몇 날 밤이 지나자, 램피어에게는 또다시 삽질을 할 일이 생겼다". 벨을 도와 마대 자루에 담긴 세 번째 시체를 유기할 무렵, 램피어는 자진하여 공모자가 되고 싶다는 뜻을 밝혔으며, 그 대가로 "라포르테 시내에 있는 술집에서 술을 마시고 도박을 하면서 흥청망청 놀기에" 충분한 돈을 요구했다. 새 손님이 올 거라는 생각이 들 때면, 벨은 램피어를 시내로 보내 클로로포름을 사 오게 했다. 벨은 클로로포름을 써서 잠든 희생자들을 살해했다. 그리고 "클로로포름이 희생자를 처리하지 못한" 경우에는 "날이 잘 선 도끼로 희생자들의 머리를 떼어냈다".

"마침내 앤드루 헬길리언이 도착했다." 자백은 계속됐다. 방을 비우고 농가 밖에서 지내라는 명령을 받은 레이는 앤드루 헬길리언과 벨 거너스가 마차를 타고 외출한 어느 날 농가에 숨어 들었다. 그러고는,

레이는 거실 바닥에 구멍을 팠다. 발각되지 않으면서도 거실 안에서 무슨 일이 벌어지는지 보고 들을 수 있을 만한 위치였다. 벨이 지어낸 심부름을 구실로 미시간시티에 가서 하룻밤 자고 오라고 지시했을 때, 레이는 헬길리언의 차례가 온 것이 아닌지 의심했다.

지옥에서 온 여왕

레이는 벨의 지시를 무시하고, 저녁에 라포르테로 돌아와 지하실에 숨어 들어갔다. 벨 거너스가 헬길리언에게 건넨 무언가가 헬길리언을 고통스럽게 했다. 헬길리언은 극심한 통증에 신음을 내질렀다. "부탁이오. 제발 의사를 불러주시오." 앤드루 헬길리언이 간청하자, 벨 거너스는 빨리 끝나는 편이 나을 거라고 대답했다. 얼마 지나지 않아, 의자에 앉아 있던 헬길리언은 독 기운을 견디지 못하고 바닥으로 쓰러졌다. 램피어는 바닥에 낸 구멍으로 벨 거너스가 최후의 일격을 가해 헬길리언의 숨통을 끊는 모습을 지켜봤다. 램피어는 그 자리를 벗어났다. 벨 거너스는 다음 날 밤이 되어서야 마대 자루에 든 시신을 처리하기 위해 램피어를 불렀다.

램피어가 "자기 몫을 늘려달라"고 요구하자, 두 사람 사이에서 격렬한 언쟁이 오갔다. 결국 "벨 거너스는 램피어에게 농장을 떠나라고 명령했다". 제일 좋아하는 술집으로 간 램피어는 위스키를 쭉 들이켜며, 자신이 받아야 마땅한 돈에 관해 곰곰이 생각했다. "램피어는 집 안에 최소 1500달러가 있다고 생각했다. … 술을 들이켜면 들이켤수록, 램피어는 벨 거너스가 자신을 공정히 대하지 않았다고 확신하게 되었다."

4월 28일 이른 아침, 만취한 램피어는 "벨 거너스의 돈으로 산 클로로포름"을 가지고 여자 일행 한 명과 함께 "삼나무 숲을 가로질러, 언덕 꼭대기에 있는 정적에 잠긴 집을 향해 살금살금 다가갔다. … 맨정신일 때 램피어는 감히 이런 짓을 저지를 위인이 못 되었으나, 술에 잔뜩 취해 허세로 가득 찬 상태였으므로 범행을 저지를 수 있었다".

거너스가 기르는 개는 낯선 이가 침입하면 요란하게 짖도록 훈련받았으나, 전에 농장에서 일했던 익숙한 얼굴이 다가와 "말을 건네자 대번에 조용해졌다". 벨 거너스와 자녀들의 침실에 숨어든 램피어는 전 고용주에게 배운 수법을 그대로 써서 네 사람을 클로로포름으로 마취했다. 그런 다음에 일행을 부른 뒤 촛불에 의지해 집 안을 샅샅이 뒤졌다. 대단히 실망스럽게도, 두 사람이 찾아낸 돈은 채 70달러가 안 되었다. 그 무렵 동이 트기 시작했다. 탐색을 포기하고, 이들은 황급히 떠났다. 램피어는 "그날 일을 하기로 되어 있었던" 농장을 향해 가면서 "뒤를 돌아봤다. 그리고 언덕 위에 있는 집에서 연기와 불길이 치솟는 모습을 지켜봤다".

레이는 "고의로 불을 지른 게 아니라고" 강조했다. 레이는 "거너스의 자식들이 죽기를 바라지 않았다. 레이는 침대에서 잠든 아이들을 태워 죽이고 싶어 하는 괴물이 아니었다. 레이는 애초에 벨 거너스를 죽이려는 생각조차 없었다". 레이는 자신도 모르는 사이에 촛불을 집 안에 두고 왔는데, 이 촛불이 대화재를 일으켰음이 분명했다.

레이의 자백이 입증한 여러 사실 가운데 가장 중요한 사실은 "벨 거너스가 죽었다"는 것이었다.

숯 더미가 된 거너스 농가에서 발견된 성인의 시신은 벨 거너스의 시신이었다. 문틈으로 연기가 스며들었을 때, 벨 거너스는 클로로포름에 취한 상태였다. 벨 거너스는 속절없이 질식사했다. 이때, 거너스는 어린 아들을 가슴에 안은 상태였다. 이 아이 역시 클로로포름에 마취당한 상태였으며, 정신을 차리지 못한 채 사망했다. 무슨 일이 일어났는지 끝까지 알지 못했던 두 사람과 달리, 거너스의 어린 딸 머틀과 루시는 완전히 마취당하지 않은 상태였다. 머틀과 루시는 위험을 감지하고 엄마의 방으로 달려가, 엄마 품에 안기며 엄마를 애타게 불렀다. 두 사람은 어머니와 남동생과 함께 그곳에서 죽었다. 다행스럽게도, 이들은 불길이 자신의 여린 몸을 집어삼키기 전에 연기에 질식당했다.

폭로된 사실 가운데는 어쩌면 이보다 더 놀라운 사실도 있었다. 한밤중에 거너스 농가에 숨어든 레이가 뜻밖에도 침실 하나에서 제5의 인물을 발견했던 것이다. 그 사람은 바로 제니 올슨이었다! "거너스의 수양딸 제니 올슨은 벨 거너스의 지시로 한동안 캘리포니아에 있는 학교에 들어가 있었지만, 당시에는 집에 돌아와 있었다. 그런데, 벨 거너스는 모종의 이유로 이 사실을 숨기고 제니를 집 안에만 머물게 했다. 그날 밤, 잠든 제니를 발견한 램피어는 클로로포름으로 제니를 마취했으며, 제니는 그대로 침대에 누운 채로 사망했다. 불길이 제니의 날씬한 몸을 완전히 불태웠기에, 다음 날 수색자들은 화재 현장에서 시신을 네 구밖에 발견하지 못했다."

여태껏 수많은 사람들이 거너스 묘지에서 발굴한 소녀의 시신을 제니 올슨의 시신으로 간주해왔는데, 이로써 소녀의 정체는 "거너스 사건의 또 다른 미스터리"가 되었다.[13]

〈로스앤젤레스 헤럴드〉부터 〈뉴욕타임스〉에 이르기까지, 전국의 신문사들은 소위 레이의 자백을 대서특필했다. 그렇지만, 라포르테 사람들의 반응은 한결같이 차가웠다. 〈신시내티 인쿼러Cincinnati En-quirer〉의 특파원은 "이곳 사람들은 아무도 그 이야기를 믿지 않는다"고 보도했다. 워트 워든 변호사와 랠프 N. 스미스 검사는 둘 다 소위 폭로된 진실을 모조리 비웃었으며, 기사가 완전히 "황당무계한 이야기"라고 조롱했다.[14]

〈포스트 디스패치〉의 편집자는 레이의 자백을 입수한 출처를 밝히라는 요구를 받았으나, 제보자의 이름을 밝히기를 끝까지 거부했으며, 자신이 유구한 역사를 지닌 저널리즘 관행에 근거하여 결정을 내렸다고 스스로를 변호했다. 편집자는 이렇게 적었다. "제보자의 신원을 절대 밝히지 않겠다고 엄중히 맹세하지 않는 한, 제보자들은 대개 귀중한 정보를 내놓지 않는다. 이는 신문사들 사이에서는 상식이다. 제보자가 허락하지 않는 한, 신문사는 절대 이 맹세를 깰 수 없다. … 램피어에게서 자백을 받아낸 사람의 이름이 〈포스트 디스패치〉에 실리는 일은 결코 없을 것이다. 당사자가 직접 허락하지 않는 한 말이다. 그리고 그런 일이 일어날 가능성은 거의 없어 보인다." 그렇지만, 편집자는 익명의 제보자의 신원에 관한 아주 강력한 단서를 남겼다. "셀 목사가 자백의 진위를 가려줄 수 있을 것이다. 침묵을 깨겠다고 마음먹기만 한다면 말이다."[15]

1월 14일 금요일, 아이오와주 벌링턴에 있는 자신의 집을 포위한 기자들에게, 셸 목사는 "누구에게도 자백을 누설하지 않았다고 거듭 강조했다".[16] 그렇지만 다음 날, 셸 목사는 결국 압력에 굴복했다. 셸 목사는 〈시카고 트리뷴〉의 기자를 웨슬리언 대학교에 있는 자기 사무실로 부른 뒤, 마침내 오랜 침묵을 깼다. 기자는 셸 목사의 증언을 받아 적은 뒤, 다음 날 아침 신문 1면에 "셸 박사, 램피어의 비밀을 털어놓다"라는 기사를 냈다.

"나는 내 의무를 내려놓고, 〈시카고 트리뷴〉지를 통해 대중에게 내가 라포르테 교도소에서 밤늦게 레이와 나누었던 세 차례의 대화를 공개하기로 결정했다. 상반된 내용의 신문 기사들이 연이어 보도되면서 거너스 사건에 관한 관심이 계속되고 있으며, 슬픔에 잠긴 레이의 친지들의 마음속에서 끊임없이 의문이 일고 있으며, 자백의 주요 내용이 이미 대중에 공개되었기 때문이다. 나는 여기에서 레이가 내게 무슨 말을 했는지, 그리고 당시 레이가 어떤 상황에 부닥쳐 있었는지 자세히 설명할 생각이다."

셸 목사는 당시를 회상하며 이야기를 시작했다. 1908년 4월 "마지막 주 월요일 아침," 셸 목사는 거너스 농장에서 불이 났으며, 벨의 세 자녀가 죽었다는 소식에 슬퍼했다. "이 아이들은 제 주말 학교에 다니던 명랑한 아이들이었습니다. 남자애는 다섯 살이었고, 두 여자애는 아마 각각 일곱 살, 아홉 살이었을 거예요. 저는 지난가을에 이 아이들이 조랑말 수레를 타고 다니는 모습을 봤습니다. 남자애는 주일 학교 유아반에서 몇 번씩 봤고요. 주일 학교 교장인 J. P 루펠의 제안으로, 저희는 다가오는 일요일 아침에 주일 학교에서 짧은 추도식을 열기로 했습니다."

며칠 뒤, 레이 램피어가 체포되었다. 그 금요일에 "스미스 검사는 제게 감옥으로 와서 레이와 이야기를 나눠보라고 제안했습니다. 자백을 받아낼 수 있을지도 모른다면서요. 레이도 그렇게 하길 원한다는 말을 듣고, 저는 그 제안대로 했습니다".

램피어는 "극도로 불안해했습니다. 이마에는 땀방울이 송골송골 맺혀 있었고, 손은 벌벌 떨려서, 레이가 긴장했다는 사실을 한눈에 알아볼 수 있었습니다. … 레이는 저들이 자길 목매달 거라고 말했어요. 자기는 결백한데도요".

첫 번째 대화에서, 램피어는 "자기는 거너스 농가에 불을 지른 적이 없다고 했어요. 새벽 3시까지 검둥이 여자의 집에서 자고 있었다면서요. 그러다가 그날 아침에 시골에 있는 친척 집으로 가던 도중에 거너스 농장 옆을 지나갔는데, 농가가 불타고 있었다더군요. 그렇지만, 거너스 부인에게 여전히 화가 난 상태였던 데다가, 이제 자기는 거너스 부인을 위해 일을 하는 것도 아니니까, 서둘러 갈 길을 갔다고 했습니다. 그런 다음에 램피어는 자기가 시골에 있는 친척 집에 도착했을 때, 시계가 4시를 가리키고 있었다고 했습니다. 한 6.5킬로미터쯤 떨어진 곳이라더군요".

램피어와 헤어진 뒤, 셸 목사는 몇 가지 사항을 조사한 뒤, 감옥으로 돌아갔다. "저는 그날 저녁 식사를 마치자마자 감옥으로 갔습니다. … 그리고 램피어에게 조사 결과 당신이 친척 집에 6시가 넘어서야 도착했다는 사실을 알아냈다고 말했죠." 그렇게 진술이 모순된다고 지적하자, 레이는 "곰곰이 생각해보니, 자신이 3시에 일어난 다음에 다시 잠자리에 들었으며, 검둥이 여자가 4시에 아침을 차

지옥에서 온 여왕

려줬으니, 그리고 자기가 이리호 북쪽에 있는 열차 선로를 건널 때 레이크이리 열차가 지나갔었으니, 자기가 생각만큼 일찍 출발하진 않았던 것 같다고 했어요. 또 아침에 했던 말을 바꿔서, 자기가 친척 집으로 직행하는 길로 간 게 아니라, 동쪽으로 더 멀리 돌아가는, 이 리호 반대편에 난 길로 갔다더군요. 그래서 거너스 농장이 불타는 모습을 멀리서 봤다고 했어요".

셸 목사는 램피어에게 자기를 속이려들지 말라고 부드럽게 책 망한 뒤 조언했다. "만약 제가 당신 처지를 동정해주기를 바란다 면, 그리고 당신을 위해 기도해주길 바란다면, 아무 말도 하지 말거 나, 진실만을 말씀하십시오. 검사 측에 아무 말도 하지 않겠다고 약 조하겠습니다." 그런 다음에, "저희는 거너스 부인에 관한 일상적인 이야기를 나누었습니다. … 두 시간가량이 지났을 무렵," 마침내 램 피어는 "제게 그 운명적인 밤에 무슨 일이 벌어졌는지 털어놓았습 니다".

레이는 "자신이 1907년 6월부터 거너스 부인과 친밀한 사이가 되 었다"고 설명했습니다. "레이는 자신이 거너스 부인의 지시에 따 라" 클로로포름을 세 차례 구입했고, 한 번은 "돼지우리에 구덩이를 팠으며, 거너스 부인을 도와 누군가의 시체를 묻었다"고 했습니다. "거너스 부인은 그 사람이 집에서 갑자기 죽었다"고 했으며, "그 사 실을 숨길 가장 간단한 방법은 아무 말도 하지 않는 것"이라고 생각 했다더군요.

레이는 "자신이 미시간시티에서 급하게 돌아왔던 날 밤에 직접 목격하기 전까지는 거너스 부인이 누군가를 죽였을 줄 꿈에도 몰랐으며, 거너스 부인이 남자를 클로로포름으로 마취시킨 뒤 도끼로 뒤통수를 내리찍는 모습을 그때 처음 봤다"고 거듭 주장했습니다. 레이는 "그 모습을 본 뒤로 거너스 부인이 무서워서 일을 그만 뒀으며, 밀린 임금을 받으러 갈 때만 거너스 농장으로 돌아갔다"고 설명했습니다.

저는 "앞뒤가 맞지 않는 부분이 너무 많아서" 지금 한 이야기를 완전히 믿지 못하겠다고 답했습니다. 그러자 레이는 자신이 "거너스 부인에게서 돈을 몇 차례 뜯어냈으며, '거금을 내놓지 않으면,' 고발하겠다"고 거너스 부인을 위협한 사실을 인정했습니다. 거너스 부인이 처음에는 50달러를, 다음번에는 15달러를, 그 다음번에는 5달러를 내놓았다더군요. 레이는 이렇게 돈을 뜯어낸 뒤 술집에 가서 모조리 써버렸다고 합니다. 레이는 불이 나기 전 토요일 밤에 거너스 농장에 찾아가서, 거너스 부인에게 자기 입을 막고 싶으면 돈을 더 내놓으라고 했습니다. 헬길리언을 죽이는 모습을 자기가 봤다는 사실을 명심하라면서요. "거너스 부인이 단돈 1달러도 더 못 준다고 딱 잘라 거절하자, 레이는 그녀에게 복수하겠다고 말했습니다."

셸 목사가 무슨 일이 있었는지 자세히 말해달라고 재촉하자, 레이는 대화재가 일어난 날 밤에 있었던 일을 자세히 설명했다.

일요일 밤, 레이와 검둥이 여자는 11시 무렵까지 술을 마셨다. 그런 뒤 두 사람은 거너스 농가로 가서, 레이가 갖고 있던 열쇠를 이용해 집 안에 들어갔다. 두 사람은 집 안에 있던, 벨이 고용한 다른 남자를 깨우지 않기 위해서 조용히 움직였다. 레이는 헬길리언이 행방불명되기 전에 거너스 부인의 지시로 샀던 클로로포름을 다른 병에 넣어 보관하고 있었는데, 두 사람은 이 클로로포름 병을 거너스 부인의 코에 갖다 대 거너스 부인을 마취했다. 침대에는 꼬마 남자애가 같이 누워 있었다. 그런 뒤 두 사람은 다른 방에 있던 두 여자애들도 클로로포름으로 마취했다. 레이는 네 사람의 시체가 한 곳에서 발견된 이유를 설명하지 못했다. 당시 만취한 상태였기에, 자기 자신도 그 이유를 알지 못했기 때문이다. 아무튼 레이는 당시 있었던 일을 이렇게 기억했다.

그런 뒤 레이와 검둥이 여자는 집 안을 뒤져 거너스 부인이 숨겨둔 거금을 찾아내려 했으나, 푼돈을 찾아내는 데 그쳤다. 레이는 자신이 집에 불을 지르지 않았다고 했다. 검둥이 여자가 불을 지르지 않았다고는 확신하지 못했지만 말이다. 그 여자도 레이만큼이나 술에 취한 상태였다. 레이는 자신이 나중에 집에 불을 일으킬 만한 위치에 촛불을 두고 간 적이 없다며 혐의를 완강히 부인했다. 그러면서 자기는 그저 "크게 한탕 해서" 돈을 벌 생각뿐이었다고 했다. 레이와 검둥이 여자는 함께 거너스 농가를 떠났으나, 길을 가던 도중에 헤어졌다. 여자는 집으로 돌아갔으며, 농가가 불길에 휩싸인 모습을 본 레이는 완전히 겁에 질려 도주했다.

레이의 진술을 들은 뒤, 셸 목사는 집으로 돌아가서, 두 장의 종이에 레이의 진술을 기억나는 대로 옮겨 적었고, 다음 날 레이에게 그 진술서를 보여주었다. 셸 목사는 램피어에게 이 진술서를 스미스 검사에게 보여주자고 권했다. "재판이 열리지 않으면 라포르테 카운티도 재판 비용을 아낄 수 있고, 당신의 여동생도 당신을 변호하느라 큰돈을 쓰지 않아도 됩니다." 레이는 이 말을 듣고, "진술서에 서명하고, 스미스 검사에게 건네는 데 동의했다". 그런 다음에 셸 목사는 스미스 검사를 만나 "램피어가 자백하려 한다고 말했다". 셸 목사에 따르면, 셸 목사가 레이 램피어와 얽힌 것은 이것이 마지막이었다.

셸 목사는 〈시카고 트리뷴〉 기자에게 이렇게 말했다. "저는 여전히 사람들이 제게 한 고백을 비밀에 부쳐야 할 의무가 있다고 생각합니다. 그렇기에 여태까지 레이가 어떤 자백을 했는지 알려달라는 레이의 누이의 요청을 거부했었고요. 레이의 자백을 대중에 공개하려니 마음이 무겁습니다. 제가 부임했었던 라포르테 제일감리교회 사람들은 제가 끝까지 비밀을 지키리라고 기대하면서 제게 고백했을 겁니다. 저는 성직자로서 비밀을 지키지 못했습니다. 성직자의 도움이 필요한 기독교인들이 저 때문에 성직자들에게 마음을 털어놓지 않을까 봐 걱정입니다."[17]

* * *

〈시카고 트리뷴〉은 자신들이 셸 목사의 진술을 받아냄으로써 언론의 승리를 일구어냈다고 주장했다. 〈세인트루이스 포스트 디스

지옥에서 온 여왕

패치〉는 그 주장에 조소를 보내며, 〈트리뷴〉지의 소위 '특종'은 우리 〈포스트 디스패치〉가 이미 이틀 전에 낸 기사가 진실임을 확인해주는 기사에 불과하다고 주장했다. 〈트리뷴〉지는 전혀 점수를 따지 못했다. "램피어의 자백서를 발행한 일은 … 그저 〈포스트 디스패치〉의 좌우명인 '매사에 1등'을 강조해줄 뿐이었다."[18]

비밀 엄수의 맹세에서 벗어난 〈포스트 디스패치〉는 이제 그동안 많은 사람이 의심해온 바를 확인해주었다. 익명의 제보자는 바로 셸 목사였다. 셸 목사에게서 자백을 받은 당사자였던, F. A. 베히머 기자는 1월 15일 토요일 1면에 실린 기사에서 당시 있었던 사건을 완전히 공개했다. 베히머 기자는 "신문사가 정보를 얻어내고, 일을 처리하는 방식에 관한 매혹적인 이야기"를 털어놓았으며, "이 취재 방식이 어떻게 그토록 놀라운 성취로 이어졌는지" 설명했다.

베히머 기자는 열여덟 살에 신문사에서 일을 시작한 이래로, 1952년에 은퇴할 때까지, 64년 동안 계속해서 기자로 일한 사람이었다.[19] 베히머 기자는 1월 9일 일요일에 아이오와주에 있는 셸 목사의 집에 방문했는데, 셸 목사의 아내는 셸 목사가 집에 없다고 했다. "셸 부인은 남편이 주써에서 150킬로미터 떨어진 어데어에 있는 교회에 헌납을 하러 갔다고 했습니다. 그러면서 남편이 램피어의 자백을 밝힐 생각이 없다는 최종 입장을 밝혔으니, 남편을 찾아간들 아무 소용 없을 거라고 했습니다."

베히머 기자는 이에 굴하지 않고 어데어로 가서 "어떤 집에서 환대를 받고 있던 셸 목사를 찾았다". 베히머 기자는 "미리 계획한 공격 계획에 따라" 셸 목사와 범죄에 관한 토론을 시작했다. 셸 목

사가 "세상은 진실을 알아야 한다고 생각하면서도" 비밀을 지켜야
한다는 서약에 매여 있다는 사실을 간파한 베히머 기자는 우회 전
략을 택했다. 셸 목사에게 대놓고 질문을 던지는 대신, 베히머 기자
는 당시 있었던 일에 관한 가설을 제시했다. 셸 목사 역시 "직접 정
보를 주는 방식이 아니라, 당시 있었던 일을 설명하는 가설을 제시
하는" 방식으로 대답하며, 세부사항을 알려주었다.

베히머 기자는 이렇게 설명했다. "우리는 각자 배역을 맡았다.
나는 가설의 탈을 쓴 질문을 던짐으로써 진실을 알아내려 했고, 셸
박사는 가설의 탈을 쓴 정보를 줌으로써 이에 답했다. 서로를 기만
했지만, 악의가 있던 것은 아니었다. 우리는 상대를 속이려 했던 것
이 아니라, 그저 각자의 배역을 연기했을 뿐이다."

두 사람 모두 연기를 했기에, 베히머 기자는 "셸 목사가 이 정
보 가운데 얼마만큼을 본의 아니게 제공했는지, 혹은 의도적으로
제공했는지" 확실히 알 수 없었다. 그러나, "그 여부는 중요치 않았
다. 나는 레이가 어떤 자백을 했는지 알아냈고, 셸 박사는 그 사실을
알았다. 셸 박사는 그저 내게 정보의 출처를 밝히지 말라고 요청했
을 뿐이다. 나는 셸 박사가 직접 자신이 제보자라는 사실을 밝힘으
로써, 나를 비밀을 지킬 의무에서 해방시켜 주기 전까지, 결코 출처
를 밝히지 않겠다고 약속했다".[20]

* * *

셸 목사의 성명문이 발표된 후 기자들에게 질문을 받은 워트

위든 변호사는 코웃음 치며 대답했다. "저는 램피어가 셀 박사와 이야기를 나누었다는 소식을 듣자마자 램피어를 만나러 감옥으로 찾아갔습니다. 그리고 레이에게 자백했느냐고 물었습니다. 램피어는 셀 박사가 준 성경책을 들고 있었습니다. 성경책에 손을 올린 채로 서 있었죠. 램피어는 웃으면서 자기 변호사에게도 하지 않은 말을 성직자에게 하는 일은 없을 거라고 말했습니다. 그런 뒤 자기가 셀 목사에게 한 말을 다시 이야기해줬죠. 그건 재판이 진행되는 내내 레이가 고수한 이야기와 똑같은 이야기였습니다. 자신이 절대 거너스 부인을 살해하지도, 거너스 농가에 불을 지르지도 않았다는 내용이었죠. 램피어는 자기가 목사에게 한 말은 그것뿐이라고 딱 잘라 말했습니다."[21]

라포르테에 사는 의사 한 사람도 〈라포르테 아르거스 불레틴〉 지와 인터뷰를 하면서 셀 목사의 이야기를 무시했다. 그는 셀 목사의 이야기에 관해 이렇게 말했다. "제가 여태껏 신문에서 본 이야기 중 가장 어처구니없는 이야기입니다. 벨 거너스와 세 자녀가 아무리 깊이 잠들었다고 하더라도, 램피어와 검둥이 여자가 클로로포름을 써서 이들을 마취하는 동안에 이들이 일어나지 않았을 리가 없습니다. 그리고 만약 벨 거너스가 일어났다면, 비명을 질렀을 터이고, 그랬다면 조 맥슨이 그 소리를 들었을 겁니다."[22]

스미스 주 검사는 이들과는 의견이 달랐다. "저는 셀 목사의 이야기가 진실이라는 사실을 알고 있습니다. 기사에는 셀 목사가 램피어와 이야기를 나눈 뒤 제게 해줬던 말이 적혀 있습니다. 셀 목사가 한 말을 정확하게 인용했더군요."

그렇지만, 스미스 검사는 자백에 관해 한 가지 의문을 제기했다. 스미스 검사는 기자들에게 이렇게 설명했다. "셸 목사는 제게 어떤 검둥이 여자를 체포하라고 했습니다. 셸 목사가 설명해주지 않아서, 당시는 그 이유를 몰랐지만, 지금은 압니다. 그렇지만, 제가 보기에 램피어는 셸 목사에게 거짓말을 했습니다. 이 유색인이 자신과 함께 거너스 농가에 가서 그 여자와 자녀들을 살해하는 데 도움을 줬다는 말을 하면서요. 저는 이 여자가 레이가 계획을 세울 때 도움을 줬을 거라고 생각합니다. 그렇지만, 제 생각에 이 여자는 램피어를 따라 거너스 농장에 가서, 거너스 가족을 처형할 만큼 멍청한 여자가 아닙니다."[23]

41

두개골

셸 목사가 언급한 "검둥이 여자"는 당연히 엘리자베스 리즈였다. 이웃들이 거리낌 없이 "검둥이 리즈"라고 부르던 그 여자 말이다. 1910년 1월 15일 토요일, 레이의 자백이 발표된 직후, 릭터 판사의 명령에 따라 리즈는 집에서 체포되었으며, 카운티 교도소에서 네 시간에 걸쳐 "고문"을 받았다. 리즈는 4월 27일에 레이가 밤중에 자기 집에 머물렀다는 사실을 인정했으나, 자신이 레이를 따라 거너스 농장에 갔다거나, 화재에 어떤 식으로든 연루되었다는 혐의를 완강히 부인했다. 그 뒤 리즈는 보석금으로 500달러를 내고 풀려났다.

리즈는 다음 주 목요일인 1월 22일에 대배심 앞에서 증언할 예정이었으나 나타나지 않았다. 신문 보도에 따르면, 리즈는 "아파서 집에 있었다. 주치의는 리즈가 아마 몇 주간 심문을 받지 못할 거라고 했다. 리즈가 아픈 이유는 이 일로 곤란한 처지에 처했다는 근심 걱정과 사법 당국이 그녀에게 한 일 때문이다".[1]

2월 4일에도 리즈는 몸을 가누지 못했기에, 리즈를 조사하기 위해 소집된 대배심 앞에 모습을 드러내지 못했다. 한 달 뒤인 3월 5일 토요일, 스미스 주 지방 검사는 "그녀를 법정에 세울 만한 물증"이 없으므로, "거너스 농장에서 일어난 범죄의 공모 혐의로, 엘리자베스 스미스를 상대로 낸 소송을 취하하기로 결정했다"고 발표했다.[2]

같은 날, 워트 워든 변호사 역시 기자들 앞에서 성명을 발표했다. "조만간 거너스 사건이 새로운 국면으로 접어들면서 온 세상이 깜짝 놀랄 것"이며, "그 여자가 여전히 살아 있다"는 자신의 오랜 믿음이 증명될 것이라는 내용이었다.

* * *

다음 날, 워든이 말한 대사건이 터졌다. 벨 거너스가 미시간주 그랜드래피즈에서 그 지역의 경찰관 루이스 리치몬드에 의해 발견되었던 것이다. 리치몬드는 "최소 세 사람이 이 여자가 한 특이한 행동을 보고, 이 여자가 벨 거너스가 아닌지 의심했다"고 공표했으며, 즉시 라포르테의 앤티스 보안관에게 편지를 보내, "미시간시티로 보안관보를 파견해 이 여자를 체포하라"고 재촉했다.[3]

각지의 수많은 사람들은 이 발표를 회의적으로 보았는데, 그럴 만한 타당한 이유가 있었다. 겨우 두 달 전이었던 1월에 미국 중서부의 신문사들은 벨 거너스가 미네소타주 월마에서 거스 커비라는 농부의 집에서 가명을 쓴 채 가정부 노릇을 하다가 체포되었다고 대대적으로 보도했었다. 게다가 2월 중순에는 이 "희대의 여 살인마"가 워싱턴주 "벨링햄에서 25킬로미터 떨어진 곳에 있는 목장에서 앤드루 윌리엄스 연방보안관에게 체포당했다는 소식이 전해졌었다."[4]

앞선 두 사건과 마찬가지로, 미시간주에서 벨 거너스가 발견되었다는 이야기는 거짓으로 판명났다. 이 여자는 벨로 의심받은 이유는 그저 "노르웨이인이며, 노르웨이어 신문에 남편을 찾는다는 광고를 실었기" 때문이었다.[5] 비록 신기루 같은 이야기기는 했지만, "라포르테의 루크레치아 보르자Lucretia Borgia*"를 봤다는 이야기는 조금도 수그러들지 않고 계속해서 이어졌다. 그 해가 끝나기 전, 벨 거너스가 아이다호주 모스코, 일리노이주 그린빌, 워싱턴주 팰루스에서 살고 있다는 보도가 연이어 이어졌으며, 또 벨 거너스가 오클라호마주 갤컨에서 "모피코트와 리볼버 두 자루, 장총 두 자루, 산탄총 두 자루를 가진 남자"와 동거하고 있다는 소식이 전해졌다.[6]

소위 벨 거너스를 발견했다는 사건이 터질 때마다, 라포르테 수사 당국은 스미스 주 검사의 지휘하에 사건을 철저히 조사했다. 스미스 검사는 벨 거너스가 죽었다는 입장을 끝까지 고수했으나, "벨 거너스가 살아 있다는 믿음에 매몰된 사람들이 가져온 증거는 전부 아무런 근거가 없다는 것을 증명하려는 의도"로 단서가 나오면 끝까지 파헤쳤다.[7]

누구보다도 끈질기게 벨 거너스가 살아 있다고 믿는 사람들 가운데 하나였던 위든 변호사는 1912년 12월에 미시간시티 교도소에

---

* 체사레 보르자의 여동생으로, 대표적 악녀로 손꼽힌다.

서 복역 중이던 해리 마이어스Harry Myers라는 죄수에게 놀라운 이야기를 듣고 크게 고무된 것처럼 보였다.

유죄 판결을 받은 절도범이자 말 도둑이었던 마이어스는 감옥에서 노역을 하는 처지였는데, 마이어스는 자신이 죽어가는 레이 램피어를 간호하다가 "임종 자리에서 자백서를 받았다"고 주장했다. 마이어스에 따르면, 레이가 설명한 자초지종은 이렇다. 벨 거너스는 여전히 살아 있다. 화재 현장에서 발견한 목 없는 여자 시체는 거너스 농장에 가정부 일을 하러 왔다가 며칠 뒤에 독살당한 시카고 여자의 시체다. 벨 거너스는 이 여자를 죽인 뒤 목을 베었다. "신원 확인을 불가능하게 만들기 위해서였다." 벨 거너스는 여자의 머리를 카펫으로 감싼 뒤, 나무 상자에 집어넣었다. 나무 상자에는 "다른 세 사람의 머리가 들어 있었는데, 그중 두 사람은 오래전에 죽은 듯했다. 레이는 이 상자를 "호밀밭에 묻었다". 벨은 자기 손으로 세 자녀를 죽였는데, 수법은 역시나 독살이었다. 자녀들이 농장을 찾아온 남자 방문객들이 불가사의하게 사라졌다고 "입도 뻥끗하지 못하게 하기 위해서였다".

화재가 났던 밤, 레이는 벨을 "조랑말이 끄는 2인승 마차에 태운 뒤 라포르테에서 15킬로미터 떨어진 곳으로 데려갔다. 그곳에는 레이가 모르는 남자가 있었는데, 이 남자가 벨을 데리고 시카고로 갔다". 벨 거너스는 당시 "커다란 여행용 가방 두 개와 작은 바구니를 들고 있었다. 바구니 안에는 지폐가 가득 들어 있었는데, 각 지폐는 액면가가 최소 100달러 이상이었다". 레이는 "벨 거너스를 다른 남자에게 데려다준 뒤, 거너스 농장으로 돌아와 집에 불을 질렀

　　　　　　　　　　　지옥에서 온 여왕

다. 집 안에는 시카고 여자와 벨의 세 자녀의 시신이 있었다". 이 작업의 대가로, 레이는 500달러를 받았다.[8]

마이어스의 폭로가 널리 보도되자, 목격자 증언이 또다시 물밀듯이 밀려들었다. 보도 2주 만에, "벨 거너스를 미국 각지에서 봤다는 최소 스무 건의 제보가 경찰 측에 접수되었다".[9] 제보 대다수는 허위임이 너무나도 분명했기에, 라포르테 수사 당국은 별 관심을 기울이지 않았다. 그러나 한 제보만큼은 달랐다. 캐나다 앨버타 주 레트브리지 경찰 측으로부터 16킬로미터 떨어진 곳에 있는 탄광촌에 그 악명 높은 도망자가 살고 있다는 전보가 왔던 것이다. 라포르테 수사 당국은 이 제보를 대단히 심각하게 받아들였는데, 진위를 파악하기 위해 윌리엄 마인케 라포르테 경찰서장 본인이 파견을 갔을 정도였다. 폴랜드라는 이름의 노르웨이 광부가 전달한 정보에 따르면, 문제의 여성은 "몸무게와 나이가 벨 거너스와 유사했다. 이 여자는 트렁크 가방을 셋 가지고 있는데, 자물쇠를 잠근 지하실에 보관한다. 이는 벨 거너스가 저지른 살인 사건이 드러났을 때, 목격자들이 한 증언과 일치했다". 게다가 폴랜드는 자신이 "그 여자에게 온 편지를 한 통 갖고 있는데, 편지가 '친애하는 벨'이라는 머리말로 시작한다"고도 주장했다.

그러나, 마인케 서장의 북방 여행은 허사였다. 1913년 1월 27일, 라포르테로 돌아온 마인케 서장은 "그 여자는 벨 거너스가 아닙니다"라고 공표했다.[10]

✳ ✳ ✳

결말: 결코 완전히 풀리지 않을 미스터리

1916년 3월 17일 오후 5시 직후, "거너스 사건의 미스터리에서 베일을 걷어 줄 수 있는, 유일무이한 사람"[11]이었던 엘리자베스 스미스가 친구의 집에서 사망했다. 본인을 포함해, 누구도 그녀의 정확한 나이를 알지 못했으나, 리즈가 자신을 마지막으로 진찰한 의사에게 말한 바에 따르면, 리즈는 "여든에 가까운 나이였다". 며칠 전, 풀라스키스트리트에 있는 리즈의 다 무너져가는 오두막집에 불이 났다. 리즈는 방안에서 난로 옆에 있는 간이침대 누워 있었는데, 난로에서 불똥이 잘못 튀면서 매트리즈에 불이 붙었던 것이다(오두막집 안에서 사람이 살 수 있는 상태인 방은 이 방 하나뿐이었다). 리즈의 비명을 들은 이웃들은 리즈를 돕기 위해 서둘러 달려왔고, 신속히 불을 끈 뒤, 리즈를 친구의 집으로 데려다주었다. 비록 생명을 위협할 만한 화상을 입지는 않았으나, 리즈는 이 사건으로 큰 충격을 받았으며, 이는 본래부터 기력이 쇠한 상태였던 "검둥이 노파"가 이겨내기엔 너무 큰 충격이었다.[12]

　　죽음이 머지않았다는 사실을 깨닫고, 리즈는 워트 워든 변호사를 불러달라고 청했다. 지난 수년에 걸쳐, 리즈는 워든 변호사에게 자신이 죽을 날이 다가오면, "벨 거너스와 살인 농장에 관해 아는 바를 모두 말해주겠다"고 여러 번 약속했었다. 그러나 공교롭게도 워든 변호사는 업무차 루이지애나에 간 상태였다. 워든 변호사가 라포르테로 돌아온 무렵, 엘리자베스 스미스는 이미 땅에 묻혀 있었다.[13]

　　리즈의 죽음을 발표하면서, 신문사들은 리즈의 삶에 관한 핵심적인 사항을 언급했다. 리즈는 홀어머니 슬하에서 유년기를 보냈다.

　　　　　　　　　　　　　지옥에서 온 여왕

올름스테드 "할멈"이라고 불리던 어머니는 본래 노예 출신으로, 무려 104세까지 살았는데, 자신이 조지 워싱턴과 아는 사이라고 주장했다. 리즈는 북부군 취사병과 결혼했으나, 남편은 일찍 죽었다. 정부는 유족 연금으로 매달 24달러를 지급했다. 리즈는 유능한 사업가였기에, 집을 여섯 채나 소유했으며, 계좌에는 수천 달러가 들어 있었다. 무엇보다도, 리즈는 젊어서 "검은 미녀"로 유명했으며, "많은 백인 남자들을 매혹시켰다".[14]

리즈는 많은 노인들이 그러하듯이, 말년에 오늘날 우리에게 저장 강박증compulsive hoarding이라고 알려진 증세를 보였다. 리즈가 죽고 나서 얼마 뒤에 리즈의 오두막을 찾아갔던 한 신문기자는 집 안을 보고 경악했다. "낡은 오두막 안에 몇 톤은 될 법한 쓰레기가 쌓여 있었다. 현관에는 온갖 종류의 쓰레기가 산처럼 쌓여 있었는데, 완전히 무가치한 것들이었다. 바닥에는 종이 쪼가리와 부서진 전등, 벤치, 깡통, 창틀 조각, 누더기, 그리고 온갖 쓰레기와 오물이 수 미터 두께로 쌓여 있었다. 방 하나에는 작은 난로가 있었는데, 난로 옆에 쓰레기가 한가득 쌓여 있었다. 리즈는 이 지저분한 방에서 살 수밖에 없었다. 다른 방은 이미 쓰레기로 가득 찼기 때문이다. 난로 옆에는 난로에서 나온 석탄재가 쌓여 있었다."[15]

이 오두막집은 도저히 복구할 수 없는 상태였기에, 집을 철거한 뒤 목재와 기둥, 널빤지를 판다는 계획이 세워졌다. 앤드루 하네스라는 사람이 집을 청소하고 철거하기 위해 고용되었다. 하네스는 최종적으로 거의 수천 킬로그램에 이르는 누더기와 고철을 지역 고물상에 판매했으며, 마차 20대 분량의 쓰레기를 라포르테 쓰레기장에 버렸다.

5월 5일 금요일, 하네스는 리즈의 오두막 안에서 무릎 깊이로 쌓인 쓰레기 더미를 뒤지다가 난데없이 사람의 해골을 발견했다. "거미줄이 쳐진, 케케묵은" 두개골이었는데, 아래턱은 사라진 상태였으며, "위 치아 가운데 남아 있는 것은 썩은니 몇 개뿐이었다".[16] 그 즉시, 온 미국의 신문사들은 거너스 미스터리의 답이 나왔을지도 모른다고 보도했다. 만약 이것이 벨의 두개골로 드러난다면, 널리 퍼진 이론 가운데 하나를 입증해줄 터였다. "레이 램피어와 검둥이 애인 엘리자베스 스미스가 벨 거너스와 세 자녀를 죽였으며, 네 사람의 시신을 지하실에 끌고 간 뒤, 그곳에서 신원 확인을 어렵게 하고 벨 거너스에게 누명을 씌우기 위한 목적으로, 벨 거너스의 목을 베었다"는 이론을 말이다. 물론, 이와 정반대로, 〈시카고 트리뷴〉 지가 보도했듯이, "만약 전문가들이 '검둥이 리즈'의 오두막에서 발견된 두개골과 화재 현장에서 발견된 몸통이 동일인의 것임을 밝혀 낸다면, 벨 거너스가 화재에서 탈출했다는 사실이 입증될 수도 있었다".[17]

그렇지만, 하네스의 발견으로 일어난 흥분은 무척 빨리 사그라들었다. 24시간도 채 지나지 않아, 두개골을 검사한 의사들이 이 두개골은 최소 40년 된 것이라고 발표했으며, 리즈의 이웃이 "한참 전에, 그러니까 리즈가 벨 거너스라는 여자가 있는 줄도 모르던 시절" 부터 이 해골을 갖고 있었다고 증언했기 때문이다. 신문사들은 재빨리 리즈에게 "해골을 써서 주술을 거는 부두술사"라는 딱지를 붙였다.

지옥에서 온 여왕

리즈의 지인 한 사람은 이렇게 말했다. "돌아가신 저희 어머니께서 자주 말씀하셨어요. 검둥이 리즈가 한밤중에 자세를 바로 하고 해골 앞에 앉아 있는 모습을 보셨다고요. 그런데 해골의 구멍에서 불빛이 새어 나오고 있었대요. 검둥이 리즈는 해골에게 성경 말씀을 읽어주고 있었고요." 다른 사람들은 이렇게 증언했다. "리즈는 해골에 이름을 적곤 했습니다. 이름이 적힌 사람을 유혹하는 사악한 주술을 걸기 위해서였죠. 리즈는 연필로 해골에 글씨를 쓴 뒤기이한 의식을 치렀습니다." 그리고 실제로 두개골에는 연필로 쓴 이름이 여럿 새겨져 있었다. 그 가운데는 "필 벙거스Phil Bungers"라는 이름도 있었는데, 오래전 은퇴한 라포르테의 경관인 필 봉거즈Phil Bungerz를 지칭하는 듯했다. 봉거즈 경관은 "**리즈가** 끔찍이 증오하던 사람이었다."[18]

사실 확인 따위의 따분한 일에 전혀 구애받지 않았던 〈시카고 트리뷴〉지는 "주문을 걸고 부적을 만들던 '부두술사' 엘리자베스 스미스는 벨 거너스의 친구였으며, 거너스 농장에 자주 찾아 갔다"고 주장했다.

리즈의 더러운 오두막집에서는 여러 가지 문서가 발견되었는데, 이는 리즈가 벨 거너스와 같은 사업에 종사했으며, 심지어 벨 거너스의 범죄 스승이었을지도 모른다는 의심을 낳았다. 오두막에는 리즈가 남자들에게 받은 청혼 편지가 여럿 있었는데, 리즈는 신문에 실린 결혼 광고를 통해 이 남자들과 서신을 주고받기 시작했던 것으로 보인다. 이상한 부적이나 사랑의 묘약을 만드는 제조법도 있었고, 최면을 걸거나 점을 치는 방법에 관한 문서도 있었다. 게다가 이 여자가 대체 어떻게 라포르테에 있는 블록 하나를 거의 통째로 소유할 만큼, 그리고 은행 계좌에 엄청난 돈을 쌓아둘 만큼, 돈을 벌었는지에 관한 의문이 있다. 리즈는 벨 거너스와 같은 방법으로 돈을 벌었던 것일까? 아니면 벨 거너스를 도와 "살인 농장"의 무덤들을 채우는 일에 관여하고, 그 대가로 벨의 부를 나누어 받았던 것일까?[19]

두개골의 출처는 결국 끝까지 밝혀지지 않았지만, C. F. 러셀C. F. Russell이라는 인물이 대단히 의심스럽긴 해도, 매우 흥미진진한 견해를 내놓았다. 러셀은 서부 국경 지대에 있는 군 주둔지를 돌아다니며 "순회공연"을 하던 사람이었는데, 과거에 사람들을 골탕 먹이기로 유명한 쇼맨이었던 P. T. 바넘을 떠올리게 하는 인물이었다. 러셀은 25년 전에 엘리자베스 스미스가 "배에 종양이 생겨" 고생했는데, "한 늙은 흑인 유모"가 리즈에게 확실한 치료법을 알려주었다고 했다. 그 치료법은 바로 살인자의 해골을 문지르면서 주문을 외우는 것이었다.

문질-문질-맨질-맨질
살인자의 해골을 문질러라,
수단 방법 가리지 말고,
옳든 그르든.
그리하면 얻으리라.

지옥에서 온 여왕

네가 원하는 것을.

게다가 마침 러셀 본인도 살인자의 해골을 갖고 있었다. (러셀
의 주장에 따르면) 러셀은 예전에 제7기병연대의 대원이었는데, 조지
암스트롱 커스터George Armstrong Custer 장군 휘하에서 "시팅 불Sitting Bull의
병사들과 싸우다가 그만 부상을 입고 퇴역했다". 그 결과, 러셀은 리
틀빅혼 학살극Little Big Horn massacre*이 일어났을 때 "연대원들과 함께
있지 않았다." 이후에 서부를 여행하던 도중, 러셀은 "자신의 전우
들이 죽어 나간 전장에 방문했는데," 그곳에서 "인디언 추장의 두개
골"을 발견하고 "기념품"으로 챙겨 왔다.

그런데 어찌 된 영문인지, 리즈는 러셀이 해골을 갖고 있다는
사실을 알고 있었다. 리즈는 러셀을 찾아와 "커틀러 장군과 부하들
을 모조리 죽인 인디언보다 더 대단한 살인마는 없다"며 해골을 빌
려달라고 간청했다. 러셀은 기자에게 "아는 여자는 아니었지만, 반
드시 돌려주겠다고 약속하길래, 그 여자에게 해골을 줬습니다"라고
말했다.

그렇지만, 한 1년쯤 지나 러셀이 해골을 돌려받으러 갔을 때,
리즈는 해골을 도둑맞았다고 말했다. "그 여자가 거짓말을 한다고
여길 만한 이유가 없었습니다. 그래서 유골을 되찾길 포기했죠."[20]

비록 일부 신문사가 계속해서 이 해골이 "유명한 거너스 사건

---

* 미국 원주민들이 연합하여 미국 육군 제7 기병연대를 격파한 전투로, 이 전투의 결
과로 제7 기병연대는 전멸했으며, 커틀러 장군도 전사했다.

에 관한 중요한 단서를 제공할 것"이라고 보도하기는 했지만, 대다수 신문사는 엘리자베스 스미스가 "살인 농장의 비밀을 무덤까지 간직했다"는데 동의했다. 워트 워든 변호사는 크게 낙심했다. 워든 변호사는 기자회견에서 이렇게 말했다. "저는 레이와 그 늙은 여자가 친한 사이인 줄 알고 있었습니다. 그래서 그 여자의 입을 열기 위해서 백방으로 노력했죠. 리즈가 죽었을 때 제가 다른 곳에 가 있지만 않았더라도, 지금쯤 거너스 미스터리는 완전히 풀렸을 겁니다."[21]

지옥에서 온 여왕

42

칼슨 부인

거너스 사건과 관련된 인물들의 이름은 수년에 걸쳐 신문에 오르내렸다. 1915년 1월, 벨 거너스가 마지막으로 고용한 일꾼이자, 거너스 농장에서 일어난 화재의 생존자였던 조 맥슨은 아내를 폭행하고 아내와 자녀를 죽이겠다고 위협한 혐의로 경찰에 체포되었다. 8년이 지난 1923년 10월 31일, 조 맥슨은 '인디애나 몰딩 컴퍼니Indiana Moulding Company'에 고용되어 창틀이나 문틈의 모서리를 마감하는 일을 하다가, 머리 위로 떨어진 통나무에 맞아 사망했다.[1]

이듬해, 벨의 조카였던 애돌프 거너스는 신문에 이름을 자주 올렸다. 당시 26세였던 애돌프 거너스는 제1차세계대전에 참전한 재향 군인이었는데, 전쟁에서 탄환충격증shell shock*을 얻은 상태였다. 애돌프는 전쟁 후유증을 겪는 상이군인으로서, 시카고에 있는 스피

---

* 눈앞에서 총탄이 오가고 폭탄이 터지는 상황을 겪으면서 시력이나 기억력을 상실하는 증상으로, 오늘날에는 '외상후 스트레스 장애PTSD'로 분류된다.

디웨이 병원에서 치료를 받았는데, 그곳에서 애나 퍼니스 간호사와 만나 연애를 시작했다. 두 사람은 1923년 7월 20일에 결혼했다. 몇 달 뒤, 애돌프는 애나의 돈 1400달러를 챙겨 위스콘신주 매디슨으로 도망쳤는데, 알고 보니 매디슨에는 1920년에 애돌프와 결혼한, 또 다른 아내 엘라 매튜슨이 살고 있었다. 애돌프는 체포된 뒤 시카고로 송환되었으며, 중혼죄로 유죄 판결을 받고, 졸리엣 교도소에서 1년에서 5년 형을 선고받았다.[2]

1930년 말, 거너스 사건이 터진 지 2년 뒤에 라포르테에 온, 러시아계 이주자 존 A. 네프샤는 전 "살인 농장"을 구입한 뒤, 한때 벨의 집이 있었던 곳에 집을 짓기 시작했다. 신문 보도에 따르면, 네프샤는 "사람들이 미신 때문에 지난 20년 동안 이 땅을 비워두었다고 비웃었다. 네프샤는 유령이 출몰한다는 이야기 따위는 신경 쓰지 않았으며, 벨 거너스의 희생자가 줄줄이 발굴되었던 죽음의 땅을 정원으로 만들 계획이었다". 그 땅은 저주받았다는 일부 라포르테 사람들의 견해를 증명하듯, 네프샤는 몇 년 뒤에 쓸쓸한 이혼 소송에 휘말렸으며, 결국 "러셀 W. 스미스 판사에게, 자신과 아내 사이에서 총 260만 제곱미터에 달하는, 거너스 농장을 포함한 토지 일곱 구획을 분할해달라는 소송을 냈다".[3]

다음 20년 동안, 벨 거너스를 봤다는 목격담이 이따금씩 이어졌다. 당시 언론은 벨 거너스를 "꽃뱀 살인마Vamp Slayer"라고 불렀는데, 콜로라도, 캐나다, 미시시피, 뉴욕 등지에서 벨을 봤다는 제보가 있었다. 1928년, 소년들이 연쇄 실종된 사건을 수사하던 로스앤젤레스의 형사들은 와인빌 근처에 있는 양계장에서 강간당한 뒤 살해

지옥에서 온 여왕

당한 소년들을 찾아냈다. 이 일이 있기 얼마 전 벨 거너스가 캘리포니아에서 살고 있다는 신문 보도가 있었으므로, 벨 거너스가 어떤 식으로든 이 끔찍한 범죄에 연루되었을 거라는 추측이 무성했다.[4]

이렇듯 유력해 보이는 단서들이 연이어 소득을 거두지 못했음에도, 벨 거너스가 여전히 살아 있다는 워트 워든의 믿음은 흔들리지 않았다. 워든은 레이 램피어가 임종 직전에 해리 마이어스에게 했다는 자백을 전적으로 믿었으며, 1930년 7월에는 이 자백을 담은 책이 처음으로 출판되었다.[5] 워든은 언젠가 이 여 연쇄살인마가 체포될 거라는 믿음을 절대 포기하지 않았다. 그리고 1931년 봄, 워든의 기대가 마침내 실현되는 듯이 보였다.

* * *

1931년 2월 9일 밤, 시카고에 사는 정육업자 피터 H. 린드스트럼Peter H. Lindstrom은 그의 아버지 어거스트August가 로스앤젤레스 로미타에 있는 집에서 그날 오후 늦게 갑자기 사망했다는 전화를 받았다. 어거스트 노인의 죽음은 겉으로 보기에는 전혀 의심스러운 점이 없어 보였다. 예전에 애리조나주 윌리엄스에 살면서 목재상 일을 했던 어거스트 노인은 당시 82세였으므로, 언제 죽어도 이상하지 않을 나이였는데, 1800년대 미국 남성의 기대 수명이 50세가 채되지 않았다는 점에서 볼 때 더욱 그러했다. 그럼에도 아들 피터는 이 소식에 큰 충격을 받았다. 겨우 하루 전에 아버지에게서 "몸상태가 정말 좋다. 100살까지도 살 것 같다"는 편지를 받았기 때문

이었다.[6]

어거스트의 시신은 스톤 앤드 마이어스 장례식장으로 이송되었는데, 검시 차장이 사망 진단서에 적은 사인은 심장마비였다. 유해는 애리조나주 윌리엄스로 이송된 뒤 2월 11일에 매장되었다.

장례식이 열린 지 며칠 뒤, 피터는 아버지가 사망한 정황을 파악하고, 아버지의 재산을 처분하러 로스앤젤레스에 찾아갔다. 피터는 먼저 지난 15년 동안 아버지 어거스트의 가정부로 일했던, 62세 미망인 에스더 칼슨Esther Carlson 부인의 집에 방문했다.

칼슨 부인의 작고한 남편은 어거스트의 친한 친구였는데, 두 사람의 우정은 수년 전에 시작되었다. 어거스트가 윌리엄스 주변에 있는 벌목 캠프에서 감독관 일을 하고, 칼슨이 윌리엄스에서 술집을 운영하던 시절이었다. 신문 보도에 따르면, 어거스트 린드스트럼은 어느 날 윌리엄스 메인스트리트에서 멕시코인들에게 공격받았다. 어거스트가 멕시코 갱단 소속이었던 벌목꾼을 해고하고, 대신 스웨덴인 동포를 고용한 뒤 일어난 일이었다. 어거스트는 그 자리를 벗어나 칼슨의 술집으로 도망쳤고, 멕시코인들은 그 뒤를 쫓았다. "그러자 바 뒤편에 서 있던 칼슨이 리볼버를 뽑아 들고 멕시코인 세 명을 죽여버렸다." 그때부터 두 사람은 "떼려야 뗄 수 없는 단짝 친구가 되었다". 1925년 장기간 병을 앓던 칼슨이 사망했을 때, 두 사람은 캘리포니아주 헤멧에서 이웃으로 살고 있었다. 칼슨이 죽은 직후, 어거스트 린드스트럼은 로미타로 이사를 가면서 칼슨 미망인을 가정부로 데려갔다.

이제, 칼슨 부인과 이야기를 나누면서, 피터 린드스트럼은 2월

지옥에서 온 여왕

9일 오후에 칼슨 부인이 의사 제시 A. 랭커스터Jesse A. Lancaster에게 전화를 걸었다는 사실을 알게 되었다. 칼슨 부인은 "닥터 랭커스터에게 린드스트럼 씨가 많이 아프다고 알렸다. 그러자 닥터 랭커스터는 칼슨 부인에게 자기 집으로 찾아오라고 지시했고, 그곳에서 환자를 위해 약을 지어주었다. 30분쯤 뒤, 칼슨 부인은 다시 전화를 걸어 린드스트럼 씨가 죽어간다고 말했다. 닥터 랭커스터가 현장에 도착했을 때 린드스트럼은 이미 사망한 뒤였다".[7]

피터는 이야기가 무언가 이상하다고 느꼈다. 또 다른 사실을 알게 되자, 피터의 의심은 더욱 깊어졌다. 아버지 어거스트가 죽기 1주일 전, 칼슨 부인이 캘리포니아 은행 로미타 지점을 찾아가, 자신을 2000달러가 든 아버지 계좌의 공동 명의자로 설정했던 것이다. 그리고 어거스트가 죽자마자, 칼슨 부인의 절친한 친구인 애나 에릭슨Anna Erickson 부인이 은행에 나타나 칼슨 부인이 써준 위임장을 내세워 그 계좌에서 돈을 전액 인출했다.[8]

피터는 즉시 윌리엄스의 주립 고속도로 관리인이었던 형제 찰스에게 의심스러운 정황을 알렸다. 2월 18일 수요일, 어거스트의 시신은 발굴된 뒤 로스앤젤레스행 기차에 실렸으며, 목요일 아침에 로스앤젤레스에 도착했다. 그날 아침, 에스더 칼슨과 애나 에릭슨은 살인전담반 소속인 윌리엄 브라이트 경감에게 불려가 취조를 받았다. 그런 뒤, 두 여인은 칼슨 부인의 집으로 가 커피를 마셨다.[9]

금요일 아침, 어거스트 린드스트럼의 시신을 부검한 카운티 약제사 R. A. 애버내시는 조지 스탈만George Stahlman 지방검사보에게 자신이 린드스트럼의 위에서 "대량의 완두콩 수프"와 비소 2,5그레인을 찾아냈으며, 이는 "사람 40명을 죽이기에 충분한 양"이라고 보고했다.[10] 그 즉시, 에스더 칼슨과 애나 에릭슨을 살인 혐의로 체포하라는 영장이 발부되었다. 그런데, 그 무렵 에릭슨은 심한 경련을 일으키며 종합 병원에 실려 와 있었다. 에릭슨의 위에서 뽑아낸 내용물을 분석한 카운티 약제사 애버내시는 에릭슨이 "비소를 다량 섭취했음"을 밝혀냈다. 의사들은 에릭슨이 살아날 가망이 없다고 보았다.

에스더 칼슨은 자정 직후에 구금되었다. 라이트 경감과 스탈만 지방검사보가 취조를 진행했으나, 에스더 칼슨은 린드스트럼에 관해서는 끝까지 입을 다물었다. 그리고 에릭슨에 관해서는 "그 여자가 날 이 일에 끌어들였다"고만 했다.[11]

애나 에릭슨은 의사들의 불길한 예상 따위는 자기 알 바 아니라는 듯 살아남았을 뿐만 아니라, 2월 22일 일요일 무렵에는 칼슨 부인이 유죄라고 손가락질할 만큼 충분히 기력을 회복했다. 에릭슨은 병원 침대에 누운 채, 스탈만 검사보에게 에스더 칼슨이 어거스트 린드스트럼이 죽기 3주 전에 자신에게 "더는 못 참겠다. 이 자를 없애버리고 싶다"라고 말했다고 주장했다. 또, 어거스트 린드스트럼은 "애리조나주 윌리엄스로 돌아가 아들 찰스와 같이 살겠다"고 말해왔는데, 그러면 오랜 세월 가정부로 일했던 에스더 칼슨은 직장을 잃게 될 터였다.[12]

이틀 뒤인 2월 24일 화요일, 스탈만 지방검사보는 애나 에릭슨에게서 또 다른 서면 진술서를 받았는데, 에릭슨은 이 진술서에서 전 친구에게 더 많은 죄를 뒤집어씌웠다. 스탈만 지방검사보는 기자들에게 이번에 두 번째로 진행한 병상 인터뷰에서 에릭슨이 한 진술을 설명했다. "칼슨 부인이 그 늙은이를 돌보느라 지긋지긋하다는 말을 자주 했다고 합니다. 게다가 칼슨 부인이 지칭한 노인은 린드스트럼 씨만이 아니었다더군요. 칼슨 부인은 남편 찰스 칼슨과 또 다른 남자에 대해서도 비슷한 말을 했는데, 1925년 헤멧에서 두 사람이 연이어 죽었다고 합니다."[13]

신문사들은 얼마 지나지 않아 이 또 다른 남자의 정체가 구스타브 알센이라는 여든 살 먹은 스웨덴계 이주자라는 사실을 밝혀냈다. 미국에 도착한 직후 알센은 병에 걸렸으며, 캘리포니아주 헤멧에 있는 칼슨 부부의 집에서 같이 살게 되었다. 왕진을 나온 의사는 심장병이라는 진단을 내린 뒤, 해당 증상을 치료하는 일반적인 약이었던 스트리크닌 알약을 처방하면서 필요할 때 한 알씩 복용하라고 일렀다.

그런데 얼마 뒤 알센은 사망했다. 〈로스앤젤레스 타임스Los Angeles Times〉는 "사람들은 대개 고인이 알약을 한 번에 전부 먹었다고 여겼다. 실수로든 자살을 하려는 목적에서든 말이다". 몇 달 뒤, 찰스 칼슨 역시 사망했는데, 공식 사인은 위암이었다. 애나 에릭슨이 최근에 한 자백에 힘입어, 스탈만 지방검사보는 헤멧으로 가서 두 남자의 사망을 조사한다는 계획을 세웠다.[14]

같은 날인 화요일 오전 11시, 카운티 영안실에서 어거스트 린드스트럼의 사인규명회가 열렸다. 사인규명회에 참석한 사람은 고인의 두 아들과 카운티 약제사 애버내시를 포함한 증인들, 찰스 마이어스 장의사, 에스더 칼슨의 서명을 보고 애나 에릭슨에게 2000달러를 건넨 은행 지점장 B. A. 페캄, "칼슨 부인의 바느질 가방에서 빈 스트리크닌 병을 찾았다"고 증언한 해리 브루스터 보안관보 등이었다.

에스더 칼슨은 변호사의 조언에 따라, 직업 증언하기를 거부했다. 현장에는 막 병원에서 퇴원한 애나 에릭슨도 있었다. 애나는 처음에 증언을 하길 거부했으나, 결국 증언을 하는 데 동의했다. 애나는 헤이즐 브라운 보안관보의 부축을 받아 증언대에 오른 뒤, "린드스트럼이 죽은 날 아침, 자신이 린드스트럼에게 사과 파이를 한 조각 건넸다는 사실을 인정했다. 그렇지만 다른 이웃 한 사람에게도 똑같은 사과 파이를 한 조각 건넸다고 공언했다".

검시 배심원coroner's jury*들은 자신이 결백하다는 애나의 주장을 믿지 않았다. 비록 린드스트럼이 "우리가 모르는 사람 혹은 사람들이 린드스트럼을 살해하려는 목적으로 투여한" 독극물로 인해 사망했다는 가능성을 배제하기는 했지만, 검시 배심원들은 "이번 사건에 관한 추가 조사가 이루어질 때까지 에스더 칼슨 부인과 애나 에릭슨 부인을 구금하라"고 권고했다. 그날 저녁, 온종일 계속된 신문이 끝나자마자, 스탈만 지방검사보는 두 사람을 살인 혐의로 기소했다.[15]

다음 날 아침, 두 사람이 법정에 소환된 직후, 스탈만 검사보는 헤멧으로 출발했으며, 그곳에서 에스더 칼슨이 1922년에 동네 약국에서 "독약을 대량으로" 구입했다는 사실을 알아냈다. 스탈만 검

---

* 사인규명회에 소집되는 배심원들로, 총 12인으로 구성된다.

사보는 공식 사인이 자연사라고 적혀 있었음에도, 구스타브 알센의 진료 기록을 검사했으며, 그 과정에서 "알센이 죽기 직전에 비소 중독 증상을 보였다"는 사실을 알아냈다. 또 확실히 증명되지는 않았지만, 찰스 칼슨이 스트리크닌 중독으로 사망했다는 보고서들이 있다"는 이야기를 들었다. 그날 밤 집으로 돌아오기 전에 스탈만 지방검사보는 기자들에게 "두 사람의 시신을 발굴할 수도 있다"고 발표했다.[16]

3월의 첫 월요일, L. L. 윌스라는 롱비치에 사는 또 다른 약제사가 신문에서 이 사건을 접하고, 한 달 전에 칼슨 부인이 친구와 함께 자신에게서 비소를 구입하려 했었다고 제보했다. "저는 두 사람이 비소를 구입하려는 이유가 미심쩍다고 여겨 비소를 팔지 않았습니다." 칼슨의 제보를 받은 경찰 당국은 즉시 칼슨의 집을 다시 수색했으며, 그곳에서 개미 살충제를 만드는 방법이 적힌 편지지를 발견했다.

1. 병에 설탕을 세 컵 만큼 넣는다.
2. 설탕 위에 끓는 물을 두 컵 만큼 붓는다.
3. 아비산나트륨Sodium arsenite**을 두 스푼 넣는다.
4. 용액을 작은 깡통에 넣는다.

스탈만 지방검사보는 즉시 "이 제조법을 로스앤젤레스와 롱비

** 주로 살충제나 제초제 제작에 쓰이는 유독 물질.

치, 레돈도 및 다른 인근 도시에 사는 수많은 약제사들에게 보여주고, 이 여자가 아비산나트륨을 사기 위해서 개미 살충제를 구실로 삼은 것이 아닌지 확인하겠다"고 발표했다.[17]

그 주 금요일, 지방 법원에서 예심이 열렸다. 그 무렵, 애나 에릭슨은 완전히 회복한 상태였다. 오히려 에스더 칼슨이 몹시 쇠약해져 비틀거리는 상태였는데, 신문 독자들에게 전해졌다시피, 칼슨의 증상은 결핵으로 진행되었다.

처음으로 증언대에 오른 사람은 애버나시 카운티 약제사로, 그는 린드스트럼의 몸이 "비소로 가득 차 있었다"고 증언했다. 린드스트럼의 아들 찰스는 자신이 아버지의 시신을 발굴하고 캘리포니아로 이송한 뒤 검시관에게 검사를 의뢰하게 한 의심스러운 정황이 무엇인지 배심원단에게 설명했다. "칼슨 부인은 제게 어느 날 아버지가 아픈 채로 집에 돌아오셨는데, 점심 식사도 거부하시고, 오후 내내 심하게 아프셨다고 말했습니다. 칼슨 부인은 자신이 의사를 부르려 했지만, 아버지가 허락하지 않았다고 했습니다. 결국 저녁 7시가 되어서야, 칼슨 부인은 의사에게 전화를 걸었습니다. 아버지의 상태가 훨씬 악화되었을 때였죠. 의사가 도착했을 때 아버지는 이미 돌아가신 뒤였습니다."

문제의 의사, 닥터 제시 A. 랭커스터는 린드스트럼이 죽은 날 칼슨 부인에게 린드스트럼에게 먹일 약을 지어주었냐는 질문을 받았다. 랭커스터는 그렇다고 답했으며, 자신이 저녁 7시가 조금 넘었을 무렵 린드스트럼의 집에 도착했을 때 노인은 이미 사망한 뒤였다고 증언했다.

지옥에서 온 여왕

"며칠 뒤 저는 에릭슨 부인이 아프다는 말을 듣고 왕진을 나갔습니다. 에릭슨 부인이 고통스러워하며 구토하길래, 처치를 한 뒤 병원으로 데려갔습니다. 성분 조사 결과, 에릭슨 부인의 위에 들어 있던 내용물에서 비소가 나왔습니다. 에릭슨 부인은 자기가 칼슨 부인이 준 커피를 몇 모금 마신 뒤부터 아프기 시작했다고 말했습니다."

예심이 끝난 뒤, H. 파커우드 판사는 두 여자를 살인 혐의로 재판에 세우라고 명령했다. 그러면서 보석을 신청한 변호인들의 요청을 거부했다. 3주 뒤, 피고인 측은 무죄를 청원했으나, 윌리엄 C. 도런 고등법원 판사는 피고인 측에게 4월 30일에 제3고등법원Three of Superior Court*에서 열리는 재판에 출두하라는 명령을 내렸다.[18]

그런데 재판일이 되기 전, 난데없이 대사건이 일어났다. 이 사건은 그때까지 단순히 그 지역의 악명 높은 인물에 불과했던 에스더 칼슨의 이름이 미국 전역의 신문 1면 기사에 오르게 했으며, 향후 70년 동안 끊이지 않고 계속된 논란을 촉발했다.

* * *

에스더 칼슨의 집을 두 번째로 수색하면서, 경찰은 개미 살충제 외에도 흥미로운 물건을 발견했다. 그것은 오래된 트렁크 가방

---

* 미국은 주마다 법원의 이름이 다른데, 캘리포니아주에서는 1심 법원을 고등법원 Superior Court이라 부른다.

이었는데, 그 안에는 어린 소녀 두 명과 소년 한 명의 모습을 담은 낡은 사진이 한 장 들어 있었다. 정확히 어떻게 이 사진이 헌팅턴 파크에 사는 메리 크루거 부인에게 전해졌는지는 확실치 않다. 그렇지만 크루거 부인이 예전에 라포르테에 살았으며, 자신이 거너스 가족과 잘 아는 사이라고 주장했으며, 사진 속 아이들이 벨의 아들 필립과 딸 머틀과 루시임을 분명하게 알아보았다는 것은 확실하다.[19]

이 놀라운 발견에 스탈만 검사보와 상사 뷰론 피츠는 수사를 진행하여 에스더 칼슨이 악명 높은 벨 거너스인지 알아보겠다고 즉시 공표했다. 온 미국의 신문사들은 이 극적인 전개를 보도하는 전면기사를 냈다. "희대의 여 살인마일지도 모르는 L. A. 여자" "로스앤젤레스의 살인마, 벨 거너스일 가능성 있어" "칼슨 부인, '살인 농장'을 운영하던 여자로 지목받다" 등의 제목이었다.[20] 신문사들은 "여자 푸른수염"이 언짢은 눈초리로 쏘아보는 유명한 인물 사진과 허수아비처럼 빼빼 마른 칼슨 부인의 사진을 기사에 나란히 실으면서, 그동안 오랜 시간이 흘렀으며, 칼슨 부인은 병마에 시달려왔다는 점을 감안하면, 칼슨 부인은 늙고 수척해진 벨일 수도 있다고 보도했다. 〈로스앤젤레스 타임스〉에 따르면 거너스 사건이 세상에 드러난 후 23년 동안, 평균 한 달에 한 번꼴로 이 여자 연쇄살인마를 목격했다는 제보가 이어졌다. "그리고 이 오랜 세월 동안 거너스로 지목된 용의자들 가운데, 칼슨 부인은 '가장 큰 주목을 끌었다.'"[21]

카운티 병원의 죄수 병동에서 앓아누워 있던 에스더 칼슨은 상태가 눈에 띄게 악화되어가는 상황에서도 온 힘을 쥐어짜 냈다. 스탈만 검사보와 한 인터뷰에서 자신이 벨 거너스가 아니라고 강력하게 주장했던 것이다. 그녀의 이야기에 따르면, 에스더의 처녀 시절 이름은 존슨이었다. 에스더는 1867년에 스웨덴에서 태어났으며, 1892년에 스물다섯 살 나이로 미국으로 이주했고, 그 뒤로 17년 동안 코네티컷주 하트퍼드에서 에이사 V. 쿡 가족의 집에서 가정부로 일했다. 그리고 1907년, 하트퍼드 사람인 찰스 핸슨과 결혼했다. 그런데 겨울 아홉 달 뒤, 새신랑이 매사추세츠주 스프링필드 근처에 있는 아가왐강에서 익사했다. 1909년, 에스더는 로스앤젤레스에 왔고, 얼마 지나지 않아 애리조나주 윌리엄스로 이사했으며, 그곳에서 1911년에 찰스 콜슨이라는 남자와 결혼했다. 1925년에 남편이 사망하면서, 에스더는 로스앤젤레스로 돌아왔다. 마지막으로 에스더는 자신이 인디애나주에서 살았던 적이 없다고 완강히 주장하면서, 인디애나주에 발을 들인 적조차 없다고 했다.[22]

수사 당국은 그 말을 믿지 않았다. 스탈만 검사보는 이렇게 말했다. "벨 거너스가 모습을 감춘 것은 바로 1908년이었습니다. 저희는 라포르테의 맥도널드 보안관과 코네티컷주 및 매사추세츠주의 수사 당국과 협력하여, 칼슨 부인이 쿡 가족의 가정부로 일했다고 주장한 17년의 기간을 조사할 것입니다."

신문사들이 보도했다시피, 라포르테는 그 여자 오거가 마침내 발견되었을지도 모른다는 사실에 흥분의 도가니에 빠진 상태였다.[23] 톰 맥도널드 보안관은 자신이 벨 거너스가 아니라고 부인하는 칼슨 부인의 말이 의심스럽다고 말했다. "만약 에스더 칼슨이 실제로 벨 거너스가 아니라면, 이 사건은 정말 기이한 사건으로 기록될 겁니다. 세부사항이 너무 잘 들어맞습니다. 두 사람의 나이와 국적은 물론 수많은 인종적 특징이 일치합니다. 둘 다 자녀가 셋이며, 딸 둘에 아들 하나를 뒀다는 점도 같습니다. 사진으로 봐도 이목구비가 비슷합니다. 저는 이런 점에서 저는 칼슨 부인이 거너스 부인이라고 강력하게 믿습니다."[24]

맥도널드 보안관은 스탈만 검사보에게 벨을 찍은 사진들과 벨의 신체적 특징을 적은 자세한 서류를 보냈을 뿐만 아니라, 즉시 두 남자에게 연락을 취했다. 한 사람은 현재 로스앤젤레스에 거주하고 있는 전 라포르테 주민으로, 1902년부터 1908년까지 벨의 이웃으로 지내면서 "벨과 수도 없이 만나 이야기를 나누었던" 존 "데니스" 댈리John "Dennis" Daly였으며, 다른 사람은 한때 라포르테에서 술집을 운영했던 존 A. 요키John A. Yorkey로, 벨이 시내를 돌아다니는 모습을 자주 본 사람이었다. 1931년 5월 7일 목요일, 댈리와 요키가 맥도널드 보안관에게 전보로 받은 소개장을 들고, 스탈만 검사보의 사무실에 나타났다. 스탈만 검사보는 두 사람이 칼슨 부인의 진짜 정체를 밝혀주길 바라면서, 두 사람을 칼슨 부인 앞에 데려갔다.

그렇지만, 이 무렵 에스더 칼슨은 이미 사망한 상태였다. 칼슨은 애나 에릭슨이 어거스트 린드스트럼을 살해한 혐의로 재판정에 불려 나간 지 1주일 뒤였던 5월 6일 수요일에 결국 병마에 굴복했다.[25] 의사에게 칼슨 부인의 목숨이 몇 시간 안 남았다는 말을 들은 스탈만 검사보는 애나 에릭슨의 변호인이었던 조지프 마케티와 함께 칼슨 부인의 침상으로 달려갔다. 최후의 순간에 칼슨 부인이 어거스트 린드스트럼의 죽음에 얽힌 미스터리를 풀어줄 거라고 기대한 스탈만 검사보는 허리를 굽혀 반쯤 의식을 잃은 여인의 귓가에 입을 가져다 대고 당신이 린드스트럼을 죽였느냐고 물었다. 칼슨 부인의 입에서 간신히 알아들을 수 있는 소리가 새어나왔다. 이 소리는 웅얼거림이나 한숨, 꺽꺽대는 소리로 묘사되었으나, 스탈만 검사보는 칼슨 부인이 "예"라고 말했다고 생각했다.

"린드스트럼 씨에게 비소를 먹인 것을 인정합니까?" 스탈만 검사보가 묻자, 칼슨 부인은 역시 마찬가지로 웅얼거리는 소리로 답했다.

스탈만 검사보는 칼슨 부인이 임종 자리에서 자백을 했다는 사실에 만족하며 자리에서 물러났고, 이번에는 마케티 변호사가 칼슨 부인에게 다가갔다.

"칼슨 부인, 린드스트럼 씨를 살해하지 않았다는 말씀이시죠?" 마케티 변호사가 물었다.

칼슨 부인이 앞서 낸 소리와 완전히 똑같은 소리를 내자, 스탈만 검사보는 한숨을 내쉬며, 이 죽어가는 여자가 질문을 이해할 수 없는 상태라는 사실을 인정할 수밖에 없었다.

몇 시간 뒤, 신문사들은 "죽음이 그녀의 입을 영원히 봉했다"고 보도했다. 칼슨 부인의 시신은 카운티 영안실로 이송되었으며, 매장지가 있는 헤멧으로 이송될 때까지 그곳에 머물렀다.

스탈만 검사보의 차를 타고 영안실에 도착한 데니스 댈리와 존 요키는 약 40분간 시신을 살펴봤다. 그 뒤, 댈리는 기자들에게 죽은 여자가 벨 거너스임이 틀림없다고 공언했다. "저는 이 여자가 벨 거너스임을 조금도 의심하지 않습니다. 벨 거너스는 눈에 띌 정도로 입가가 특이하게 일그러져 있었는데, 이 여자도 그렇습니다. 눈동자 색도 같습니다. 나이를 먹어 흐려지긴 했지만 머리카락 색깔이 전체적으로 동일하며, 머릿결도 똑같습니다. 광대뼈가 튀어나온 것도 똑같고요. 키도 같습니다. 제가 마지막으로 거너스 부인을 봤을 때, 부인은 살이 찐 편이었습니다만, 결핵이 수년에 걸쳐 몸을 좀먹은 것 같습니다."[26]

존 요키 역시 마찬가지로 분명하게 여자의 신원을 밝혔다. 5월 11일 월요일, 에스더 칼슨이 밸리 국립묘지에서 두 번째 남편 찰스 곁에 묻힌 바로 그날, 요키는 워트 워든에게 편지를 한 통 보냈다. "그 여자가 살아 있을 때 만나지 못해 유감입니다. 그렇지만 장담컨대 그 여자는 오래전 살인 농장을 운영했던 벨 거너스가 확실합니다."[27]

43

죄악의 미스터리

1943년 1월, 워트 워든은 69세의 나이로 심장마비로 사망했다. 생애 마지막 8년 동안, 워트 워든은 라포르테 순회재판소에서 판사로 일하면서, 악명 높은 D. C. 스티븐슨D. C. Stephenson 사건을 맡아 소임을 다했다. 스티븐슨은 과거 KKK단 인디애나주 지부의 수장이었던 인물이었는데, 워든 판사는 스티븐슨에게 메지 오버홀처라는 젊은 여성을 살해한 죄로 유죄 선고를 내림으로써, 인디애나주에서 점차 세를 불려 나가던 KKK단의 정치적 영향력을 완전히 끝장내버렸다. 그러나, 워든의 사망 기사를 내면서 신문사들이 가장 치켜세운 업적은, 거너스 사건에서 살인 혐의로 기소된 피고인 레이 램피어의 변호인 역을 맡아 레이를 성공적으로 변호한 일이었다.[1]

워든이 존 요키의 호언장담을 믿었는지는 알 수 없으나, 워든은 끝까지 벨이 살아서 탈출했다는 믿음을 버리지 않았다. 아무튼, 이로부터 80년의 세월이 흐른 무렵, 요키의 주장이 틀렸음을 입증하는 새로운 증거가 나왔다. 2014년, 벨 거너스의 탄생지인 노르웨이 셸부 출신이었던 크누트 에리크 옌센은 에스더 칼슨의 진정한 정체가 무엇인지 밝혀내는 임무에 착수했다. 인구 조사서와 사망 기록, 시민 명부 등 온갖 서류를 검토하면서, 옌센은 칼슨이 죽어가면서 자신의 배경에 대해 한 말이 모든 면에서 진실임을 입증했다. 에스더 칼슨은 벨 거너스가 아니었다.[2]

* * *

나는 예전에 19세기 콜로라도에서 유죄 판결을 받은 (그리고 여태까지도 그가 유죄인지 무죄인지 논란이 분분한) 대량학살자이자 식인종인 알프레드 패커Alfred Packer에 관한 책 《맨 이터Man-Eater》를 쓰면서, 인간에게는 선천적으로 "인지적 종결cognitive closure" 욕구가 있다고 언급했었다. 인지적 종결은 심리학자 아리 크루글란스키Arie Kruglanski가 처음으로 이름 붙인 개념으로, 크루글란스키는 이를 "질문에 대한 확실한 답을 얻고 싶어 하고, 모호한 것을 거부하려 드는 개인적 욕구"라고 정의했다.[3] 에드거 앨런 포가 〈모르그가의 살인 사건〉을 집필하면서 처음 탄생한 추리 소설 장르가 대단한 인기를 끌고 있다는 사실은, 인지적 종결이라는 인간의 기본적인 심리적 욕구가 얼마나 강한지, 그리고 성가신 수수께끼를 해결할 명쾌한 해답을 직접 찾아내거나, 누군가에게서 듣고 싶어 하는 우리의 욕구가 얼마나 뿌리 깊은지 나타내는 증거다.

물론, 절대 풀 수 없는 것처럼 보이는 소설 속 수수께끼가 C. 오귀스트 뒤팽이나 셜록 홈스나 에르퀼 푸아로 같은 천재 탐정들에 의해 깔끔히 풀리는 것과는 대조적으로, 현실은 종종 우리에게 풀리기를 완강히 거부하고, 심지어 미친 듯이 저항하는 미스터리를 제공한다. 잭 더 리퍼의 정체는 이런 미스터리 가운데 가장 중요한 미스터리인데, 오랫동안 찾아 헤매던 잭의 정체를 밝혀냈다고 주장하는 책들이 주기적으로 나오는 현상은 우리가 불가지(不可知, unknowableness)를 얼마나 참기 어려워하는지 암시한다. 이와 마찬가지로, 소위 답을 찾아냈다는 사람들이 계속 등장하는 불확실한 사건에는 리지 보든 사건, 린드버그 납치사건, 비교적 최근에 일어난 존베넷 램지 살인 사건 등이 있다.

거너스 사건은 비록 오늘날 앞서 언급한 사건들만큼 유명하지는 않지만, 꾸준히 열광적인 범죄광들을 매혹해왔다. 가령 2008년에는 한 쌍의 법의학 인류학자들이 시카고 포레스트홈 공동묘지에서 유해를 발굴한 뒤 DNA 검사를 실시하여 목 없는 시신의 정체가 벨 거너스인지 밝혀내려 했다. 검사 결과는 "불확실했다".[4] 나는 이 프로젝트를 시작하면서, 어쩌면 내 조사로 이 세기의 미스터리의 답을 찾아낼지도 모른다는 환상을 품었다. 한번은 우연히 흥미로운 단서를 발견했다고 믿은 적도 있다. 스크랩한 신문 기사에서 벨 거너스가 때때로 "벨 힝클리Belle Hinckley"라는 가명을 써서 결혼 정보를 실었다는 사실을 발견했을 때였다.[5] 조사를 계속한 결과, 나는 1915년에 위스콘신주에 벨 힝클리라는 여자가 살고 있었다는 사실을 밝혀냈다. 뭔가 굉장한 사실을 발견했을지도 모르겠다는 생각이 들었지만, 두 벨 사이에 아무런 관련이 없다는 사실이 밝혀지면서 내 부풀 대로 부푼 기대는 순식간에 와르르 무너졌다.

내가 다음으로 한 기대는 이 책을 다 쓸 무렵이면, 거너스 농장에서 화재가 일어났던 날 밤에 정확히 무슨 일이 일어났는지 비교적 확실한 결론에 도달하리라는 것이었다. 지금, 나는 원통하게도 내가 그에 훨씬 미치지 못하는 결론에조차 이르지 못했음을 인정할 수밖에 없다. 수년에 걸쳐 거너스 사건의 모든 세부사항에 몰두했음에도, 나는 이 주제에 관해서 결론은커녕 감히 의견을 내놓을 수조차 없다.

내가 셀 목사가 받아냈다는 램피어의 자백이 대단히 미심쩍다고 느낀 것만큼은 분명하다. 그렇지만, 그 밖의 다양한 가능성은 내 눈에 모두 똑같이 믿음직해 보였다. 벨이 죽음을 위장한 채 도주했다거나, 벨이 레이가 의도적으로 지른 화재로 사망했다거나, 벨이 자포자기하여 자신과 자녀들을 불태워 죽이는 식으로 자살했다거나 하는 가설들이 모두 타당해 보였던 것이다. 〈클리블랜드 플레인 딜러Cleveland Plain Dealer〉지가 살인 농장에서 일어난 끔찍한 일이 드러난 다음에 내놓은 사설은 선견지명을 담고 있었다. "라포르테에서 일어난 사건은 앞으로 계속해서 범죄 연대기 안에서 가장 곤혹스러운 수수께끼 가운데 하나로 손꼽히게 될 것이다."[6] 나는 내가 재구성한 거너스 사건을 통해, 최소한 독자들이 '벨 거너스가 마지막에 어떤 운명을 맞이했는가'라는 미스터리에 관한 각자의 의견을 갖게 되리라고 믿는다.

* * *

지옥에서 온 여왕

물론, 거너스 사건에는 이보다 더 깊은 미스터리가 있다. 대체 어떤 여자가, 대체 어떤 사람이, 벨 거너스가 저지른 것과 같은 잔학한 행위를 할 수 있을까? 물론 벨 거너스보다 더 많은 희생자를 낸 다른 여자 사이코패스도 있기는 하다. 뉴잉글랜드 지역에서 높은 평가를 받는 간호사였던 "졸리Jolly"제인 토판Jane Toppan은 거너스 농장의 공포가 드러나기 겨우 7년 전에 21명을 죽였다고 자백했다. 졸리 제인은 존 웨인 게이시John Wayne Gacy가 등장하기 전까지 미국에서 가장 많은 사람을 희생시킨 연쇄살인마였다. 이보다 이른 시기에는 리디아 셔먼Lydia Sherman이나 새라 제인 로빈슨Sarah Jane Robinson 같은 "미국의 보르자"라고 불리던 여자 독살범들이 있었는데, 이들은 자신의 남편과 자매, 자식들에게 비소를 써서 느리고 고통스러운 죽음을 선사했다.

그렇지만 벨 거너스가 이전 세대의 살인마들과 구분되는 점은 그녀가 희생자들을 도살했으며, 시신을 훼손하고 토막 낸 뒤 돼지우리의 오물 구덩이에 유기했다는 점이다. 바로 이 점 때문에 벨 거너스는 여성 범죄자 연대기 안에서 유일무이한 존재가 되었다. 최소한 미국에서는 그렇다. 악의 본질은 바로 다른 인간을 인간 이하의 상태로 만드는 것이다. 벨 거너스 사건의 연구자들은 벨의 사악함이 어디에서 기인했는지 설명하기 위해 고군분투해왔다. 벨 거너스가 사춘기에 겪은 것으로 보이는 잔혹한 폭행 때문에 남성을 증오하게 되었다거나, 병적인 탐욕이 벨 거너스를 "이윤을 추구하는 푸른수염"으로 탈바꿈시켰다는 식으로 말이다.[7] 그렇지만, 벨 거너스가 무시무시한 범죄를 저지르면서 내보인 사악함은 이러저러한 이론으로 설명하기에는 너무나도 거대하다. 그렇기에 우리는 '과연 벨 거너스가 불 속에서 살아남았는가'라는 질문보다 훨씬 더 심오한 미스터리와 맞닥뜨리게 된다. 성경에서 "죄악의 신비"라 부르는 미스터리와 말이다.

나는 〈라포르테 위클리 헤럴드〉의 편집자가 램피어의 평결이 나온 지 하루 뒤에 쓴 글로써, 마지막 말을 대신하려 한다. "벨 거너스의 살인 사업에 관한 미스터리가 완전히 풀리는 일은 앞으로도 영영 없을 듯하다. … 벨 거너스가 저지른 범죄는 그 구상이나, 희생자들을 처형하는 잔혹한 방식에서 도저히 유례를 찾아볼 수 없다. 벨 거너스는 미래 세대에게 20세기의 대악마라고 불릴 만한 자격이 있다."[8]

지옥에서 온 여왕

감사의 말

언제나처럼, 내 에이전트 데이비드 패터슨에게 감사를 표한다. 너그럽게도 내게 자료를 공유해준 재닛 랑글루아에게 감사의 뜻을 전한다. 마찬가지로, 벨과 앤드루 헬길리언 사이에서 오간 서신 기록을 제공해준 캐서린 램슬랜드의 너그러움에도 감사를 표한다. 크리스타 레이넨과 메그 모스는 꼭 필요한 연구비를 지원해주었다. 내게 큰 도움을 준 라포르테카운티역사학회La Porte County Historical Society의 수지 릭터와 역사가 브루스 존슨에게 특히 감사의 말을 전하고 싶다.

언제나 그러하듯이, 내 멋진 아내 키미코 한에게 감사와 존경, 영원한 사랑을 전하고 싶다.

주

프롤로그

1   Charles Perrault, *The Complete Fairy Tales in Verse and Prose* (Mineola, NY: Dover, 2002), p. 78.

2   Francis Parkman, *La Salle and the Discovery of the Great West* (Boston: Little, Brown, and Company, 1908), pp. 211~214.

3   Jasper Packard, History of La Porte County, Indiana, and Its Townships, Towns and Cities (La Porte, IN: S. E. Taylor & Company, 1870), p. 36.

4   Ibid., p. 37.

5   Charles C. Chapman, *History of La Porte County, Indiana; Together with Sketches of Its Cities, Villages, and Townships, Educational, Religious, Civil, Military, and Political History; Portraits of Prominent Persons and Biographies of Representative Citizens* (Chicago: Chas. C. Chapman & Co., 1880), p. 616.

6   Rev. E. D. Daniels, *A Twentieth Century History and Biographical Record of La Porte County, Indiana* (Chicago: The Lewis Publishing Company, 1904), p. 126.

7   Packard, pp. 443~458.

8   Daniels, p. 132.

9   Daniels, pp. 237, 239, 241, 242, 258, and 263.

10 라포르테카운티역사학회에는 라포르테 출신 유명 인사들의 기록을 합친 합본이 한 권 있다.

11 Packard, pp. 47 and 72.

12 Chapman, pp. 514~515.

지옥에서 온 여왕

13 Packard, p. 73.

14 Chapman, p. 517.

15 *Fort Wayne Daily News*, December 1, 1902, pp. 1 and 2, and December 4, 1902, p. 1.

16 *Fort Wayne Daily News*, December 18, 1902, p. 2.

17 *La Porte Weekly Herald*, May 14, 1908, p. 2.

1
—

1 Donald L. Miller, *City of the Century: The Epic of Chicago and the Making of America* (New York: Simon & Schuster, 1996), p. 141.

2 Theodore Dreiser, *Newspaper Days* (New York: Horace Liveright, 1922), p. 210.

3 Bessie Louise Pierce, *A History of Chicago, Volume III: The Rise of a Modern City, 1871~1893* (New York: Alfred A. Knopf, 1957), p. 22.

4 Harold M. Mayer and Richard C. Wade, *Chicago: Growth of a Metropolis* (Chicago: University of Chicago Press, 1969), p. 22.

5 Theodore C. Blegen, *Norwegian Migration to America: The American Transition* (Northfield, MN: The Norwegian-American Historical Association, 1940), p. 481, and Odd S. Lovoll, *A Century of Urban Life: The Norwegians in Chicago before 1930* (Champaign, IL: University of Illinois Press, 1988), pp. 15 and 77 참조.

6 Lovoll, p. 65.

7 A. T. Andreas, *History of Chicago. From the Earliest Period to the Present Time. In Three Volumes. Volume II—From 1857 until the Fire of 1871* (Chicago: The A. T. Andreas Company, 1886), p. 444. 검시 배심원단은 "몇몇 사악한 소년들"이 꼬마 크누트의 "죽음에 관여했다"고 결론 내렸으나, 크누트가 도둑질을 거부했다는 이유로 "고의적으로 익사 당했다"는 명확한 증거를 찾을 수 없었다. 크누트의 죽음은 사고로 처리되었고, 기념비를 세우려는 계획은 취소되었다.

8 A. E. Strand, *A History of the Norwegians of Illinois: A Concise Record of the Struggles and Achievements of the Early Settlers together with a Narrative of what is now being done by the Norwegian-Americans of Illinois*

in the *Development of Their Adopted Country* (Chicago: John Anderson Publishing Company, 1905), p. 217; Blegen, p. 434, and Lovoll, pp. 20~21, 54, and 93 참조.

9   Lovoll, p. 82; Strand, p. 245.

10 Jean Skogerboe Hansen, "*Skandinaven* and the John Anderson Publishing Company," *Norwegian-American Studies*, Vol. 28 (1979), pp. 35~68.

11 Strand, p. 228 and 231~233; Lovoll, pp. 5, 130~131, 184, and 186.

12 Strand, p. 180. At the time, Oslo was still known as Christiana.

13 Irving Cutler, *Chicago: Metropolis of the Mid-Continent* (Carbondale, IL: Southern Illinois University Press, 2006), p. 74; Ann Durkin Keating, *Chicago Neighborhoods and Suburbs: A Historical Guide* (Chicago: University of Chicago Press, 2008), p. 174.

14 Pierce, p. 31. 더 정확히 말하면, 노르웨이인 체포율은 1880년대에는 1.09 퍼센트, 1890년대에는 1.26퍼센트였다. 이와 대조적으로 독일인 체포율은 1880년대에는 11.84퍼센트였으며, 1890년대에는 11.07퍼센트였고, 아일랜드인 체포율은 1880년대에 17.62퍼센트, 1880년대에 10.33퍼센트였다.

15 족보에 따르면, 파울과 베리트의 자녀들은 마리트 파울스다테르 스퇴르세트Marit Paulsdatter Størset, 페데르 모엔Peder Moen, 올레 파울센Ole Paulsen, 올리나 파울스다테르 스퇴르세트Olina Paulsdatter Størset(후에 넬리 라슨), 브륀힐드 파울스다테르 스퇴르세트Brynhild Paulsdatter Størset(후에 벨 거너스), 그리고 이름을 알 수 없는 "다른 한 사람" 등이었다. http://www.geni.com/people/Belle-Gunness/6000000010140315276 참조.

16 Kjell Haarstad, letter to Janet Langlois, March 29, 1976, on file at the La Porte County Historical Society. Janet Langlois, *Belle Gunness: The Lady Bluebeard* (Bloomington, IN: Indiana University Press, 1985), pp. 2~4 참조.

17 M. S. Emery, *Norway Through the Stereoscope: A Journey Through the Land of the Vikings* (New York: Underwood and Underwood, 1907), pp. 197~198.

18 Haarstad letter; Langlois, p. 2 참조.

19 Haarstad letter 참조.

20 Langlois, p. 3; Emery, p. 97.

21 Haarstad letter. Quoted in Langlois, p. 2 참조.

22 Sylvia Perrini, *She Devils of the USA: Women Serial Killers* (Goldmine-

guides.com, 2013), p. 58, and Ilene Ingbritson Wilson, *Murder in My Family* (Bloomington, IN: Trafford Publishing, 2004), p. 9 참조.

23   Langlois, p. 3.

2

1   *Norway-Heritage* 사이트에서 대서양 횡단 여행에 관한 아주 자세한 기록을 확인할 수 있다. *Norway-Heritage: Hands Across the Sea*, www.norway-heritage.com.

2   Ibid.; Odd S. Lovoll, "'For People Who Are Not in a Hurry': The Danish Thingvalla Line and the Transportation of Scandinavian Emigrants," *Journal of American Ethnic History*, Vol. 13, No. 1 (Fall 1993), pp. 48~67.

3   이 시기의 법률 문서에는 그녀의 이름이 전부 벨라로 기록되어 있다. 이 서류에는 매즈 소렌슨과의 혼인 허가서와 유콘 탄광을 상대로 제출한 기소장이 포함된다(주석 23 하단 참조). "Mrs. Gunness Changed Name," *Chicago Daily Tribune*, May 17, 1908, p. 5 참조.

4   Odd S. Lovoll, *A Century of Urban Life: The Norwegians in Chicago before 1930* (Champaign, IL: University of Illinois Press, 1988), p. 155.

5   Theodore Dreiser, *Sister Carrie* (New York: Bantam Books, 1958), pp. 17~18.

6   *Chicago Examiner*, May 7, 1908, p. 2.

7   *Chicago Tribune*, May 7, 1908, p. 1.

8   대부분의 사료는 매즈가 백화점 경비원(혹은 직원)으로 일했다고 기록하고 있으나, 매즈가 무대 감독이었다고 기록한 사료도 있다. *Indianapolis News*, May 12, 1908, p. 8 참조.

9   매즈 앤톤 소렌슨과 벨라 피터슨의 결혼 허가서(Illinois Regional Archives Depository, Northeastern Illinois University, Chicago)에는 알 수 없는 이유로 벨의 나이는 29세로, 매즈의 나이는 34세로 기록되어 있다. "Cupid's Noted Aid Dead," *Chicago Daily Tribune*, November 12, 1905, p. 8 참조.

10   Langlois, p. 4.

11   *La Porte Argus-Bulletin*, May 7, 1908, p. 1.

12   Ibid.

13   *Chicago Daily Journal*, May 8, 1908, p. 1.

14   Langlois, p. 77.

15   *Chicago Examiner*, May 6, 1908, p. 2.

16   *Chicago Tribune*, May 7, 1908, p. 2.

17   Ibid.

18   Ann Jones, *Women Who Kill* (New York: Fawcett Crest, 1980), p. 137; *La Porte Argus-Bulletin*, May 7, 1908, p. 1. 이전까지의 사료에 따르면 소렌슨은 알마스트리트에 있는 건물을 1896년에 구입하였다. 그러나 실제 기록에 따르면 구입일은 1895년 9월이었을 뿐만 아니라, 명의 역시 벨라의 단독 명의였다. Tract book, vol. 106A, p. 196, Cook County Recorder of Deeds, Chicago, IL 참조.

19   캐럴라인은 1896년 3월, 머틀은 1897년 2월, 액셀은 1898년 1월, 루시는 1898년 크리스마스에 태어났다.

20   *La Porte Argus-Bulletin*, May 6, 1908, p. 2.

21   이와 대조적으로, 2015년 미국 유아 사망률은 1000명당 6명 미만이다. 캐럴라인과 액셀의 사망 원인은 일리노이주 시카고 포레스트홈 공동묘지의 공식 매장 기록에서 확인할 수 있다.

22   "*Sorenson et al. vs. Yukon Mining & Trading Company*, Bill in Chancery, Filed June 3, 1898, Circuit Court of Cook County," on file at the Circuit Court Archives, Cook County, Chicago, Illinois.

23   "*Bella Sorenson et al. vs. Yukon Mining & Trading Company et al.*, Notice, Motion, and Affidavits of Hogenson, Anderson, & Rosenberg, Filed June 16, 1898, in Circuit Court, Cook County," on file at the Circuit Court Archives, Cook County, Chicago, Illinois.

24   "*Bella Sorenson et al. vs. Yukon Mining & Trading Company et al.*, Copy of Decree," on file at the Circuit Court Archives, Cook County, Chicago, Illinois.

25   *Chicago Tribune*, April 11, 1900, p. 1.

26   *Chicago Daily Journal*, May 8, 1908, p. 2; *Chicago Tribune*, May 8, 1908, p. 2; Record of Interments, August 1900, Forest Home Cemetery, Chicago, Illinois.

27   *Chicago Inter Ocean*, May 7, 1908, p. 3.

28   *La Porte Argus-Bulletin*, May 7, 1908, p. 1.

3

1 Langlois, pp. 34~36.

2 *Chicago Daily News*, May 9, 1908, p. 1.

3 *Indianapolis News*, May 9, 1908, p. 4; Sylvia Shepherd, *The Mistress of Murder Hill: The Serial Killings of Belle Gunness* (Bloomington, IN: 1st-Books Library, 2001), p. 17.

4 Langlois, pp. 37~40.

5 Ibid., p. 37.

6 Lillian de la Torre, *The Truth About Belle Gunness* (New York: Fawcett/Gold Medal Books, 1955), p. 13.

7 *Duluth News-Tribune*, May 13, 1908, p. 2, and *Chicago Daily Journal*, May 9, 1908, p. 1 참조.

8 "Indiana's Murder Farm," *Harper's Weekly*, Vol. LII, No. 268 (May 30, 1908), p. 23.

9 Records of Interments, August 1902, Forest Home Cemetery, Chicago, Illinois.

10 앨버트 니컬슨의 회상은 1951년 7월에 문서화되었다. 이 문서는 1902년 12월 17일에 열린 검시 배심원회의 전체 녹취록과 함께 라포르테카운티역사학회의 기록부에 보관되어 있는데, 이 문서에는 스완 니컬슨과 제니 거너스의 증언이 모두 들어 있다. de la Torre, pp. 41~45 참조.

11 *Fort Wayne Daily News*, December 1, 1902, pp. 1 and 2, and December 4, 1902, p. 1. *La Porte Argus-Bulletin*, December 16, 1902, p. 1, and December 17, 1902, p. 1 참조.

12 Bowell's postmortem report is contained in the transcript of the coroner's inquest, December 17, 1902, filed in the archives of the La Porte County Historical Society.

13 *La Porte Argus-Bulletin*, December 19, 1902, p. 1.

14 Langlois, p. 108.

15 de la Torre, p. 45.

16 Ibid.

17 Coroner's inquest, archives of the La Porte County Historical Society.

18 de la Torre, p. 45.

4

1   Langlois, pp. 56~57.

2   *Duluth News-Tribune*, May 13, 1908, p. 2.

3   Langlois, pp. 45~48.

4   Ibid., pp. 49~50.

5   Langlois, p. 58.

6   Ibid., pp. 60, 61~62, and 66~67. Stuart Holbrook, *Murder Out Yonder: An Informal Study of Certain Classic Crimes in Back-Country America* (New York: Macmillan, 1941), p. 127 참조.

7   Shepherd, p. 69.

8   *Decatur Herald,* May 23, 1908, p. 1.

9   Paula K. Hinton, "'Come Prepared to Stay Forever': The Tale of a Murderess in Turn-of-the-Century America," diss. (Miami University, Oxford, Ohio, 2001), p. 41.

10 Ibid.

11 "*Coroner's Inquisition, Unidentified Person, Gunness Farm, Henry Gurholt?, Deposition of Witness Martin Gurholt, Exhibit 'B,'*" on file in the archives of the La Porte Historical Society Museum.

12 "Coroner's Inquisition, Deposition of Witnesses, Exhibit 'C,' Chris Christofferson, May 26, 1908," on file in the archives of the La Porte Historical Society Museum.

5

1   이 광고 가운데 하나의 모사품이 라포르테카운티역사학회의 벨 거너스 전시장에 전시되어 있다.

2   *La Porte Weekly Herald*, May 14, 1908, p. 8; Shepherd, p. 64; Hinton, p. 34.

3   Hinton, p. 46.

4   *Richmond Times Dispatch,* June 10, 1908, p. 1.

5   Hinton, p. 46; de la Torre, p. 55.

6   *La Porte Argus-Bulletin*, May 8, 1908, p. 1.

7   *Grand Forks Evening Times*, May 15, 1908, p. 3. Moe's last name is

sometimes reported as "Moo".

8   de la Torre, p. 16; *New York Tribune*, May 10, 1908, p. 1; Shepherd, p. 53.

9   *Otago Daily Times*, November 30, 1908, p. 5; Hinton, p. 31; *La Porte Argus-Bulletin*, May 11, 1908, p. 1.

10 Shepherd, p. 52.

11 *La Porte Weekly Herald*, May 14, 1908, p. 8; Langlois, pp. 77~78; Shepherd, pp. 51~52; Anon., The Mrs. Gunness Mystery! (Chicago: Thompson & Thomas, 1908), pp. 66~67.

6

1   de la Torre, p. 17.

2   *La Porte Argus-Bulletin*, May 11, 1908, p. 1; de la Torre, p. 18.

3   *New York Sun*, May 10, 1908, p. 2; *La Porte Argus-Bulletin*, May 14, 1908.

4   de la Torre, p. 18; Anon., The Mrs. Gunness Mystery!, pp. 84~85; Troy Taylor, "Come Prepared to Stay Forever": The Madness of Belle Gunness. Hell Hath No Fury, Book 5 (Decatur, IL: Whitechapel Press, 2013).

5   de la Torre, p. 19.

6   La Porte Argus-Bulletin, May 18, 1908, p. 1.

7   Marion Daily *Mirror*, May 19, 1908, p. 2; *Washington Herald*, May 10, 1908, p. 3.

7

1   해당 사건을 다룬 당시의 신문 기사 전부와 이후의 기록물 사실상 전부에서 "헬겔레인Helgelein"이라는 철자를 쓰고 있지만, 공동묘지 웹사이트에 올라온 앤드루의 묘비 사진에는 "헬길리언Helgelien"이라 기록되어 있다. 해당 사진에 딸린 주석에 따르면, "유족들이 묘비에 적힌 헬길리언이라는 이름이 정확한 이름이며, 헬겔레인 등 다른 스펠링은 잘못된 것이라는 사실을 확인해주었다".

2   앤드루의 동생, 애슬리 헬겔리언은 자신이 형의 소지품 가운데서 벨이 보낸

서신 80통을 찾아냈다고 말했다. 그러나 램피어의 재판 동안 신문사들은 검사 측이 벨이 앤드루에게 보낸 편지 75통을 갖고 있다고 보도했다. *La Porte Argus-Bulletin*, May 18, 1908, p. 1, and November 19, 1908, p. 3 참조.

3   Ted Hartzell, "Belle Gunness' Poison Pen," *American History*, Vol. 43, No. 2 (June 2008), p. 50.

4   *Chicago Evening American*, November 18, 1908, p. 3.

5   *Indianapolis Star*, May 7, 1908, p. 3; *Chicago Daily Journal*, May 8, 1908, p. 1. Some accounts say that Helgelien robbed and torched the post office not in Red Wing but in Norway, Minnesota.

6   My thanks to Katherine Ramsland for providing me with typed transcripts of Belle's surviving letters to Helgelien.

7   Hartzell, p. 53.

8

1   de la Torre, p. 19.

2   Shepherd, p. 30.

3   de la Torre, p. 104.

4   Shepherd, p. 28; *Altoona Morning Tribune*, November 18, 1908, p. 1; *La Porte Argus-Bulletin*, May 14, 1908, p. 1.

5   *La Porte Weekly Herald*, May 14, 1908, p. 1.

9

1   *La Porte Argus-Bulletin*, November 17, 1908, p.1.

2   *Chicago Tribune*, May 8, 1908, p. 1. Some accounts spell her last name "Cone."

3   *La Porte Argus-Bulletin*, November 17, 1908, p.1.

4   Compare, for example, *La Porte Argus-Bulletin,* May 9, 1908, p. 1, and *La Porte Weekly Herald*, November 26, 1908, p. 1.

5   *La Porte Argus-Bulletin*, April 29, 1908, p. 1, May 9, 1908, p. 1, and November 19, 1908, p. 1.

6   Transcripts of this and other letters between Asle Helgelien and Belle

Gunness were provided to me by Dr. Katherine Ramsland.

7 *La Porte Argus-Bulletin,* May 9, 1908, p. 1; de la Torre, p. 107. Belle's original "Statement Alleging Insanity" is on file at the La Porte County Historical Society.

8 Josh Chaney, "Story About Belle Gunness," unpublished manuscript on file at the La Porte County Historical Society Museum; Hinton, p. 89; *La Porte Argus-Bulletin,* May 9, 1908, p. 1.

9 de la Torre, p. 21; *La Porte Argus-Bulletin,* May 9, 1908, p. 1.

10 de la Torre, p. 107.

11 *La Porte Argus-Bulletin,* May 13, 1908, p. 8.

10

1 *La Porte Weekly Herald,* May 14, 1908, p. 16. The *La Porte Argus-Bulletin* of May 8, 1908, reports the teacher's name as Jennie Garwood.

2 *Chicago Inter Ocean,* April 30, 1908, p. 12; de la Torre, p. 21. A transcript of Belle's will is in the archives of the La Porte Historical Society Museum.

3 Chaney, p. 27.

4 *La Porte Weekly Herald,* May 14, 1908, p. 15.

5 *La Porte Argus-Bulletin,* November 18, 1908, p. 1; de la Torre, p. 109.

6 *La Porte Argus-Bulletin,* November 18, 1908, p. 1; de la Torre, p. 111.

11

1 *La Porte Argus-Bulletin,* May 4, 1908, p. 1, and November 18, 1908, p. 1; de la Torre, pp. 7 and 112; "Coroner's Inquisition, Deposition of Witness Joseph O. Maxson, April 29, 1908," on file in the archives of the La Porte Historical Society Museum.

2 "Coroner's Inquisition, Deposition of Witness William Clifford, April 29, 1908," on file in the archives of the La Porte Historical Society Museum.

3 "Coroner's Inquisition, Deposition of Witness William Humphrey, April

29, 1908," on file in the archives of the La Porte Historical Society Museum.

4 "Coroner's Inquisition, Deposition of Witness Daniel Marion Hutson, April 29, 1908," on file in the archives of the La Porte Historical Society Museum.

5 de la Torre, p. 10.

6 "Coroner's Inquisition, Deposition of Witness Joseph O. Maxson, April 29, 1908"; de la Torre, pp. 3 and 10.

7 *La Porte Argus-Bulletin*, April 28, 1908, p. 1.

8 de la Torre, p. 10; *La Porte Argus-Bulletin*, April 28, 1908, p. 1.

9 *La Porte Argus-Bulletin*, April 28, 1908, p. 1.

12

1 Thomas Dreier, "The School That Teaches Boys How to Live," *The Business Philosopher*, Vol. VI, No. 2 (February 1910), p. 75.

2 Carter H. Manny, "Gone Are the Days," unpublished memoir on file at La Porte Historical Society Museum; *La Porte Weekly Herald*, April 30, 1908, p. 1.

3 *La Porte Weekly Herald*, April 30 1908, p. 1.

4 "Coroner's Inquisition, Deposition of Witness William Humphrey, April 29, 1908."

5 *La Porte Argus-Bulletin*, April 28, 1908, p. 1.

6 *La Porte Weekly Herald*, April 30, 1908, p. 1.

7 *La Porte Argus-Bulletin*, April 29, 1908, p. 1; *Indianapolis Star*, April 30, 1908, p. 4.

13

1 *La Porte Argus-Bulletin*, November 20, 1908, p. 1; de la Torre, pp. 125~126.

2 *Chicago Daily Tribune*, April 30, 1908, p. 5; *La Porte Argus-Bulletin*, November 20, 1908, p. 1; de la Torre, p. 126.

지옥에서 온 여왕

3 Leonard J. Moore, *Citizen Klansmen: The Ku Klux Klan in Indiana, 1921~1928* (Chapel Hill: University of North Carolina Press, 1991), p. 56.

4 *Indianapolis Star*, March 19, 1916, p. 4.

5 de la Torre, p. 23; Langlois, pp. 41~42.

6 *La Porte Argus-Bulletin*, April 30, 1908, p. 1.

7 *La Porte Argus-Bulletin*, April 30, 1908, p. 1; *Fort Wayne News*, April 29, 1908, p. 1; *Cleveland Plain Dealer*, April 29, 1908, p. 1.

8 *La Porte Argus-Bulletin*, April 30, 1908, p. 1.

9 "Coroner's Inquisition, Deposition of Witness Daniel Marion Hutson, April 29, 1908."

10 *La Porte Argus-Bulletin*, April 30, 1908, p. 1; *La Porte Weekly Herald*, May 7, 1908, p. 1.

11 *Chicago Daily Tribune*, May 1, 1908, p. 5; *La Porte Argus-Bulletin*, May 1, 1908, p. 1.

14

1 *La Porte Weekly Herald*, May 7, 1908, p. 14.

2 Ibid.

3 "Coroner's Inquisition, Deposition of Witness Dr. J. Lucius Gray, May 12, 1908," on file in the archives of the La Porte Historical Society Museum.

4 *La Porte Argus-Bulletin*, May 1, 1908, p. 1.

5 *Chicago Inter Ocean*, May 2, 1908, p. 3.

6 *La Porte Argus-Bulletin*, May 1, 1908, p. 1.

7 *La Porte Argus-Bulletin*, May 1, 1908, p. 1; *Chicago Inter Ocean*, May 2, 1908, p. 3.

8 Shepherd, pp. 9 and 10; Hinton, p. 28.

15

1 "Coroner's Inquisition, Deposition of Witness Asle K. Helgelein, May 5, 1908," on file in the archives of the La Porte Historical Society Muse-

um; Hinton, p. 29; Shepherd, pp. 11~12.

2   "Coroner's Inquisition, Exhibit 'A,' May 5, 1908."

3   de la Torre, p. 32.

4   Ibid.

5   "Coroner's Inquisition, Deposition of Witness Asle K. Helgelein, May 5, 1908."

6   "Coroner's Inquisition, Exhibit 'B,' May 18, 1908."

7   *Brooklyn Daily Eagle*, May 6, 1908, p. 1; de la Torre, p. 31.

16

1   Charles K. Mavity, *The Bellville* [sic] *Tragedy: Story of the Trial and Conviction of Rev. W. E. Hinshaw for the Murder of His Wife* (Indianapolis: Sentil Print Co., 1895) 참조.

2   역사학자 폴라 힌튼은 "쿠바와 독일만큼 멀리 떨어진 신문사들이 이 기사를 실었다"고 말했다. 〈데일리 헤럴드〉는 이 사건을 실은 쿠바어 신문을 실제로 창가에 진열했었다. Hinton, p. 58 참조.

3   de la Torre, pp. 35~36.

4   *Chicago Inter Ocean,* May 5, 1908, pp. 1 and 3.

5   *Chicago Tribune*, May 6, 1908, p. 3; *Chicago American*, May 6, 1908, p. 30; de la Torre, pp. 32~33.

6   *New York Times*, May 8, 1908, p. 2; *La Porte Weekly Herald*, May 14, 1908, p. 1.

17

1   *Chicago Inter Ocean*, May 7, 1908, p. 3.

2   "Coroner's Inquisition, Unidentified Adult, Gunness Farm, May 6, 1908, 'Exhibit A,'" on file in the archives of the La Porte Historical Society Museum; *Chicago Daily News,* May 6, 1908, p. 1.

3   *Chicago Inter Ocean*, May 7, 1908, p. 3.

4   *Chicago Tribune*, May 7, 1908, p. 2.

5   *Chicago Daily American*, May 7, 1908, p. 1; *Cleveland Plain Dealer*, May 8, 1908, p. 1; *San Francisco Call*, May 12, 1908, p. 1; *Pittsburgh Press*, May 7, 1908, p. 1; *Chicago Evening American*, May 8, 1908, p. 3.

6   *Chicago Examiner*, May 7, 1908, p. 1.

7   *Chicago Daily Journal*, May 7, 1908, p. 1.

8   *Chicago Inter Ocean*, May 7, 1908, p. 1; Chicago *Daily American*, May 7, 1908, p. 2.

9   *La Porte Argus-Bulletin*, May 9, 1908, p. 1.

10 *Chicago Daily News*, May 7, 1908, p. 1.

11 New York Times, May 6, 1908, p. 1.

12 *Chicago Examiner*, May 7, 1908, p. 1.

13 *Chicago Daily Journal*, May 6, 1908, p. 3; *Chicago Examiner*, May 7, 1908, p. 2.

14 *Chicago Daily News*, May 7, 1908, p. 1.

15 Arthur Alden Guild, *Baby Farms in Chicago: An Investigation Made for the Juvenile Protection Agency* (Chicago: The Juvenile Protection Agency, 1917).

16 Alison Rattle and Allison Vale, *The Woman Who Murdered Babies for Money: The Story of Amelia Dyer* (London: André Deutsch, 2011).

17 Chicago Inter Ocean, May 8, 1908, p. 1.

18 *Chicago Examiner*, May 7, 1908, p. 2.

18

1   *Chicago American*, May 7, 1908, p. 1.

2   *Chicago Tribune*, May 8, 1908, p. 2; *Los Angeles Herald*, May 8, 1908, p. 1.

3   *Chicago Tribune*, May 8, 1908, p. 2.

4   Shepherd, p. 39.

5   Ibid, p. 40; *La Porte Argus-Bulletin*, May 6, 1908, p. 1; *Chicago Tribune*, May 7, 1908, p. 1.

6   *Chicago Tribune*, May 7, 1908, p. 1. 버즈버그 가족의 친구였던, 에드윈 채핀이라는 철물 장수가 머사이어스와 오스카와 동행했다.

7   de la Torre, p. 32.

8   *La Porte Argus-Bulletin*, May 7, 1908, p. 1.

9   *New York Times*, May 8, 1908, p. 1.

10   Ibid.; *La Porte Weekly Herald*, May 14, 1908, p. 1.

11   *Chicago Evening American*, May 8, 1908, p. 1.

12   *Chicago Daily Journal*, May 7, 1908, p. 1; *Chicago Tribune*, May 8, 1908, p. 5.

13   *Chicago Tribune*, May 8, 1908, p. 5.

14   *Los Angeles Herald*, May 8, 1908, p. 1.

15   *Pittsburgh Press*, May 7, 1908, p. 1.

16   *Los Angeles Herald*, May 8, 1908, p. 1.

19
—

1   *Chicago Tribune*, May 8, 1908, p. 1.

2   *The Federal Reporter: Cases Argued and Determined in the Circuit Court of Appeals and Circuit and District Courts of the United States*, Vol. 177 (St. Paul, MN: West Publishing Co., 1910), pp. 679~684 참조.

3   Pamela Ilyse Epstein, *Selling Love: The Commercialization of Intimacy in America 1860s~1900s* (diss., New Brunswick Rutgers, The State University of New Jersey, 2010), pp. 127~128.

4   Clifton R. Wooldridge, *Twenty Years a Detective in the Wickedest City in the World* (Chicago, IL: Chicago Publishing Co., 1908), p. 119.

5   *Chicago Tribune*, May 9, 1908, p. 1.

6   Wooldridge, p. 132.

20
—

1   *Chicago Inter Ocean*, May 8, 1908, pp. 1 and 2; *Chicago Daily Journal*, May 9, 1908, pp. 1 and 3.

2   *Chicago Inter Ocean*, May 9, 1908, p. 1.

3   *Chicago Daily News*, May 8, 1908, p. 1.

4   Ibid.; *La Porte Argus-Bulletin*, May 8, 1908, p. 1.

5   *Los Angeles Herald*, May 10, 1908, p. 1; *Chicago Tribune*, May 10, 1908,

p. 1.

6   *Washington Herald*, May 9, 1908, p. 3.

7   *Washington Herald*, May 13, 1908, p. 3.

8   *Washington Herald*, June 6, 1908, p. 3.

9   *Washington Herald*, May 22, 1908, p. 3.

10   *La Porte Argus-Bulletin*, May 11, 1908, p. 2.

11   *Paducah Evening Sun*, May 15, 1908, p. 5; *Washington Times*, May 9, 1908, p. 2; *Salt Lake Herald*, May 12, 1908, p. 3; *Washington Herald*, May 22, 1908, p. 3; Hinton, pp. 47~52.

12   Hinton, p. 35; "*Coroner's Inquisition, Unidentified Person, Gunness Farm, Henry Gurholt?, Deposition of Witness Martin Gurholt, Exhibit B.*"

13   *New York Sun*, May 12, 1908, p. 5; Hinton, p. 43.

14   Hinton, p. 36.

15   *Richmond Times-Dispatch*, June 10, 1908, p. 1.

16   *Chicago Inter Ocean*, May 8, 1908, p. 2.

17   *La Porte Argus-Bulletin*, May 9, 1908, p. 3.

18   *La Porte Argus-Bulletin*, May 20, 1908, p. 1.

19   *La Porte Argus-Bulletin*, May 16, 1908, p. 4.

20   *La Porte Argus-Bulletin*, May 11, 1908, p. 1; *Salt Lake Herald*, May 12, 1908, p. 1.

21   *Chicago Tribune*, May 10, 1908, p. 3.

22   Ibid.

23   *Chicago Inter Ocean*, May 8, 1908, pp. 1 and 2.

21

1   *La Porte Argus-Bulletin*, May 9, 1908; *Chicago Tribune*, May 7, 1908, p. 3.

2   *Grand Forks Daily Herald*, May 19, 1908, p. 1 참조.

3   *La Porte Argus-Bulletin*, May 9, 1908, p. 5, and May 11, 1908, p. 3.

4   *Chicago Examiner*, May 24, 1908, Sunday magazine, p. 6.

5   "A Symposium on Mrs. Belle Gunness," *The Phrenological Journal and Science of Health Magazine*, Vol. 121, Number 8 (August 1908), pp. 251~253.

6   *La Porte Argus-Bulletin*, May 8, 1908, p. 7.

7   Harold Schechter, *The Devil's Gentleman: Privilege, Poison, and the Trial That Ushered in the Twentieth Century* (New York: Random House/Ballantine Books, 2007), p. 139.

8   *Chicago Tribune*, June 3, 1908, p. 1.

9   *La Porte Argus-Bulletin*, May 18, 1908, p. 1.

22

1   *Dr. Walter S. Gaines, letter to Charles S. Mack, July 13, 1908*, filed in the archives of the La Porte Historical Society Museum. *La Porte Argus-Bulletin*, May 9, 1908, p. 1 참조.

2   Langlois, p. 1 참조.

3   A. I. Schutzer, "The Lady-Killer," *American Heritage*, Vol. 15, Issue 6 (October 1964), pp. 36~39 and 91~94.

4   Ibid., p. 37.

5   *Chicago Daily Journal*, May 8, 1908, p. 3.

6   *La Porte Argus-Bulletin*, May 9, 1908, p. 3; *La Porte Weekly Herald*, May 21, 1908, p. 5.

7   Robert H. Adleman, *The Bloody Benders* (New York: Stein and Day, 1970) 참조.

8   *Chicago Daily Tribune*, May 10, 1908, p. 2 참조.

9   *Chicago Daily Tribune*, May 9, 1908, p. 8.

23

1   *La Porte Argus-Bulletin*, May 9, 1908, p. 1; *New York Times*, May 10, 1908, p. 2; *Chicago Inter Ocean*, May 10, 1908, p. 1; *Chicago Examiner*, May 9, 1908, pp. 1 and 2.

2   *New York Times*, May 10, 1908, p. 2; *Chicago Examiner*, May 9, 1908, p. 2.

3   *La Porte Argus-Bulletin*, May 9, 1908, p. 2.

4   *Chicago Evening American*, May 9, 1908, p. 1.

5   *La Porte Argus-Bulletin*, May 9, 1908, p. 1.

6   Ibid., p. 7.

7   *Grand Forks Daily Herald,* May 10, 1908, p. 3.

8   *Columbus Enquirer Sun,* May 12, 1908, p. 2.

9   *Aberdeen Daily American,* May 18, 1908, p. 1.

10 *The Bellingham Herald,* May 26, 1908, p. 1.

11 *Duluth New Tribune,* May 16, 1908, p. 3; *Belleville New Democrat,* June 1, 1908, p. 1; *Lexington Herald,* May 19, 1908, p. 1; *Saskatchewan Sunday Tribune,* June 14, 1908, p. 2; *Columbus Enquirer Sun,* June 10, 1908, p. 1.

12 *Chicago Evening American,* May 9, 1908, p. 1.

13 Hinton, p. 95.

14 Ibid., p. 94.

15 *Chicago Inter Ocean,* May 10, 1908, p. 1; *Chicago Tribune,* May 10, 1908, p. 1.

16 *La Porte Argus-Bulletin,* May 9, 1908, p. 1, and May 10, 1908, p. 1; *Scranton Republican,* May 10, 1908, p. 1.

17 *Chicago Tribune,* May 10, 1908, p. 2.

24

1   *Chicago Inter Ocean,* May 11, 1908, p. 1.

2   *La Porte Weekly Herald,* May 14, 1908, p. 14.

3   *La Porte Argus-Bulletin,* May 11, 1908, p. 1; *New York Times,* May 11, 1908, p. 2.

4   *Chicago Inter Ocean,* May 11, 1908, p. 1.

5   *La Porte Argus-Bulletin,* May 11, 1908, p. 1.

6   *La Porte Weekly Herald,* May 14, 1908, p. 3.

7   *Chicago Inter Ocean,* May 11, 1908, p. 1.

8   *New York Times,* May 11, 1908, p. 2.

9   *La Porte Argus-Bulletin,* May 11, 1908, p. 1; *La Porte Weekly Herald,* May 14, 1908, p. 14; *New York Times,* May 11, 1908, p. 2.

10 *La Porte Argus-Bulletin,* May 13, 1908, p. 2; *Chicago Inter Ocean,* May 11, 1908, p. 1; Hinton, pp. 64 and 65.

11 *La Porte Weekly Herald,* May 14, 1908, p. 3.

12 *La Porte Weekly Herald,* May 21, 1908, p. 2.

13 The advertisement for the Lyric Theater in the *Concordia (Kansas) Daily*

Blade, November 23, 1908, p. 4 참조.

25

1 *La Porte Weekly Herald*, May 21, 1908, p. 4.

2 *Chicago Inter Ocean*, May 11, 1908, p. 2.

3 *Chicago Daily Journal*, May 11, 1908, p. 1.

4 *La Porte Argus-Bulletin*, May 14, 1908, p. 8.

5 *Salt Lake Herald*, May 15, 1908, p. 3.

6 de la Torre, p. 51.

7 *Chicago Daily Journal*, May 13, 1908, p. 2.

8 *La Porte Weekly Herald*, May 14, 1909, p. 8.

9 Ibid.

10 *New York Times*, May 25, 1908, p. 3.

11 de la Torre, p. 52.

12 Anon., *The Mrs. Gunness Mystery! A Thrilling Tale of Love, Duplicity & Crime. Being a recital of the strange story of the career of Mrs. Belle Gunness. It tells in detail everything regarding her career of crime; how she, by representing herself as a charming and rich widow, lured matrimonial victims to her farm, only to murder them in cold blood. Also containing accounts of other noted murder mysteries, including the Bender Case, the Holmes Castle Mystery, and others* (Chicago: Thompson & Thomas, 1908), pp. 10~13.

13 Ibid., pp. 44~45.

14 Ibid., pp. 68~69.

15 Ibid., p. 81.

16 Ibid., p. 176.

26

1 Holbrook, p. 140; de la Torre, p. 48.

2 *Chicago Daily Examiner*, May 10, 1908, p. 1; *La Porte Herald Weekly*, May 21, 1908, p. 1. 잔해에서 발견된 시계가 총 몇 개인지는 기록에 따라 다

르며, 몇몇 신문 기사는 총 11개가 발견되었다고 보도했다.

3   *La Porte Argus-Bulletin*, May 11, 1908, p. 1.
4   Ibid., May 23, 1908, p. 1; *Chicago Inter Ocean*, May 28, 1908, p. 3.
5   *Chicago Daily Tribune*, May 16, 1908, p. 3; *La Porte Weekly Herald*, May 21, 1908, p. 4.
6   *La Porte Argus-Bulletin*, May 13, 1908, p. 4.
7   *Chicago Daily Examiner*, May 20, 1908, p. 3; *Chicago Inter Ocean*, May 20, 1908, p. 2.
8   *Chicago Daily Tribune*, May 20, 1908, p. 6.
9   *La Porte Argus-Bulletin*, May 19, 1908, p. 1.
10   Ibid., May 15, 1908, p. 1.
11   Ibid., May 21, 1908, p. 2.
12   *Chicago Inter Ocean*, May 23, 1908, p. 2; *New York Times*, May 23, 1908, p. 2. 여섯 번째 기소장에 이어 일곱 번째 기소장이 제출되었는데, 죄목은 램 피어가 벨 거너스를 도와 헬길리언의 시신을 유기했다는 것이었다.

27

1   *La Porte Argus-Bulletin,* May 21, 1908, p. 8.
2   Langlois, pp. 23 and 26~27.
3   de la Torre, pp. 61~62.
4   Shepherd, p. 126.
5   *New York Times*, May 30, 1908, p. 2; *Chicago Inter Ocean*, May 30, 1908, p. 3; Hinton, pp. 61~62; Shepherd, pp. 125~126.
6   Shepherd, pp. 125~126.
7   *La Porte Weekly Herald,* June 25, 1908, p. 4.
8   *La Porte Argus-Bulletin,* May 21, 1908, p. 1.
9   *Detroit Free Press,* July 10, 1908, p. 2; *La Porte Argus-Bulletin,* July 10, 1908, p. 1, and July 11, 1908, p. 1; *Spanish Fork Press,* July 16, 1908, p. 1; *Chicago Inter Ocean*, July 18, 1908; *La Porte Argus-Bulletin,* July 29, 1908, p. 1; *Wichita Daily Eagle*, October 9, 1908, p. 1.

28

1   *Chicago Inter Ocean*, November 8, 1908, p. 8. 알 수 없는 이유로 레이 램 피어의 재판 기록은 존재하지 않는다. 나는 라포르테와 시카고의 신문사들 이 내놓은 방대한 신문 기사를 참조하여 재판 과정을 그렸다.

2   *La Porte Argus-Bulletin*, November 12, 1908, p. 1; de la Torre, pp. 65~66.

3   *La Porte Weekly Herald*, November 12, 1908, p. 7.

4   de la Torre, p. 63; *La Porte Weekly Herald*, November 12, 1908, p. 3; *La Porte Argus-Bulletin*, November 10, 1908, p. 1.

5   *Fort Wayne Journal-Gazette*, March 9, 1905, p. 1; *Cincinnati Enquirer*, April 11, 1905, p. 1.

6   *Fort Wayne News*, January 22, 1906, p. 8; *Argos Reflector*, January 26, 1998, p. 1.

7   *La Porte Weekly Herald*, November 12, 1908, p. 3.

8   Ibid., November 13, 1908, p. 1.

9   Ibid., November 10, 1908, p. 1.

10 *Chicago Evening American*, November 10, 1908, p. 1; *Chicago Examiner*, November 10, 1908, p. 1.

11 *Chicago Daily Journal*, November 11, 1908, p. 3.

12 Shepherd, pp. 127~128; de la Torre, p. 50; *Boston Daily Globe*, June 1, 1908, p. 8.

13 *St. Louis Post-Dispatch*, June 1, 1908, p. 2.

14 *Cincinnati Enquirer*, June 2, 1908, p. 2; *New York Times*, June 3, 1908, p. 3.

15 *La Porte Argus-Bulletin*, November 10, 1908, p. 1.

16 Ibid., November 12, 1908, p. 1, and November 13, 1908, p. 1.

29

1   *La Porte Argus-Bulletin*, November 13, 1908, p. 1.

2   de la Torre, p. 70.

3   *La Porte Argus-Bulletin*, November 12, 1908, p. 1.

4   *La Porte Argus-Bulletin*, November 13, 1908, p. 1; *La Porte Weekly Her-*

ald, November 19, 1908, p. 1.

30
—

1   *La Porte Argus-Bulletin*, November 13, 1908, p. 3, and *La Porte Daily Herald*, November 13, 1908, p. 8.
2   *Chicago Inter Ocean*, November 8, 1908, p. 8.
3   de la Torre, p. 75.
4   *Indianapolis Star*, May 11, 1930, p. 1.
5   *La Porte Argus-Bulletin*, November 10, 1908, p. 1.
6   *La Porte Argus-Bulletin*, November 13, 1908, p. 3.
7   de la Torre, p. 79.
8   *La Porte Weekly Herald*, November 19, 1908, pp. 1 and 3; de la Torre, p. 79.
9   *La Porte Weekly Herald*, November 19, 1908, p. 2.
10   Ibid.
11   de la Torre, p. 85.
12   Ibid., pp. 85~86.
13   *La Porte Argus-Bulletin*, November 13, 1908, p. 4.

31
—

1   *La Porte Argus-Bulletin*, November 14, 1908, p. 2.
2   Daniels, p. 722.
3   *Indianapolis Star*, December 12, 1912, p. 2; January 20, 1913, p. 8; February 23, 1913, p. 16.
4   de la Torre, p. 86.
5   Ibid.; *La Porte Weekly Herald*, November 19, 1908, p. 2.
6   *Indianapolis Star*, August 17, 1940, p. 14.
7   *Dental Digest*, Vol. XI, No. 5 (May 1905), p. 520. 참조
8   *La Porte Weekly Herald*, November 19, 1908, p. 3; *La Porte Argus-Bulletin*, November 16, 1908, p. 3.
9   *La Porte Argus-Bulletin*, November 16, 1908, p. 3.

32

1 *La Porte Weekly Herald*, November 19, 1908, p. 3.
2 *La Porte Argus-Bulletin*, November 16, 1908, pp. 1 and 4.
3 de la Torre, p. 100; *La Porte Argus-Bulletin*, November 16, 1908, p. 8; *La Porte Weekly Herald*, November 19, 1908, p. 5.
4 de la Torre, p. 93; *La Porte Weekly Herald*, November 19, 1908, p. 3.
5 *La Porte Argus-Bulletin*, November 16, 1908, p. 4; *La Porte Weekly Herald*, November 19, 1908, p. 3.
6 de la Torre, p. 94.
7 *La Porte Argus-Bulletin*, November 16, 1908, p. 4.
8 Ibid.
9 *La Porte Argus-Bulletin*, November 16, 1908, p. 8.
10 *Carroll (Iowa) Herald*, May 13, 1908, p. 3.
11 *La Porte Argus-Bulletin*, November 17, 1908, p. 1.
12 *Chicago Daily Journal*, November 17, 1908, p. 2.

33

1 Washington Irving, "Rip Van Winkle," in *Selected Writings of Washington Irving* (New York: The Modern Library, 1984), p. 48.
2 *La Porte Weekly Herald*, November 19, 1908, p. 5.
3 *Evansville Press*, May 12, 1908, p. 1; *Pittsburgh Press,* May 7, 1908, p. 1; de la Torre, p. 101.
4 *La Porte Weekly Herald*, November 19, 1908, p. 5.
5 Ibid.
6 *La Porte Argus-Bulletin*, November 18, 1908, p. 1; *La Porte Weekly Herald*, November 19, 1908, p. 5; de la Torre, pp. 103~104.
7 *La Porte Argus-Bulletin*, November 18, 1908, p. 1.
8 Ibid.; de la Torre, p. 114.
9 *La Porte Argus-Bulletin*, November 18, 1908, p. 1.
10 de la Torre, p. 116.
11 Ibid., p. 126.
12 *Chicago Examiner*, November 20, 1908, p. 4.

34

1   *La Porte Argus-Bulletin*, November 20, 1908, p. 1.
2   Ibid.; *Chicago Daily Journal*, November 20, 1908, p. 2.
3   Fern Eddy Schultz, "La Porte County's first 'native son,'" at http://
    www.heraldargus.com/community/columnists/fern_eddy_schultz/la-
    porte-county-s-first-native-son/article_fbe8c5f2-51b6-57eb-b1ca-
    009cdb20059f.html 참조.
4   Shepherd, p. 178.
5   *La Porte Argus-Bulletin*, November 21, 1908, p. 1; *Alexandria Times-Tri-
    bune*, November 21, 1908, p. 1.
6   de la Torre, pp. 134~136.
7   *La Porte Argus-Bulletin*, November 21, 1908, p. 1.
8   *The Daily Republican*, November 21, 1908, p. 7.
9   Shepherd, p. 185.
10 *Chicago Daily Examiner*, November 21, 1908, p. 5.

35

1   *Chicago Examiner*, November 18, 1908, p. 6; *Indianapolis News*, No-
    vember 21, 1908, p. 3.
2   *La Porte Argus-Bulletin*, November 20, 1908, p. 1.
3   *La Porte Weekly Herald*, November 26, 1908, p. 14.
4   Ibid., p. 15.
5   Ibid., p. 11.
6   *Chicago Daily Tribune*, November 23, 1908, p. 2.
7   *Chicago Daily Journal*, November 22, 1908, p. 2.

36

1   *Chicago Examiner*, November 22, 1908, p. 1; *Chicago Inter Ocean*, No-
    vember 22, 1908, p. 11; *La Porte Argus-Bulletin*, November 23, 1908, p. 1.
2   *Indianapolis Star*, November 22, 1908, p. 5; de la Torre, p. 139.

3   *Cincinnati Enquirer,* November 24, 1908, p. 9.

4   *St. Louis Post-Dispatch,* November 23, 1908, 5; de la Torre, p. 144.

5   *La Porte Argus-Bulletin,* November 23, 1908, p. 1; Shepherd, p. 187; de la Torre, p. 144.

37

1   *Chicago Daily Tribune,* January 28, 1923, p. 11.

2   *Unity: Freedom, Fellowship and Character in Religion,* Vol. XIV, No. 2 (September 16, 1884), p. ii.

3   *Oshkosh Daily Northwestern,* June 13, 1895, p. 1 참조.

4   *The American Law Register,* Vol. 51, Philadelphia: Department of Law, University of Pennsylvania, 1903, pp. 465~466 참조.

5   Robert Loerzel, *Alchemy of Bones: Chicago's Luetgert Case of 1897* (Urbana and Chicago: University of Illinois Press, 2003), p. 126; John Buckingham, *Bitter Nemesis: The Intimate History of Strychnine* (Boca Raton, FL: CRC Press, 2008), p. 193; Edward H. Smith, *Famous Poison Mysteries* (New York: The Dial Press, 1927), p. 183.

6   *Louisville Courier-Journal,* November 22, 1908, p. 1.

7   *La Porte Argus-Bulletin,* November 24, 1908, p. 1.

8   *Wichita Daily Eagle,* November 25, 1908, p. 1; *Cincinnati Enquirer,* November 25, 1908, p. 2; Shepherd, pp. 191~192; *Chicago Examiner,* November 25, 1908, p. 1.

9   *Wilkes-Barre Record,* November 25, 1908, p. 1.

10   *Detroit Free Press,* November 25, 1908, p. 2.

38

1   *La Porte Argus-Bulletin,* November 25, 1908, p. 1.

2   Ibid.

3   Ibid.; *Chicago Daily Examiner,* November 25, 1908, p. 2; *Chicago Tribune,* November 25, 1908, p. 1; de la Torre, pp. 149~151.

4   *Marshall County Independent,* January 25, 1901, p. 1; *Fort Wayne Jour-*

nal-Gazette, January 27, 1902, p. 1; *Waterloo Press,* January 31, 1901, p. 2; *Leader Courier,* July 18, 1901, p. 1. 살인 미수 혐의로 기소된 브릴Brill은 폭행과 구타로 유죄를 선고받았고 500달러에 재판 비용을 더한 벌금을 부과받았다.

5 de la Torre, pp. 152~153; *La Porte Argus-Bulletin,* November 25, 1908, p. 1.

6 *La Porte Argus-Bulletin.* November 26, 1908, p. 1.

7 de la Torre, pp. 153~154; Shepherd, pp. 196~197.

8 *La Porte Weekly Herald,* December 3, 1908, p. 4; de la Torre, pp. 155~156; Shepherd, pp. 196~198.

9 *Chicago Daily Tribune,* November 26, 1908, p. 2; *Chicago Inter Ocean,* November 26, 1908, p. 4; Shepherd, pp. 199~200; de la Torre, pp. 156~157.

39

1 *Chicago Inter Ocean,* November 27, 1908, p. 1.

2 *La Porte Weekly Herald,* December 3, 1903, p. 1.

3 *Chicago Inter Ocean,* November 27, 1908, p. 2.

4 *La Porte Weekly Herald,* December 3, 1903, p. 1.

5 *La Porte Argus-Bulletin,* December 3, 1908, p. 1.

6 *Raleigh Times,* November 27, 1908, p. 1.

7 *La Porte Weekly Herald,* December 3, 1903, p. 8.

8 *Chicago Daily Journal,* November 27, 1908, p. 2.

9 The comments on the outcome were collected and published by the *La Porte Weekly Herald,* December 3, 1908, p. 8.

10 Ibid.

11 Ibid.

12 *La Porte Argus-Bulletin,* November 28, 1908, p. 1.

13 Ibid.; *Fort Wayne Journal-Gazette,* November 28, 1908, p. 1; *Culver Citizen,* December 10, 1908, p. 2.

40

1   *St. Louis Post-Dispatch Sunday Magazine*, May 2, 1909, pp. 55~56.

2   *Belvedere Daily Republican*, October 7, 1909, p. 1; *Indianapolis News*, December 31, 1909, p. 2.

3   *Dakota County Herald*, October 8, 1908, p. 1.

4   *Indianapolis News*, December 31, 1909, p. 2.

5   *Warren Times Mirror*, December 31, 1909, p. 1 참조.

6   Shepherd, p. 211.

7   dwin A. Schell, *Historical Sketch and Alumni Record of Iowa Wesleyan College* (Mount Pleasant, IA: Mount Pleasant News-Journal, 1917), p. 38 참조.

8   Shepherd, p. 32.

9   *Indianapolis News*, May 13, 1908, p. 8.

10 Ibid.; *Evansville Press*, May 13, 1908, p. 1; Shepherd, p. 104.

11 Shepherd, pp. 212~213.

12 *St. Louis Post-Dispatch*, January 13, 1910, pp. 1 and 2.

13 Ibid.

14 *Cincinnati Enquirer*, January 14, 1910, p. 4.

15 *St. Louis Post-Dispatch*, January 13, 1910, p. 2; *Houston Post*, January 14, 1910, p. 4.

16 *Cincinnati Enquirer*, January 14, 1910, p. 4.

17 *Chicago Daily Tribune*, January 15, 1910, pp. 1 and 2.

18 *St. Louis Post-Dispatch*, January 16, 1910, p. 2.

19 Ibid., June 22, 1956, p. 17.

20 Ibid., January 16, 1910, p. 2.

21 Shepherd, p. 219; *Indianapolis Star*, January 16, 1910, p. 5.

22 Shepherd, p. 220.

23 Ibid., p. 219.

41

1   *Brazil (Indiana) Daily Times*, January 22, 1910, p. 6.

2   *Indianapolis Star*, March 7, 1910, p. 5.

3   Ibid.

4   *Daily Republican,* January 31, 1910, p. 3; *Indianapolis News,* February 16, 1910, p. 3.

5   *Fort Wayne News,* February 16, 1910, p. 9.

6   *Indianapolis Star,* June 23, 1910, p. 3; *Culver Citizen,* September 22, 1910, p. 6; *Pullman Herald,* July 8, 1910, p. 5; *Indianapolis Star,* August 16, 1910, p. 5.

7   *Indianapolis News,* February 16, 1910, p. 3.

8   마이어스의 성명서를 요약한 판본은 1912년에 최초로 등장했다. *Indianapolis Star,* December 18, 1912, p. 6. 그리고 전체 성명서는 18년이 지나서 최초로 발행되었다. *Indianapolis News,* July 17, 1930, p. 17 참조.

9   *Fort Wayne News,* December 21, 1912, p. 11.

10 *Bismarck Tribune,* December 24, 1912, p. 5; *Calumet News,* January 27, 1913, p. 3.

11 *La Porte Argus-Bulletin,* March 18, 1916, p. 1.

12 *Chicago Daily Tribune,* May 6, 1916, p. 8.

13 *Atlanta Constitution,* May 7, 1916, p. 14.

14 *La Porte Argus-Bulletin,* March 18, 1916, p. 1; *Indianapolis Star,* March 19, 1916, p. 4.

15 *La Porte Argus-Bulletin,* May 5, 1916, p. 1.

16 *Chicago Daily Tribune,* May 6, 1916, p. 1.

17 *La Porte Argus-Bulletin,* May 5, 1916, p. 1; *Chicago Daily Tribune,* May 6, 1916, p. 8.

18 *La Porte Argus-Bulletin,* May 5, 1916, p. 1.

19 *Chicago Daily Tribune,* May 6, 1916, p. 8.

20 *La Porte Argus-Bulletin,* May 8, 1916, p. 1.

21 *Chicago Daily Tribune,* May 6, 1916, p. 8.

42

1   *Indianapolis Star,* January 8, 1915, p. 11; *Seymour Tribune,* October 31, 1923, p. 6.

2   *Capital Times,* January 2, 1924, p. 2; *Cincinnati Enquirer,* July 3, 1924, p. 4.

3   *Garrett Clipper,* October 2, 1930, p. 5; *Indianapolis Star,* February 14,

1936, p. 11.

4   *Indiana Evening Gazette*, September 26, 1928, p. 1 참조. 이른바 '와인빌 닭장 살인 사건'의 범인은 소아성애자였던 22세의 캐나다인 이주민 고든 스튜워트 노스코트Gordon Stewart Northcott였다. (클린트 이스트우드 감독의 2008년 작 *Changeling*의 모티프가 된) 이 사건에 대한 좋은 설명은 *Anthony Flacco, The Road Out of Hell: Sanford Clark and the True Story of the Wineville Murders,* New York: Diversion Books, 2009 참조.

5   *Indianapolis News,* July 17, 1930, p. 17; *La Porte Herald Argus,* April 28, 1933, p. 1.

6   *Los Angeles Times*, February 21, 1931, p. 14. 린드스트럼 노인의 전체 이름은 칼 어거스트 린드스트럼이었으나, 신문사들은 계속해서 그를 어거스트 린드스트럼이라고 지칭했다.

7   Ibid.

8   Ibid.

9   *Los Angeles Times*, February 19, 1931, p. 23.

10 *Los Angeles Times*, February 21, 1931, p. 14.

11 *Oakland Tribune*, February 21, 1931, p. 2.

12 *Los Angeles Times*, February 22, 1931, p. 21; *San Bernardino County Sun,* February 22, 1931, p. 5.

13 *Oakland Tribune*, February 24, 1931, p. 25. '찰스Charles'라고 알려지긴 했으나, 에스더 칼슨의 남편은 우연이든 아니든 에스더 칼슨의 처음으로 살해한 칼 어거스트와 이름과 가운데 이름이 같았다.

14 *Los Angeles Times*, February 25, 1931, p. 16.

15 *Los Angeles Times*, February 24, 1931, p. 21; *Prescott Evening Courier*, February 25, 1931, p. 2.

16 *Los Angeles Times*, February 26, 1931, p. 26.

17 *Los Angeles Times,* March 6, 1931, p. 21.

18 *Modesto News-Herald*, March 7, 1931, p. 1; *Los Angeles Times*, March 7, 1931, p. 20, and March 27, 1931, p. 20.

19 *Oakland Tribune,* May 3, 1931, p. 3; *San Matteo Times,* May 2, 1931, p. 2.

20 *Matteo Times*, May 2, 1931, p. 2; *Albuquerque Journal*, May 3, 1931, p. 1; *Los Angeles Times*, May 8, 1931, p. 16 참조.

21 *Los Angeles Times*, May 9, 1931, p. 14.

22 Ibid.

23 Ibid.

24 Ibid.

25 1931년 5월 13일, 배심원단은 다섯 시간의 숙의 끝에 에릭슨이 무죄라고 판결했다. *Modesto News-Herald,* May 14, 1931, p. 1 참조.

26 *San Francisco Chronicle,* May 8, 1931, p. 14.

27 *Los Angeles Times,* May 13, 1931, p. 15. Yorkey's letter to Worden is in the archives of the La Porte Historical Society Museum.

43

1 *Indianapolis Star,* January 4, 1943, p. 20.

2 예셴은 자신이 발견한 사실을 2014년 10월에 라포르테카운티역사학회 박물관에 전달했다. YouTube: https://www.youtube.com/watch?v=nKa78X-VyqJs&feature=youtube 참조.

3 Maria Konnikova, "Why We Need Answers," *New Yorker,* April 30, 2013, http://www.newyorker.com/tech/elements/why-we-need-answers 참조.

4 *Indianapolis Star,* May 14, 2008, p. B6.

5 *Chicago Inter Ocean,* May 14, 1908, p. 1.

6 La Porte Weekly Herald, May 28, 1908, p. 1 참조.

7 Jones, p. 165.

8 *La Porte Weekly Herald,* December 3, 1908, p. 7.

참고문헌

Adleman, Robert H. *The Bloody Benders*. New York: Stein and Day, 1970.

Andreas, A. T. *History of Chicago. From the Earliest Period to the Present Time. In Three Volumes. Volume II—From 1857 until the Fire of 1871.* Chicago: The A. T. Andreas Company, 1886.

Anon. *The Mrs. Gunness Mystery! A Thrilling Tale of Love, Duplicity & Crime. Being a recital of the strange story of the career of Mrs. Belle Gunness. It tells in detail everything regarding her career of crime; how she, by representing herself as a charming and rich widow, lured matrimonial victims to her farm, only to murder them in cold blood. Also containing accounts of other noted murder mysteries, including the Bender Case, the Holmes Castle Mystery, and others.* Chicago: Thompson & Thomas, 1908.

Bailey, Frankie Y., and Steven Chermak, eds. *Famous American Crimes and Trials. Volume 2: 1860~1912.* Westport, CT: Praeger, 2004.

Bass, Arnold. *Up Close and Personal: A History of La Porte County.* Bloomington, IN: AuthorHouse, 2006.

Baumann, Edward, and John O'Brien. *Murder Next Door: How Police Tracked Down 18 Brutal Killers.* New York: Diamond Books, 1993.

Blegen, Theodore C. *Norwegian Migration to America: The American Transition.* Northfield, MN: The Norwegian-American Historical Association, 1940.

Brewster, Hank. *On the Road to the Murder Farm: The Hunt for Belle Gunness.* NP, 2012.

Buckingham, John. *Bitter Nemesis: The Intimate History of Strychnine.* Boca

지옥에서 온 여왕

Raton, FL: CRC Press, 2008.

Burt, Olive Wooley. *American Murder Ballads and Their Stories*. New York: Oxford University Press, 1958.

Chapman, Charles C. *History of LaPorte County, Indiana; Together with Sketches of Its Cities, Villages, and Townships, Educational, Religious, Civil, Military, and Political History; Portraits of Prominent Persons and Biographies of Representative Citizens*. Chicago: Chas. C. Chapman & Co., 1880.

Compton, Samuel Willard. *Robert De La Salle*. New York: Chelsea House, 2009.

Cutler, Irving. *Chicago: Metropolis of the Mid-Continent*. Carbondale, IL: Southern Illinois University Press, 2006.

Daniels, Rev. E. D. *A Twentieth Century History and Biographical Record of LaPorte County, Indiana*. Chicago: The Lewis Publishing Company, 1904.

de la Torre, Lillian. *The Truth About Belle Gunness*. New York: Fawcett/Gold Medal Books, 1955.

Dine, S. S. *The Philo Vance Murder Cases: 2—The Greene Murder Case & The Bishop Murder Case*. Leonaur Books, 2007.

Dreier, Thomas. "The School That Teaches Boys How to Live." *The Business Philosopher*, Vol. VI, No. 2 (February 1910), pp. 75~79.

Dreiser, Theodore. *Newspaper Days*. New York: Horace Liveright, 1922.

———. *Sister Carrie*. New York: Bantam Books, 1958.

Emery, M. S. *Norway Through the Stereoscope: A Journey Through the Land of the Vikings*. New York: Underwood and Underwood, 1907.

Epstein, Pamela Ilyse. *Selling Love: The Commercialization of Intimacy in America 1860s~1900s*. Diss., New Brunswick Rutgers, The State University of New Jersey, 2010.

Guild, Arthur Alden. *Baby Farms in Chicago: An Investigation Made for the Juvenile Protection Agency*. Chicago: The Juvenile Protection Agency, 1917.

Hansen, Jean Skogerboe. "*Skandinaven* and the John Anderson Publishing Company." *Norwegian-American Studies*, Vol. 28 (1979), pp. 35~68.

Hartzell, Ted. "Belle Gunness' Poison Pen." *American History*, Vol. 43, No. 2 (June 2008), pp. 46~51.

Hermansson, Casie E. *Bluebeard: A Reader's Guide to the English Tradition*. Jackson, MS: University Press of Mississippi, 2009.

Hinton, Paula K. "'Come Prepared to Stay Forever': The Tale of a Murderess in Turn-of-the-Century America." Diss., Miami University, Oxford, Ohio, 2001.

Holbrook, Stuart. *Murder Out Yonder: An Informal Study of Certain Classic Crimes in Back-Country America*. New York: Macmillan, 1941.

Irving, Washington. *Selected Writings of Washington Irving*. New York: The Modern Library, 1984.

Jones, Ann. *Women Who Kill*. New York: Fawcett Crest, 1980.

Keating, Ann Durkin. *Chicago Neighborhoods and Suburbs: A Historical Guide*. Chicago: University of Chicago Press, 2008.

Kelleher, Michael D., and C. L. Kelleher. *Murder Most Rare: The Female Serial Killer*. Westport, CT: Praeger, 1998.

Langlois, Janet. *Belle Gunness: The Lady Bluebeard*. Bloomington, IN: Indiana University Press, 1985.

Loerzel, Robert. *Alchemy of Bones: Chicago's Luetgert Case of 1897*. Urbana and Chicago: University of Illinois Press, 2003.

Lovoll, Odd S. A Century of Urban Life: The Norwegians in Chicago before 1930. Champaign, IL: University of Illinois Press, 1988.

———. *Norwegian Newspapers in America: Connecting Norway and the New Land*. St. Paul, MN: Minnesota Historical Society Press, 2010.

Mavity, Charles K. *The Bellville Tragedy: Story of the Trial and Conviction of Rev. W. E. Hinshaw for the Murder of His Wife*. Indianapolis: Sentil Print Co., 1895.

Mayer, Harold M., and Richard C. Wade. *Chicago: Growth of a Metropolis*. Chicago: University of Chicago Press, 1969.

Miller, Donald L. *City of the Century: The Epic of Chicago and the Making of America*. New York: Simon & Schuster, 1996.

Moore, Leonard J. *Citizen Klansmen: The Ku Klux Klan in Indiana, 1921~1928*. Chapel Hill: University of North Carolina Press, 1991.

Packard, Jasper. *History of LaPorte County, Indiana, and Its Townships, Towns, and Cities*. LaPorte, IN: S.E. Taylor & Company, 1870.

Parkman, Francis. *La Salle and the Discovery of the Great West*. Boston: Little, Brown, and Company, 1908.

Perrault, Charles. *The Complete Fairy Tales in Verse and Prose*. Mineola, NY: Dover, 2002.

Perrini, Sylvia. *She Devils of the USA: Women Serial Killers*. Goldmineguides. com, 2013.

Pictorial and Biographical Record of LaPorte, Porter, Lake and Starke Counties, Indiana: Containing Biographical and Genealogical Records of Leading Men, Women and Prominent Families of the Counties Named, and of Other Portions of the State; Together with a Number of Valuable Portraits. Chicago: Goodspeed Brothers, 1894.

Pierce, Bessie Louise. *A History of Chicago, Volume III: The Rise of a Modern City, 1871~1893*. New York: Alfred A. Knopf, 1957.

Ramsland, Katherine. *Many Secrets, Many Graves*. Notorious USA, 2014.

Rattle, Alison, and Allison Vale. *The Woman Who Murdered Babies for Money: The Story of Amelia Dyer*. London: André Deutsch, 2011.

Rowe, Theresa. Red on the Hoosier Moon. Bloomington, IN: 1stBooks Library, 1998.

A. I. Schutzer, "The Lady-Killer." *American Heritage*, Vol. 15, Issue 6 (October 1964), pp. 36~39 and 91~94.

Shepherd, Sylvia. *The Mistress of Murder Hill: The Serial Killings of Belle Gunness*. Bloomington, IN: 1stBooks Library, 2001.

Smith, Edward H. *Famous Poison Mysteries*. New York: The Dial Press, 1927.

Strand, A. E. *A History of the Norwegians of Illinois: A Concise Record of the Struggles and Achievements of the Early Settlers together with a Narrative of what is now being done by the Norwegian-Americans of Illinois in theDevelopment of their Adopted Country*. Chicago: John Anderson Publishing Company, 1905.

Taylor, Troy. "Come Prepared to Stay Forever": The Madness of Belle Gunness. Hell Hath No Fury, Book 5. Decatur, IL: Whitechapel Press, 2013.

Thomas, George C., and Richard A. Leo. *Confessions of Guilt: From Torture to Miranda and Beyond*. New York: Oxford University Press, 2012.

Wilson, Ilene Ingbritson. *Murder in My Family*. Bloomington, IN: Trafford Publishing, 2004.

Wooldridge, Clifton R. *Twenty Years a Detective in the Wickedest City in the World*. Chicago, IL: Chicago Publishing Co., 1908.

찾아보기

지옥에서 온 여왕

지옥에서 온 여왕

지옥에서 온 여왕

1판 1쇄 찍음 2020년 2월 10일
1판 1쇄 펴냄 2020년 2월 20일

지은이 해럴드 셱터
옮긴이 김부민
펴낸이 안지미
편집 박승기
디자인 이은주
제작처 공간

펴낸곳 (주)알마
출판등록 2006년 6월 22일 제2013-000266호
주소 03990 서울시 마포구 연남로 1길 8, 4~5층
전화 02.324.3800 판매 02.324.7863 편집
전송 02.324.1144

전자우편 alma@almabook.com
페이스북 /almabooks
트위터 @alma_books
인스타그램 @alma_books

ISBN 979-11-5992-287-9 03300

이 책의 내용을 이용하려면 반드시 저작권자와 알마 출판사의 동의를 받아야 합니다.

이 도서의 국립중앙도서관 출판예정도서목록CIP은 서지정보유통지원시스템 홈페이지
http://seoji.nl.go.kr와 국가자료공동목록 구축시스템 http://kolis-net.nl.go.kr에서 이용하실 수
있습니다. CIP제어번호: CIP2020003379

알마는 아이쿱생협과 더불어 협동조합의 가치를 실천하는 출판사입니다.

종이 표지_스노우화이트 250g/㎡ 본문_전주 그린라이트 70g/㎡